Gemeinsam Mathematik lernen – mit allen Kindern rechnen

Beiträge zur Reform der Grundschule – Band 144
Herausgeber: Der Vorstand des Grundschulverbandes e.V.
Verantwortlich für diesen Band: Gabriele Klenk

Herausgegeben von Uta Häsel-Weide und Marcus Nührenbörger

Gemeinsam Mathematik lernen – mit allen Kindern rechnen

Grundschulverband e.V.
Frankfurt am Main

© 2017 Grundschulverband
Frankfurt am Main

Satz und Gestaltung: novuprint · Agentur für Mediendesign,
Werbung, Publikationen GmbH, 30175 Hannover

Bildnachweis: Die Rechte für die Abbildungen liegen bei den jeweiligen
Autorinnen und Autoren, falls nicht anders vermerkt;
Umschlagseiten: Marcus Nührenbörger

Druck und Bindung: Beltz Bad Langensalza, 99974 Bad Langensalza

ISBN   978-3-941649-22-4 / Best. -Nr. 1107
(Beiträge zur Reform der Grundschule, Band 144)

Bestelladresse: info@grundschulverband.de bzw. direkt online unter
www.grundschulverband.de → Shop → Buchreihe

Die Herausgeber akzeptieren die Vielfalt geschlechtlicher Identitäten. In manchen Beiträgen des vorliegenden Bandes bringen Autorinnen und Autoren dieses Anliegen durch besondere schriftsprachliche Zeichen zum Ausdruck. Da es eine allgemein anerkannte Lösung für das Problem »gendersensibler« (Schrift-)Sprache zurzeit nicht gibt, verwendet jede Autorin und jeder Autor ihre oder seine bevorzugte Form.

Inhalt

1 Einführung

2 Gemeinsames Mathematiklernen: Zugänge für alle Kinder ermöglichen

3 Schwerpunkte der Förderung: Unterstützungen für alle Kinder anbieten

4 Praxis des gemeinsamen Mathematiklernens:

4.1 Zahlen verstehen und nutzen

4.2 Operationen verstehen und anwenden

Uta Häsel-Weide / Marcus Nührenbörger

Grundzüge des inklusiven Mathematikunterrichts

Mit allen Kindern rechnen

Wenn über die Gestaltung eines inklusiven Mathematikunterrichts nachgedacht wird, eröffnen sich schnell eine Vielzahl an Fragen, die grundlegende Ideen des Lehrens und Lernens von Mathematik in der Primarstufe berühren; beispielsweise: Wie können Kinder gemeinsam in einer Klasse Mathematik lernen, wenn sie auf ganz verschiedene Weise mathematische Inhalte verstehen? Wie können einzelne Kinder mit ganz unterschiedlichen Bedürfnissen individuell vielfältige Unterstützung erfahren? Wie müssen bewährte Prinzipien des Mathematikunterrichts überdacht werden?

Gewiss sind diese Fragen nicht in einem Buch umfassend oder gar abschließend zu beantworten, aber es können auf der Grundlage der GSV-Bände zum Mathematiklernen, zum Leisten und Fördern sowie zur Jahrgangsmischung und Inklusion[1] konkrete und differenzierte Anregungen für mögliche Antworten mit unterschiedlichen Perspektiven gegeben werden:

- grundlegende fachdidaktische Ideen und Prinzipien des gemeinsamen Mathematiklernens
- Schwerpunkte der Förderung und der Beachtung spezifischer Lernbedarfe im inklusiven Mathematikunterricht
- konkrete Unterrichtsgestaltung eines gemeinsamen Mathematiklernens
- Hintergründe für die Konzeption und Umsetzung individueller Unterstützungsmaßnahmen im inklusiven Mathematikunterricht

Anerkennen – unterstützen – herausfordern

Für eine (Weiter-)Entwicklung des inklusiven Mathematikunterrichts ist bedeutsam, dass Kinder mit ihren jeweils individuellen Besonderheiten anerkannt werden und der Unterricht allen Kindern entsprechende Räume bietet, in denen sie sich auf persönlich bedeutsamen Lernwegen und durch gemeinsame Aktivitäten mit anderen entwickeln können (vgl. auch Carle 2017). Die Anerkennung der individuellen Lernbedürfnisse einzelner Kinder schließt auf der Ebene des Unterrichts die Bereitschaft mit ein, jedes

---

1) z. B. in den GSV-Bänden 63, 96, 110, 117, 118, 123, 134, 135, 138

Kind adäquat zu unterstützen und herauszufordern. »Jedes Kind verhält sich subjektiv sinnvoll und jedes Kind ist auf seiner Stufe kompetent«, formuliert Prengel (2016, 67). Es kann sich selbst im Unterricht als kompetent erleben, wenn der Unterricht

- mehrdimensionale Lernangebote auf unterschiedlichen Niveaustufen bereithält (mit individuellen Anknüpfungspunkten und Herausforderungen),
- auf die Sicherung der Basiskompetenzen und
- die Erweiterung des Fachwissens abzielt.

In diesem Sinne ist inklusive Didaktik immer auch prozess-diagnostisch ausgerichtet. Es bedarf einer sorgfältigen Analyse dessen, was ein Kind fachlich leisten kann und welche Art der Unterstützung sinnvoll ist (Prengel 2006). Manche Kinder benötigen besondere *Unterstützung*, um einen Zugang zu einem mathematischen Thema zu gewinnen und um aktiv am Unterricht teilnehmen zu können. Manche brauchen weiterführende Anregungen, um mathematische Einsichten zu gewinnen und diese zum Ausdruck zu bringen und um sich in der Gemeinschaft der Lernenden angemessen einzubringen und zu verhalten. Zugleich erwarten Kinder immer wieder neue *Herausforderungen*, um mathematische Inhalte tiefer zu durchdringen, Kenntnisse zu erweitern, Zusammenhänge zu entdecken und zu nutzen sowie sich produktiv in die soziale Gruppe der Klasse einzubringen.

Anerkennen, Unterstützen und Herausfordern sind wesentliche Grundsätze eines jeden Unterrichts, der individuelle Förderung und gemeinsames Lernen in der Klasse verknüpft. Doch wie genau können diese im Mathematikunterricht realisiert werden? Was sind mögliche kritische Stellen für die fachliche Unterstützung und Herausforderung der Entwicklung des mathematischen Verständnisses? Wie kann das Spannungsfeld zwischen Unterstützen und Herausfordern austariert werden? Wie lässt sich individuelle Förderung in gemeinsamen Lernprozessen umsetzen?

Um sich diesen Fragen zu nähern, werden im Weiteren Grundsätze des gemeinsamen Mathematiklernens vorgestellt, inhaltliche Schwerpunkte abgeleitet und Umsetzungsmöglichkeiten in gemeinsamen Lernsituationen exemplarisch dargestellt.

Grundzüge

Inklusiver Mathematikunterricht ist in erster Linie ein Mathematikunterricht, bei dem Wert auf die Förderung der fachlichen Lernprozesse aller Kinder gelegt wird (vgl. auch Carle 2017). Dabei gelten grundsätzlich die gleichen Prinzipien, die für einen fachlich bedeutsamen und kindgerecht

gestalteten Mathematikunterricht formuliert sind (z. B. Wittmann 1995; Müller 1995):
- aktiv-entdeckendes und sozial-interaktives Lernen
- produktives, beziehungsreiches Üben
- Einsatz substantieller Aufgaben
- Vernetzung von Darstellungsformen
- Anwendungs- und Strukturorientierung

Aktiv-entdeckendes Lernen, das Lernen durch Entdeckenlassen und Nacherfinden, gilt als übergeordnete Idee und geht von der konstruktivistischen Grundannahme aus, dass aktives Tun und eigenes Erfahren zu wirkungsvolleren Erkenntnissen führt als die Belehrung von Schülerinnen und Schülern und deren eher imitierendes Nachlernen (Wittmann 1995, Winter 2016). Zuweilen wird diese grundsätzliche Einschätzung für Kinder mit besonderen Unterstützungsbedarfen oder mit Schwierigkeiten beim Mathematiklernen in Frage gestellt: Sollten die Kinder nicht vor allem elementare Rechenregeln und -verfahren nachahmen und automatisierend anwenden können? Sind diese Kinder nicht überfordert, eigenständig zu denken oder gar fachliche Zusammenhänge zu entdecken und Probleme zu lösen? Besteht nicht gar die Gefahr, dass die Kinder durch eine Vielzahl an möglichen Lösungswegen, den Vergleich von mathematischen Ideen oder die Beschreibung unterschiedlicher Erkenntnisse eher verwirrt als angeregt werden? Sind nicht Kinder mit sprachlichen Schwierigkeiten mit Begründungsanliegen überfordert?

Im Gegensatz zu diesen Annahmen zeigen unterschiedliche empirische Studien (z. B. Moser Opitz 2008; Scherer 1995), dass gerade auch Kinder mit besonderen Unterstützungsbedarfen oder mit Schwierigkeiten beim Mathematiklernen von einem Unterricht profitieren, der eher ein Lernen auf eigenen Wegen anregt und hierbei inhaltliche Ganzheiten sichtbar macht.

Für den inklusiven Mathematikunterricht ist daher von Bedeutung, dass dieser nicht einzelne Schülerinnen und Schüler vor den mathematischen Strukturen zu »schützen« versucht, indem man ihnen die Mathematik möglichst einfach und konkret vor- oder darstellt oder aber die Lernenden nur rezeptiv mathematische Handlungen nachvollziehen. Vielmehr ist es wichtig, dass die Lernenden gezielt und ihren Fähigkeiten und Fertigkeiten entsprechend angemessen mit den zentralen fachlichen Konzepten konfrontiert werden und sie möglichst selbstständig mathematische Zusammenhänge und Strukturen erkennen und im Austausch mit anderen Lernenden artikulieren (Wember 2013, Häsel-Weide / Nührenbörger 2017a, Scherer 2017). Selbstverständlich müssen sie dazu bezogen auf ihre spezifischen Kompetenzen und Bedarfe unterstützt werden (vgl. dazu 3.1–3.5)

Aktiv-entdeckende Lernprozesse bieten einerseits Möglichkeiten zum selbsttätigen Lernen, andererseits auch zu *Interaktionen*, in denen die Kinder sinnstiftende Anregungen finden, ihre Entdeckungen anderen mitzuteilen und zu begründen, im Diskurs mit anderen eigene Sichtweisen näher zu präzisieren und zu erörtern sowie letztlich in der Aushandlung die eigene Idee zu hinterfragen und weiter zu entwickeln (Nührenbörger / Schwarzkopf 2010). Dazu ist eine fachlich strukturierte Unterrichtsform notwendig, die auf Austausch und sozial-interaktive Prozesse ausgerichtet ist.

Vielfach ist der Unterrichtsalltag im inklusiven Mathematikunterricht aber dadurch gekennzeichnet, dass Lehrkräfte der Heterogenität der Schülerinnen und Schüler »überwiegend mit dem Einsatz individualisierter Arbeitsmaterialien in Stationen oder Wochenplanarbeit« begegnen (Korff 2015). Diese Organisation des Mathematikunterrichts verspricht auf den ersten Blick differenzierte Lernfortschritte für jedes Kind, ebenso optimale Potenzialentfaltung und subjektive Mitgestaltung: Jedes Kind arbeitet an einem vorgeschriebenen (zuweilen auch selbst mitgestalteten) Lernplan in unterschiedlichem Tempo und mit unterschiedlichen Unterstützungsangeboten. Allerdings entpuppen sich solche selbstregulierenden Unterrichtsformate oftmals als sog. »Individualisierungsfalle« (Buhrow 1999; Brügelmann 2011): Die Lernaktivitäten der Kinder finden nur noch nebeneinander statt. Dies birgt die Gefahr, dass die Lernqualität des Unterrichts reduziert wird und die Kinder ihr Potenzial nicht optimal entfalten können. Kritisch anzumerken ist vor allem:

1. Individuelle Bearbeitungsprozesse, die mit eher unproduktiven, kleinschrittig und linear abzuarbeitenden Aufgabenstellungen einhergehen. So können zwar Rechenprozeduren mechanisiert werden, aber inhaltliche Erkundungen und eigenständige Wege erhalten ebenso wie kreative Schwerpunktsetzungen zu wenig Raum. Diese sind aber für den Aufbau mathematischen Verständnisses notwendig und müssen durch die Lehrkraft fachlich begleitet und gerahmt werden.

2. Selbstregulierte Lernprozesse, die eher informelle Gelegenheiten zum gemeinsamen Lernen von Mathematik bieten. Inklusiver Unterricht bedeutet aber auch, dass alle Kinder Gelegenheiten erfahren, fachlich gemeinsam zu arbeiten und sich hierbei kompetent zu erfahren.

Mathematische Lernprozesse sind in besonderer Weise auf »inhaltsbezogene soziale Aushandlungsprozesse« (Wielpütz 2010, 110) angewiesen. Wenn Kinder Gelegenheiten erhalten sollen, mathematische Entdeckungen vorzunehmen, Probleme zu lösen und Überlegungen darzustellen sowie anderen mitzuteilen und zu erklären, dann bedarf es hierzu interaktiver und komplex-ganzheitlicher Zugänge, die nicht mit einem selbstregulierten Lernen kompatibel sind.

Es reicht im inklusiven Mathematikunterricht nicht aus, Aktivität durch individualisierte Lehr-Lern-Formate zu ermöglichen. Vielmehr müssen die individuellen Stärken und Schwächen eines jeden Kindes (an)erkannt, berücksichtigt und unterstützt sowie produktiv fachlich aufeinander bezogen werden. Dazu ist es notwendig, dass die Kinder sozial eingebunden sind, sich zum Thema der Klasse einbringen können und differenzsensibel unterstützt werden.

Die inklusive Mathematikdidaktik verbindet individuelle mit gemeinsamen Lernprozessen sowie aktive Instruktionen der Lehrperson mit selbsttätig und kooperativ entdeckenden Aktivitäten aller Kinder – sei es, dass

- ganzheitliche Zugänge und natürliche Differenzierungsmöglichkeiten geboten werden (2.1[2]),
- substantielle Aufgaben adaptiert werden (2.2) sowie
- Lernprozesse an Situationen aus der Umwelt der Kinder orientiert werden (2.3).

Dies schließt immer auch bewährte (sonder)pädagogische Ansätze (z. B. Handlungs- und Kindorientierung, Materialbezug, Ganzheitlichkeit, Alltagsbezug, diagnosegeleitete Förderung, vgl. Heimlich / Wember 2007) mit ein, die mit den zentralen Prinzipien des Mathematiklernens verknüpft werden – sei es, dass

- mathematische Aufgaben an die individuellen Bedürfnisse und Kompetenzen angepasst und spezifische Unterstützungen oder Erweiterungen bedacht werden (3.1, 3.5),
- fachliche Arbeitsaufträge so gestellt werden, dass mehrere Sinneskanäle angesprochen werden und sprachbegleitende Veranschaulichungen das Verständnis erleichtern (3.2),
- die Klassenführung proaktiv auf Regeln für das soziale Miteinander beim Mathematiklernen baut, so dass eine Fokussierung auf das Lernen möglich ist (3.3),
- material- und bildsensible Zugänge ermöglicht werden, die symbolisch-sprachliche Darstellungen ergänzen und einen Wechsel zwischen Darstellungsebenen anregen (3.4).

Mathematische Grundideen des gemeinsamen Lernens

Mathematikunterricht in der Grundschule ist ausgerichtet an fundamentalen Ideen (auch fachliche Kernideen genannt), die den Rahmen für bedeutsame fachliche Inhalte des Unterrichts spannen und im Laufe der Schuljahre spiralcurricular thematisiert werden (Wittmann 1998). Es mag kaum überraschen, dass ein Verständnis von fundamentalen Ideen wesentlich für das mathematische Lernen ist (Häsel-Weide / Nührenbörger 2012). Diese

---

[2] In den jeweiligen Kapiteln im Buch finden Sie entsprechende weiterführende Ausführungen.

Schnittstelle macht aber deutlich, dass nicht grundsätzlich andere Inhalte im inklusiven Mathematikunterricht behandelt werden (müssen), sondern die zentralen Inhalte auf unterschiedlichen Niveaus. Die fundamentalen Ideen weisen die mathematischen Inhalte aus, die für alle Lernenden für die mathematische Entwicklung grundlegend sind sowie aufeinander aufbauend immer wiederkehrend von unterschiedlichen Niveaus aus vom einzelnen Kind erkundet und weiterführend verstanden werden können. Darüber hinaus eröffnen sie auch inhaltlichen Raum für fakultative Vertiefungen für einzelne Kinder, die die Arbeit am gemeinsamen Kerninhalt ergänzen. Als sog. »Grundideen« im Bereich Arithmetik sind beispielsweise zu unterscheiden: (1) die Zahlenreihe, (2) das Rechnen, Rechengesetze und -vorteile, (3) das Zehnersystem, (4) die Rechenverfahren, (5) arithmetische Gesetzmäßigkeiten und Muster sowie (6) Zahlen in der Umwelt und (7) Übersetzungen in die Zahlensprache (Wittmann 1995).

Für den inklusiven Mathematikunterricht ist die Orientierung an den Grundideen nicht zu unterschätzen, denn sie bieten den Rahmen für die Ausgestaltung eines für alle Kinder gemeinsamen mathematischen Themas, das von verschiedenen Kindern curricular-spiralig erkundet werden kann (Häsel-Weide 2017). Hierzu sind die Grundideen derart aufzufächern, dass sie jedem Kind zugänglich sind.

Beispielsweise wird die Idee der Zahlenreihe[3] erarbeitet, wenn die Kinder im ersten Schuljahr zählen, Vorgänger und Nachfolger bestimmen und sich im Zahlenraum orientieren. Auch bei der Orientierung in den erweiterten Zahlenraum (Hunderterraum, Tausenderraum usw.) ist die Idee der Zahlenreihe handlungsleitend (ebenso in der Sekundarstufe bei der Zahlbereichserweiterung auf die negativen Zahlen). Entsprechend kann im inklusiven Mathematikunterricht an dieser Idee auch in einer Klasse auf unterschiedlichen Niveaus gearbeitet werden. Hierbei sind natürlich die Zugänge so zu gestalten, dass sich alle Kinder inhaltlich aktiv einbringen können. Die Grundidee bildet dabei den ganzheitlichen fachlichen Rahmen und ermöglicht, dass die Kinder themenfokussiert an bereits vorhandenes Wissen anknüpfen und (propädeutisch) weiterführend inhaltliche Aspekte erkennen (Bruner 1973; Büchter 2014).

Für einige Kinder wird die Konzentration auf wesentliche Inhalte der grundlegenden Ideen leitend für das Lernen von Mathematik, denn sie benötigen mehr Lernzeit zur Erkundung mathematischer Inhalte. Daher sollten die Kinder immer wieder Gelegenheiten erfahren, auf der einen Seite bedeutsame mathematische Zusammenhänge einer Grundidee zu erkunden und auf der anderen Seite Sicherheit durch Kenntnisse des Basisstoffs der

---

3) In den folgenden Beispielen konzentrieren wir uns angesichts der Kürze des Beitrags auf die ersten vier Grundideen.

Grundidee zu gewinnen (Schmassmann 2009). Hierzu gehören beispielsweise Vorstellungen über Zahlen in unterschiedlichen Zahlenräumen, deren Beziehungen untereinander und deren operative Verknüpfung ebenso wie das dekadische Verständnis, Einsichten in grundlegende Operationen und operative Zusammenhänge (vgl. Häsel-Weide / Nührenbörger 2015; Scherer / Moser Opitz 2010). Die Förderung der Basiskompetenzen integriert die Förderung der pränumerischen Kompetenzen und damit die Entwicklung allgemeiner Denkoperationen (z. B. die Eins-zu-eins-Zuordnung oder die Seriation und Klassifikation oder auch das Verständnis der Invarianz).

Ein Beispiel: Die Einsicht in die Teile-Ganzes-Relation ist für alle Kinder im Anfangsunterricht der Grundschule bedeutsam. Hierauf bauen langfristig das dekadische Zahlverständnis (z. B. die Zahl 2017 wird zerlegt in 2 Tausender, 0 Hunderter, 1 Zehner und 7 Einer) ebenso auf wie das geschickte Rechnen (z. B. $7 + 8 = 7 + (7 + 1) = (7 + 7) + 1$ oder $7 + 8 = 7 + (3 + 5) = (7 + 3) + 5$). Für Kinder mit Unterstützungsbedarf sind vielfältige Übungen zentral, in denen sie Anzahlen strukturieren und strukturiert erfassen, also z. B. Anzahlen im 10er-Feld legen, darstellen, verändern, beschreiben und mit Termen bezeichnen. Hierbei sind vornehmlich Aufgaben zu wählen, die in Bezug zu den Grundideen »Zehnersystem« und »Rechnen, Rechenvorteile und Rechengesetze« stehen – d. h. den Blick auf elementare dekadische Strukturen lenken (Zerlegungen mit 5 oder 10 als Teil, also $x + 5$ oder $x + 10$, und Zerlegungen gleich 5 und gleich 10, also $x + y = 5$ oder $x + y = 10$, s. Abb. 1, links) und auf weitere elementare Zusammenhänge, wie z. B. Verdopplungsbeziehungen (Zerlegungen in zwei gleich große Teile $(x + x)$ oder Nachbarschaftsbeziehungen (Zerlegungen mit 1 oder 0 $(x + 1$ oder $x + 0)$ (s. Abb. 1, rechts).

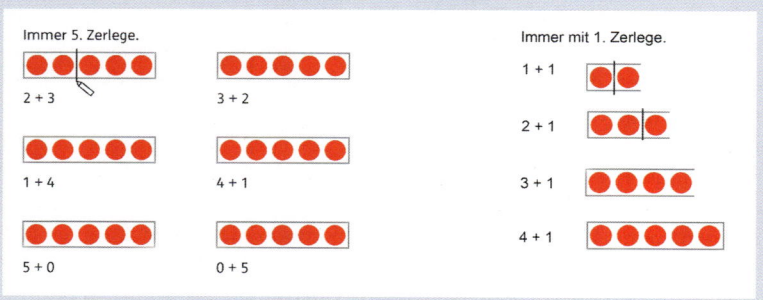

Abb. 1: Zahlzerlegungen (Aufg. 1 aus Breuker / Häsel-Weide / Nührenbörger 2017)

Gemeinsames und individuelles Lernen in Balance

Inklusiver Unterricht benötigt unterschiedliche Lernsituationen, um der Heterogenität der Lernenden begegnen zu können, individuelle Förderung zu ermöglichen und dem Ziel des tatsächlich gemeinsamen (Mathematik-) Lernens gerecht zu werden. Dabei können Situationen unterschieden werden (Jennessen / Wagner 2012; Wocken 1998), in denen Kinder

a) in Gruppen am gemeinsamen Gegenstand zieldifferent an differenzierenden, reichhaltigen Lernangeboten lernen,

b) in Gruppen oder individuell an verschiedenen Gegenständen zieldifferent lernen,

c) in exklusiven Einzel- oder Kleingruppensituationen lernen.

Diese Situationen beschreiben (a) ein kooperatives gemeinsames Lernen auf unterschiedlichen Niveaus, (b) ein räumlich gemeinsames, aber an individuellen Themen und Zielen orientiertes Lernen sowie Situationen der Teilung der Lerngruppe oder (c) die zusätzliche Förderung eines Kindes / mehrerer Kinder. Jede dieser Lernsituationen hat im Laufe verschiedener Mathematikstunden für sich und für alle Kinder ihren Wert und ihre Bedeutung.

So ermöglicht beispielsweise ein zieldifferentes Lernen an unterschiedlichen Gegenständen, dass einzelne Kinder oder Kindergruppen spezifische Themen und Bereiche fokussieren, die zugleich inhaltlich von Bedeutung für andere Kinder sein können, da sie zeitgleich am gleichen Thema arbeiten. Die themenfokussierte Arbeit aller Kinder bietet immer wieder Anlässe zur Kommunikation über die eigenen themenspezifischen Grenzen hinweg und schafft Neugier auf fachliche Vergleiche und Reflexionen.. In einer zeitweise exklusiven Lernsituation können hingegen kritische Lernaspekte besonders erarbeitet, herausfordernde problemhaltige Aufgaben gesetzt, Lösungsideen verallgemeinert oder der Umgang mit speziellen Hilfsmitteln gelernt werden. Gemeinsames Lernen im engeren Sinne findet allerdings erst dann statt, wenn Kinder *an einem gemeinsamen Gegenstand* lernen. Diese Idee des Lernens am gemeinsamen Gegenstand für Kinder mit und ohne Unterstützungsbedarf wurde von Feuser (2008) explizit formuliert. Inklusiver Unterricht meint, dass alle Kinder »*in Kooperation miteinander* auf ihrem jeweiligen Entwicklungsniveau […] in Orientierung auf die ›nächste Zone ihrer Entwicklung‹ an und mit einem ›Gemeinsamen Gegenstand‹ spielen, lernen und arbeiten« (Feuser 2008, 155, Hervorhebungen und Anführungsstriche im Original).

Die Produktivität einer gemeinsamen Lernsituation zeigt sich in erster Linie an

- der Ausrichtung an den Grundideen als den gemeinsamen Kern,
- der Verwendung substantieller Aufgabenformate mit einem niedrigen Einstiegsniveau im Sinne der natürlichen Differenzierung und/oder par-

allelisierter, analoger Aufgaben, die aber aufeinander bezogenes Arbeiten auf unterschiedlichen Niveaus ermöglichen (Häsel-Weide / Nührenbörger 2015, Scherer 2017),

- der gezielten Umsetzung kooperativer Settings, die einen offenen, fachlichen Austausch über mathematische Erkenntnisse anregen und zugleich den Kindern eine klare Orientierung über die Struktur des gemeinsamen Lernens geben (Häsel-Weide / Nührenbörger 2017a).

Ein Beispiel: Die Grundidee der »Zahlenreihe« steht im Vordergrund, wenn Kinder Zahlen am Rechenstrich ordinal anordnen, dazu die Beziehungen zwischen Zahlen nutzen und vertiefen. Diese Aktivitäten finden im Rahmen der Grundschulzeit in unterschiedlichen Zahlenräumen statt. Für den inklusiven Mathematikunterricht bedeutet eine entsprechende Öffnung der Aufgaben, dass auch Kinder, die fachlich in verschiedenen Zahlenräumen aktiv sind, gemeinsam im Mathematikunterricht tätig sein können: Wenn Kinder in verschiedenen Zahlenräumen mathematisch denken, können sie die gleiche mathematische Aktivität durchführen (z. B. Zahlbeziehungen in einem begrenzten Zahlenraum untersuchen). Darüber hinaus eröffnen sich auch Lernsituationen, in denen die Analogien zwischen den Zahlenräumen besonders fokussiert werden können. Methodisch sind hierbei verschiedene Umsetzungsmöglichkeiten denkbar: Diese reichen von sehr offenen Fragestellungen (wie z. B. »Wähle 5 Zahlen und ordne sie am Rechenstrich an«) bis zu struktur-analogen Aufgaben, die gezielt die dekadischen Beziehungen der Zahlen fokussieren (vgl. Abb. 2a & 2b) (Häsel-Weide / Meier / Nührenbörger 2017).
Offene Aufgaben schaffen Raum für Kinder, eigenständig den Schwierigkeitsgrad der Aufgabe zu nutzen (Rasch 2004). In diesem Beispiel können die Kinder die Zahlen und die Reichweite des Rechenstrichs frei wählen. Die entstehende Vielfalt der erfundenen Rechenstriche ermöglicht grundsätzlich jedem Kind im gemeinsamen Lernprozess eine Erweiterung des individuellen Zugangs. Der soziale Austausch aus der Sache heraus kann hinge-

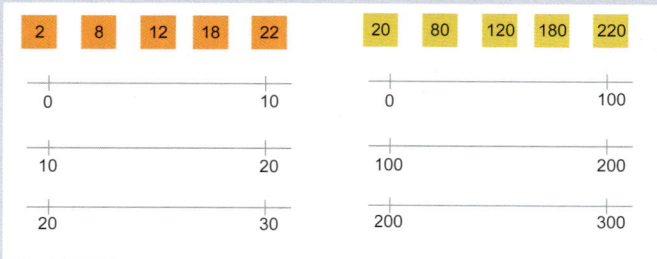

Abb. 2a: struktur-analoge Rechenstriche (Variante A)

gen zuweilen schwierig werden, wenn Kinder offene Aufgaben auf gänzlich unterschiedlichen Ebenen erfunden haben: Inwieweit Zahlbeziehungen in besonderer Weise von mehreren Kindern in den Blick genommen werden, hängt schließlich von den einzelnen Kindern ab bzw. davon, wie die Lehrkraft beim Betrachten der unterschiedlichen Rechenstriche Analogien an den Dokumenten der Kinder fokussiert.

Werden beispielsweise struktur-analoge Aufgaben gewählt (Abb. 2a & 2b), können über die vorgegebenen Zahlen unterschiedliche Beziehungen erkundet werden.

Nachdem die Kinder zunächst die Zahlen an den Rechenstrichen verortet haben, erhalten sie als gemeinsame weiterführende Aufgabe z. B. »Findet weitere Rechenstrichabschnitte, die zu euren passen«. In diesem Fall wird also die dekadische Analogie im Hunderterraum an den Rechenstrichabschnitten fokussiert. Eine andere Möglichkeit ist die Rechenstrichabschnitte an einem gemeinsamen langen Rechenstrich einzuzeichnen. Die Kinder können hier die Stufenzahlen als Orientierung nutzen.

Werden Kindern hingegen Rechenstrichpaare vorgelegt, die einen unterschiedlichen Abstand haben (vgl. Abb. 2b), erfahren sie durch die Übertragung auf einen gemeinsamen Rechenstrich, welche Auswirkung eine möglicherweise als nicht-wesentlich angesehene Verzehnfachung der Zahlen auf ihre Größe hat und wie die analogen Abstände (z. B. zwischen 2 und 8 sowie 20 und 80) repräsentiert werden.

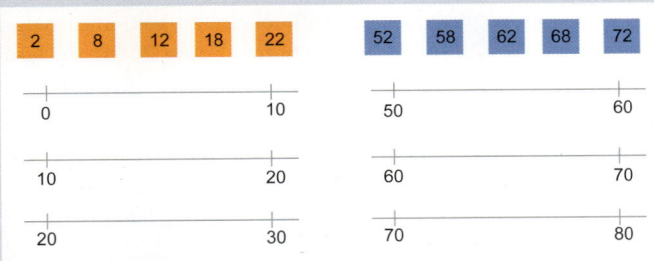

Abb. 2b: struktur-analoge Rechenstriche (Variante B)

Um die unterschiedlichen Abstände in besonderer Weise erfahrbar zu machen, kann es auch sinnvoll sein, eine lange Schnur als Rechenstrich auszulegen, an die Zahlenkarten gehängt und die Abstände haptisch erfahren werden können.

Allen Aktivitäten ist gemeinsam, dass Verschiedenheit als produktive Chance für fachliche Erkenntnisse genutzt wird und die Aktivitäten in kleineren Zahlenräumen wesentlich für die Weiterarbeit genutzt und gewürdigt werden. Die Aktivitäten dienen dabei als Aufgabenbeispiel, das bezogen auf die Kompetenzen der Kinder in der Klasse adaptiert werden muss. Natürlich ist nicht zu erwarten, dass bei derartigen Aktivitäten alle Kinder alle Beziehungen in aller Tiefe erkennen. Jedoch wird in der gemeinsamen Arbeit bereits erfahren, dass es nicht reicht, vordergründig auf einzelne Gleichheiten zu achten. Im Sinne des Spiralprinzips werden Erkenntnisse mit größeren Zahlen bereits propädeutisch erfahren und der Vergleich zu den analogen Zahlen stellt die besonderen Zahlbeziehungen deutlich heraus.

Für die Praxis des gemeinsamen Mathematikunterrichts sind somit explizite Beispiele von besonderer Bedeutung, wie Kinder sowohl individuell als auch gemeinsam in der Auseinandersetzung mit heterogenen Lernerfahrungen

- Zahlen verstehen und nutzen lernen (4.1.1 bis 4.1.4),
- Operationen verstehen und anwenden (4.2.1 bis 4.2.5),
- Sachkontexte erkunden und modellieren (4.3.1 bis 4.3.2),
- Raum und Formen erfahren und untersuchen (4.4.1 bis 4.4.2).

Diagnostizieren – adaptieren – kooperieren

Die skizzierten Aktivitäten für individuelles und gemeinsames Lernen sind immer auf die einzelnen Kinder und ihre Kompetenzen abzustimmen. Diese können mit einem diagnosegeleiteten Blick bei der Bearbeitung der Aufgaben erfasst werden, um darauf bezogen vertiefende oder fokussierende Angebote für das Weiterlernen zu entwickeln, an gemeinsamen oder verschiedenen fachlichen Gegenständen (Scherer / Bönig 2004). So können neben den gemeinsamen Aktivitäten auch weitere individuelle Unterstützungsmaßnahmen notwendig sein, ohne jedoch grundsätzlich in die Individualisierungsfalle zu geraten (Brügelmann 2014).

Die mathematischen Fähigkeiten und Fertigkeiten der Kinder können unterrichtsbegleitend erfasst und kompetenzorientiert zurückgemeldet werden. Dies erfordert von Lehrkräften fachlich und fachdidaktisch fundiertes Wissen und Können über verschiedene spiralig miteinander verbundene Aspekte einer mathematischen Grundidee. Dies umfasst auch, das Potenzial und spezifische Schwierigkeiten der Lernenden während der Bearbeitung von Aufgaben zu erkennen und in Bearbeitungen der Kinder die gemeinsame fachliche Idee herauszustellen. Ebenso ist (sonder-)pädagogische Expertise notwendig, um notwendige Adaptionen bezogen auf den individuellen Unterstützungsbedarf vorzunehmen, die zur individuellen Zone der nächsten fachlichen Entwicklung des Kindes passen (Häsel-Weide / Nührenbörger 2017b).

Für diese vielfältigen Anforderungen ist es hilfreich, wenn Lehrkräfte sich miteinander austauschen und beraten können, ihre jeweils individuelle Sicht auf die Kinder zusammenbringen und in Kooperation Ideen für unterschiedliche Lernsituationen kreieren können. Dabei gilt für Lehrkräfte wie für Kinder, dass die jeweils individuellen (und damit auch ggf. differierenden) Erfahrungen, Kompetenzen und Ideen sich produktiv auf die Gestaltung des inklusiven Mathematikunterrichts auswirken können. Voraussetzung ist auch hier, die eigenen Erfahrungen anzuerkennen und zu reflektieren und das gemeinsame Arbeiten grundsätzlich als produktive Herausforderung zu sehen.

In diesem Sinne ergeben sich als bedeutsame Hintergründe für individuelle Unterstützungsbedarfe, wie Lehrkräfte

- Lernprozesse kind- und fachgerecht begleiten (5.1),
- diagnostische Instrumente adaptiv verwenden (5.2),
- individuelle Förderprozesse produktiv initiieren (5.3),
- kooperative Unterrichtsprozesse im Team miteinander planen und durchführen (5.4).

Resümee

Im inklusiven Unterricht ist nicht nur mit der Vielfalt der Kinder, sondern auch mit der von Lehrkräften zu rechnen – und natürlich mit unterschiedlichen Ideen zum gemeinsamen Lernen von Mathematik. Dazu gibt dieses Buch vielfältige Anregungen, die verschiedene Zugänge zu den zentralen mathematischen Inhalten ebenso thematisieren wie Schwerpunkte und Hintergründe der Förderung von Kindern aufzeigen sowie schließlich auch unterschiedliche Ideen zur Praxis des gemeinsamen Mathematikunterrichts exemplarisch vorstellen.

Literatur

Breucker, T. / Häsel-Weide, U. / Nührenbörger, M. (2017): Förderheft zum Zahlenbuch 1. Leipzig: Klett.

Buhrow, O.-A. (1999): Die Individualisierungsfalle. Kreativität gibt es nur im Plural. Stuttgart.

Bruner, J. S. (1973): Der Prozeß der Erziehung (3. durchgeseh. Aufl.). Düsseldorf: Schwann.

Brügelmann, H. (2011): Den Einzelnen gerecht werden in der inklusiven Schule. Mit einer Öffnung des Unterrichts raus aus der Individualisierungsfalle! In: Zeitschrift für Heilpädagogik, 62. Jg., H. 9, 355–361.

Brügelmann, H. (2014): Lernbeobachtung und Leistungsbeurteilung in der inklusiven Grundschule. In: Peters, S. / Widmer-Rockstroh, U. (Hrsg.): Gemeinsam unterwegs zur inklusiven Schule. Frankfurt a. M.: Arbeitskreis Grundschule e. V., 138–148.

Büchter, A. (2014): Das Spiralprinzip. Begegnen – Wiederaufgreifen – Vertiefen. In: Mathematik lehren, H. 182, 2–9.

Carle, U. (2017): Eckpunkte für die Entwicklung inklusiven Unterrichts. In: Blumberg, E. / Hellmich, F. (Hrsg.): Inklusiver Unterricht in der Grundschule. Stuttgart: Kohlhammer, 15–31.

Feuser, G. (2008): Lernen am »gemeinsamen Gegenstand«. In: Aregger, K. / Waibel, E. M. (Hrsg.): Entwicklung der Person durch offenen Unterricht. Das Kind im Mittelpunkt: Nachhaltiges Lernen durch Persönlichkeitserziehung. Augsburg: Brigg, 151–165.

Häsel-Weide, U. (2017): Inklusiven Mathematikunterricht gestalten. Anforderungen an die Lehrerausbildung. In: Leuders, J. / Leuders, T. / Ruwisch, S. / Prediger, S. (Hrsg.): Mit Heterogenität im Mathematikunterricht umgehen lernen – Konzepte und Perspektiven für eine zentrale Anforderung an die Lehrerbildung. Wiesbaden: Springer Spektrum, 17–28.

Häsel-Weide, U. / Nührenbörger, M. (2012): Fördern im Mathematikunterricht. In: Bartnitzky, H. / Hecker, U. / Lassek, M (Hrsg.): Individuell fördern – Kompetenzen stärken in der Eingangsstufe (Kl. 1 und 2). Frankfurt a. M.: Arbeitskreis Grundschule e. V., H. 4.

Häsel-Weide, U. / Nührenbörger, M. (2015): Aufgabenformate für einen inklusiven Arithmetikunterricht. In: Peter-Koop, A. / Rottmann, T. / Lüken, M. M. (Hrsg.): Inklusiver Mathematikunterricht in der Grundschule. Offenburg: Mildenberger Verlag, 58–74.

Häsel-Weide, U. / Nührenbörger, M. (2017a): Förderkommentar Lernen zum Zahlenbuch 1. Leipzig: Klett.

Häsel-Weide, U. / Nührenbörger, M. (2017b): Produktives Fördern im inklusiven Mathematikunterricht – Möglichkeiten einer mathematisch ausgerichteten Diagnose und individuellen Förderung. In: Blumberg, E. / Hellmich, F. (Hrsg.): Inklusiver Unterricht in der Grundschule. Stuttgart: Kohlhammer, 213–230.

Häsel-Weide, U. / Meier, S. / Nührenbörger, M. (2017): Förderkommentar Lernen zum Zahlenbuch 2. Leipzig: Klett.

Heimlich, U. / Wember, F.B. (2017) (Hrsg.): Didaktik des Unterricht im Förderschwerpunkt Lernen. Stuttgart: Kolhammer.

Jennessen, S. / Wagner, M. (2012): Alles so schön bunt hier!? Grundlegendes und Spezifisches zur Inklusion aus sonderpädagogischer Perspektive. In: Zeitschrift für Heilpädagogik, 63. Jg., H. 8, 335–344.

Korff, N. (2015): Inklusiver Mathematikunterricht in der Primarstufe. Erfahrungen, Perspektiven und Herausforderungen. Baltmannsweiler: Schneider Hohengehren.

Müller, G. N. (1995): Kinder rechnen mit der Umwelt. In: Müller, G. N. / Wittmann, E. Ch. (Hrsg.): Mit Kindern rechnen. Frankfurt a. M.: Arbeitskreis Grundschule, 42–63.

Moser Opitz, E. (2008): Zählen, Zahlbegriff, Rechnen. Theoretische Grundlagen und eine empirische Untersuchung zum mathematischen Erstunterricht in Sonderklassen (3. Aufl.). Bern: Haupt.

Nührenbörger, M. / Schwarzkopf, R. (2010): Die Entwicklung mathematischen Wissens in sozial-interaktiven Kontexten. In: Böttinger, C. / Bräuning, K. / Nührenbörger, M. / Schwarzkopf, R. / Söbbeke, E. (Hrsg.): Mathematik im Denken der Kinder. Anregungen zur mathematikdidaktischen Reflexion. Seelze: Klett-Kallmeyer, 73–81.

Prengel, A. (2006): Jedes Kind ist auf seiner Stufe kompetent. Prinzipien Pädagogischer Lernprozessanalysen. In: Friedrich Jahresheft, H. 24, 26–28.

Prengel, A. (2016): Halt gebende pädagogische Beziehungen in der inklusiven Grundschule. In: Peters, S. / Widmer-Rockstroh, U (Hrsg.): Gemeinsam unterwegs zur inklusiven Schule. Frankfurt a. M.: Arbeitskreis Grundschule e. V., 64–72.

Rasch, R. (2004): Offene Aufgaben für unterschiedlich leistungsfähige Kinder. In: Grundschulunterricht, 51. Jg., H. 2, 5–10.

Scherer, P. (1995): Entdeckendes Lernen im Mathematikunterricht der Schule für Lernbehinderte. Theoretische Grundlegung und evaluierte unterrichtspraktische Erprobung. Heidelberg: Schindele.

Scherer, P. (2017): Gemeinsames Lernen oder Einzelförderung? – Grenzen und Möglichkeiten eines inklusiven Mathematikunterrichts. In: Blumberg, E. / Hellmich, F. (Hrsg.): Inklusiver Unterricht in der Grundschule. Stuttgart: Kohlhammer, 194–212.

Scherer; P. / Bönig, D. (2004) (Hrsg): Mathematik für Kinder – Mathematik von Kindern. Frankfurt a. M.: Arbeitskreis Grundschule.

Scherer, P. / Moser Opitz, E. (2010): Fördern im Mathematikunterricht der Primarstufe. Heidelberg: Spektrum.

Schmassmann, M. (2009): »Geht das hier ewig weiter?« Dezimalbrüche, Größen, Runden und der Stellenwert. In: Fritz, A. / Schmidt, S. (Hrsg.): Fördernder Mathematikunterricht in der Sek. I. Weinheim: Beltz, 167–185

Wember, F. B. (2013): Herausforderung Inklusion: Ein präventiv orientiertes Modell schulischen Lernens und vier zentrale Bedingungen inklusiver Unterrichtsentwicklung. In: Zeitschrift für Heilpädagogik, 64. Jg., H. 1, 380–388.

Wielpütz, H. (2010): Qualitätsanalyse und Lehrerbildung. In: Böttinger, C. / Bräuning, K. / Nührenbörger, M. / Schwarzkopf, R. / Söbbeke, E. (Hrsg.): Mathematik im Denken der Kinder. Anregungen zur mathematikdidaktischen Reflexion. Seelze: Klett-Kallmeyer, 109–114.

Winter, H. (2016): Entdeckendes Lernen im Mathematikunterricht: Einblicke in die Ideengeschichte und ihre Bedeutung für die Pädagogik (3. Aufl.). Wiesbaden: Springer Spectrum.

Wittmann, E. C. (1995): Aktiv-entdeckendes und soziales Lernen im Arithmetikunterricht. In: Müller, G.N. / Wittmann, E.C. (Hrsg): Mit Kindern rechnen. Frankfurt a. M.: Arbeitskreis Grundschule, 10–41.

Wittmann, E. C. (1998): Standard Number Representations in the Teaching of Arithmetic. In: Journal für Mathematik-Didaktik, H. 2 / 3, 149–178.

Wocken, H. (1998): Gemeinsame Lernsituationen. Eine Skizze zur Theorie des gemeinsamen Unterrichts. In: Hildeschmidt, A. / Schnell, I (Hrsg.): Integrationspädagogik: Auf dem Weg zu einer Schule für alle. Weinheim: Juventa, 37–52.

Gemeinsames Mathematiklernen: Zugänge für alle Kinder ermöglichen

Petra Scherer / Kristina Hähn

Ganzheitliche Zugänge und Natürliche Differenzierung

Lernmöglichkeiten für *alle* Kinder

Auch wenn für den Mathematikunterricht der Grundschule ganzheitliche Zugänge zu neuen Inhalten für viele Schülerinnen und Schüler als sinnvoll erachtet werden und in Lehrwerken und Unterrichtsvorschlägen umgesetzt sind, so bleibt eine gewisse Skepsis: Immer wieder wird die Frage aufgeworfen, ob diese Konzeptionen für *alle* Schülerinnen und Schüler tragfähig sind. Mit der Umsetzung von Inklusion und der damit wahrgenommenen Zunahme von Heterogenität in Klassen und Lerngruppen sind diesbzgl. Diskussionen noch stärker entfacht.

Inklusiver Mathematikunterricht – zur aktuellen Situation

Die Anzahl der Schülerinnen und Schüler mit besonderem Unterstützungsbedarf, die inklusiv beschult werden, stieg in den letzten Jahren kontinuierlich an (vgl. Dietze 2013; Klemm 2015). Dabei sind die Inklusionsquoten in den einzelnen Bundesländern wie auch die entsprechenden Rahmenbedingungen sehr unterschiedlich (Klemm 2015; Prengel 2013, 26 ff.). Herausforderungen für die unterrichtliche Gestaltung ergeben sich dabei auf verschiedenen Ebenen: Es gilt zum einen, die vielfältigen Heterogenitätsdimensionen zu berücksichtigen (z. B. Boban / Hinz 2003; Buholzer / Kummer Wyss 2010; Wember 2013). Zum anderen ist die erforderliche Kooperation der beteiligten Akteure aus verschiedenen Berufsfeldern ein wichtiger Gelingensfaktor (Heinrich u. a. 2013, 89 ff.). Für den Fachunterricht ist darüber hinaus die konkrete inhaltliche Ausgestaltung zentral, sowohl bei Fragen des zielgleichen als auch zieldifferenten Unterrichts. Speziell für den Mathematikunterricht bestehen häufig Unsicherheiten (vgl. z. B. Korff 2015), die u. a. auf das fachfremde Unterrichten zurückzuführen sind.

Im Folgenden soll die Bedeutung eines ganzheitlichen Vorgehens im inklusiven Mathematikunterricht mit der Möglichkeit einer natürlichen Differenzierung diskutiert und konkretisiert werden.

Mathematiklernen in komplexen Situationen – Erschwernis oder Lernchance?

In einem aktuellen Verständnis von Lernen und Lehren stehen Eigenaktivität sowie zunehmende Selbstorganisation und -verantwortung von Lernprozessen durch die Lernenden im Zentrum. Dieses Verständnis wird für das Mathematiklernen sowohl durch die Bildungsstandards als auch durch verschiedene Lehrpläne für Grund- und Förderschule festgehalten (vgl. z. B. KMK 2005; MSW 2008; BSUK 2012). In dieser Form verstandene Lernprozesse können nicht in isolierten Lernatomen stattfinden, sondern bedürfen komplexer Situationen, was für alle Schülerinnen und Schüler gilt (vgl. Donaldson 1991; Scherer 1999). Für den Mathematikunterricht bedeutet dies, ganzheitliche Zugänge zu neuen Themen zu ermöglichen, was in den folgenden Abschnitten konkretisiert wird. Orientierungsphasen und Übungsanteile werden nicht reduziert, sondern in größere Zusammenhänge gestellt. Die Zerlegung in kleinste Schritte kann dagegen die Einsicht in erforderliche Zusammenhänge eher verhindern (Hengartner 1992, 17). Auf diese Weise wird auch berücksichtigt, dass die Wissensentwicklung und die Lernprozesse der einzelnen Kinder in der Regel nicht exakt einem vorgedachten methodisch-didaktischen Aufbau entsprechen. Schülerinnen und Schüler müssen bei derartigen Unterrichtskonzepten lernen, sich in ganzheitlichen Lernangeboten zu orientieren und entsprechende Strategien zu entwickeln. Dies hat nicht zuletzt auch eine Bedeutung für die Orientierung in der Umwelt und Lebenswelt: Auch hier ist der Umgang mit Offenheit und Komplexität erforderlich. Langfristig kann damit auch zur Förderung des Selbstvertrauens und der Selbstständigkeit beigetragen werden.

Zugänge zu Lerninhalten ganzheitlich vorzunehmen, ermöglicht eine Differenzierung aus der Sache heraus, eine natürliche Differenzierung (vgl. Wittmann / Müller 2004, 15; Krauthausen / Scherer 2014, 46 ff.): Ganzheitliche Lernangebote beinhalten in natürlicher Weise unterschiedliche Schwierigkeitsgrade, so dass auf unterschiedlichen Niveaus gearbeitet werden kann. Für die Lernenden bieten sich Wahlmöglichkeiten etwa der Lösungswege, der Arbeitsmittel oder der Aufgaben sowie der (mündlichen / schriftlichen) Darstellung (zur weiteren Konkretisierung entsprechender Lernangebote vgl. den Überblick in Krauthausen / Scherer 2014, 52 ff.).

Diskutiert werden sollen hierbei die Möglichkeiten und Grenzen im inklusiven Unterricht. Beim Lernen in komplexen Situationen können Fehler zunächst häufiger auftreten als beim Lernen isolierter und vorgegebener Inhalte. Fehler sind jedoch bei dem hier dargestellten Verständnis von Lernprozessen notwendige Begleiterscheinungen (Donaldson 1991, 119 ff.). Natürlich gilt es bei der Auswahl eines Lernangebots den jeweiligen Unterstützungsbedarf eines Kindes zu berücksichtigen, aber die Ganzheitlichkeit des Lernangebots sollte dennoch beibehalten werden: So ist für ein sprachbeeinträchtigtes Kind bei der Formulierung des Arbeitsauftrags auf unnötige sprachliche Anforderungen zu verzichten oder bei einem lernbeeinträchtigten Schüler zu berücksichtigen, ob der Zahlenraum angemessen ist und bspw. bestimmte Operationen bereits bekannt sind. Diese fachliche Begleitung liegt in der Verantwortung der Lehrperson (vgl. z. B. Scherer 2015; Häsel-Weide/Nührenbörger 2013), und im weiteren Lern- und Unterrichtsprozess kommt auch deren diagnostische Kompetenz zur Anwendung: Wenn bei einer Aufgabenbearbeitung Schwierigkeiten auftreten, sollte die Lehrperson sorgfältig reflektieren, welcher Art diese Schwierigkeiten sind. Manche Lernende müssen den Umgang mit komplexen Situationen erst (wieder) erlernen, wenn sie beispielsweise an ausschließliches ›Regellernen‹ gewöhnt sind. Unreflektiert Hilfen anzubieten, bspw. durch vorgefertigte Tippkarten (vgl. z. B. Kostka 2012), erscheint fragwürdig, wenn diese Hilfen nicht zielgerichtet erfolgen.

Beispiele für zentrale Situationen im Mathematikunterricht

Im Folgenden werden für verschiedene Schuljahre bzw. verschiedene Zahlenräume Konkretisierungen vorgenommen, die die Bedeutung eines ganzheitlichen Vorgehens illustrieren.

Einstieg in neue Zahlenräume: Orientierung im Zwanzigerraum

Was bedeuten der Einstieg und das Durchdringen eines neuen bzw. eines erweiterten Zahlenraums? Betrachtet man exemplarisch den Schulanfang und den zu thematisierenden Zwanzigerraum, so stellen sich vielfältige Anforderungen an die Lernenden: das Beherrschen der Zahlwortreihe, das Bestimmen von Anzahlen, das Unterscheiden verschiedener Zahlaspekte, das Identifizieren und Schreiben von Zahlsymbolen und vieles mehr (KMK 2005). Hierzu bringen die Lernenden unterschiedliche Vorerfahrungen mit, die es aufzugreifen gilt.

> **Beispiel:** Ein geeignetes Spielangebot für den Anfangsunterricht stellt ›Räuber und Goldschatz‹ dar, das auf der Zwanzigerreihe gespielt wird (vgl. Wittmann u. a. 2017, Abb. 1).
>
> Das Spiel repräsentiert ein ganzheitliches Vorgehen, denn es wird im gesamten Zwanzigerraum gespielt. Ein Schatz, der auf der Zahlreihe platziert wird, wird durch abwechselndes Würfeln in die dem jeweiligen Mitspieler zugeordnete Richtung gezogen, bis ein Spieler die 1 oder die 20 erreicht hat und damit den Schatz in seine Höhle gebracht hat.

**Abb. 1: Spielplan zu
Räuber und Goldschatz
im Zwanzigerraum**
(aus Wittmann u. a.
2017, 5)

Welche Voraussetzungen sind für die Schülerinnen und Schüler erforderlich und welche verschiedenen Spielniveaus sind möglich? Das Spiel beinhaltet eine natürliche Differenzierung, d. h. es kann auf unterschiedlichen Niveaus gespielt werden, ohne das jeweilige Niveau für einzelne Schüler vorab festlegen zu müssen (vgl. Scherer 2005, 129 ff.; Scherer 2013): Die Schüler haben die Möglichkeit, die Felder einzeln abzählend nach Art von ›Mensch ärgere dich nicht‹ zu erreichen. Es ist dabei nicht unbedingt notwendig, bis 20 zählen zu können und alle Zahlwörter bzw. Zahlsymbole zu beherrschen. Die Anzahl der Punkte des Würfels kann durchaus in einer Eins-zu-eins-Zuordnung auf dem Spielfeld umgesetzt werden. Schülerinnen und Schüler, die bereits über weitere Kompetenzen verfügen, können die Felder durch Simultanerfassung der weiteren (weiterzuziehenden) Felder erreichen, d. h. in einem Sprung. Möglich ist auch ein strukturiertes Zählen, z. B. in 2er-Schritten, oder das Errechnen der nächsten Position.

Das Potenzial des ganzheitlichen Vorgehens hinsichtlich der Einsichten in Zahlbeziehungen und des Verständnisses des gesamten Zahlenraums ist vielschichtig: Die Schülerinnen und Schüler lernen und üben das flexible Zählen auf einzelnen Abschnitten der Zahlreihe, mit oder ohne Berücksichtigung der abgebildeten Zahlsymbole. Die Zahlreihe vorwärts / rückwärts wird geübt, und mögliche einseitige Verfestigungen entstehen erst gar nicht.

Verschiedene Strategien sind nicht unbedingt als hierarchische Anordnung zu verstehen: Es wird Kinder geben, die Aufgaben im Zahlenraum bis 10 durch *Rechnen* und *Lesen* der Zahlen lösen können, jedoch im Zahlenraum über 10 auf das *einzelne Abzählen* zurückgreifen (zu weiteren Ausführungen vgl. Scherer 2005, 131). Dabei bestehen fließende Übergänge zwischen den Niveaus und die Lehrperson sollte die Bearbeitungen und Entwicklungen im Spielverlauf sensibel beobachten.

Einführung neuer Operationen:
Multiplikative Deutung von Felderstrukturen

Die Grundoperationen Addition und Subtraktion sowie Multiplikation und Division stellen zentrale Inhalte des Mathematikunterrichts dar und sind wesentlich für viele spätere Inhalte. Bei der Behandlung der Operationen sind zunächst die Grundvorstellungen (z. B. Wartha / Schulz 2011; Häsel-Weide / Nührenbörger 2012) von zentraler Bedeutung und deren Verknüpfung zu vorhandenen Erfahrungen der Lernenden. Dabei kommen auch geeignete Arbeitsmittel und Veranschaulichungen zum Einsatz.

Der Zugang zu den Operationen sollte ganzheitlich erfolgen (vgl. Wittmann / Müller 1990, 107) und soll hier für die Multiplikation skizziert werden. Ganzheitlich vorzugehen heißt nicht, dass die Kinder von Beginn an alle Multiplikationsaufgaben beherrschen müssten, es eröffnet aber die Möglichkeit, von Beginn an Vernetzungen herzustellen.

Man mag vielleicht Sorge haben, dass dies für Schülerinnen und Schüler mit Schwierigkeiten beim Mathematiklernen zu schwierig sei und sie durch die Vielfalt der Aufgaben verwirrt würden. Es ist aber zunächst notwendig, einen Überblick darüber zu erhalten, was Multiplikation bedeutet. Ohne ein grundlegendes Verständnis dieser Operationen mit ihren Besonderheiten und Abgrenzungen zu anderen Operationen wird sich das Wissen der Kinder auf bloße auswendig gelernte Fakten beschränken. Derartiges unverbundenes Wissen wird dann auch um so schneller wieder vergessen.

Eine zentrale Grundvorstellung der Multiplikation stellt das ›räumlich-simultane Modell‹ dar (vgl. Krauthausen / Scherer 2007, 27 ff.; Wittmann / Müller 1990, 108 ff.), das Einsichten in viele Gesetzmäßigkeiten ermöglicht und in vielen Objekten und Situationen in der Umwelt wiederzufinden ist.

Beispiel: Einstiegssituation anhand konkreter Objekte mit Felderstruktur

Ein ganzheitlicher Einstieg in die Multiplikation kann anhand ausgewählter realer Objekte erfolgen, die eine Felderstruktur aufweisen (Eierkartons, Flaschenkästen etc.). Aufgabe für die Lernenden ist es, mögliche Aufgaben zu diesen Objekten und Darstellungen zu finden und individuelle Deutungen vorzunehmen, die durchaus eine unterschiedlich tiefe Durchdringung der Operationen ermöglichen (vgl. Abb. 2): Gefunden wurden von Viertklässlern in einer Schule mit dem Förderschwerpunkt Lernen zu einem 6er-Eierkarton sowohl Additionen als auch eine Multiplikation. Bei den Additionen sind Aufgaben mit zwei oder drei Summanden notiert, darunter gleichgroße oder unterschiedliche Summanden. Wichtig ist, dass die Schülerinnen und Schüler ihre jeweilige Sichtweise und Deutung an der Felddarstellung zeigen. Hierbei würde bspw. deutlich, dass den Aufgaben 2 + 2 + 2 und 3 · 2 die gleiche Sichtweise zugrunde liegt, und die besondere Form der Notation der neu zu erlernenden Operation *Multiplikation* wäre zu thematisieren. Im Anschluss könnte zur Aufgabe 3 + 3 die passende multiplikative Notation gefunden werden. Auch die Erkenntnis, dass zu Additionen mit unterschiedlich großen Summanden keine Multiplikation notiert werden kann, stellt eine wichtige Einsicht dar.

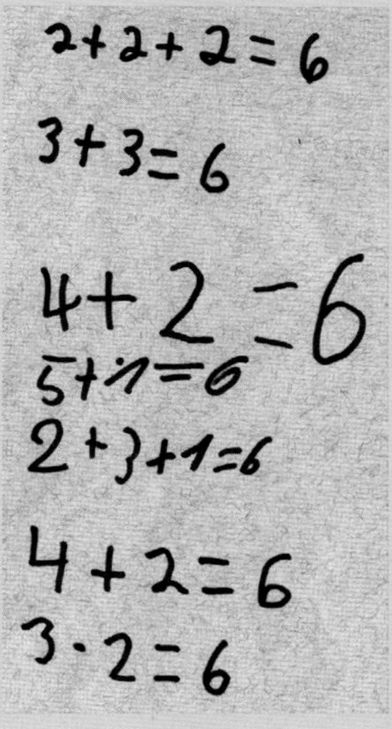

$$2 + 2 + 2 = 6$$
$$3 + 3 = 6$$
$$4 + 2 = 6$$
$$5 + 1 = 6$$
$$2 + 3 + 1 = 6$$
$$4 + 2 = 6$$
$$3 · 2 = 6$$

Abb. 2: Gefundene Aufgaben zur Felderstruktur eines 6er-Eierkartons

In anschließenden systematischen Erkundungen (vgl. auch Häsel-Weide / Nührenbörger 2013) sind zudem weitere Gesetzmäßigkeiten zu erarbeiten, wie etwa das Kommutativgesetz mit der Einsicht, dass Aufgabe und Tauschaufgabe das gleiche Ergebnis haben, hier 3 · 2 = 2 · 3. Würde man sich gegen ein ganzheitliches Vorgehen entscheiden und Einmaleinsreihen isoliert nacheinander behandeln, würde sich diese Erkenntnis nicht in natürlicher Weise ergeben, da die beiden Aufgaben zu unterschiedlichen Zeitpunkten gelernt werden. Insgesamt werden natürlich nicht alle Schülerinnen und Schüler zum gleichen Zeitpunkt diese Einsichten erlangen, aber das Aufgabenangebot ermöglicht, diese Zielsetzung für alle anzustreben.

Produktives Üben: Mit Ziffernkarten 1000 erreichen

Auch für den Bereich des Übens ist ein ganzheitliches Vorgehen sinnvoll, damit Lernende eine Möglichkeit haben, mathematische Strukturen und Beziehungen zu entdecken und zu nutzen (vgl. Wittmann 1992). Verschiedene Übungstypen bzw. Aufgabentypen, wie bspw. offene Aufgaben, operativ strukturierte oder problemstrukturierte Aufgaben, stellen dabei unterschiedliche Anforderungen und verfolgen mitunter unterschiedliche Ziele (zu ausführlicheren Darstellungen vgl. z. B. Scherer 2005).

Beispiel: Eine Aktivität mit Ziffernkarten im Tausenderraum, einsetzbar bspw. im 3. oder 4. Schuljahr, soll dies illustrieren (vgl. z. B. Scherer 2001; Häsel-Weide / Nührenbörger 2013).

Bilde aus diesen Kärtchen jeweils zwei Zahlen mit drei Stellen und addiere sie. Das Ergebnis soll nahe an 1000 sein. Kannst du auch genau 1000 erreichen? Probiere aus!

Die Karten von 1 bis 9 stehen jeweils einmal zur Verfügung, so dass die Aufgaben konkret gelegt werden können und mögliche Missverständnisse, etwa bzgl. der Mehrfachverwendung von Zahlen, vermieden werden. Der geöffnete Arbeitsauftrag »nahe an 1000« heranzukommen, lässt Spielraum für die Annäherung: Die Schülerinnen und Schüler können zunächst ausprobieren, müssen nicht sofort zielgerichtet vorgehen, haben aber Erfolgserlebnisse und können an gefundenen Ergebnissen weiterarbeiten. Auf diese Weise werden für alle individuelle Zugänge ermöglicht.

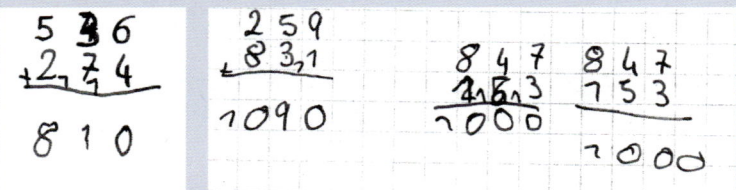

Abb. 3: Dokumente des Förderschülers Sven

Abb. 3 zeigt die Lösungen von Sven (Unterstützungsbedarf im Lernen), der seit einiger Zeit im Tausenderraum arbeitet. Bereits im ersten Versuch sind Zerlegungen der 10 an Einer- und Zehnerstelle gewählt, wobei das Ergebnis kleiner als 1000 ist: Diese Überlegungen zu Ziffernkombinationen an einzelnen Stellenwerten sind ein wichtiges Element der Lösungsfindung. Das zweite Beispiel liefert ein Ergebnis größer als 1000, die Zehnerzerlegungen werden noch nicht konsequent an allen Stellenwerten gewählt bzw. weitere Überlegungen zu entstehenden Überträgen noch nicht berücksichtigt. Im dritten Beispiel erreicht Sven das Ergebnis 1000, wobei er beim zweiten Summanden im Rechenprozess die Hunderterstelle von 2 zu 1 sowie die Zehnerstelle von 6 zu 5 verändert und die Kombination noch einmal sauber daneben notiert.

In einer gemeinsamen Reflexion könnten verschiedene Aspekte thematisiert werden: Wurde der Arbeitsauftrag korrekt umgesetzt (bspw. keine Ziffernkarten doppelt verwendet)? Sind Rechenfehler zu korrigieren? Können bei Lösungen kleiner oder größer als 1000 noch Karten ausgetauscht werden, um näher an 1000 heranzukommen? Was ist das Gemeinsame an Lösungen zur 1000, welche Zahlbeziehungen erkennt man? Wer kann die Strategie zum Finden weiterer Lösungen erklären?

Die Aktivität könnte auch als strukturgleiche Aufgabenstellung (Nührenbörger/Pust 2006) umgesetzt werden: Hierzu werden vergleichbare Problemstellungen, durchaus auf unterschiedlichem Niveau, formuliert, die gleiche Verstehenselemente aufweisen und so den gemeinsamen Austausch ermöglichen. Denkbar wäre hier, das mögliche Erreichen von 100 mit zwei 2-stelligen Zahlen, das Erreichen von 10 000 mit zwei 4-stelligen Zahlen oder das Erreichen von 100 000 mit zwei 5-stelligen Zahlen (dann incl. der Ziffernkarte 0) parallel anzubieten. Die verschiedenen Problemstellungen weisen zwar einen unterschiedlichen Komplexitäts- und Schwierigkeitsgrad auf (u. a. ist die letztgenannte Aufgabe mit nur einem Kartensatz von 0 bis 9 nicht lösbar), für die Lösung sind aber gleiche Zahlbeziehungen und Einsichten relevant, die gemeinsam reflektiert werden können (vgl. auch Scherer 2015, 277 ff.). Durch die Gestaltung gemeinsamer Lernsituationen haben die Schülerinnen und Schüler die Möglichkeit, über vergleichbare Entdeckungen zu Struktur oder Lösungsstrategien zu sprechen. Hierin liegt ein großer Unterschied zu gängigen Materialien und Aufgabenvorschlägen der klassischen inneren Differenzierung, bei denen weder die Notwendigkeiten noch die wirklichen Möglichkeiten des Austausches bestehen, da die Schülerinnen und Schüler u. U. an ganz verschiedenen Dingen gearbeitet haben.

Abschließende Bemerkungen

Im Beitrag wurde die Bedeutung eines ganzheitlichen Vorgehens für alle Schülerinnen und Schüler mit der Möglichkeit einer natürlichen Differenzierung hervorgehoben. Die entsprechenden Argumente wurden für einige zentrale Situationen im Mathematikunterricht konkretisiert und anhand von Beispielen illustriert.

Für den inklusiven Mathematikunterricht ist damit die Möglichkeit gegeben, gemeinsame Lernangebote anzubieten und gemeinsame Lernsituationen zu schaffen sowie Alternativen zu separierenden Förderungen zu ermöglichen. Dabei eröffnen die vorgestellten gemeinsamen Lernsituationen den Schülerinnen und Schülern individuellen Spielraum, und besondere Unterstützungsbedarfe können berücksichtigt werden. Die individuellen Vorgehensweisen und Leistungen werden wertgeschätzt, und Über- und Unterforderung können reduziert werden (vgl. auch Seitz 2016).

Das Arbeiten in gemeinsamen Lernsituationen ist jedoch kein Selbstläufer. Vielmehr müssen die Lernenden auch hier entsprechende Erfahrungen sammeln und von der Lehrperson angeregt und begleitet werden (zur Gestaltung vgl. auch Häsel-Weide / Nührenbörger 2015).

Literatur

Boban, I. / Hinz, A. (2003): Index für Inklusion. Lernen und Teilhabe in der Schule der Vielfalt entwickeln. Halle-Wittenberg: Martin-Luther-Universität.

BSUK – Bayrisches Staatsministerium für Unterricht und Kultus (Hrsg.) (2012): Rahmenlehrplan für den Förderschwerpunkt Lernen. München: BSUK.

Buholzer, A. / Kummer Wyss, A. (2010): Heterogenität als Herausforderung für Schule und Unterricht. In: Buholzer, A. / Kummer Wyss, A. (Hrsg.) (2008): Alle gleich – alle unterschiedlich! Zum Umgang mit Heterogenität in Schule und Unterricht. Leipzig: Klett, 7–13.

Dietze, T. (2013): Integration von Schülern mit sonderpädagogischem Förderbedarf in der Grundschule – zur Situation in den 16 Bundesländern. In: Zeitschrift für Grundschulforschung, 6. Jg., H. 1, 34–44.

Donaldson, M. (1991): Wie Kinder denken – Intelligenz und Schulversagen. München: Piper.

Häsel-Weide, U. / Nührenbörger, M. (2012): H. 4: Fördern im Mathematikunterricht. In: Bartnitzky, H. u. a. (Hrsg.), Individuell fördern – Kompetenzen stärken in der Eingangsstufe (Kl. 1 + 2). Frankfurt / M.: Grundschulverband.

Häsel-Weide, U. / Nührenbörger, M. (2013): H. 2: Fördern im Mathematikunterricht. In: Bartnitzky, H. u. a. (Hrsg.), Individuell fördern – Kompetenzen stärken ab Klasse 3. Frankfurt / M.: Grundschulverband.

Häsel-Weide, U. / Nührenbörger, M. (2015): Aufgabenformate für einen inklusiven Arithmetikunterricht. In: Peter-Koop, A. u. a. (Hrsg.) (2015): Inklusiver Mathematikunterricht in der Grundschule. Offenburg: Mildenberger, 58–74.

Heinrich, M. / Urban, M. / Werning, R. (2013): Grundlagen, Handlungsstrategien und Forschungsperspektiven für die Ausbildung und Professionalisierung von Fachkräften für inklusive Schulen. In: Döbert, H. / Weishaupt, H. (Hrsg.) (2013): Inklusive Bildung professionell gestalten – Situationsanalyse und Handlungsempfehlungen. Münster: Waxmann, 69–133.

Hengartner, E. (1992): Für ein Recht der Kinder auf eigenes Denken – Pädagogische Leitideen für das Lernen von Mathematik. In: Die neue Schulpraxis, H. 7/8, 15–27.

Klemm, K. (2015): Inklusion in Deutschland. Daten und Fakten. Gütersloh: Bertelsmann Stiftung.

KMK (Hrsg.) (2005): Bildungsstandards im Fach Mathematik für den Primarbereich. Beschluss vom 15.10.2004. München: Wolters Kluwer.

Korff, N. (2015): Inklusiver Mathematikunterricht in der Primarstufe: Erfahrungen, Perspektiven und Herausforderungen. Hohengehren: Schneider.

Kostka, N. (2012): Lerninhalte selbstständig erarbeiten. Mathematik 3. Mit Tippkarten Schritt für Schritt zur richtigen Lösung. Donauwörth: Auer.

Krauthausen, G. / Scherer, P. (2007): Einführung in die Mathematikdidaktik. 3. neu bearbeitete Auflage. Heidelberg: Spektrum.

Krauthausen, G. / Scherer, P. (2014): Natürliche Differenzierung im Mathematikunterricht – Konzepte und Praxisbeispiele aus der Grundschule. Seelze: Kallmeyer.

MSW – Ministerium für Schule und Weiterbildung des Landes Nordrhein-Westfalen (Hrsg.) (2008): Grundschule. Richtlinien und Lehrpläne. Mathematik. Frechen: Ritterbach.

Nührenbörger, M. / Pust, S. (2006): Mit Unterschieden rechnen. Lernumgebungen und Materialien für einen differenzierten Anfangsunterricht. Seelze: Kallmeyer.

Prengel, A. (2013): Inklusive Bildung in der Primarstufe. Eine wissenschaftliche Expertise des Grundschulverbandes. Frankfurt / M.: Grundschulverband.

Scherer, P. (1999): Entdeckendes Lernen im Mathematikunterricht der Schule für Lernbehinderte – Theoretische Grundlegung und evaluierte unterrichtspraktische Erprobung. 2. Auflage. Heidelberg: Edition Schindele.

Scherer, P. (2001): Aktivitäten mit Ziffernkarten: Beziehungsreiches Lernen für alle Schülerinnen und Schüler. In: mathematik lehren, H. 105, 12–15.

Scherer, P. (2005): Produktives Lernen für Kinder mit Lernschwächen: Fördern durch Fordern. Band 1. Horneburg: Persen.

Scherer, P. (2013): Natural Differentiation in the teaching of mathematics for school beginners. In: South African Journal for Childhood Education, 3. Jg, H. 1, 100–116.

Scherer, P. (2015): Inklusiver Mathematikunterricht der Grundschule – Anforderungen und Möglichkeiten aus fachdidaktischer Perspektive. In: Häcker, T. / Walm, M. (Hrsg.) (2015): Inklusion als Entwicklung – Konsequenzen für Schule und Lehrerbildung. Bad Heilbrunn: Klinkhardt, 267–284.

Seitz, S. (2016): Inklusive Didaktik: Die Frage nach dem ›Kern der Sache‹. In: Zeitschrift für Inklusion, H. 1. Online-Ausgabe

Wartha, S. / Schulz, A. (2011): Aufbau von Grundvorstellungen (nicht nur) bei besonderen Schwierigkeiten im Rechnen. Handreichung des Programms SINUS an Grundschulen. Kiel: IPN. Download: sinus-an-grundschulen.de /fileadmin/uploads/ Material_aus_SGS/Handreichung_WarthaSchulz.pdf

Wember, F. B. (2013): Herausforderung Inklusion: Ein präventiv orientiertes Modell schulischen Lernens und vier zentrale Bedingungen inklusiver Unterrichtsentwicklung. In: Zeitschrift für Heilpädagogik, 64. Jg., H. 10, 380–388.

Wittmann, E. C. (1992): Üben im Lernprozeß. In: Wittmann, E. C. / Müller, G. N. (Hrsg.) (1992): Handbuch produktiver Rechenübungen, Band 2: Vom halbschriftlichen zum schriftlichen Rechnen. Stuttgart: Klett, 175–182.

Wittmann, E. C. / Müller, G. N. (1990): Handbuch produktiver Rechenübungen. Band 1: Vom Einspluseins zum Einmaleins. Stuttgart: Klett.

Wittmann, E. C. / Müller, G. N. (2004): Das Zahlenbuch 1/2. Lehrerband. Leipzig: Klett.

Wittmann, E. C. / Müller, G. N. / Nührenbörger, M. / Schwarzkopf, R. (2017): Das Zahlenbuch 1. Stuttgart, Leipzig: Klett.

Verena Pliquet / Christoph Selter / Laura Korten

Aufgaben adaptieren

Gemeinsames Mathematiklernen anregen und individuelle Lernfortschritte ermöglichen

Die Heterogenität an Schulen hat in den letzten Jahren – nicht zuletzt durch die zunehmende Umsetzung der Inklusion – zugenommen. So variieren beispielsweise die Lernmöglichkeiten, die Interessen, die Einstellungen und die kulturellen Hintergründe der Schülerinnen und Schüler innerhalb einer Schulklasse. Die sog. *individuelle Förderung* hat daher mehr und mehr an Bedeutung gewonnen. Als Leitprinzip steht sie in der aktuellen bildungspolitischen, didaktischen sowie professionstheoretischen Diskussion und spielt eine wichtige Rolle in Entwicklung und Forschung (Hußmann / Selter 2013). Allerdings zeigen Ergebnisse aus internationalen Vergleichsstudien, dass in Deutschland sowohl die leistungsschwachen als auch die leistungsstarken Schülerinnen und Schüler nicht hinreichend gefördert werden (Prenzel et al. 2013; Bos et al. 2012). Dies gilt im Besonderen auch für den Mathematikunterricht (Sälzer et al. 2013; Selter et al. 2012). Studien aus der Unterrichtsforschung belegten zudem, dass Lehr-Lern-Prozesse effektiv und nachhaltig gestaltet werden können, wenn sie an individuelle Lernstände der Schülerinnen und Schüler anknüpfen und diese adaptiv weiterentwickeln (Helmke 2010; Hattie 2013).

Individuelle Lernfortschritte ermöglichen – aber wie?

Das Ziel der *individuellen Förderung* ist das Ermöglichen individueller Lernfortschritte und somit die optimale Potenzialentfaltung sowie die Persönlichkeitsentwicklung aller Schülerinnen und Schüler einer Lerngruppe. »*Gute Lernaufgaben*« gelten hierzu als notwendige Bedingung (vgl. MSW 2008). Diese sollen dazu beitragen, dass

- die Schülerinnen und Schüler die formulierten inhaltsbezogenen und prozessbezogenen Kompetenzerwartungen erreichen können (vgl. das Beispiel ›Entdeckerpäckchen‹, www. ▶ pikas.dzlm.de/edp),
- Mathematik als sinnvoll, bedeutsam und authentisch erfahren wird, beispielsweise indem die Aufgaben einen Lebensweltbezug aufweisen (vgl. das Beispiel ›Unsere Schule in Zahlen‹, www. ▶ pikas.dzlm.de/125),
- an vorhandenes Wissen angeknüpft werden kann und dieses kumulativ über die Schuljahre hinweg weiterentwickelt wird (vgl. das Beispiel ›Additionen von Reihenfolgezahlen; www. ▶ pikas.dzlm.de/024) und
- adaptiv auf die unterschiedlichen Lernstände und Lernmöglichkeiten der Kinder eingegangen wird, um allen Lernenden individuell angepasste

Könnenserfahrungen und Lernfortschritte zu ermöglichen (vgl. die Leitidee ›Aufgaben adaptieren‹ auf :::::▶ pikas-mi.dzlm.de/100).

Ausgehend von dem Gedanken, dass nicht jedes Kind immer und zum selben Zeitpunkt dasselbe machen und lernen kann, sind in den letzten Jahrzehnten – insbesondere mit Blick auf den letztgenannten Punkt – erfreulicherweise viele Konzepte und Materialien für die Grundschule entwickelt worden, die auch in der Unterrichtsrealität angekommen sind. Demzufolge verabschiedet sich die Grundschule mehr und mehr vom *Konformitätsparadigma* und ist somit ein Vorbild für die Arbeit in anderen Schulformen.

Hingegen muss aber auch das folgende Problem klar benannt werden: Das Eingehen auf individuelle Lernpotenziale wird leider gerade in der Grundschule nicht selten so verstanden, dass die Schülerinnen und Schüler kleine Lernhefte, unzusammenhängende Arbeitsblätter oder Lernstationen in individuellem Tempo weitgehend auf sich allein gestellt bearbeiten. Damit wird *gerade nicht selbstständig* im eigentlichen Wortsinne gearbeitet. Denn die Aufgabendarbietung muss im Regelfall kleinschrittig erfolgen, damit die organisatorische Einbettung funktioniert und die Schülerinnen und Schüler etwas zu tun haben (Sundermann/Selter 2000). Zudem geht dabei die Kommunikation über Mathematik, das gemeinsame Lernen und die Förderung prozessbezogener Kompetenzen weitgehend verloren.

Demzufolge entsteht die *Gefahr der Vereinzelung* beim Lernen, denn die Kinder werden mit individuellen Materialien (nur) beschäftigt. Im Zuge einer stärkeren Individualisierung des Unterrichts kann es aber nicht primär darum gehen. Vielmehr besteht die zentrale Aufgabe von Lehrpersonen darin, Kinder zu aktivem Lernen, zu produktivem Austausch und zu lernförderlicher Reflexion herauszufordern – selbstverständlich unter Berücksichtigung individuell unterschiedlicher Lernpotenziale. Die bereits erwähnten lernprozessbezogenen Ansätze für individuelle Förderung, wie beispielsweise der Einsatz von substanziellen Aufgaben zur natürlichen Differenzierung und die Herausforderung des Rechnens auf eigenen Wegen, können dies ermöglichen (Krauthausen/Scherer 2013; Sundermann/Selter 2012; Selter/Bonsen 2017).

Folglich ist – um der beschriebenen *Individualisierungsfalle* zu entkommen – mit dem letztgenannten Punkt aus der obenstehenden Auflistung keine übertriebene Individualisierung gemeint. Denn wird der Unterricht zu speziell auf jedes einzelne Kind ausgerichtet, kann kein fachlicher Austausch mehr erfolgen, was dazu führt, dass Prozesse des gemeinsamen Mathematiklernens nicht mehr erfolgen können (Brügelmann 2011).

Voraussetzung ist also ein übergeordneter gemeinsamer Gegenstand, um fachlichen Austausch und somit von- und miteinander Lernen zu ermöglichen. Natürlich ist nicht jeder mathematische Inhalt geeignet, um das Lernen am gemeinsamen Gegenstand anzuregen. Jedoch sollten, wo immer es sinnvoll ist, Lehrpersonen die Bedingungen dafür schaffen, dass alle Schülerinnen und Schüler mit ihren jeweiligen Lernmöglichkeiten einen Zugang zu einer gemeinsamen geteilten Aufgabenstellung erhalten und sich an Prozessen des gemeinsamen Mathematiklernens beteiligen können.

Sieben Leitideen zur Adaption von Aufgaben

In diesem Beitrag soll aufgezeigt werden, wie durch die Adaption von Aufgaben ein Zugang für alle Kinder zu einer übergeordneten Aufgabenstellung ermöglicht und somit eine stärkere Berücksichtigung von Heterogenität realisiert werden kann. Dies ist insbesondere auch für den inklusiven Fachunterricht von großer Relevanz (Selter / Pliquet / Korten 2016). Hierzu werden sieben eng miteinander zusammenhängende Leitideen zur Adaption von Aufgaben formuliert:

Die Anforderungsbereiche berücksichtigen: Das Anforderungsniveau der Aufgabenstellung variiert auf Grundlage verschiedener Anforderungsbereiche (Reproduzieren, Zusammenhänge herstellen, Verallgemeinern und Reflektieren; MSW 2008), die innerhalb einer Aufgabe oder in unterschiedlichen Teilaufgaben angesprochen werden.

Tipps und Herausforderungen bereithalten: Die Bearbeitung der Aufgabenstellung wird durch unterschiedliche Formen der individuell angepassten Lernunterstützung (Tipps, Hilfsaufgaben, Sternchenaufgaben, Transferaufgaben, Wortspeicher, …) erleichtert.

Verwandte Aufgabenstellungen verwenden: Die Aufgabenauswahl erfolgt von den Schülerinnen und Schülern aus zwei oder mehreren Aufgaben, mit gleicher oder ähnlicher Struktur, aber unterschiedlichen Inhalten. Diese zeichnen sich durch analoge Aufgabenanforderungen aus, die sich in Anspruch und Komplexität zwar unterscheiden, aber im Sinne des Spiralprinzips aufeinander aufbauen.

Offene Aufgaben einsetzen: Die Aufgabenauswahl wird innerhalb eines durch die Aufgabenstellung aufgespannten Rahmens, der vielfältige Wahlmöglichkeiten eröffnet, durch die Schülerinnen und Schüler selbst realisiert. Komplexität und Anspruchsniveau können sie demnach, ausgehend von ihren Lernmöglichkeiten, selbst bestimmen.

Unterschiedliche Darstellungsformen nutzen: Die Bearbeitung der Aufgabe wird durch die Bereitstellung unterschiedlicher Zugänge sowie die Nutzung und Vernetzung verschiedener Darstellungsformen (Handlungen an Material, Nutzung bildlicher Darstellungen, …) erleichtert.

Verschiedene Vorgehensweisen ermöglichen: Durch die Verwendung von mathematisch reichhaltigen Aufgaben (»ergiebige Aufgaben«), die auf mathematischen Gesetzmäßigkeiten und Mustern beruhen, können die Lernenden unterschiedliche Vorgehensweisen zur Bearbeitung der Aufgabe im Hinblick auf individuelle Lernwege und angemessene Lernniveaus selbst auswählen.

Forschermittel verwenden: Das Nutzen von Forschermitteln (Pfeile, Einkreisungen, farbige Markierungen, Plättchen, Kärtchen zum Ordnen, Nummerierungen, …) kann die Schülerinnen und Schüler dabei unterstützen, Strukturen zu entdecken, Entdecktes darzustellen und zu begründen sowie über Darstellungen zu kommunizieren.

Tipps und Herausforderungen bereithalten

Es ist besonders in inklusiven Lerngruppen wichtig, neben den Basisanforderungen Formen der individuell angepassten Lernunterstützung sowie Erweiterung anzubieten, sodass die ganze Lerngruppe gemeinsam an einem Unterrichtsgegenstand arbeiten und zugleich jedes Kind, unabhängig vom jeweiligen Leistungsstand, gefördert werden kann.

Zur Illustration
Nachfolgend soll an einem Beispiel aus dem Anfangsunterricht veranschaulicht werden, wie dieses praktisch umgesetzt werden kann. Neben den Basisanforderungen sind zur Erweiterung und zur Unterstützung exemplarische Herausforderungen und Tipps zu finden, die es ermöglichen, leistungsstarke und -schwache Kinder gleichermaßen zu fordern.

Die hier gezeigten Kinderdokumente entstammen einer Unterrichtseinheit, in der das Kernanliegen darin bestand zu verstehen, dass sich eine Zahl unterschiedlich zerlegen und wieder zusammensetzen lässt. Ferner lag der Fokus darauf, dass die Lernenden einen Nutzen in der systematischen Anordnung von Plättchen erkennen und ihre prozessbezogenen Kompetenzen, vor allem in den Bereichen des Argumentierens, Darstellens und Kommunizierens, gefördert werden.

Basis
Mit einem Würfelbecher, fünf Wendeplättchen und dem Arbeitsauftrag *Immer 5* wurde allen Schülerinnen und Schülern ein aktiv-entdecken-

Abb. 1: »Immer 5«

der Zugang zu den verschiedenen Zerlegungsmöglichkeiten der Fünf ermöglicht, indem sie wiederholt Plättchen warfen und ihre Ergebnisse auf einem Arbeitsblatt festhielten (Abb. 1).

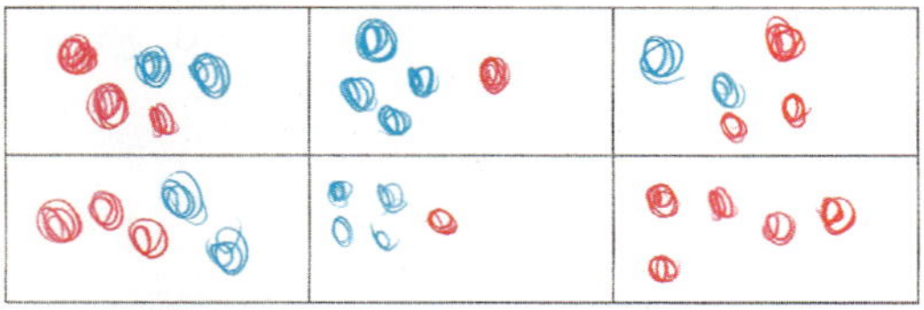

Hierbei versuchten einige Kinder bereits, die verschiedenfarbigen Plättchen zu ordnen. Dies konnte von der Lehrkraft als Anknüpfpunkt genutzt werden, die Lernenden zu einer strukturierten Plättchenanordnung (entsprechend des Zwanzigerfeldes) anzuregen und über dessen Vorteile für eine möglichst geschickte Anzahlerfassung nachzudenken. In einer weiterführenden Arbeitsphase (»Immer 5. Ordne«), erhielten die Schülerinnen und Schüler die Möglichkeit, ihre eigenen Ergebnisse der geworfenen Plättchen neu zu ordnen. Dabei konnten sie ggf. schon doppelte Zerlegungsmöglichkeiten erkennen (Abb. 2).

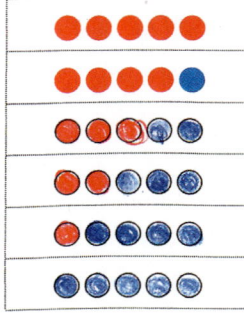

Abb. 2:
»Immer 5. Ordne.«

In einer gemeinsamen Plenumsphase wurde anschließend nach einer Vorgehensweise gesucht, alle gefundenen Zerlegungsmöglichkeiten einheitlich zu sortieren. Dies geschah zunächst beispielhaft mit vier Plättchen, um einen für alle Kinder nachvollziehbaren Zugang zu gewährleisten sowie zugleich keine Ergebnisse vorwegzunehmen. Der Lehrkraft standen dazu verschiedene Pappstreifen mit aufgedruckten Plättchen im Großformat zur Verfügung, auf denen alle Zerlegungsmöglichkeiten der Vier (in doppelter Ausführung) vorhanden waren. Damit konnte sie gemeinsam mit den Kindern eine Darstellungsweise aller Zerlegungsmöglichkeiten erarbeiten und schon doppelte durch Drehen und Aufeinanderlegen der Streifen klar erkennbar machen. Im Anschluss bestand die Aufgabe darin, die Zerlegungsmöglichkeiten der Fünf zu sortieren (»Immer 5. Sortiere«) und die jeweilige Zerlegung in eine symbolische Darstellung zu übertragen (Abb. 3).

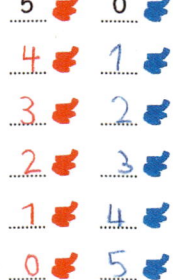

Abb. 3:
»Immer 5. Sortiere.«

Um die Prozesse zur Erschließung des Kernanliegens zu unterstützen, vor allem auf prozessbezogener Ebene, lag der Fokus der Unterrichtseinheit auf den dazugehörigen Forscheraufträgen: »*Was fällt dir auf? Markiere mit Forschermitteln*« und »*Sind das alle Möglichkeiten? Warum?*«, die am Ende im Plenum diskutiert wurden und dahingehend ausgerichtet waren, den Kindern die Vorteile einer systematischen Anordnung näher zu bringen.

Die Schülerdokumente zeigen, dass Forschermittel bei der Bearbeitung dieses Forscherauftrages im Anfangsunterricht eine wichtige Unterstützung darstellten. Einen kleinen Einblick in die unterschiedlichen Bearbeitungsweisen geben die Abbildungen 4 bis 6.

So nutzte Emilia zur Verdeutlichung ihrer Entdeckungen Forschermittel (vgl. PIKAS Haus 1; www.▶ pikas.dzlm.de/227) wie beispielsweise das Einkreisen (Abb. 4).

Immer 5. Sortiere.

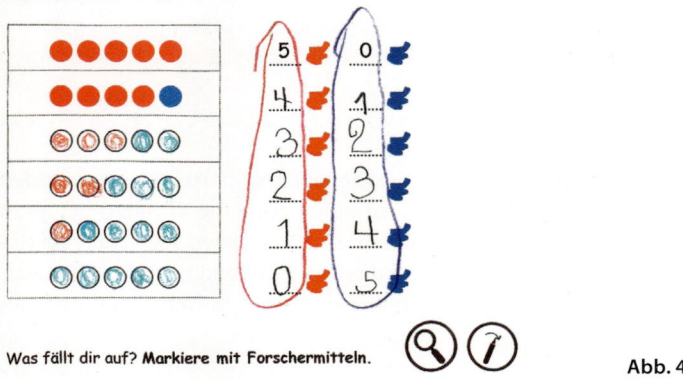

Was fällt dir auf? **Markiere mit Forschermitteln.**

Abb. 4

Auch eine eigene Darstellung mit aufgezeichneten Plättchen wurde von den Kindern beim Bearbeiten des Forscherauftrags als Veranschaulichung der Entdeckung genutzt (Abb. 5).

Was fällt dir auf? **Markiere mit Forschermitteln.**

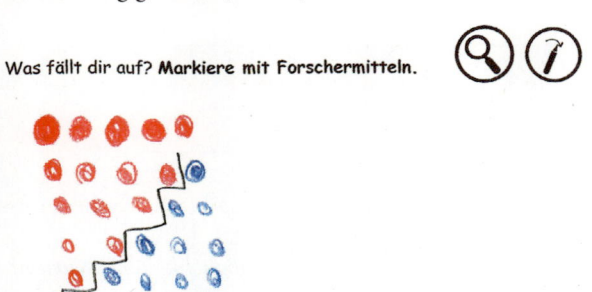

Abb. 5

Um erkannte Auffälligkeiten zu erklären, wählten einige Schülerinnen und Schüler bereits eine symbolische Darstellung (Abb. 6).

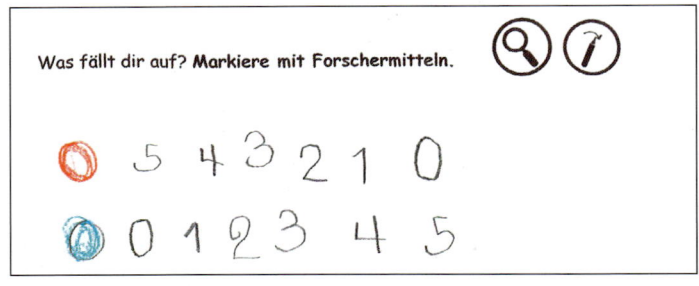

Abb. 6

Im Sinne der Leitidee ›Tipps und Herausforderungen bereithalten‹ griffen die folgenden zur Verfügung stehenden Materialien die Aufgabenstellungen und Forscheraufträge der Basisstufe auf und unterstützten oder forderten leistungsschwächere oder -stärkere Kinder auf dem Weg zum gemeinsamen Kernanliegen.

Erweiterung

Nach der Bearbeitung des ersten Basisarbeitsblattes hatten die Lernenden die Möglichkeit, sich mit der weiterführenden Aufgabe »Immer ____« zu beschäftigen. Sie durften selbst aussuchen, mit wie vielen Plättchen sie das Werfen und das Aufzeichnen sowie ggf. das anschließende Ordnen und Sortieren der Ergebnisse vertiefen wollten (Erweiterung durch Erhöhung des Zahlenmaterials, s. Abb. 7).

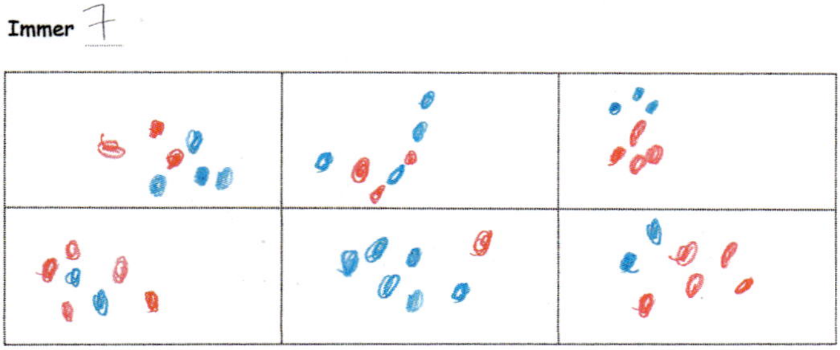

Immer 7

Abb. 7

Die Schwierigkeit der Bearbeitung kann sich zudem dadurch erhöhen, dass aufgedruckte Plättchen zum Ausfüllen fehlen (Abb. 8).

Ebenso kann der Forscherauftrag »Sind das alle Möglichkeiten? Warum?« eine Erweiterung darstellen. Dieser regt die Kinder auf prozessbezogener Ebene zum Begründen und Beweisen an (Erweiterung durch Herausforderung zum Begründen und Beweisen). Da es sich um eine erste Klasse handelte, fand der Beweis verbal mit Anschauungsmaterial (vgl. Abb. 10 auf S. 42) statt.

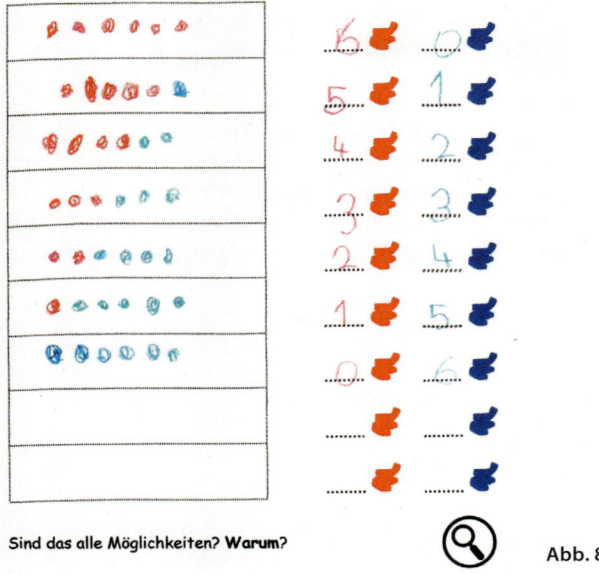

Sind das alle Möglichkeiten? Warum?

Abb. 8

Unterstützung

Als Möglichkeit der Unterstützung konnte der Arbeitsauftrag »*Immer 4*« gewählt werden. Die kleineren Zahlen sowie die daraus resultierenden geringeren Zerlegungsmöglichkeiten ermöglichten einen leichteren Zugang. (Unterstützung durch Verringerung des Zahlenmaterials) (Abb. 9).

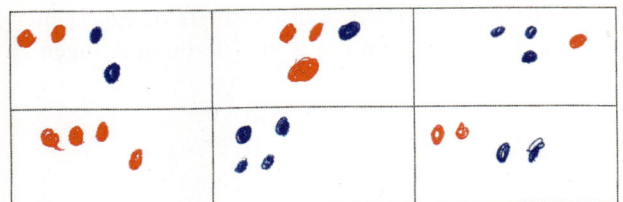

Abb. 9:
»Immer 4«

Während der gesamten Einheit stand allen Kindern zur Unterstützung entsprechendes Material zur Verfügung (Unterstützung durch Anschauungsmaterial), mit dem sie die Sortierung zunächst handelnd durchführen konnten (Abb. 10), um eventuelle doppelte Möglichkeiten durch Drehen der Streifen auszuschließen.

41

Abb. 10:
»Anschauungsmaterial«

Auch eine Tippkarte (Unterstützung durch Tippkarten; vgl. auch PIKAS Haus 6, www.▶ pikas.dzlm.de/195), auf der alle Zerlegungsmöglichkeiten unsortiert aufgedruckt waren und von den Kindern nur noch in die richtige Reihenfolge gebracht werden mussten, wurde als Unterstützung bereitgestellt (Abb. 11; s. Kapitel ›Anregungen zur Formulierung von Tipps und Herausforderungen‹).

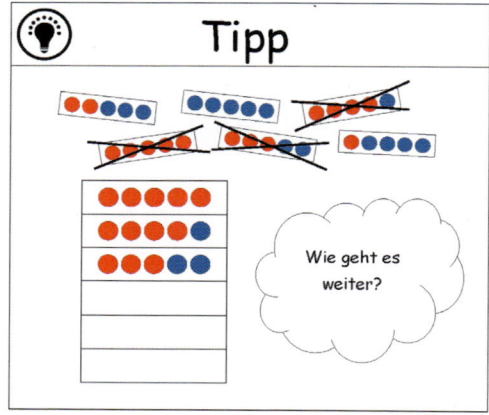

Abb. 11:
»Tippkarte«

Wie bereits erwähnt, dienten hier Forschermittel als Unterstützung (Unterstützung durch Forschermittel), vor allem um gemachte Entdeckungen zu fokussieren (Abb. 12).

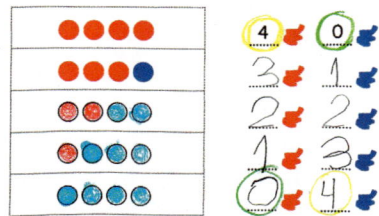

Was fällt dir auf? Markiere mit Forschermitteln.  Abb. 12

Anregungen zur Formulierung
von Tipps und Herausforderungen

Tippkarten können eine tragende Rolle im Unterstützungsprozess übernehmen, wenn sie sinnvoll eingesetzt werden. Bei der Formulierung von Tipps –
schriftlich, bildlich oder verbal – ist jedoch darauf zu achten, dass sie in der
praktischen Anwendung dem Kind lediglich als unterstützende Hilfe auf
dem individuellen Denk- und Lösungsweg dienen sollen. Tippkarten sollten
keineswegs als Lösungskarten fungieren, die den Kindern den Denkprozess
vorwegnehmen.

Je nach intendierter Hilfestellung können Tipps unterschiedlich formuliert
werden und verschiedene Ziele verfolgen, wie die nachfolgenden Beispiele
verdeutlichen: Sie können

- die Aufmerksamkeit fokussieren:
  »Was passiert mit dem Ergebnis, wenn sich die erste Zahl um zwei erhöht?«
  (vgl. PIKAS Haus 1; www. ▶ pikas.dzlm.de/294)
  »Was passiert mit der ersten (zweiten, …) Zahl?«
  »Schau dir nur die mittlere Zahl genau an.«

- zu Handlungen auffordern:
  *»Lege einen Würfeldrilling vor dich hin. Versuche daraus einen Würfelvier-
  ling zu legen«* (vgl. PIKAS Haus 7; www. ▶ pikas.dzlm.de/118).
  »Zeichne eine Tabelle (die Symmetrieachse, …).«
  *»Nimm deine Würfelnetze aus Papier und färbe die gegenüberliegenden
  Flächen jeweils in derselben Farbe ein.«*
  »Wandle die Angaben zur Größe und zum Preis um!«

- Denkanstöße geben:
  *»Überlege, wie wir aus einem Würfelzwilling alle Würfeldrillinge gefunden
  haben«* (vgl. PIKAS Haus 7; www. ▶ pikas.dzlm.de/118).
  »Du brauchst zwei Steine des SOMA-Würfels.«
  »Wie kannst du die 0 an der Einerstelle erreichen?«
  *»Wie kann man die passenden Zahlen noch leichter finden?
  Gibt es einen Trick?«*

Die Tippkarte aus dem vorangegangenen Beispiel (s. Abb. 11) ist der Katego-
rie »Denkanstöße geben« zuzuordnen und soll durch den Impuls »Wie geht
es weiter?« und mit Hilfe der Abbildung zum Weiterdenken anregen.
    Zentral ist immer eine verständliche und klare Formulierung der Tipps
in einfacher Sprache, damit die Kinder nicht schon am Verstehen schei-

tern. Unabdingbar ist dabei auch die Verwendung von Abbildungen, die die Erklärungen differenziert und sinnvoll unterstützen.

Analog zu Tippkarten können auch weiterführende **Herausforderungen** angeboten werden, welche leistungsstärkere Kinder zum Übertragen ihrer Erkenntnisse auf weitere Beispiele auffordern und/oder zum Begründen und Verallgemeinern (vgl. die Leitidee ›*Die Anforderungsbereiche berücksichtigen*‹) anregen. Mögliche Formulierungen sind beispielsweise:

»*Überprüfe an einer eigenen Zahlenmauer/ an einem eigenen Entdeckerpäckchen, ...*«

»*Ist das immer so? Wann nicht? Zeige an einem Beispiel.*«

»*Warum ist das so? Begründe.*«

»*Wie viele Möglichkeiten gibt es? Warum sind das alle?*«

Auch das Entwickeln von eigenen Tippkarten oder das Aufschreiben von Strategien kann eine »Herausforderung« darstellen:

»*Wie kannst du anderen Kindern erklären, warum ... Schreibe deinen Tipp auf.*«

»*Erkläre deinen Trick.*«

Schlussbemerkungen

Die dargestellten Schülerdokumente geben einen kleinen Einblick in die große Spanne unterschiedlicher Lernvoraussetzungen innerhalb einer inklusiven Lerngruppe. Während Kinder mit Unterstützungsbedarf es schafften, mit Hilfe entsprechender Unterstützungsmaßnahmen das Kernanliegen zu erreichen, wurden leistungsstärkere Kinder dazu angeregt, Beweise zu entwickeln. Werden Aufgaben durch Bereitstellung von ›*Tipps und Herausforderungen*‹ an unterschiedliche Voraussetzungen angepasst, kann die ganze Lerngruppe gemeinsam an einem Unterrichtsgegenstand arbeiten und zugleich jedes Kind unabhängig vom jeweiligen Leistungsstand gefördert werden.

Die in diesem Beitrag genannten Leitideen zur Adaption von Aufgaben verstehen sich als Konkretisierung des Prinzips der sog. *natürlichen Differenzierung* (nach Wittmann / Müller 2004, 15) mit Blick auf *individuelle Förderung* während der Phasen des *Gemeinsamen Lernens* in inklusiven Lerngruppen. Krauthausen und Scherer (2013) umreißen dieses Prinzip auch wie folgt: ein gemeinsames Lernangebot für alle Kinder; (inhaltliche) Ganzheitlichkeit und ein Mindestmaß an Komplexität (woraus sich naturgemäß unterschiedliche Schwierigkeitsgrade ergeben); Freiheit des Bearbeitungsniveaus, der Lösungswege, Hilfsmittel und Darstellungsweisen sowie ggf. auch der Problemstellungen selbst; soziales Lernen von- und miteinander.

Literatur

Bos, W. / Wendt, H. / Köller, O. / Selter, Ch. (2012): Mathematische und naturwissenschaftliche Kompetenzen von Grundschulkindern in Deutschland im internationalen Vergleich. Münster: Waxmann.

Brügelmann, H. (2011): Den Einzelnen gerecht werden - in der inklusiven Schule. Mit einer Öffnung des Unterrichts raus aus der Individualisierungsfalle! In: Zeitschrift für Heilpädagogik, 62. Jg., H. 9, 355–361.

Hattie, J. (2013): Lernen sichtbar machen. Baltmannsweiler: Schneider.

Helmke, A. (2010): Unterrichtsqualität und Lehrerprofessionalität: Diagnose, Evaluation und Verbesserung des Unterrichts. Seelze: Klett-Kallmeyer.

Hußmann, S. / Selter, Ch. (2013): Diagnose und individuelle Förderung in der Lehrerbildung. Das Projekt dortMINT. Münster: Waxmann.

Krauthausen, G. / Scherer, P. (2013): Natürliche Differenzierung im Mathematikunterricht der Grundschule. Seelze: Kallmeyer.

Ministerium für Schule und Weiterbildung des Landes Nordrhein-Westfalen (2008): Lehrplan Mathematik an Grundschulen. Frechen: Ritterbach Verlag.

Prenzel, M. / Sälzer, Ch. / Klieme, E. / Köller, O. (Hrsg.) (2013): PISA 2012. Fortschritte und Herausforderungen in Deutschland: Münster: Waxmann.

Sälzer, Ch. / Reiss, K. / Schiepe-Tiska, A. / Prenzel, M. / Heinze, A. (2013): Zwischen Grundlagenwissen und Anwendungsbezug: Mathematische Kompetenz im internationalen Vergleich. In: Prenzel, M. / Sälzer, Ch. / Klieme, E. / Köller, O. (Hrsg.) (2013): PISA 2012. Fortschritte und Herausforderungen in Deutschland. Münster: Waxmann, 47–97.

Selter, Ch. / Walther, G. / Wessel, J. / Wendt, H. (2012): Mathematische Kompetenzen im internationalen Vergleich: Testkonzeption und Ergebnisse. In: Bos, W. / Wendt, H. / Köller, O. / Selter, Ch. (Hrsg.) (2012): Mathematische und naturwischenschaftliche Kompetenzen von Grundschulkindern in Deutschland im internationalen Vergleich. Münster: Waxmann, 69–122.

Selter, Ch. / Pliquet, V. / Korten, L. (2016): Aufgaben adaptieren In: Krohn, T. / Richter, K. (Hrsg.) (2016): Beiträge zum Mathematikunterricht 2016. Münster: WTM-Verlag.

Selter, Ch. (2017): Förderorientierte Diagnose und diagnosegeleitete Förderung. In: Fritz-Stratmann, A. / Schmidt, S. (Hrsg) (2017): Handbuch Rechenschwäche. Weinheim: Beltz, 375–393.

Selter, Ch. / M. Bonsen (2017): Konzeptionelles und Beispiele aus der Arbeit des Projekts PIKAS. In: Biehler, R. / Lange, Th. / Leuders, T. / Rösken-Winter, B. / Scherer, P. / Selter, Ch. (Hrsg.) (2017): Mathematikfortbildungen professionalisieren. Wiesbaden: Springer.

Sundermann, B. / Selter, Ch. (2000): Quattro Stationi. Nachdenkliches zum Lernen an Stationen. Friedrich Jahresheft: Üben und Wiederholen, 110–113.

Sundermann, B. / Selter, Ch. (2012): Individuelle Denkwege weiter entwickeln. In: Müller, G. N. / Selter, Ch. / Wittmann, E. Ch. (Hrsg.) (2012): Zahlen, Muster und Strukturen. Leipzig: Klett, 22–40.

Wittmann, E. Ch. / Müller, G. N. (2004): Das Zahlenbuch 1. Lehrerband. Leipzig: Klett.

Sabrina Roos / Silke Ruwisch

Mit allen Kindern durch Anwendungsorientierung zu mathematischen Strukturen

Alltagsbewältigung mit mathematischen Mitteln ist mehr als unreflektiertes Handeln

Im Grundschulalter erleben Kinder, wie Mathematik mit der sie umgebenden Welt verbunden ist. Sie lernen, Mathematik in ihrem Alltag wahrzunehmen, und erfahren Mathematik als Hilfe bei der Alltagsbewältigung. Daher sollte gerade die Orientierung am Alltag für den Mathematikunterricht in der Grundschule – und dies gilt für Kinder mit sonderpädagogischem Unterstützungsbedarf im Lernen oder in der Geistigen Entwicklung verstärkt – leitend sein. Den gegenwärtigen und zukünftigen Alltag mit Hilfe mathematischer Mittel selbstbestimmt und mündig gestalten zu können, ist ein wichtiges Ziel des Mathematikunterrichts. Um dieses zu ermöglichen, darf Alltagsorientierung selbst jedoch nicht lernzieldifferenzierend in der Hinsicht verstanden werden, dass die einen ausschließlich alltägliche mathematikhaltige Handlungen nachahmen, während andere zu mathematischen Strukturen vordringen (vgl. Korff 2016[2], Ratz / Wittmann 2011).

Handlung, Bild, Symbol –
Das EIS-Prinzip im inklusiven Unterricht

Handlungsorientierung für die Schwachen, abstrakte Symbole für die Starken? So plakativ stimmt es sicher nicht, aber in der Tendenz in etwa doch schon, oder?

Selbstverständlich wissen Lehrkräfte um die Bedeutung des EIS-Prinzips für mathematisches Lernen: Ein mathematischer Begriff – der ja immer eine gedankliche Abstraktion ist – wird aus paradigmatischen Handlungen (enaktiv) entwickelt, in bildliche Darstellungen (ikonisch) »hineingesehen« und in ihnen wiedererkannt und mit entsprechenden Symbolen (symbolisch), seien es mathematische Zeichen oder sprachliche Beschreibungen, verbunden (vgl. Grassmann et al. 2010, 68 ff.; Krauthausen / Scherer 2007[3], 240–263; Schipper 2009, 35 ff.).

Zwar kennen Lehrkräfte diese Repräsentationsmodalitäten und wissen, dass die Präsentation eines mathematischen Inhalts in einer dieser Modalitäten nicht der gedanklichen Repräsentation dieses Inhalts bei den Schülerinnen und Schülern entsprechen muss. Doch zwei Fehlvorstellungen halten sich nach wie vor hartnäckig:

1. Lernprozesse seien durch die Reihenfolge »erst enaktiv, dann ikonisch und schlussendlich symbolisch« gekennzeichnet, so dass die unterrichtliche Behandlung dieser Reihung entsprechen müsse.
2. Damit verbunden ist die Vorstellung, dass sich der Abstraktionsgrad zunehmend erhöhe. Handlungen seien konkret, Bilder bereits abstrakter und die Symbole letztlich losgelöst von konkreter Bedeutung.

Gänzlich falsch sind diese Vorstellungen nicht. Doch sie führen in der Kombination zu der sehr restriktiven Vorstellung, Kinder mit dem Unterstützungsbedarf im Lernen und in der Geistigen Entwicklung könnten per se nicht auf symbolischer Ebene arbeiten, sondern nur handelnd Ergebnisse erzielen. Zumindest folgende Relativierungen sollten somit bedacht werden (vgl. u. a. Krauthausen / Scherer 2007[3], 247 ff.; Schipper 2009, 36):

1. Ein gutes mathematisches Begriffsnetz ist dadurch gekennzeichnet, dass zu allen drei Modalitäten Bezüge hergestellt werden können und der Wechsel zwischen ihnen möglichst flexibel ist.
2. Lernprozesse können von Objekten in jeder der drei Modalitäten ausgehen: Beim mathematischen Lernen kann unser Wissen um die Reihenfolge der natürlichen Zahlen sowie über Zahleigenschaften die Fundierung darstellen, um in operativen Päckchen Zusammenhänge zu entdecken – alles ganz ohne Handlungen oder Bilder.
3. Doch wie ist es mit der Frage nach konkret versus abstrakt? Werden Handlungen zunächst nachahmend imitiert, sind diese konkret, auch wenn sie kompliziert sein können. Werden jedoch typische Merkmale hervorgehoben oder das Paradigmatische an der Handlung fokussiert, weist sie einen deutlich höheren Abstraktionsgrad auf.

Konkret oder abstrakt, einfach oder komplex sowie enaktiv, ikonisch oder symbolisch – diese verschiedenen Optionen müssen nicht nur getrennt beachtet werden, sondern lassen sich vielfältig kombinieren.

Lorenz (2011, 47 ff.) schlägt deshalb vor, das Modell der Repräsentationsumorganisation nach Karmiloff-Smith (1996) zugrunde zu legen. Dieses Modell postuliert Phasen, die *jedem* Lernen unterliegen und somit unabhängig von Alter und Inhalt sind. Es verdeutlicht besonders gut das wiederkehrende Ineinandergreifen verschiedener kognitiver Aspekte: Repräsentationsmodus, Bewusstheit, Steuerung, Verbalisierung, Reflexion, Flexibilität. Jede *erste Lernphase* ist datengetrieben und durch äußere Stimuli initiiert. Die gesamte Aufmerksamkeit ist außenorientiert. Repräsentationen sind in dieser Phase prozedural und häufig nicht miteinander verknüpft. Diese Prozeduren erlangen Geläufigkeit, sind jedoch stark an die äußeren Darstellungsmittel und die Handlungen mit ihnen gebunden und können nicht als Indiz für Verständnis gedeutet werden. Das Wissen ist situativ, individuell, implizit und Verbalisierungen nicht zugänglich. Die *zweite Lernphase* ist charakterisiert durch eine Verschiebung des Fokus: Äußere Gegebenheiten bestimmen nicht länger den Wissenserwerb, dieser ist vielmehr »internally driven«. Die Organisation interner Repräsentationen, deren Relationen zueinander etc. bestimmen nun das Lernen. Prozedural repräsentiertes Wissen wird reorganisiert und somit selbst zum Gegenstand des Denkens, wiewohl das entsprechende Wissen nach wie vor unbewusst und der Versprachlichung und Reflexion nicht zugänglich ist. Allerdings werden erste Verbindungen hergestellt, so dass Analogien und erste Flexibilisierungen möglich werden. Über diese verschiedenen Verknüpfungen von bildlich, prozedural und verbal repräsentierten Wissensbeständen und deren fortwährende Reorganisation findet in der *dritten Phase* die Integration von internen Repräsentationen und externen Informationen statt. Das Wissen wird nun zunehmend bewusster und der Versprachlichung zugänglich. Gleichzeitig werden Repräsentationswechsel häufiger und somit das Wissensnetz flexibler (vgl. Karmiloff-Smith 1996, 17–26).

Anwendungsorientierung im gemeinsamen Unterricht

Anwendungsorientierung im Mathematikunterricht insbesondere der Grundschule soll verschiedene Funktionen erfüllen (vgl. Winter 2003[6]):

- Als Lernstoff sollen Schülerinnen und Schüler Größen kennen und nutzen lernen und Größenvorstellungen aufbauen (vgl. KMK 2005, 14).
- Sachrechnen soll im Sinne eines dichotomen Lernprinzips erfahren werden. Alltägliche Situationen und Handlungen sind zum einen die Basis, um erste mathematische Kenntnisse und Zusammenhänge zu verdeutlichen. Zum anderen sollen erworbene mathematische Kenntnisse und Fähigkeiten auf außermathematische Kontexte transferiert und angewendet werden. Mit Größen soll z. B. in Sachsituationen adäquat umgegangen werden (vgl. KMK 2005, 14).
- Wird Anwendungsorientierung zum Lernziel, sollen Schülerinnen und Schüler erfahren, dass und wie Mathematik genutzt werden kann, um außermathematische Zusammenhänge zu modellieren (vgl. KMK 2005, 10).

Alle drei Funktionen tragen dazu bei, Mathematik in ihrem Beitrag zur Umwelterschließung zu erfahren. Im Folgenden soll zu jeder ein konkretes Umsetzungsbeispiel aus dem gemeinsamen Unterricht gegeben werden.

Größen kennen und nutzen lernen: Größen- und Messverständnis
Die Mathematik in alltäglichen Situationen übersteigt häufig das zur Verfügung stehende mathematische Wissen im Grundschulalter. Kinder mit besonderen Schwierigkeiten in Mathematik – diese bestehen ja vor allem in der Arithmetik – werden fast zwangsläufig mit einem Zahlenraum konfrontiert, in dem sie sich nicht in der Lage sehen, aktiv zu werden.

Ein erstes grundlegendes Messverständnis soll von den Vorerfahrungen der Kinder ausgehen und diese ernst nehmen. Der Aufbau typischer, alltäglicher Messgeräte (Lineal, Gliedermaßband, Zollstock) ist jedoch ausgesprochen komplex. Für erste Messerfahrungen im ersten Schuljahr bietet es sich daher an, zunächst im Meterbereich zu arbeiten. Mit dem Tafellineal oder dem Meterstab lassen sich konkrete Handlungserfahrungen machen, die gleichzeitig zu ersten Größenvorstellungen in der unmittelbaren Umgebung führen können: Eine Tafelseite ist 1 m lang, die ausgeklappte Tafel 4 m. Klasse, Flur, Schulhof und Turnhalle sind weitere Erkundungsorte. Davon ausgehend lässt sich gut die Notwendigkeit der Untergliederung erfahren: 3 m und noch ein bisschen, zwei und ein halber Meter oder die Thematisierung und Nutzung der Markierungen beim Tafellineal.

In den weiteren Klassenstufen kann es sinnvoll sein, die Anforderungen zu differenzieren. Damit alle Kinder am gemeinsamen Lerngegenstand in leistungsheterogenen Gruppen arbeiten können, bietet sich bspw. die Methode des Table-Sets an (vgl. Abb. 1). Die zu lösende Aufgabe – Drei Kinder streiten sich, wer am größten ist. Anna ist 1,41 m groß. Berti ist 1 m 54 cm groß. Martha misst 132 cm. Wer ist das größte Kind? Begründe – wird mit allen Kindern der Klasse gemeinsam besprochen. Nach der Think-Pair-Share-Methode macht sich jedes Kind zunächst eigene Gedanken und notiert diese in seinem Feld des Table-Sets.

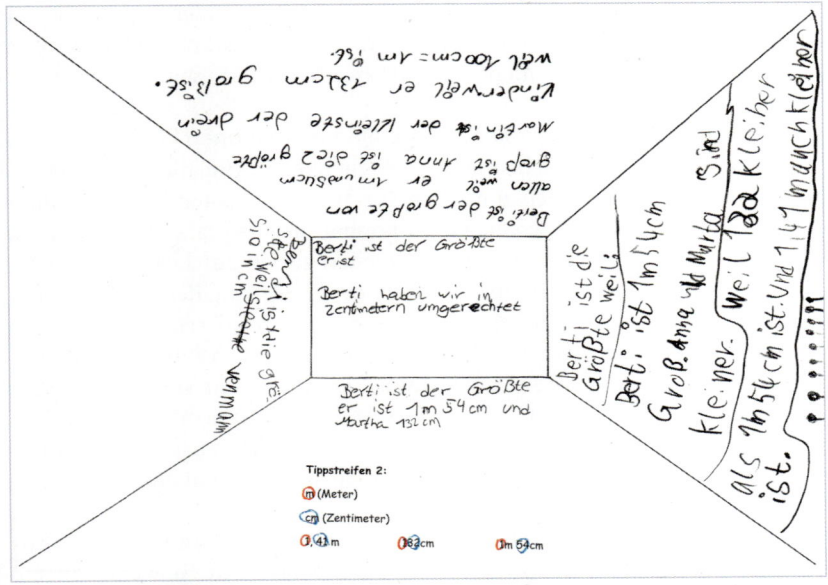

Abb. 1: Vorstrukturierte Table-Sets für leistungsheterogene Gruppenarbeit

Für Kinder mit Unterstützungsbedarf können an dieser Stelle unterschiedliche Differenzierungen zur Verfügung stehen. Als Unterstützung für die mathematische Berechnung können z. B. Tippkarten ausgelegt werden, die die Kinder auf ihr Feld des Table-Sets einkleben können. Wie in Abb. 1 gezeigt, beziehen sich diese Tipps beispielsweise auf die Lesung der unterschiedlichen Schreibweisen. Sie können aber auch Darstellungswechsel, Umrechnungstipps oder erste Ansätze für einen Rechenweg enthalten. Um den Leseanteil gering zu halten, werden die Tipps so knapp wie möglich formuliert und Farben zur Unterstützung eingesetzt. Kindern mit Unterstützungsbedarf im Bereich Lernen fällt es häufig schwer, ihre Gedanken zu verschriften. Zwar können sowohl Kinder mit Zuwanderungsgeschichte als auch Kinder mit Unterstützungsbedarf ihre Ideen aufschreiben, benötigen jedoch bei der ›Übersetzung‹ in die Erwachsenenschrift Unterstützung, ähnlich den Kindern eines ersten Schuljahres, die zu Beginn noch skelettartig schreiben. Deshalb stehen ihnen entweder Helferkinder zur Seite, die das Schreiben übernehmen, oder die Lehrkraft ›übersetzt‹ das Geschriebene der Kinder in Erwachsenenschrift.

In der zweiten Phase tauschen sich alle Kinder eines Table-Sets aus, bevor eine gemeinsame Lösung, die im Idealfall Aspekte aller Kinder beinhaltet, in die Mitte des Table-Sets geschrieben und diese Lösung dann der Klasse präsentiert wird. So können alle Kinder ihren individuellen Beitrag leisten. Die Vorstrukturierung half dem Jungen mit Unterstützungsbedarf im Lernen, Meter- und Zentimeterangaben getrennt voneinander zu vergleichen und zu erkennen, dass dieselbe Größe ganz unterschiedlich notiert werden kann: »Eine lange Zahl ist nicht mehr als zwei kleine«, so sein Resümee.

Lernprinzip: Mit Größen problemhaltige Alltagssituationen bewältigen

Im gemeinsamen Unterricht müssen Möglichkeiten für alle Kinder eröffnet werden, ihre individuellen mathematischen Fähigkeiten in problemhaltigen Alltagssituationen anwenden zu können. Nur so lässt sich erfahren, dass die eigenen mathematischen Fähigkeiten gezielt zur Lösung von Problemen eingesetzt werden können. Neben der Steigerung des Selbstvertrauens in die mathematischen Leistungen wird so der Werkzeugcharakter von Mathematik deutlich. Dieser Einsatz lässt sich bezüglich seiner Sinnhaftigkeit reflektieren, so dass ein unverstandenes Ausführen von Rechnungen seltener zu beobachten ist. Gerade in derartigen Anforderungen werden die Unterschiede zwischen den Kindern bzgl. ihrer mathematischen Leistungsfähigkeit besonders deutlich; diese verlaufen jedoch nicht immer entlang der jeweiligen Unterstützungsbedarfe.

Dass dies in einer 3. Klasse arbeitsteilig und doch gemeinsam und für alle ertragreich realisiert werden kann, zeigt ein Beispiel zu Gewicht. Für ein gemeinsames Frühstück sollte sich jedes Kind 100 g Müsli aus Hafer- und

Schokoflocken, Rosinen, Nüssen und Joghurt zusammenstellen. Alle Kinder konnten bereits eine Digitalwaage bedienen, doch einfaches Probieren – das war sofort ersichtlich – führte nicht unbedingt zum gewünschten Ergebnis. Deshalb wurden Rezepturen zunächst schriftlich erstellt. Dazu sind Größenvorstellungen ebenso notwendig wie ein flexibler Einsatz von Addition und Subtraktion. Die Kinder mit arithmetischen Schwierigkeiten beobachteten zunächst die anderen bei ihren Überlegungen. Die fertigen Rezepte wurden von ihnen unter Einsatz der Digitalwaage umgesetzt. Anhand dieser Umsetzung entwickelten sie dann ihr eigenes Rezept: »Ich möchte das Müsli so wie Lara, aber mit mehr Rosinen.« Gemeinsam änderten die Kinder Laras Rezept ab, und Sophie konnte sich ihr eigenes Müsli herstellen.

Im gemeinsamen Unterricht zeigt sich immer wieder, dass auch Kinder mit Unterstützungsbedarf über ihren eigentlichen Zahlenraum hinaus mit Größen umgehen und eigene Vorstellungen aufbauen können. Sophie beobachtete zunächst die Kinder beim Abändern ihrer Rezepte und stellte dabei fest, wie sich Mengen in Abhängigkeit von Gewichtsangaben verändern. Dass sie dieses grundlegende Prinzip der Konstanz des Gewichts durch gegensinniges Verändern auf eine für sie sinnstiftende Art und Weise erfahren und gelernt hat, zeigte sich darin, dass sie das Vorgehen anschließend auf ihr Rezept übertragen konnte. Die Menge an Rosinen zu erhöhen, erforderte die Reduktion einer anderen Zutat um dasselbe Gewicht, um die Gesamtmenge von 100 g zu erhalten. Sophie konnte über die Anwendung in dieser Situation hinaus auch ihr Strukturwissen in der Zahl-Menge-Zuordnung sowie der Addition von Zahlen zu einer vorgegebenen Summe erweitern (vgl. auch Terfloth / Bauersfeld 2012). Derartige Unterrichtsszenarien eignen sich gut für ein echtes Lernen von- und miteinander.

Lernziel: Einstieg in das Modellieren

Häufig bieten sich gerade im Bereich »Größen und Messen« Modellierungsaufgaben an. Der Grundgedanke, dass Alltagswelt und Mathematik wechselseitig aufeinander zu beziehen sind, durchzieht zwar das gesamte mathematische Lernen, doch gerade Kindern mit sonderpädagogischem Unterstützungsbedarf im Lernen oder in der Geistigen Entwicklung gelingt diese Wechselbeziehung nur dann, wenn sie die Sinnhaftigkeit erleben und erkennen können (vgl. Häsel-Weide 2016[3], 285).

So interessierte sich eine erste Klasse dafür, welche Größen mit allen 26 Kindern erreicht werden können: Reicht unsere Kinderschlange von der Eingangs- bis zur Turnhallentür? Sind wir zusammen schwerer als ein Auto? … Unter anderem wollten sie herausfinden, ob alle auf die Rutsche im Schulgarten passen könnten. Die Aufgabe wurde im gemeinsamen Kreis präsentiert und erste Ideen wurden gesammelt. Anschließend arbeiteten die Kinder in annähernd leistungshomogenen Gruppen weiter. Stärkere Gruppen setzten sich vor allem kognitiv mit der Aufgabe auseinander und stellten Vermutungen an. Sie nutzten konkret verschiedene Messinstrumente, um die Ausgangsdaten zu ermitteln, und kamen so rechnerisch – wie Michael und Philip – zu einer Lösung:

> »Rutsche 3 m, Kind 30 cm breit: $30 + 30 = 60 + 30 = 90 + 30 = 120 + 30 = 150 + 30 = 180 + 30 = 210 + 30 = 240 + 30 = 270 + 30 = 300$«
> Alle 30er wurden eingekreist: »Es passen nur 10 Kinder.«

Eine Gruppe aus Kindern mit Unterstützungsbedarf beim mathematischen Lernen ging direkt in den Schulgarten. Sie schauten sich die Rutsche an und gaben erste Vermutungen ab. Anschließend setzten sich einige auf die Rutsche und alle stellten fest, dass man aufgrund der Steigung nicht bis oben stehen kann. Sitzend, das war klar, würden nicht alle Kinder auf die Rutsche passen. Die Entdeckungen und Überlegungen wurden von einem Kind notiert, das im mathematischen Bereich Schwierigkeiten hatte, aber bereits lautgetreu schreiben konnte. Für die Reflexion kamen alle Gruppen im Plenum zusammen und stellten jeweils ihr Vorgehen vor. Um die handelnd ermittelten Lösungen mit den rechnerischen zu verbinden, wurden Bilder von auf der Rutsche sitzenden Kindern an die Tafel gehängt, auf einer Skizze der Rutsche die sitzenden Kinder mit Klebepunkten repräsentiert und daneben die Rechenschritte der anderen Kinder geschrieben. Zwar wurde durch die rechnerischen Lösungen schon deutlich, dass es nicht möglich ist, alle Kinder der Klasse auf der Rutsche zu versammeln. Die Gruppe aus Kindern mit Unterstützungsbedarf ergänzte, dass es darüber hinaus überhaupt nicht möglich sei, bis oben auf der Rutsche zu stehen. Anerkennend stellten die rechnenden Kinder fest, dass sie diesen Aspekt nicht berücksichtigt hatten. Indem die Zusammenhänge an der Tafel noch einmal nachvollzogen und durch farbige Markierungen unterstützt wurden, war darüber hinaus auch den schwächeren Kindern die Umsetzung der Handlung in eine Rechnung möglich (vgl. Häsel-Weide 2016[3], 291).

Bilderbücher als Anregung für Anwendungsorientierung im gemeinsamen Unterricht

Gemeinsame Einstiege, differenzierende Bearbeitungen und gemeinsame Reflexionsphasen können gut durch den Einsatz von Bilderbüchern im Mathematikunterricht gestaltet werden. Bilderbücher gehören zur Lebenswirklichkeit der Kinder im Grundschulalter und sind häufig durch ihre Inhalte, Bilder und Sprache motivierend. Der Einsatz von Bilderbüchern im Mathematikunterricht soll ebenfalls nicht allein in einer oberflächlichen Handlungsorientierung stecken bleiben, sondern vielmehr über die Anwendung zu mathematischen Strukturen für alle Kinder führen. Bei der Auswahl für den Mathematikunterricht muss deshalb darauf geachtet werden, dass der mathematische Inhalt sich aus der Geschichte oder den Bildern bereits ergibt (vgl. Bönig / Hering / Thöne 2015, 21 ff.).

Der kleine Käfer Immerfrech – Eric Carle (Uhrzeiten; Klasse 1/2)
Kinder schreiben einen eigenen Tagesablauf für den kleinen Käfer:
Welche Tiere kann er zu welcher Uhrzeit treffen?
Differenzierung: Halbe und viertel Stunden; Zeitspannen einsetzen
SU-Bedarf: Uhrabbildungen Tierkarten zuordnen;
Tageskreislauf mit Uhren darstellen und Tier dazusetzen

Weihnachten nach Maß – Black / Beardshaw (Längen / Modellieren; Klasse 3)
Kinder schätzen, berechnen und prüfen: Wie viel Stoff wird für … benötigt?
Wie viel Stoff war auf dem Ballen?
Differenzierung: Erfinde deinen eigenen Schneiderauftrag.
SU-Bedarf: (Stoff-)Tiere mit Stoff passend bedecken, den Stoff ausmessen;
auf einer Skizze die Messergebnisse festhalten

Freddys größter Schatz – Hering / Ryffel (Gewichte; Klasse 2/3)
Wie wurden die Vorräte sortiert? Wie schwer ist …?
Baue ein eigenes Vorratsregal.
Differenzierung: Lege eine Vorratskammer für ein anderes Tier an.
SU-Bedarf: Gemüse / Obst mit der Balkenwaage direkt vergleichen
und sortieren;
Vergleichsgrößen in der Klasse suchen und durch Auswiegen zuordnen;
eigenes Regal mit echten Lebensmitteln gestalten: »von leicht zu schwer«

Wenig oder viel – geschwind gelernt im Spiel – Motschiunig / Dürr
(Hohlmaße; Klasse 3/4)
Mit verschiedenen Messgefäßen die Einheiten der Hohlmaße erforschen:
Wie viel Wasser war in der großen Schale?
Differenzierung: Wie groß müsste die Schale für einen Bären, für … sein?
SU-Bedarf: Wie oft musst du den Trinkbecher füllen, bis der Messbecher
voll ist?
Wie oft musst du die Spritze aufziehen, bis der Trinkbecher voll ist? …
Zuerst schätzen, dann umfüllen und später Messergebnisse festhalten;
an die Wassermengen die entsprechende Angabe schreiben und nach der
Größe ordnen

Kasten 1: Größen- und Messverständnis anhand von Bilderbüchern aufbauen

Damit alle Kinder von Bilderbüchern im Mathematikunterricht profitieren können, sollte die Sprache des Buches entweder von Beginn an eine sehr einfache sein oder vor dem Einsatz durch die Lehrkraft vereinfacht werden (vgl. Ettenreich-Koschinsky 2004). Im Vordergrund stehen die mathematischen Inhalte des Buches, die auch Kinder mit Unterstützungsbedarf in der Sprache oder mit Zuwanderungsgeschichte verstehen sollen. Möglichkeiten der Verdeutlichung stellen das Nachspielen des Inhaltes in Rollenspielen oder das sukzessive, die Erzählhandlung begleitende Nachbauen mit Hilfe von Requisiten als Bodenbild dar. Kasten 1 auf S. 53 liefert einige Anregungen zum Aufbau des Größen- und Messverständnisses anhand von Bilderbüchern.

Angeregt durch das Bilderbuch »Das Krokodil und die große Liebe« verdeutlichten sich Kinder einer 3. Klasse die Größenunterschiede zwischen dem Krokodil und seiner großen Liebe, der Giraffe. Sie entwarfen selbst ein Möbelstück für ihre Lieblingstiere, skizzierten dieses und hielten Maßangaben fest. Kinder mit Unterstützungsbedarf entwarfen Möbelstücke für ihr Klassentier. Das Tier und dessen Größen standen somit auch für handelnde Vorgehensweisen als direktes Vergleichsobjekt zur Verfügung. Die Kinder nutzten Holzbausteine und andere Materialien, die sie in der Klasse fanden, um für das Klassentier einen Stuhl und einen Tisch zu bauen und diese anschließend auszumessen. Auch wenn die Handlungen viel konkreter als die Überlegungen der anderen Kinder waren, mussten sich die Kinder mit Unterstützungsbedarf dennoch ähnliche Gedanken zu Proportionen machen. Zunächst suchten sie wahllos Dinge zusammen und stapelten sie »zu einem Stuhl«. Durch die konkrete Überprüfung mit dem Klassentier wurden die Handlungen zunehmend zielgerichteter und überlegter. So suchten sie beispielsweise nach Dingen, die noch fehlten, um die erwünschte Höhe des Stuhles zu erreichen. Im Austausch miteinander wurde diskutiert, welche der «Baustoffe» entweder ausgetauscht oder ergänzt werden müssten. Dabei behielten sie immer das Verhältnis der Größe des Tieres zu dem bereits erbauten Möbelstück im Auge und stellten erstaunt während des Ausmessens fest, wie groß der Unterschied zwischen Körpergröße des Tieres und Höhe des Stuhles war. Dies regte sie dazu an, Vergleiche mit ihren eigenen Stühlen und Tischen zu ziehen: »Mein Stuhl geht mir ja auch nur bis zum Knie.« »Ich bin ein Meter vierzig, der Stuhl ist viel kleiner.« Diese groben Erkenntnisse zu Proportionen – das Verhältnis von ca. 4:1 wurde von keiner der Kindergruppen explizit thematisiert – halfen bei den eigenen Möbelstücken bei der Einordnung der vom Zollstock abgelesenen 35 cm. Der Zahlenraum, in dem die Kinder eigentlich arbeiteten, wurde dabei teilweise deutlich überschritten und dennoch gelangen ihnen die Zahlvergleiche. Über die Anwendungsorientierung hinaus, die das Bilderbuch mit sich brachte, wurden bei den Kindern so Strukturen im Umgang mit Größenangaben, Zahlbeziehungen und Proportionen entwickelt.

Bilderbücher können auch helfen, bei allen Kindern ihr Mathematikbild zu erweitern. Ein Kind mit diagnostiziertem Asperger-Syndrom z. B. empfand das Fach Mathematik als beruhigend, da es um verlässliche, eindeutig richtige Ergebnisse gehe. Schätzen von Anzahlen brachte sein Konzept von Mathematik ins Wanken. Mit dem Bilderbuch »999 Froschgeschwister ziehen um« von Kimura und Murakami wurde ihm der berechtigte Wert des Schätzens in der Mathematik deutlich. Die Menge der kleinen Frösche auszuzählen, erschien selbst ihm kaum möglich, so dass er schließlich Strategien zum sinnvollen Abschätzen der Menge anwendete.

Durch Anwendungen mathematische Strukturen für alle zugänglich zu machen und zu erweitern, ist möglich, wenn Kinder mit geeigneten Hilfsmitteln, in kooperativen Unterrichtsformen und gemeinsam in einem differenzierenden Unterricht, der alle Lernfortschritte gleichermaßen anerkennt, lernen dürfen.

Literatur

Bönig, D. / Hering, J. / Thöne, B. (2015): Erzählabenteuer und Mathereisen in der Kita. Bremen: Freie Hansestadt Bremen.

Ettenreich-Koschinsky, A. (2004): Arbeit mit Bilderbüchern im Rahmen eines sprachheilpädagogisch orientierten Unterrichts – aufgezeigt am Beispiel des Bilderbuchs »Das Schaf mit dem Zitronenohr«. In: Grohnfeldt, M. (Hrsg.): Lehrbuch der Sprachheilpädagogik und Logopädie. Bd. 5: Bildung, Erziehung und Unterricht. Stuttgart: Kohlhammer, 191–216.

Grassmann, M. / Eichler, K.-P. / Mirwald, E. / Nitsch, B. (2010): Mathematikunterricht. Kompetent im Unterricht der Grundschule Bd. 5. Baltmannsweiler: Schneider Verlag Hohengehren.

Häsel-Weide, U. (2016[3]): Sachrechnen. In: Heimlich, U. / Wember, F. B. (Hrsg.): Didaktik des Unterrichts im Förderschwerpunkt Lernen. Stuttgart: Kohlhammer, 280–293.

Karmiloff-Smith, A. (1996): Beyond modularity: A developmental perspective on cognitive science. Cambridge (MA): MIT Press.

KMK (2005): Bildungsstandards im Fach Mathematik für den Primarbereich. München, Neuwied: Luchterhand.

Korff, N. (2016[2]): Inklusiver Mathematikunterricht in der Grundschule. Erfahrungen, Perspektiven und Herausforderungen. Baltmannsweiler: Schneider.

Krauthausen, G. / Scherer, P. (2007[3]): Einführung in die Mathematikdidaktik. München: Elsevier.

Lorenz, J. H. (2011): Die Macht der Materialien (?). Anschauungsmittel und Zahlenrepräsentation. Medien und Materialien. In: Steinweg, A. S. (Hrsg.): Tagungsband des AK Grundschule in der GDM 1. Bamberg: UP, 39–54.

Ratz, Ch. / Wittmann, E. Ch. (2011): Mathematisches Lernen im Förderschwerpunkt geistige Entwicklung. In: Ratz, Ch. (Hrsg): Unterricht im Förderschwerpunkt geistige Entwicklung. Bamberg: Athena, 129–152.

Schipper, W. (2009): Handbuch für den Mathematikunterricht an Grundschulen. Braunschweig: Schroedel.

Terfloth, K. / Bauersfeld, S. (2012): Schüler mit geistiger Behinderung unterrichten. München u. a.: Reinhardt.

Winter, H. (2003[6]): Sachrechnen in der Grundschule. Frankfurt a. M.: Cornelsen Scriptor.

Schwerpunkte der Förderung: Unterstützungen für alle Kinder anbieten

Franz B. Wember

Kompetenzerfahrungen beim Mathematiklernen
Ermutigung durch Erfolgserlebnisse

Viele Kinder kommen mit guten Lernvoraussetzungen in die Schule. Sie machen dort die Erfahrung, dass das Lesen, Schreiben und Rechnen interessant ist, dass sie erfolgreich lernen und dass es sich lohnt, sich bei Schwierigkeiten anzustrengen. Sie lernen weitgehend intrinsisch motiviert, d. h. sie lernen, weil ihnen das Lernen sinnvoll erscheint und weil ihnen die Lernaktivitäten Spaß machen, und sie lernen internal attribuierend, d. h. sie führen ihre Lernerfolge auf ihr Können und auf ihre Anstrengungen zurück. Andere Kinder hingegen kommen mit unzureichend ausgebildeten Lernvoraussetzungen in die Schule. Sie erleben fast täglich Misserfolge, und das Lesen, Schreiben und Rechnen fällt ihnen zunehmend schwer. Diese Kinder lernen oft nur ungern und extrinsisch motiviert, d. h. sie lernen, weil sie weitere Probleme vermeiden möchten, und sie lernen external attribuierend, d. h. sie führen etwaige Erfolge auf Glück und Zufall oder auf leichte Aufgaben zurück, während sie sich die vielen Misserfolge durch mangelhafte Begabung erklären. Die erfolgreichen Kinder lernen aktiv und erfolgszuversichtlich, denn sie finden sich in der Schule immer wieder bestärkt, die erfolglosen Kinder lernen weitgehend passiv und misserfolgsängstlich, denn sie finden im Unterricht kaum Bestätigung (Deci / Ryan 1993). Der zentrale kritische Faktor ist das individuelle Kompetenzerleben im Unterricht. Die Leitfrage, die wir in diesem Beitrag in fünf Schritten zu beantworten suchen, lautet: Wie lässt sich der inklusive Mathematikunterricht an Grundschulen so gestalten, dass auch Kinder mit Lernschwierigkeiten erfolgreich sind und sich als kompetent erleben?

Freiräume für selbstbestimmte mathematische Aktivitäten schaffen

Wer im Mathematikunterricht das Ziel verfolgt, dass die Lernenden sich als kompetent erleben, muss zunächst einmal Freiräume schaffen, welche die Kinder für eigenbestimmte Aktivitäten nutzen können; denn Kompetenz kann vom Kind nur dann erlebt und empfunden werden, wenn es sich vorgenommen hat, ein sinnvolles Ziel zu erreichen, wenn es zu diesem Zweck aktiv geworden ist, wenn es sich angestrengt hat und wenn es erkennen konnte, dass seine Bemühungen zum Ziel geführt oder mindestens an das Ziel herangeführt haben. Die Aufgabenstellung sollte folglich vom Kind als realistisch, alltagsnah, sinnvoll und interessant empfunden werden, damit in der Sache selbst bereits Anreiz zum Denken und Tun entsteht (vgl. die Leitideen Handlungserfahrungen und Alltagsorientierung, Beitrag von Roos/Ruwisch). Förderlich für die Entstehung intrinsischer Lernmotivation ist, wenn die Aufgabenstellung ganzheitliche Zugänge zur Mathematik und natürliche Differenzierung erlaubt (vgl. Beitrag von Scherer/Hähn), wie dies insbesondere bei offenen Aufgaben der Fall ist, die im Idealfall eine unterschiedlich interpretierbare Ausgangssituation formulieren, den Lernenden die Wahl der Lösungswege überlassen und nicht nur eine richtige Lösung kennen, sondern verschiedene Lösungen zulassen. Kinder können im Mathematikunterricht Kompetenz erleben, wenn sie sich auf eine Aufgabe einlassen, wenn sie recherchieren und sich informieren, messen und probieren, vermuten und schätzen, rechnen und vergleichen und immer mal wieder feststellen, dass es zwar nicht die eine und einzig richtige Lösung gibt, dass es aber sehr wohl verschieden gute Lösungen gibt und dass es ausgesprochen interessant ist zu vergleichen, auf welch unterschiedlichen Wegen man zu einer guten Lösung kommen kann. Wichtig ist:

- Die Aufgabe spricht die Kinder an, sie löst kognitive Aktivitäten aus.
- Die Aufgabe ist relativ komplex, sie kann nicht durch eine schnelle Routinelösung erledigt werden.
- Die Aufgabe lässt verschiedene Lösungswege zu, welche die Lernenden später miteinander oder mit der Lehrkraft vergleichen und besprechen können.

Die Schnecke Kim und der Hügel

Eine Schnecke namens Kim hatte großen Hunger. Sie hatte von einem Gemüsegarten gehört. Er lag auf einem Hügel am Ende eines steilen Weges, der 9 Meter lang war.

Kim schaffte jeden Tag 3 Meter, aber wenn sie schlief, rutschte sie 2 Meter wieder zurück. Wie viele Tage braucht sie?

Notiere deinen Lösungsweg so, dass ein anderes Kind ihn verstehen kann.

Abb. 1: Schneckenaufgabe
(leicht geändert aus Sindermann/Scholand/Winter 2016)

Die Aufgabe mit der Schnecke Kim ist eine Adaption einer Ausgabe aus dem Jahre 1522 von Adam Ries und in der vorliegenden Fassung einem Projektbericht entnommen, in dem Studierende einen sog. Mathebrief in einem zweiten Grundschuljahr ausprobiert haben (Sindermann / Scholand / Winter 2016). Die Aufgabe wird schriftlich gestellt. Die Kinder bearbeiten sie ebenfalls schriftlich und in Einzelarbeit und sie werfen ihren Brief in einen Briefkasten ein. Die Lehrkraft erhält einen Eindruck von der Kompetenz jedes einzelnen Kindes, ohne dass die Situation wegen ihrer spielerischen Inszenierung als Prüfungssituation empfunden wird. Sie kann im aktuellen Unterrichtsverlauf individuelle Rückmeldungen geben und nach dem Unterricht alle Lösungen in Ruhe analysieren und schriftlich kommentieren. Sie kann in einer sog. Mathesprechstunde mit einzelnen Kindern ihre Lösungen und Fehler erörtern oder im Klassenunterricht interessante Lösungen vorführen und vergleichend besprechen lassen (Sundermann / Selter 2013 und www.▶ pikas.dzlm.de/material-pik/ »Haus 9«). Auf diese Weise erhalten die Lernenden individuelle und spezifische Rückmeldung (s. u., Schritt 3) und sie erleben individuelle Kompetenz, solange sie eine Lösung oder mindestens eine Teillösung erarbeiten konnten. Das führt zu der Frage, wie sich mit nur einer Aufgabe Kompetenzerleben für alle erreichen lässt? Die Beantwortung dieser Frage führt zum zweiten Schritt der Vermittlung von Kompetenzerleben, der Erstellung von angepassten Aufgaben und der vorsorglichen Vorbereitung von spezifischen Hilfen.

Angepasste Aufgaben und Hilfen bereithalten

Mit nur einer Aufgabe allen Lernenden zum Erfolg zu verhelfen, ist nicht leicht, denn im inklusiven Mathematikunterricht muss die Lehrkraft einerseits Hilfen für Kinder mit Lern- und Verständnisschwierigkeiten bereithalten, damit diese nicht überfordert und entmutigt werden, andererseits muss sie auch an die Kinder mit besonderen Interessen und Begabungen denken, damit diese nicht unterfordert werden und sich nicht im Unterricht langweilen. Beides, häufige Überforderung und häufige Unterforderung, wirken sich gleichermaßen verheerend auf die Lernmotivation aus (Rheinberg 2001).

Eine geschlossene Aufgabe, die nur eine spezifische Lösung zulässt, die zudem auf einem vorgegebenen Lösungsweg zu erarbeiten ist, lässt keine spontane und natürliche Differenzierung zu, die sich nur bei offenen oder teiloffenen Aufgaben einstellen kann, weil unterschiedliche Lernende diese Aufgaben auf ihrem individuellen Lernniveau auffassen und bearbeiten können (vgl. den Beitrag von Scherer / Hähn in diesem Buch). Aber eine einzige offene Aufgabe reicht oft nicht aus, um das vielfältige Spektrum von Lernvoraussetzungen abzudecken, das in einer inklusiven Klasse von Lernschwierigkeiten bis zur Hochbegabung reichen kann. Es wird

Sternchenaufgaben

* In der 6. Nacht fällt Kim ein, dass sie ihren Freunden nichts vom Salat erzählt hat. Deshalb kriecht sie am 7. Tag wieder herunter, um gemeinsam mit ihren Freunden wiederzukommen. Wann war Kim wieder unten?

* Weil die Schneckengruppe immer auf die langsamste Schnecke wartet, schafft sie pro Tag nur noch 2 und einen halben Meter nach oben. Wie lange braucht die Gruppe jetzt, um in den Gemüsegarten zu kommen?

Tippkarte 1

Wie lang ist der Weg?

Wie viele Meter schafft die Schnecke am Tag?

Wie viele Meter rutscht die Schnecke nachts zurück?

Tippkarte 2

Fallen Dir Rechenarten für hochklettern und runterrutschen ein?

Tippkarte 3: Nimm die Zeichnung zu Hilfe.

Abb. 2: Sternchenaufgaben und Tippkarten zur Schneckenaufgabe
(Sindermann / Scholand / Winter 2016)

---

fast immer nötig sein, parallele struktur-analoge Aufgaben zu entwickeln, das sind mathematisch verwandte Aufgaben mit gestuften Anforderungsniveaus. Solche Aufgaben machen es möglich, dass die Kinder einer Klasse in Phasen der Einzel- oder Kleingruppenarbeit auf sehr unterschiedlichen Schwierigkeitsniveaus Aufgaben von höchst unterschiedlicher Komplexität bearbeiten, die sich jedoch ergänzen, weil sie sich unter wechselnden Gesichtspunkten auf das gleiche mathematische Thema beziehen. Auf diese Weise lässt sich sicherstellen, dass sich die Lernenden nach individuell differenzierten Arbeitsphasen über ihre unterschiedlichen Aufgaben, Lösungen und Lösungswege austauschen können.

Zur Schneckenaufgabe lassen sich durchaus struktur-analoge Varianten auf unterschiedlichen Niveaus denken. Sindermann/Scholand/Winter (2016) haben im Verlaufe ihres Praxisprojekts beschlossen, für die besonders erfolgreich lernenden Kinder anspruchsvollere Anschlussaufgaben zu formulieren und für Fälle von Lern- und Verständnisschwierigkeiten Tippkarten vorzubereiten – das sind kleine Karten, die gestufte Hilfen anbieten, die von den Lernenden selbstgesteuert in Anspruch genommen werden können. Tippkarten als Hilfsangebote haben zwei wesentliche Vorteile: Erstens kann das Kind entscheiden, ob und wann es einen Tipp nutzen will, denn zunächst startet jedes Kind ohne besondere Hilfen in die Bearbeitung der Aufgabe. Zweitens können die Tippkarten so angepasst werden, dass sie von unspezifischen Anregungen, die Aufgabenstellung erneut zu lesen, über spezifischere Hinweise auf bestimmte Aspekte der Aufgabenstellung bis hin zu zusätzlichen Veranschaulichungen oder sogar der Vorgabe von Teillösungsschritten oder von ausgearbeiteten Beispiellösungen reichen. Tippkarten eignen sich deshalb zur Förderung des eigenständigen und selbstgesteuerten Lernens und sie lassen eine zurückhaltende Nutzung nach dem Prinzip der minimalen Stützen zu: Die Kinder werden angehalten, zunächst minimale Hilfen zu wählen und an der Lösung weiterzuarbeiten, bei anhaltender Erfolglosigkeit können sie weitergehende Hinweise und Hilfen nutzen. Wichtig ist, dass die Tippkarten hilfreiche Fragen stellen, Grundvorstellungen und Modellierungen anregen und verschiedene Repräsentationsebenen aktivieren, ohne die Aufgabe zu simplifizieren oder deren Lösung vorweg zu nehmen, und dass die Kinder gelernt haben, mit Tippkarten konstruktiv umzugehen.

Ermutigende und spezifische Rückmeldungen geben

Wann hat die Schnecke Kim eigentlich den Gemüsegarten erreicht? Am 6., am 7. oder am 9. Tag? Offensichtlich hat die Aufgabe ihre Tücken, denn die Lösungen von Lernenden zeigen, dass das Modellieren des beschriebenen Sachverhaltes nicht einfach ist und nicht selten numerische Angaben vorschnell mit mathematischen Operationen verknüpft werden. Laura, ein Mädchen mit sonderpädagogischem Unterstützungsbedarf, schreibt: »1 + 1 + 1 + 1 + 1 + 1 + 1 + 1 und sie braucht 9 Tage.« Ihr Mitschüler Joel schreibt in seinem Brief: »3 m / 2 m 3 − 2 = 1. An einem Tag schafft sie einen Meter, dann braucht sie neun Tage.« Und Dunja schreibt: »6 Tage braucht sie. Ich habe 3 Meter plus 2 Meter und plus die Tage gerechnet.« Ela hingegen benutzt die drei Tippkarten und gelangt zu einer numerisch richtigen, aber falsch formulierten Antwort, die sie nicht begründet: »7 Meter muss sie dann noch gehen.«

Wenn die Lehrkraft spezifische Rückmeldungen auf solche Lösungen gibt, analysiert sie die Antwort eines/einer jeden Lernenden und versucht, in individuellen Kommentaren die richtigen und fehlerhaften Ideen zu verdeutlichen und Hilfen für einen möglichen nächsten Schritt zu formulieren. Solche spezifischen Rückmeldungen können im Gespräch oder – falls die Kinder lesen können – schriftlich erfolgen. Für die vier zitierten Kinder könnten Antwortbriefe so aussehen:

Liebe Laura, du hast richtig erkannt, dass die Schnecke 1 Meter pro Tag schafft. Prima! Du hast auch erkannt, dass du addieren musst. Und du beachtest, dass der Weg 9 Meter lang ist. Aber: Braucht Kim wirklich 9 Tage? Mache doch einmal eine Zeichnung oder schaue auf die Tippkarte 3.

Lieber Joel, du hast mir verständlich aufgeschrieben, was du gedacht hast. Du hast sofort berechnet, dass die Schnecke 1 Meter am Tag schafft. Aber braucht sie wirklich 9 Tage? Ich bekomme 7 Tage heraus.

Liebe Dunja, du hast genau geschrieben, wie du gerechnet hast. Prima. Schaue dir die Aufgabe und deine Rechnung noch einmal an. Passen sie zusammen? Mache doch mal eine Zeichnung oder benutze die Tippkarten 2 und 3.

Liebe Ela, du hast vielleicht eine richtige Lösung gefunden. Darüber möchte ich noch einmal mit dir sprechen. Ich möchte dir aber raten, genau darauf zu achten, wie die Aufgabe lautet. Und einen weiteren Tipp möchte ich dir noch geben: Schreibe ruhig eine ganze Rechnung auf. Dann weiß jeder, was du gerechnet hast und du kannst gut kontrollieren, ob das Ergebnis stimmen kann. :-)

Damit eine spezifische Rückmeldung auch ermutigt, sollte die Lehrkraft beachten, an welchen Normen sie sich bei der Beurteilung der Schülerleistungen orientiert. Wann ist die Leistung eines/einer Lernenden eigentlich als »gut« zu bewerten? Wenn sie sich in der Leistungsspitze der Klasse bewegt, wenn sie den Leistungsvorgaben für die Jahrgangsklasse entspricht oder wenn sie eine für das individuelle Kind relativ gute Leistung darstellt? In der Literatur zur Lernmotivation werden drei Arten der Bezugsnormorientierung unterschieden, die sich sehr unterschiedlich auf die Lernbereitschaft von Lernenden auswirken können (Rheinberg 2001).

Bezugsnorm	Was sie zeigt …	Was sie nicht zeigt …
Die **soziale Bezugsnorm-orientierung** vergleicht die Leistungen der Lernenden innerhalb einer Lerngruppe miteinander im Querschnitt.	Überdauernde Leistungs-unterschiede zwischen den Lernenden, insbesondere die »Besten« und die »Schwachen«	Die Leistungen der Lernenden im Vergleich zu Standards außerhalb der Lerngruppe, den Lernzuwachs der Lerngruppe insgesamt und individuelle Lernfortschritte, die sich nicht auf die Rangfolge innerhalb der Lerngruppe auswirken.
Die **individuelle Bezugs-normorientierung** vergleicht die Leistungen eines oder einer Lernenden mit den bisherigen Leistungen im Längsschnitt.	Individuelle Lernzu-wächse, auch solche, die im sozialen Vergleich relativ klein ausfallen	Die Einschätzung der individuellen Leistungen in Relation zur Lerngruppe und in Relation zu sachlich begründeten Kriterien.
Die **sachliche Bezugs-normorientierung** vergleicht die Leistungen eines Lernenden mit inhaltlich verankerten Standards, die in der Sache selbst liegen, z. B. mit Lehrzielen, Mindeststandards oder Kompetenzstufen.	Das individuelle Erreichen bestimmter Lehrziele oder Kompetenzstufen	Die individuellen Stärken und Schwächen einer Lernenden, wie schwierig oder leicht Kriterium bzw. Lehrziel sind und ob die Lernende unterhalb der Zielerreichung dazu gelernt, sich dem Ziel angenähert hat.

Tab. 1: Drei Arten der Bezugsnormorientierung bei der Beurteilung von Lernleistungen

Bei sozialer Bezugsnormorientierung gibt die Lehrkraft ausgesprochen selektiv Rückmeldung. Eine solche Rückmeldung wirkt sich für die Schwachen demotivierend und entmutigend, wenn nicht gar selbstwertschädigend aus, denn selbst wenn ein leistungsschwaches Kind sich individuell stark verbessert, wird sich sein individueller Lernfortschritt im Vergleich zum Klassendurchschnitt kaum positiv darstellen lassen. Folglich ist bei schwachen Schülerinnen und Schülern die individuelle Bezugsnormorientierung zu empfehlen, denn sie wirkt sich förderorientiert aus; sie ermutigt die Schwachen, ohne die Starken zu benachteiligen und sie ist ausgesprochen veränderungssensitiv, d. h. bei individueller Bezugsnorm kann die Lehrkraft dem oder der einzelnen Lernenden auch relativ kleine Fortschritte deutlich machen. Häufig empfiehlt sich die Kombination mit der sachlichen Bezugsnormorientierung, denn auch diese lässt sich förderorientiert nutzen, und sie ergänzt die individuelle Bezugsnormorientierung, weil der individuelle Lernfortschritt dem Schüler nun auch mit Bezug auf sachliche Kriterien gezeigt und erläutert werden kann. Er erkennt z. B., dass er nun nicht nur besser rechnen kann als in der vorletzten Woche, sondern dass er bereits die Kernaufgabe aus dem Schulbuch lösen kann.

Fehler einfühlsam analysieren und entwicklungsorientiert korrigieren

Wenn die Lernenden im Mathematikunterricht ihre Kompetenzen erleben sollen, dann müssen ihnen diese an ihren konkreten Lösungsversuchen gezeigt werden (Sundermann / Selter 2013), und wenn sie durch unvollständige oder fehlerhafte Lösungsversuche nicht entmutigt werden sollen, dann dürfen Fehler nicht als Versagen gedeutet werden, das es mit allen Mitteln zu verhindern gilt, sondern als gewöhnliche Merkmale eines Lernprozesses, der eben nicht immer direkt und fehlerlos zur Lösung führt (Prediger / Wittmann 2009). In den oben zitierten Rückmeldungen an die vier Lernenden wird versucht, die vorgelegten Lösungsversuche einfühlsam zu analysieren und entwicklungsorientiert zu korrigieren, d. h. die Lehrperson hat sich einerseits bemüht, im Lösungsversuch eines Kindes zu erkennen, welche Kompetenzen und Teilfertigkeiten bereits gezeigt werden, und zugleich hat sie erkundet, an welcher Stelle bzw. an welchen Stellen Fehler entstehen und mit welchen Mitteln sich diese eventuell vom Kind und mit dem Kind bearbeiten lassen.

Sobald man sich als Lehrer oder Lehrerin intensiver mit einer Aufgabe befasst, die auf den ersten Blick einfach aussieht, kann man nicht selten feststellen, dass die Aufgabe viel schwieriger ist als gedacht und den Lernenden an vielen Stellen Entscheidungen und Fertigkeiten abverlangt, die nicht immer einfach sind oder als gekonnt vorausgesetzt werden können. Das findet man bestätigt, wenn man sich die vielfältigen Leistungen einer Klassengruppe ansieht, und erst recht, wenn man sich auf die Lösungsversuche von Kindern mit Lernschwierigkeiten einlässt. Die Schneckenaufgabe erfordert offensichtlich die mathematischen Operationen Addition und Subtraktion, auch die Multiplikation könnte hilfreich genutzt werden. Schwerer als die arithmetischen Anforderungen dürften bei dieser Aufgabe jedoch die typischen Anforderungen von Sachrechenaufgaben und die damit verbundenen typischen Fehler wiegen (Franke / Ruwisch 2010, 79–97): Das Kind muss die schriftlich gegebene Aufgabe lexikalisch und syntaktisch korrekt verstehen, es muss eine zutreffende semantische Vorstellung entwickeln und es muss die darin enthaltene mathematische Struktur modellieren, bevor es überhaupt mit Lösungsversuchen beginnen kann. In der Unterrichtspraxis ist eine Art von Fehlern besonders häufig zu beobachten: Die Kinder orientieren sich an Oberflächenmerkmalen der Aufgabe, sie deuten bestimmte »Signalwörter« als unbedingte Anweisungen zur Ausführung bestimmter mathematischer Operationen, sie entnehmen der Aufgabe die erkennbaren numerischen Angaben und verknüpfen diese vorschnell mit mathematischen Operationen oder sie beziehen irrelevante Angaben in ihre Rechnung ein (Häsel 2001).

Selbst wenn Aufgabenverständnis und mathematische Modellierung gelungen sind, muss die eigentliche Lösung noch erarbeitet und formuliert werden. Bestimmte Fehlertypen kommen dabei relativ häufig vor und die Kenntnis solch typischer Fehler erleichtert der Lehrkraft deren Diagnose in der Praxis (Franke / Ruwisch 2010, 95–97):

- Fehler beim Strukturieren des Lösungsplanes entstehen, wenn Teillösungen und Zwischenergebnisse übersehen oder die Reihenfolge von Lösungsschritten missachtet wird.
- Fehlerhafte Verkürzungen des Lösungsplanes entstehen vor allem bei mehrschrittigen Aufgaben und vor allem dann, wenn relevante Informationen überlesen oder Lösungsschritte übersprungen werden.
- Fehler beim Beantworten der Fragestellung entstehen durch unzureichende Beachtung der Fragestellung oder durch sprachliche und schriftsprachliche Schwierigkeiten (Häsel 2002).

Lernerfolge alleine und gemeinsam reflektieren

Angepasste Aufgaben und gestufte Hilfen, ermutigende und spezifische Rückmeldungen, einfühlsame und entwicklungsorientierte Fehleranalysen sind hilfreiche, wenn nicht gar notwendige, aber oft keine hinreichenden Bedingungen, wenn die Lehrkraft erreichen möchte, dass alle Lernenden im inklusiven Mathematikunterricht Kompetenz erleben. Es empfiehlt sich, die Kinder von Anfang an kognitiv zu aktivieren, etwa indem man sie an der Auswahl der Aufgaben und der Wahl der Lösungswege und Hilfsmittel beteiligt und indem man sie ermuntert, vorab eine Selbsteinschätzung vorzunehmen:

Die Schneckenaufgabe schaffe ich: *sicher* – – – – – – – – – *nicht sicher*

Das Erleben eigener Kompetenz wird gefördert, wenn man nach einem Lösungsversuch auf diesen reflektierend zurückblickt: Habe ich mein Ziel erreicht? Was habe ich geschafft, was muss ich noch verbessern oder ergänzen? Welche Lernaktivitäten sind mir gelungen und welche nicht? Was möchte ich mir als nächste Aktivität vornehmen? Fragen wie diese lassen sich nach Einzelarbeit im Gespräch mit der Lehrerin oder in kleinen schriftlichen »Lerngedanken« mitteilen, die durch Satzanfänge angeregt werden können (s. u.), nach Partner- oder Gruppenarbeit empfiehlt sich die gemeinsame Reflexion und Notation (geändert nach Kliemann 2010, 50):

Meine Lerngedanken:
- In dieser Unterrichtstunde habe ich gelernt …
- Besonders interessant fand ich …
- Gut geholfen hat mir …
- Noch nicht verstanden habe ich …

Schriftlich festgehaltene Lerngedanken lassen sich in ein Lerntagebuch integrieren, das Kind und Lehrkraft und den Eltern Lern- und Entwicklungsfortschritte langfristig dokumentiert. Der inklusive Mathematikunterricht stellt sich dann in den Lerntagebüchern und im täglichen Unterricht als eine Abfolge von Lernaktivitäten dar, bei denen die Schülerinnen und Schüler mal allein und mal gemeinsam, mal an der gleichen und mal an differenzierten Aufgaben arbeiten und in denen sich Phasen der aktiven Erarbeitung mit Phasen der vorausschauenden Planung oder der rückblickenden Reflexion abwechseln.

Literatur

Deci, E. L. / Ryan, R. M. (1993): Die Selbstbestimmungstheorie der Motivation und ihre Bedeutung für die Pädagogik. In: Zeitschrift für Pädagogik 39. Jg., H. 2, 223–238.

Franke, M. / Ruwisch, S. (2010): Didaktik des Sachrechnens in der Grundschule. 2. Aufl. Heidelberg: Spektrum Akademischer Verlag.

Häsel, U. (2001): Sachaufgaben im Mathematikunterricht der Schule für Lernbehinderte. Theoretische Analyse und empirische Studien. Hildesheim: Franzbecker.

Häsel, U. (2002): »Wie schreib ich das jetzt auf?« – Notation von Sachaufgaben. In: Sonderpädagogik 32. Jg., H. 3–4, 149–157.

Kliemann, S. (2010): Nachdenken über das eigene Lernen. In: S. Kliemann (Hg.): Diagnostizieren und Fördern. Berlin: Cornelsen Scriptor, 47–58.

Prediger, S. / Wittmann, G. (2009): Aus Fehlern lernen – (wie) ist das möglich? In: PM: Praxis der Mathematik in der Schule 51. Jg., H. 27, 1–8.

Rheinberg, F. (2001): Bezugsnormen und schulische Leistungsbeurteilung. In: F. E. Weinert (Hrsg.): Leistungsmessung in Schulen. Weinheim: Beltz, 79–71.

Sindermann, F. / Scholand, D. / Winter, L. (2016): Schriftliche Analyse zur Mathebriefkastenaufgabe (Projektbericht). Technische Universität Dortmund, Fakultät für Mathematik, Institut für Entwicklung und Erforschung des Mathematikunterrichts.

Sundermann, B. / Selter, Ch. (2013): Beurteilen und Fördern im Mathematikunterricht. Berlin: Cornelsen Scriptor.

Daniela Götze / Evelyn Hang

Mathematische Sprache und Ausdruck

Chancen und Möglichkeiten eines sprachaktivierenden und -fördernden Mathematikunterrichts

Mathematiklernen vollzieht sich immer im Zusammenspiel selbstständiger, aktiv-entdeckender und kooperativ-kommunikativer Arbeitsprozesse. Mathematisches Wissen entwickelt sich im Gespräch zwischen den am Unterrichtsgeschehen Beteiligten: Bedeutungen werden ausgehandelt, Entdeckungen beschrieben und mitgeteilt und miteinander in Beziehung gesetzt (Brandt / Nührenbörger 2009, 28).

In einem zeitgemäßen Mathematikunterricht sollen die Lernenden argumentieren, begründen, kommunizieren, erklären, reflektieren und dabei die entsprechenden Fachwörter angemessen verwenden. Über die Hälfte der Kompetenzerwartungen, die 2005 in den Bildungsstandards für das Fach Mathematik in der Grundschule formuliert wurden, sind nur durch den Einsatz sprachlicher Mittel zu erreichen (KMK 2005).

Dass diese Sprachhandlungen hohe Anforderungen an die sprachlichen Kompetenzen der Schülerinnen und Schüler stellen, ist unbestritten. Die Elemente und Strukturen der Bildungs- und Fachsprache sind den Grundschulkindern in der Regel noch fremd (Verboom 2013, 4). Die verkürzten Sprechweisen und die besonderen Fachbegriffe mit zum Teil lateinischem Ursprung (wie z.B. Differenz oder Multiplikation) sind typische Elemente der »mathematischen Sprache«. Diese müssen zeitgleich mit einer abstrakten Symbolsprache (»3 + 4 = 7«) vernetzt werden.

Zudem existieren zahlreiche Bedeutungsinterferenzen zur Alltagssprache durch die Verwendung von bekannten Wörtern, die in der Mathematik eine andere Bedeutung erhalten (z.B. der menschliche Körper vs. der geometrische Körper) oder durch gleichklingende Wörter in beiden Registern (z.B. »mehr« und »Meer«).

Die Beantwortung zweier Fragestellungen ist in diesem Beitrag deshalb nachfolgend zentral:

- Warum ist eine besondere Unterstützung und Förderung der Sprache und des Ausdrucks im Mathematikunterricht überhaupt notwendig?
- Welche Chancen und Möglichkeiten bestehen, den alltäglichen Mathematikunterricht sprachaktivierend und -fördernd zu gestalten, so dass alle Lernenden eine individuell angemessene Sprachförderung erhalten?

Notwendigkeit einer fachbezogenen Sprachförderung

Große internationale Vergleichsstudien wie die TIMS-Studie 2007 (Bos et al. 2008) zeigen, dass insbesondere Kinder mit geringen sprachlichen Kompetenzen auch bei den mathematischen Leistungen zurückliegen. Dies wird auf die mangelnde Fähigkeit, an der Unterrichtssprache teilhaben und mathematische Kompetenzen zeigen zu können, zurückgeführt (ebd.).

Um nachvollziehen zu können, inwiefern die sprachlichen Kompetenzen der Kinder auch ihre mathematischen Leistungen beeinflussen, ist es zunächst zentral, die verschiedenen Sprachhandlungen im Mathematikunterricht genauer zu betrachten. Anschließend kann herausgestellt werden, welchen Einfluss sprachliche Beeinträchtigungen auf dieses Bedingungsfeld und somit auch auf die mathematischen Lernprozesse haben können.

Sprachhandlungen im Mathematikunterricht

Die sprachlichen Kompetenzen der Kinder sind einerseits Ziel, aber gleichzeitig auch Ursprung und Bedingung für eine erfolgreiche Teilhabe am Mathematikunterricht, denn wie in jedem anderen Fach erfolgt die Verständigung und die Vermittlung der Inhalte hauptsächlich sprachlich.

Im Mathematikunterricht findet ein ständiger Anforderungswechsel zwischen Sprachrezeption und Sprachproduktion statt (vgl. Abb. 1). Die Schülerinnen und Schüler hören oder lesen im Fach Mathematik sprachli-

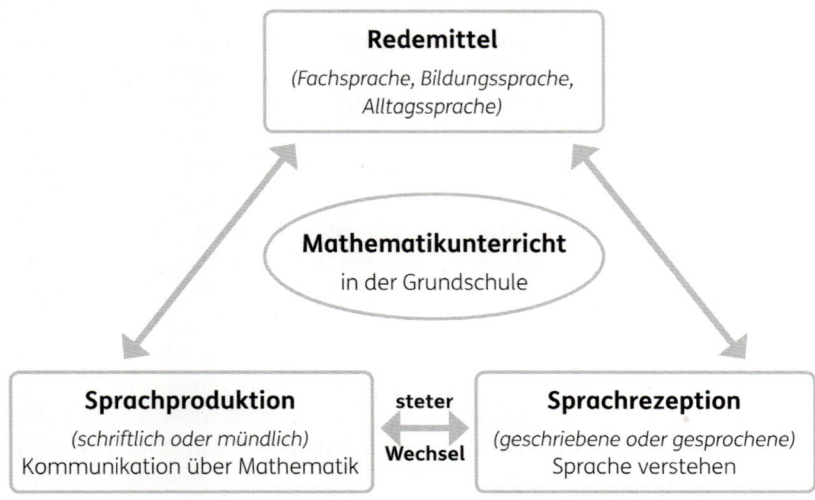

Abb. 1: Sprachliche Anforderung des Mathematikunterrichts
(Götze / Hang 2017, 5)

che Informationen und müssen diese wahrnehmen, verarbeiten, entschlüsseln und verstehen (**Sprachrezeption**).

Auf der anderen Seite sind die Kinder gefordert, selbst mathematische Inhalte sprachlich darzustellen, indem sie darüber sprechen oder schreiben (**Sprachproduktion**).

Die Grundlage für ein erfolgreiches Sprachhandeln bildet dabei immer die Möglichkeit des Zugriffs auf die notwendigen und gebrauchten (Fach-) Wörter, Satzphrasen und Formulierungen (**Redemittel**).

Es ist wichtig, die sprachlichen Lernvoraussetzungen genau zu kennen, die die Schülerinnen und Schüler mitbringen, da es gilt, an diese Ressourcen anzuknüpfen und sie weiterzuentwickeln (Meyer / Prediger 2012).

Lernvoraussetzungen der Schülerinnen und Schüler

Die sprachlichen Lernvoraussetzungen der Lernenden im Mathematikunterricht der Grundschule sind sehr heterogen, da die individuelle Sprachentwicklung eines jeden Kindes durch vielfältige Faktoren beeinflusst wird. Sowohl personenbezogene Faktoren – wie das Hör- und Sehvermögen, das Arbeitsgedächtnis oder die emotional-psychische Konstitution des Kindes – als auch Umweltfaktoren – wie das soziale und sprachliche Umfeld und Erfahrungen – spielen dabei eine entscheidende Rolle.

Sprachlich eloquente Kinder bringen meist einen recht differenzierten Wortschatz mit und bedienen sich in Teilen bereits bildungssprachlicher Formulierungen. Im Gemeinsamen Lernen finden sich jedoch auch viele Lernende, denen die für das Verstehen und die Wiedergabe der mathematischen Inhalte notwendigen, grundlegenden sprachlichen Kompetenzen nicht zur Verfügung stehen, da sie z. B. Deutsch als Zweitsprache erlernen oder in sprachlichen Bereichen Beeinträchtigungen aufweisen.

Kinder mit sonderpädagogischem Unterstützungsbedarf im Bereich Sprache haben besonders erschwerte sprachliche Lernbedingungen, da sie hinsichtlich ihres Spracherwerbs, des sinnhaften Sprachgebrauchs und der Sprechtätigkeit so beeinträchtigt sind, dass sie dem Unterricht der allgemeinen Schule ohne besondere Unterstützung nicht hinreichend folgen können. Die Beeinträchtigungen können sowohl die Sprachrezeption, die Sprachproduktion als auch die Verfügbarkeit und Aneignung der Redemittel betreffen.

Mögliche Auswirkungen sprachlicher Beeinträchtigungen

Sprachliche Beeinträchtigungen können dazu führen, dass Schwierigkeiten im mathematischen Lernen oder beim Lösen von Aufgaben entstehen. In wissenschaftlichen Untersuchungen wurde gezeigt, dass den Kindern ohne angemessene sprachliche Unterstützung im Unterricht der Erwerb vieler arithmetischer Fähigkeiten nur erschwert oder unzureichend gelingt (Schröder / Ritterfeld 2015). Insbesondere gilt dies für das Erlernen der Zahlwortreihe, die Entwicklung eines Zahlbegriffs, den Erwerb von Operationsvorstellungen und die Aneignung sowie den Abruf von mathematischem Faktenwissen, wie z. B. die Automatisierung des $1 + 1$ oder $1 \cdot 1$ (Schröder / Ritterfeld 2015; Lorenz 2010).

Schüler mit besonderen Lernbedingungen in der Sprache und Kommunikation benötigen daher für den Unterricht, das Lernen und den Wissenserwerb im Fach Mathematik besondere didaktisch-methodische Hilfen, die auf ihre störungsspezifischen sprachlichen Verarbeitungseinschränkungen abgestimmt sind (Sallat / Schönauer-Schneider 2015, 70). Nur mit einer solchen gezielten Unterstützung können die Kinder aktiv und erfolgreich am Mathematikunterricht teilnehmen.

Es stellt sich insofern nicht mehr die Frage, ob, sondern vielmehr wie die mathematische Sprache und der Ausdruck im alltäglichen Mathematikunterricht gefördert werden können.

Chancen und Möglichkeiten zur Förderung der mathematischen Sprache und des Ausdrucks

Im Mathematikunterricht der Grundschule kann und soll die Regelschullehrkraft keine (sprach-)therapeutische Funktion einnehmen. Sprachförderung kann nur im Sinne einer Sprachassistenz oder einer (fach-)spezifischen Sprachförderung im Unterricht, d. h. unterrichtsimmanent erfolgen. Sprachliche Ziele werden also nur soweit verfolgt, wie sie für das Erreichen des jeweiligen Bildungszieles notwendig sind. Die Unterrichtsinhalte und der Fachwortschatz selbst werden zur Sprachförderung genutzt (Sallat / Schönauer-Schneider 2015, 73). Eine vom Unterrichtsgegenstand losgelöste Grammatik- oder Rechtschreibförderung soll im Mathematikunterricht nicht stattfinden.

Trotzdem können die sprachsensibel aufbereiteten Lernangebote für einige Kinder auch (sprach-)therapeutisch wirken, obwohl mit den Übungen vorrangig »curricular begründete Bildungs- und Erziehungsziele« verfolgt werden (Mußmann 2012, 67 f.). So ist im Gemeinsamen Unterricht die Verknüpfung individueller Förderziele und fachlicher Ziele möglich. Sprachförderung wird insofern ein generelles Unterrichtsprinzip (Reber / Schönauer-Schneider 2009).

Sprachliche Anforderungen sollten dabei nicht generell vermieden werden, denn für eine effektive Sprachförderung ist es notwendig, dass die Lernenden ein möglichst reichhaltiges und gezieltes Sprachangebot erhalten, um in dieser anregungsreichen Umgebung die »mathematische Sprache« und den fach- und bildungssprachlichen Ausdruck zu beobachten, aufzunehmen und selbst zu erproben (Meyer / Prediger 2012, Maier / Schweiger 1999).

Mit Blick auf die Sprachhandlungen im Mathematikunterricht und unter Berücksichtigung der allgemeinen und fachlichen Bildungsziele und der individuellen Lernvoraussetzungen der Schülerinnen und Schüler lassen sich für die fachspezifische Sprachförderung im Mathematikunterricht drei zentrale Schwerpunkte ableiten (Götze / Hang 2017):

1. **Fachwortschatz aufbauen**
2. **Sprachverständnis sichern**
3. **Mathematische Kommunikation ermöglichen**

Die drei Schwerpunkte sind weder als Abfolge eines Lernprozesses noch als trennscharfe Kategorien zu verstehen. Vielmehr dienen sie als Leitideen und Grundlage zur Gestaltung und Planung eines sprachaktivierenden und -förderlichen Mathematikunterrichts für alle Kinder.

Im Folgenden sollen diese Leitideen näher erläutert und durch praktische Unterrichtsbeispiele veranschaulicht werden.

Fachwortschatz aufbauen

Ein Ziel des Mathematikunterrichts ist es, dass die Kinder »mathematische Fachbegriffe und Zeichen sachgerecht verwenden« (KMK 2005, 8). Zudem brauchen die Lehrenden und Lernenden ein gemeinsames Repertoire an Redemitteln, damit eine ungestörte Kommunikation und der gegenseitige Austausch im Mathematikunterricht möglich werden. Diese begriffliche Basis sollte bewusst und geplant entwickelt werden.

Bei Sprachentwicklungsstörungen kann es jedoch zu Schwierigkeiten bei der Speicherung und beim Abruf von fachspezifischem und sprachlichem Wissen kommen. Nur mit einer großen zeitlichen Verzögerung gelingt es den Kindern, sich an Wörter (und auch an mathematisches Faktenwissen wie z. B. die Einmaleinsreihen) zu erinnern. Das Erlernen neuer Wörter und Inhalte ist erschwert. Die Folge sind ein geringer Wortschatz, Verständnisprobleme oder Fehler bei der Sprachproduktion (Sallat / Schönauer-Schneider 2015, 72).

Dies ist jedoch nicht nur ein Problem bei Kindern mit sonderpädagogischem Förderbedarf im Bereich Sprache. Ebenso zeigen zahlreiche Kinder der Regelschule Wortschatzschwächen und auch sprachbegabte Kinder kennen so manche fachsprachliche Formulierung noch nicht.

Um sich einem neuen mathematischen Fachausdruck zu nähern, reicht das Einüben von Einzelwörtern wie z. B. »Summe« oder »Stellenwerttafel« nicht aus. Um mathematische Entdeckungen ausdrücken zu können, benötigen die Lernenden auch fachspezifische Satzphrasen wie z. B. »Die Summe wird immer um 2 größer« oder »Ein Hunderter kann in 10 Zehner zerlegt werden«.

Ausgangspunkt zum Erlernen neuer Fachausdrücke ist dabei aber immer das Vorwissen und die Alltagssprache der Kinder. Vorbereitend hilft es deshalb ggf. auch fächerübergreifend Erfahrungen zu einem bestimmten Themengebiet (z. B. Einkauf oder Sportfest) zu ermöglichen.

Zum Aufbau des Fachwortschatzes hat sich folgendes Vorgehen bewährt:

Vorbereitungsphase: Die Lehrkraft erkundet z. B. durch Assoziationsrunden, welche sprachlichen Mittel die Schülerinnen und Schüler zu einem bestimmten Lerngegenstand bereits mitbringen. Die Alltagssprache wird so bewusst aufgegriffen.

Erarbeitungsphase: Beim Aufbau des gemeinsamen Wortschatzes gibt es zwei Vorgehensweisen, die auch vom mathematischen Inhalt abhängen:

Variante 1: Fachwörter (wie z. B. Produkt) werden durch die Lehrkraft gezielt eingeführt (»Das Ergebnis einer Multiplikationsaufgabe nennt man Produkt«) und veranschaulicht.

Variante 2: Die Kinder bearbeiten Aufgaben. Im Anschluss tragen sie ihre Ergebnisse und Entdeckungen in einer gemeinschaftlichen Plenumsphase vor. In der Regel werden die Kinder auf Zeigegesten zurückgreifen, wenn ihnen Wörter fehlen. Hier kann das Problem der Versprachlichung bewusstgemacht werden. Möglicher Impuls:»Welche Wörter können uns beim Erklären helfen?« Die Lehrkraft greift die Ausdrücke der Kinder auf und bringt selbst mathematisch relevante Begriffe und Satzphrasen ein.

Sammelphase: Eine weit verbreitete Möglichkeit, die gemeinsam erarbeiteten Wörter und Satzphrasen festzuhalten und zu visualisieren, stellen *Wortspeicher* (auch Wortplakate, Wörterkoffer, Sprachspeicher etc. genannt) dar (Götze 2015). Werden diese verständig eingeführt und wertgeschätzt, können sie den Kindern helfen, Fachwörter zu verstehen und in das eigene Sprachrepertoire aufzunehmen. Ein exemplarischer Wortspeicher ist in Abbildung 2 auf S. 74 zu sehen (aus Götze 2015).

Einübungsphase: Bei allen Gesprächen im Mathematikunterricht benutzt die Lehrkraft nachfolgend bewusst handlungsbegleitend und betonend die Wörter des Wortspeichers, z. B.»Die *Summe* (Lehrperson zeigt auf die Summe in der obersten Aufgabe im Päckchen) wird *immer* um 2 (tippt auf die darunterliegenden Summen) *größer*«.

Zeitgleich werden die Kinder immer wieder angeregt, ihre Entdeckungen mit den *Mathewörtern* zu beschreiben, indem sie behutsam bei weiterer Beschreibungsversuchen auf den Wortspeicher verwiesen werden.

Auch spielerische Übungen, bei denen die neu eingeführten Wörter möglichst häufig angewandt und gehört werden, wie z. B. Bingo, Schnipp-Schnapp, Mathematische Rätsel oder Zuordnungsübungen, fördern den Wortschatzaufbau (Götze / Hang 2017).

Abb. 2: Wort- und Satzspeicher zu Entdeckerpäckchen (Götze 2015)

Die Wortspeicherplakate können aufbewahrt und bei Bedarf wieder hervorgeholt werden, wenn das entsprechende Thema erneut behandelt wird. Damit werden zum einen die vergangenen Lernerfahrungen aktiviert und zum anderen sehr gute Anknüpfungspunkte für zukünftige Lerninhalte geschaffen.

Sprachverständnis sichern

Mangelndes Sprachverständnis stellt eine der größten sprachlichen Lernhürden im Mathematikunterricht dar und wirkt sich unmittelbar auf das mathematische Lernen aus, weshalb die Sicherung des Sprachverständnisses eine wichtige Rolle einnehmen sollte.

Insbesondere Kinder mit einer Sprachentwicklungsstörung können Störungen in der Wahrnehmung oder Verarbeitung der an sie gerichteten Sprache aufweisen. Sie erkennen und verstehen Laute, Wörter oder grammatische Strukturen nicht oder nur unzureichend (Sallat / Schönauer-Schneider 2015, 72).

Deshalb ist es im Unterricht immer wichtig, bei der Präsentation von Lerninhalten und Arbeitsaufträgen mehrere Sinneskanäle anzusprechen. Mimik und Gestik, das Betonen wichtiger Wörter beim Sprechen und sprachbegleitende Veranschaulichungen durch Realgegenstände, Handlungen, Abbildungen oder Schriftsprache erleichtern das Verständnis.

Beispielsweise sind die Fragewörter »Wie viele?« und »Der Wievielte?« nur durch den Laut ›t‹ zu unterscheiden – inhaltlich zielt jedoch die eine Frage auf den kardinalen Zahlaspekt ab, die andere auf den ordinalen.

Als Unterstützung bei der auditiven Unterscheidung der Fragen kann z. B. das »t« bei »Wievielte« gebärdet werden (in Absprache mit der Deutschlehrkraft / dem Logopäden). Zeitgleich können im Metagespräch die (gleichen) Endungen der Frage und der Ordnungszahlen als Unterstützung thematisiert werden. Eine Veranschaulichung stützt den Vergleich und das Sprachverständnis zusätzlich (vgl. Abb. 3 aus Götze / Hang 2017).

Abb. 3: Visualisierung von sprachlichen Besonderheiten auf Metaebene
(Götze / Hang 2017, 49)

Auch Schwierigkeiten bei mehrdeutigen Fachwörtern (wie z. B. Zylinder als geometrischer Körper und als »schöner Hut«) können aufgelöst werden, indem man diese Besonderheiten auf einer Metaebene mit den Kindern thematisiert.

Zusätzlich können Aufgabenvariationen dazu beitragen, die Kinder in ihrem Sprachverständnis zu fördern und zu fordern. Statt nur die eigenen Entdeckungen und Vorgehensweisen zu einer mathematischen Aufgabe zu beschreiben, gilt es im Umkehrschluss auch Beschreibungen passenden Aufgaben zuzuordnen oder Fehler in Aussagen aufzudecken. So werden die Kinder geschult, genau hinzuhören und die Begriffe und Sätze (rezeptiv) passend zu interpretieren.

Mathematische Kommunikation ermöglichen

Es soll im Mathematikunterricht – sowohl schriftlich als auch mündlich – über Mathematik nachgedacht und gesprochen werden. »Die Sprache ist nichts anderes als eine spezialisierte und konventionalisierte Fortführung des gemeinsamen Handelns« (Braun 2006, 172). Die Darstellung der eigenen Gedanken und Lösungswege, das Beschreiben bzw. Begründen mathematischer Muster und Strukturen, aber auch das (Nach-)Fragen sind zentrale sprachlich anspruchsvolle Elemente des Mathematikunterrichts.

Manche Kinder können »in Redebeiträgen ihr Wissen nicht situationsangemessen oder fehlerfrei artikulieren und einbringen« (Sallat / Schönauer-Schneider 2015, 72).

Kinder lernen am besten am Modell. Mündliche und schriftliche Sprachvorbilder sollten bewusst geschaffen, thematisiert und genutzt werden. Als mündliche Sprachvorbilder fungieren in der Regel zunächst die Lehrkräfte, die etwas beschreiben oder äußern. Sie müssen die Gespräche mit und zwischen den Kindern (fachsprachlich) begleiten bzw. moderieren, indem sie z. B. die Aussagen der Kinder verlängern oder fachsprachlich umformulieren:

- »Ach so, du hast also erst die *Zehner* addiert und dann die *Einer* addiert. Die beiden *Zwischenergebnisse* hast du wieder addiert.«
- »Du hast uns jetzt erklärt, wie du gerechnet hast und die Schritte am Zahlenstrahl gezeigt. Kannst du uns deinen Rechenweg auch noch einmal in der Sprache der Mathematiker beschreiben?«

Ebenso können Sprachvorbilder in Form von exemplarischen Beschreibungen (anderer Kinder) an der Tafel oder auf einem Arbeitsblatt angeboten werden (siehe Abb. 4, Götze 2015).

Beispiel: Vorgegebene Rätsel zu geometrischen Körpern können zunächst gelöst (Sprachrezeption) und zeitgleich von den Kindern als Orientierung und Unterstützung für eigene Rätsel genutzt werden (gestützte Sprachproduktion).

Rätsel von Till:	**Rätsel von Anna:**	**Rätsel von Emma:**
Mein Körper hat 6 Flächen. Die Flächen sind Rechtecke. Nicht alle Rechtecke sind gleich groß.	Mein Körper kann rollen. Er kann aber auch auf einer Fläche stehen. Diese Fläche hat die Form eines Kreises.	Mein Körper hat 8 Ecken und 12 gleich lange Kanten.

Abb. 4: Rätsel, die als Vorbild für eigene Rätsel dienen können

Fazit

Um den Mathematikunterricht sprachaktivierend und -förderlich zu gestalten, bedarf es nur weniger Veränderungen. Man braucht keine anderen Aufgaben, sondern nur reichhaltige Kommunikationsanlässe sowie eine gewisse Sprachsensibilität. Mathematische Begriffe und Satzphrasen müssen gezielt thematisiert, geübt und verwendet werden, bis die Kinder sie – mit oder ohne Unterstützung – selbst richtig verwenden können. Wie lange dieser Lernprozess dauert, hängt von vielen Faktoren ab, wie z. B. den individuellen sprachlichen Kompetenzen und dem Arbeitsgedächtnis. Diese Prinzipien gelten für alle Kinder gleichermaßen – unabhängig von ihrer Sprachkompetenz oder ihrem kulturellen und individuellen Hintergrund.

Literatur

Bos, W. / Bonsen, M. / Baumert, J. / Prenzel, M. / Selter, C. / Walther, G. (Hrsg.) (2008): TIMSS 2007: Mathematische und naturwissenschaftliche Kompetenzen von Grundschulkindern in Deutschland im internationalen Vergleich. Münster: Waxmann.

Brandt, B. / Nührenbörger, M. (2009): Kinder im Gespräch über Mathematik. In: Die Grundschulzeitschrift, 23.Jg., H. 222.223, 28–33.

Braun, O. (2006): Sprachstörungen bei Kindern und Jugendlichen. Stuttgart: Kohlhammer.

Götze, D. (2015): Sprachförderung im Mathematikunterricht. Berlin: Cornelsen.

Götze, D. / Hang, E. (2017): Das Zahlenbuch. Fördern und Inklusion. Förderkommentar (Sprache) mit Kopiervorlagen und CD-ROM zum 1. Schuljahr. Stuttgart, Leipzig: Klett.

KMK – Ständige Konferenz der Kultusminister der Länder in der Bundesrepublik Deutschland (2005): Bildungsstandards im Fach Mathematik für den Primarbereich (Jahrgangsstufe 4). Beschluss vom 15.10.2004. München: Wolters Kluwer.

Lorenz, J. H. (2003): Kognitive Faktoren, deren Störung den Erwerb mathematischer Inhalte erschwert. In: Lenart, F. / Holzer, N. / Schaupp, H. (Hrsg.) (2003): Rechenschwäche, Rechenstörung, Dyskalkulie. Erkennung, Prävention, Förderung. Graz: Leykam, 39–47.

Maier, H. / Schweiger, F. (1999): Mathematik und Sprache. Wien: öbv & hpt.

Meyer, M. / Prediger S. (2012): Sprachenvielfalt im Mathematikunterricht – Herausforderungen, Chancen und Förderansätze. In: Praxis der Mathematik in der Schule, 54. Jg., H. 45, 2–9.

Mußmann, J. (2012): Inklusive Sprachförderung in der Grundschule. München: Ernst Reinhardt Verlag München. Basel.

Reber, K. / Schönauer-Schneider, W. (2009): Bausteine sprachheilpädagogischen Unterrichts. München: Reinhardt Verlag.

Sallat, S. / Schönauer-Schneider, W. (2015): Unterricht bei Kindern mit Sprach- und Kommunikationsstörungen. In: Sprache. Stimme. Gehör., 39. Jg., H. 2, 70–75.

Schröder, A. / Ritterfeld, U. (2014): Zur Bedeutung sprachlicher Barrieren im Mathematikunterricht der Primarstufe: Wissenschaftlicher Erkenntnisstand und Reflexion der (Förder-) Schulpraxis. In: Forschung Sprache, 3. Jg., H. 1, 49–67.

Verboom, L. (2013): »Meine Kinder können das nicht!« Von der Notwendigkeit einer fachbezogenen Sprachförderung. In: Grundschule Mathematik, H. 39, 4–5.

Uta Häsel-Weide / Anna-Maria Hintz

Soziale Begegnungen beim (kooperativen) Lernen im Mathematikunterricht

(Mathematik-)Lernen findet in sozialer Begegnung mit anderen statt. Interaktion und Kommunikation spielen bei der Entstehung neuen Wissens eine wichtige Rolle. Wesentlich für fundamentale Lernprozesse ist der inhaltliche Austausch mathematischer Ideen, Vorstellungen und Vorgehensweisen. Im inklusiven Mathematikunterricht ist deshalb darauf zu achten, dass sich die notwendige individuelle Förderung nicht zu einer »Individualisierungsfalle« entwickelt und die Kinder nur noch neben- und nicht mehr miteinander lernen (Brügelmann 2011). Die Herausforderung besteht darin, Situationen zu schaffen, in denen eine gemeinsame Idee entwickelt wird, an struktur-analogen Aufgaben gearbeitet oder Lösungswege in einer Rechenkonferenz miteinander besprochen werden. Damit dies gelingt, sind Maßnahmen in der Unterrichtsgestaltung notwendig, die allen Kindern erlauben, an den sozialen Begegnungen teilzunehmen. Zugleich sind Aufgabenformate so zu konzipieren, dass sie einen Austausch ermöglichen oder gar erfordern und dabei ein differenziertes Arbeiten möglich machen.

Die aktive Teilnahme an Lernformen mit einem hohen Anteil an Interaktion und Kooperation kann im Grundschulalter bereits von vielen Kindern bewältigt werden. Für einige Lernende stellt dies jedoch durch ihre individuelle Lernausgangslage eine so große Herausforderung dar, dass hierbei Lernerfolge (sowohl inhaltlich als auch emotional und sozial) ohne zusätzliche Unterstützung bzw. Förderung nicht gesichert sind. Auch die Lehrpläne formulieren die Förderung der Bereitschaft und Fähigkeit, mit anderen zusammen zu arbeiten als Aufgabe lernförderlichen Unterrichts. Es stellt sich jedoch die Frage, wie dies in Anbetracht der z. T. großen Heterogenität in Lerngruppen realisiert werden kann.

In dem vorliegenden Beitrag werden aus dem vielfältigen Feld der Gestaltungsmöglichkeiten von Mathematikunterricht mit Blick auf die Unterstützung und Förderung emotional-sozialer Kompetenzen zwei Aspekte herausgegriffen: Neben allgemeinen präventiven Unterstützungsansätzen für alle Lernenden wird auf spezifischere Fördermaßnahmen eingegangen, die einzelnen Kindern die Möglichkeit geben, ihre emotional-sozialen Kompetenzen zu erweitern, um mit Gewinn am Mathematikunterricht teilnehmen zu können.

Möglichkeiten der Gestaltung lernförderlichen Unterrichts im Fach Mathematik

Für erfolgreiches (mathematisches) Lernen spielt eine gute Klassenführung, auch Classroom Management (CM) genannt, eine große Rolle. Zahlreiche Forschungsergebnisse weisen darauf hin, dass die Beteiligten einer Lerngruppe hiervon sowohl inhaltlich als auch emotional und sozial profitieren (z. B. Helmke 2009). Auch die Belastung der jeweiligen Lehrkräfte verringert sich durch gutes CM, da dies sowohl das Auftreten von Unterrichts- als auch von Verhaltensstörungen verringert. Zu erfolgreichem CM gehört die Berücksichtigung von proaktiven und reaktiven Aspekten (Evertson / Emmer 2009).

Als proaktive Elemente können die folgenden angesehen werden: Vorbereitung des Klassenraumes, Planung und Unterrichtung von Regeln sowie unterrichtlicher Verfahrensweisen, Festlegung von Konsequenzen, Schaffen eines positiven (Lern-)Klimas, Beaufsichtigung der Lernenden, eine angemessene Vorbereitung des Unterrichts, Festlegung von Schülerverantwortlichkeit, allgemeine unterrichtliche Klarheit sowie kooperative Lernformen. Zu den reaktiven Aspekten des CM zählen das Unterbinden unangemessenen Verhaltens sowie die Umsetzung weiterer geeigneter Strategien für potenzielle Probleme. Insbesondere die adäquate Umsetzung der Gesamtheit der genannten Punkte trägt zum Gelingen bei. Hierbei sind die Regeln für das soziale Miteinander allerdings nicht mit festen Vorgaben für inhaltliches Lernen gleichzusetzen. Aber ein gut vorbereiteter, klarer Arbeitsauftrag mit einer deutlichen Erwartung an das Sozialverhalten erlaubt es einigen Lernenden erst, sich z. B. auf die möglicherweise inhaltliche Offenheit einer mathematischen Aufgabenstellung einzulassen.

KlasseKinderSpiel

Um (neue) Klassenregeln oder auch Regeln für spezifische Lernsituationen einzuüben, stellt das KlasseKinderSpiel (KKS) eine vielfach positiv evaluierte und praxistaugliche Herangehensweise dar (z. B. Bowman-Perrott / Burke / Zaini / Zhang / Vannest 2015; Hintz / Paal / Krull im Druck). Dazu werden mit der Lerngruppe im Vorfeld gemeinsam wenige positiv formulierte Klassenregeln erarbeitet und vereinbart. Diese könnten in Anlehnung an Hillenbrand, Hennemann, Hens und Hövel (2013) z. B. lauten: (1) »Ich bin freundlich und fair«, (2) »Ich bin leise und höre gut zu«, (3) »Ich arbeite aufmerksam und sorgfältig«. Auf die Einhaltung dieser Regeln wird im Rahmen eines kurzen, vorher transparent gemachten (z. B. 5-minütigen) Zeitraums eines Schultages immer wieder besonders geachtet. Den spielerischen Charakter bekommt das KKS dadurch, dass die Klasse im Vorfeld in Teams aufgeteilt wird, die während der Spielzeit versuchen, möglichst wenig Fouls (Regelverstöße) zu begehen, um eine kleine für sie reizvolle vorher vereinbarte Belohnung zu gewinnen. Es gewinnt entweder das Team, das die wenigsten Fouls begangen hat, oder diejenigen Teams, die unter einer vorher vereinbarten Anzahl an Fouls geblieben sind. Die während des KKS begangenen Fouls werden von der Lehrkraft nur knapp und sachlich benannt und als Strich auf einer für alle sichtbaren Liste für das jeweilige Team festgehalten. Im Nachgang zum Spiel wird besprochen, wie die Fouls hätten vermieden werden können, um für zukünftige Situationen zu lernen.

Die vorgeschlagenen Regeln für das KKS können entweder so allgemein formuliert werden, dass sie unabhängig vom Fach Anwendung finden können oder für einzelne Lernsituationen so angepasst werden, dass sie die spezifischen Herausforderungen aufgreifen (z. B. »Ich benutze die Wendeplättchen nur zur Bearbeitung mathematischer Aufgaben«). Solche Anpassungen haben den Vorteil, sehr konkrete Regeln für die aktuelle Lernsituation vorgeben zu können. Gleichzeitig hat dies den Nachteil, dass für unterschiedliche Fächer verschiedene Regeln erarbeitet und entsprechend transparent gemacht werden müssen. In adaptierter Form kann das KKS auch zum Einüben von spezifischen Regeln für kooperative Lernphasen im Mathematikunterricht genutzt werden. Die gemeinsam erarbeiteten Regeln könnten dann z. B. lauten: (1) »Ich spreche leise«, (2) »Ich frage erst meinen Partner, wenn ich etwas nicht verstehe« und (3) »Ich höre meinem Partner zu, wenn er etwas zum Thema sagt«.

Kooperatives Lernen im Mathematikunterricht

Kooperatives Lernen

Der Begriff »kooperatives Lernen« wird in der Literatur vielfältig und nicht einheitlich verwendet. Einerseits wird er unspezifisch für mannigfaltige Arbeiten in Interaktion genutzt, andererseits als elaborierte Methode zur Strukturierung von Gruppen- und Arbeitsprozessen mit fester Feedback-Kultur. Um im engeren Sinne von kooperativem Lernen sprechen zu können, müssen fünf Basiselemente realisiert sein: (1) Positive Interdependenz, (2) Face-to-Face-Kommunikation und gegenseitige Unterstützung, (3) Individuelle Verantwortlichkeit, (4) Interpersonale Fähigkeiten sowie (5) Reflexive Gruppenprozesse (vgl. Büttner / Warwas /Adl-Amini 2012).

(1) **Positive Interdependenz** liegt dann vor, wenn die individuellen Ziele jedes einzelnen Kindes dazu beitragen, dass das Gruppenziel erreicht werden kann bzw. die eigenen Erfolge auch abhängig von den Ergebnissen aller weiterer Gruppenmitglieder sind. Entsprechend müssen die individuellen Aufgaben bzw. Rollen der Kinder im Rahmen des kooperativen Prozesses jeweils so individualisiert sein, dass es nicht zu starken Über- oder Unterforderungen kommt. Hierzu ist vorab die genaue Feststellung der individuellen

Lernausgangslagen notwendig sowie ggf. eine didaktische Reduktion von ursprünglich angedachten Formaten in weniger komplexe oder umfängliche Aufgaben, die aber dennoch einen Aufforderungscharakter für das jeweilige Kind haben. Ggf. können zusätzliche Hilfs- und Unterstützungsangebote gemacht werden, um alle Lernenden in die Lage zu versetzen, verlässlich Ergebnisse zum Gruppenprozess beitragen zu können.

(2) Das Basiselement **Face-to-Face-Kommunikation und gegenseitige Unterstützung** umfasst die sozialen Interaktionen zwischen den Gruppenmitgliedern. Diese sollten davon geprägt sein, dass die Kinder einer Gruppe sich gegenseitig helfen und motivieren. Zudem sind im Zuge der gemeinsamen Aufgabenerfüllung bzw. Zielerreichung Materialien, Ressourcen und Informationen zu teilen, Argumente auszutauschen und Feedback zu geben.

Eine derartige gegenseitige Unterstützung umfasst also, reflektiert mit den verschiedenen Stärken und Schwächen anderer respektvoll umzugehen und Gruppensituationen so zu gestalten, dass sich alle gleichberechtigt einbringen können. Im Grundschulalter werden diese Kompetenzen von vielen Kindern erst aufgebaut. Einige Lernende haben gerade beim Umgang mit den Schwächen anderer noch recht starken Unterstützungsbedarf.

Bei heterogenen Gruppenkonstellationen kann es vorkommen, dass, insbesondere wenn das erfolgreiche Erreichen des Gruppenziels in Gefahr zu sein scheint, die Anteile von leistungsschwächeren Lernenden von anderen als weniger relevant wahrgenommen und diese nicht mehr als vollwertige Teammitglieder akzeptiert werden. Um solchen Situationen vorzubeugen, sollte die Lehrkraft bereits vorab auf eine möglichst optimale Gruppenzusammenstellung achten. Ein weiterer Aspekt, der zur verbesserten Akzeptanz von Kindern mit höherem Unterstützungsbedarf in der Gruppe beitragen kann, ist die Berücksichtigung der jeweils individuellen Fortschritte für die Bewertung des Gruppenerfolgs.

(3) **Individuelle Verantwortlichkeit** zielt darauf ab, dass jedes Teammitglied im Rahmen eines kooperativen Lernsettings eine möglichst hohe Mitverantwortlichkeit für das gemeinsame Ergebnis trägt, sodass alle Kinder mit ihrem jeweils individuell zu verantwortenden Anteil optimal in den Arbeitsprozess und das Ergebnis involviert sind. Zuträglich zur Schaffung eines individuellen Verantwortlichkeitsgefühls sind kleine Arbeitsgruppen oder Paare, wiederkehrende individuelle Leistungsbewertungen aller Beteiligten sowie die zufällige Auswahl des Kindes, das die gemeinsamen Ergebnisse präsentiert.

Herausforderungen können sich auch dadurch ergeben, dass einzelne Lernende nicht unmittelbar in der Lage sind, sich selbst in der Verantwortung zu sehen, und nicht oder nur wenig zum Gruppenergebnis beitragen. Dazu kann es z. B. bei individuell wahrgenommener Über- bzw. Unterforderung kommen oder auch, wenn ungünstige individuelle Attributionsmuster vorliegen, die sich negativ auf die Lern- und Leistungsmotivation Einzelner auswirken. Hier wäre eine Unterstützung zur Förderung der realistischen Zielsetzung sowie zur Erarbeitung günstigerer Attributionsmuster sinnvoll (Grünke / Castello 2014). Entsprechende Reflexionsmöglichkeiten sowie Feedback hinsichtlich der individuell gesetzten und realisierten Ziele sowie der Verursachung des jeweiligen Erfolgs- bzw. Misserfolgsempfindens der Lernenden könnte bei Bedarf ritualisiert (z. B. im Rahmen von Gesprächen unterstützt durch entsprechend gestaltete Arbeitsblätter) in Anfangs- und Endphasen des kooperativen Lernens eingebunden werden. Diese Informationen können der Lehrkraft ebenfalls als Feedback zu verschiedenen Aspekten der aktuellen individuellen Lernausgangslagen dienen.

(4) Beim kooperativen Lernen sind auch **interpersonale Fähigkeiten** erforderlich, wie z. B. Perspektivübernahme oder Durchsetzungsfähigkeit, da während der Lösung fachlicher Aufgaben zusätzlich Gruppenprozesse zu gestalten sind. Dementsprechend sind neben fachlich-inhaltlichen ebenso angemessene sozial-emotionale und kommunikative Kompetenzen notwendig. Insbesondere die zur konstruktiven Konfliktbewältigung grundlegend benötigten Kompetenzen können jedoch nicht bei allen Kindern ohne Weiteres in genügendem Ausmaß vorausgesetzt werden. Da diese aber für erfolgreiche kooperative Lernprozesse essentiell sind, sollte die diesbezügliche Lernausgangslage unbedingt im Vorfeld (je nach Bedingung innerhalb oder außerhalb des Fachunterrichts) erfasst werden, um dementsprechend bislang fehlende Fertigkeiten und Kompetenzen vermitteln und ausbauen zu können. Um grundlegende Fertigkeiten im Umgang miteinander zu schulen, kann z. B. mit Rollenspielen gearbeitet werden. Auch das oben skizzierte KKS könnte diesbezüglich zur Einübung von gemeinsamen Regeln zum Einsatz kommen. Insgesamt ist davon auszugehen, dass insbesondere bei Lernenden mit Schwächen im sozial-emotionalen oder kognitiven Bereich in der Regel mehr Zeit zum Auf- bzw. Ausbau notwendiger sozialer Kompetenzen eingeplant und aufgebracht werden muss. Weitere Gelegenheiten zur Arbeit an sozial-emotionalen Kompetenzen können sich im Rahmen des kooperativen Lernens selbst ergeben. Hierbei sollte darauf geachtet werden, dass die Dauer der kooperativen Situation überschaubar ist und die Aufgaben sehr klar formuliert werden.

(5) **Reflexive Gruppenprozesse** sind nötig, um die Abläufe der Zusammenarbeit zu reflektieren und ggf. im Sinne der Aufgabe bzw. des Ziels anzupassen. Um die Prozesse der Gruppe sowohl auf fachlich-inhaltlicher als auch auf sozialer Ebene angemessen reflektieren und optimieren zu können, sind entsprechende metakognitive Kompetenzen notwendig, deren Vorliegen ebenso nicht bei allen Lernenden vorausgesetzt werden kann. Diese sollten, wie auch die weiter oben genannten Kompetenzen, im Vorfeld modellhaft angebahnt werden. Hierbei können u. a. die anderen Kinder

Orientierung bieten und (ggf. unter Anleitung) konstruktives Feedback aus ihrer Sicht geben.

Die bisherigen Ausführungen machen deutlich, dass kooperatives Lernen keineswegs eine triviale Lernform ist. Notwendige Vorläuferkompetenzen im fachlichen und sozial-emotionalen Bereich sind im Vorfeld aufzubauen und die eingesetzten Formen so zu modifizieren und zu begleiten, dass alle Kinder Erfolgserlebnisse im Kontakt mit anderen erleben können. Dabei ist sowohl für das sozial-emotionale als auch für das kognitive Lernen eine stark strukturierte Form des kooperativen Lernens förderlich (Büttner/ Warwas / Adl-Amini 2012).

Kooperative Aufgabenformate für den Mathematikunterricht

Um mathematisches Lernen in kooperativen Lernsituationen zu fördern, müssen geeignete Aufgabenformate gewählt werden, die die oben aufge- führten Aspekte auch auf inhaltlicher Ebene stärken und die Kinder in einen inhaltlichen Austausch bringen. Dies kann z.B. gelingen, wenn

- das Aufgabenformat *offen* ist, d.h. verschiedene Lösungswege und Bear- beitungsmöglichkeiten zulässt, und aus der Sache ein Interesse an den Ideen anregt.
- Aufgaben *struktur-analog* gestellt werden und ein Vergleich der Aufga- ben die Entdeckung der Struktur ermöglicht und somit die Interaktion zu einem wesentlichen Erkenntnisgewinn wird.

Eine selbstorganisierte Interaktion aus der Sache heraus ist als Ziel anzu- streben, stellt jedoch durch seine Offenheit auf verschiedenen Ebenen hohe Anforderungen an die soziale und fachliche Kompetenz der Lernenden. Eine Berücksichtigung der Elemente des kooperativen Lernens im engeren Sinne kann helfen, diese Prozesse zu strukturieren und zu unterstützen. Hilfreich ist dabei die Explizitheit bzgl. der Art und Weise der sozialen Begegnung, wie z.B. die Übernahme bestimmter Rollen und Tätigkeiten. Dies gibt auch den Kindern eine Orientierung, die Unterstützung brauchen, soziale Begeg- nung für sich und andere gut zu gestalten.

Aufgaben mit Rollenverteilung

Beispiel 1: Würfelgebäude. Im Geometrieunterricht sollen die Kinder in Gruppen ein Bauwerk aus Würfeln errichten. Dabei bekommt jedes Kind eine Karte mit einer Seitenansicht. Das zu errichtende Würfelbauwerk soll auf alle Ansichten passen (vgl. Del Piero / Schöttler in diesem Band). Diese Aktivität fordert den Aufbau der räumlichen Vorstellung, da die eigene Ansicht immer wieder mit dem veränderten Bauwerk übereingebracht werden muss, bis das sukzessiv errichtete Würfelgebäude aus jeder Seiten- ansicht passt. Hierbei stehen die Lernenden in einer *positiven Abhängig- keit*, denn das Würfelgebäude kann nur dann korrekt aufgebaut werden, wenn alle Beteiligten *Verantwortung* für ihre jeweilige Ansicht überneh-men. Sie sind zudem miteinander sowohl nonverbal (durch Verändern des Gebäudes) als auch verbal (indem Lagebeziehungen beschrieben werden) *in Kontakt.*

Beispiel 2: Punktestreifenbilder deuten. Bei der Einführung der Multi-plikation erhalten je zwei Lernende gemeinsam den Auftrag, mit Punkte-streifen Bilder zu legen und dazu Malaufgaben zu finden. Dabei sollen sie abwechselnd legen und die Aufgaben deuten. Sowohl multiplikative als auch additive Deutung können vorgenommen werden. Inhaltlich stehen der Wechsel der Repräsentationsebenen und das multiplikative Verständnis im Mittelpunkt, was durch die Aufgabenstellung gefordert und gefördert wird.

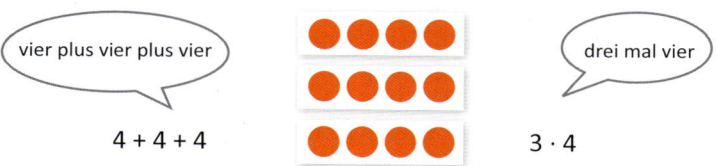

Abb. 1: Kooperatives Arbeiten mit wechselnden Rollen

Mit Blick auf das kooperative Lernen werden durch die aufeinander bezo-genen Tätigkeiten und die wechselnden Rollen eine *positive Dependenz* zwischen den Lernenden sowie *individuelle Verantwortlichkeit* und *Face-to-Face-Kommunikation* hergestellt. Fehler können erkannt und korrigiert, andere Deutungen ggf. ergänzt werden. Die Kooperation fördert und fordert prozessbezogene Kompetenzen, wie z. B. das Kommunizieren und Argu-mentieren. Sie erfordert allerdings auch, dass sich die Lernenden auf sozialer Ebene auf die kooperative Situation einlassen und diese fachlich-inhaltlich bewältigen können. Die Möglichkeit, die Punktestreifenbilder sowohl addi-tiv als auch multiplikativ zu deuten, ermöglicht eine gemeinsame Bearbei-tung auch bei leistungsheterogenen Paaren.

Aufgaben mit individuellen und gemeinsamen Anteilen
Wenn Lernende auf unterschiedlichen Leistungsniveaus arbeiten, eignen sich insbesondere Aufgabenformate, bei denen dem Think-Pair-(Share-) Prinzip entsprechend zunächst allein etwas bearbeitet und dann in den kooperativen Prozess eingebracht wird.

Die folgenden Dokumente aus dem ersten Schuljahr (vgl. Abb. 2) zeigen Ausschnitte von struktur-analogen Aufgaben zum Ergänzen zum Zehner, die zunächst individuell bearbeitet und dann gemeinsam verglichen wurden. In der kooperativen Phase des Vergleichens werden beide Dokumente herangezogen, d. h., unabhängig vom Zahlenraum, in dem die Kinder gearbeitet haben, werden die Produkte ihrer Arbeit gewürdigt. Beide Lernenden tragen mit zur Zielerreichung bei, interagieren miteinander und übernehmen eine *individuelle Verantwortlichkeit*. Dabei ist der Vergleich der fachliche Kern, in dem über die Bearbeitung der einzelnen Aufgaben hinaus strukturelle Erkenntnisse zur dekadischen Analogie gewonnen werden können.

Beispiel 3: Ergänzen zum Zehner

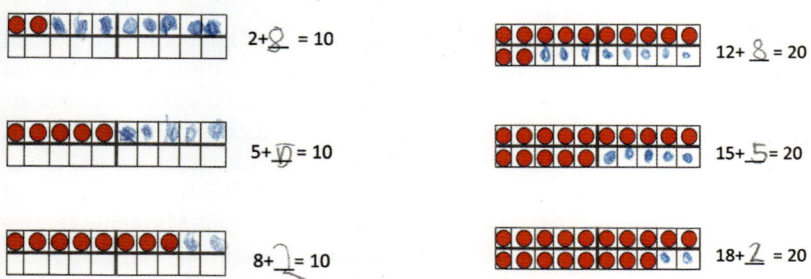

Abb. 2: Struktur-analoge Aufgaben zur Ergänzung zu 10 und 20

Der kooperative Vergleich der Aufgaben entspricht jedoch nicht im engeren Sinne den Kriterien des kooperativen Lernens, da weder notwendig noch garantiert ist, dass sich tatsächlich beide Kinder einbringen.

Im Sinne der Stärkung von individueller Verantwortung könnte die intrinsische Motivation der Freude an der mathematischen Entdeckung mit externen Maßnahmen wie dem Zufallsprinzip bei der Präsentation verknüpft oder eine gemeinsame Präsentation (ein Kind beschreibt die Entdeckung, das andere zeigt diese an den Aufgaben) gewählt werden.

Neben dem Vergleichen von analogen Aufgaben bietet es sich an, Lernende zum gemeinsamen »Sortieren und Ordnen« von zunächst individuell erarbeiteten Aufgaben aufzufordern. Ordnen und Systematisieren sind genuin mathematische Tätigkeiten, die dazu beitragen, Strukturen und Zusammenhänge zwischen Zahlen, Aufgaben und Formen zu erkennen. Gemeinsames Ordnen einer vorgegebenen oder zuvor hergestellten Anzahl von Aufgaben erfordert einen Austausch über Ordnungskriterien und regt damit zur Verbalisierung erkannter Strukturen an (Häsel-Weide 2016a). Dabei können Vorgaben wie (1) »Genau eine Sache tun«, also z. B. abwechselnd genau eine Aufgabenkarte an einen neuen Platz legen, oder (2) »Einer spricht, einer handelt« helfen, den kooperativen Prozess zu strukturieren.

Wirksamkeit kooperativen Lernens in
stark leistungsheterogenen Lerngruppen

Die obigen Beispiele geben einen Überblick, wie Aufgabenformate für kooperatives Lernen im Mathematikunterricht im Grundschulalter aussehen und auf individuelle Kompetenzen adaptiert werden können. Die Realisierung entsprechender Adaptionen kann dazu beitragen, dass auch Kinder mit besonderen Unterstützungs- und Förderbedarfen in bestmöglichem Ausmaß von kooperativem Lernen auf fachlicher und sozial-emotionaler Ebene profitieren können.

Einzelne Studienergebnisse zur Wirksamkeit von kooperativem Lernen stärken diese Erwartung. Bezogen auf den Mathematikunterricht deutet z. B. eine Untersuchung von Tarim und Akdeniz (2008) auf die Wirksamkeit des kooperativen Lernens in Mathematik hin. Auch Arbeiten von Häsel-Weide (2016b) sowie Nührenbörger (2009) stellen die durch kooperatives Lernen entstehenden Chancen der Erkenntnis durch die Interaktions- und Deutungsprozesse bei heterogenen Schülerpaaren in den Mittelpunkt. Der Gesamtkorpus aller bestehenden Befunde zur Wirksamkeit von kooperativem Lernen für verschiedene Fächer und Lernende ist jedoch weniger eindeutig und weist eine insgesamt ambivalente Befundlage auf. Die bisherigen Forschungsarbeiten zeigen eine eindeutigere und positivere Befundlage für Lernende ohne diagnostizierte Beeinträchtigungen auf als für solche mit Beeinträchtigungen im kognitiven bzw. sozial-emotionalen Bereich. Für diese ist in Anlehnung an Ashman (2008) anzunehmen, dass sie möglicherweise von kooperativen Lernformen profitieren können. Es sollte aber davon ausgegangen werden, dass es sich hierbei nicht zwingend um die effizienteste oder effektivste Lernform für alle handele.

Trotz entsprechender Anpassungen auf Ebene der Aufgabenformate, Arbeitsmaterialien, Lernziele, individualisierten Hilfestellungen und Bewertungsformen kann es in Einzelfällen vorkommen, dass manche Kinder nicht hinreichend von kooperativen Lernformen profitieren können, weil sie sich ggf. nur kurzfristig auf eine Aufgabe konzentrieren oder sich trotz umfangreicher Unterstützung nicht in die Gruppe integrieren bzw. hiervon nicht profitieren können (z. B. aufgrund sozialer Ängste).

Zusammenfassung und Fazit

Soziale Begegnungen im Mathematikunterricht sind notwendig zur Förderung inhaltlicher und prozessbezogener Kompetenzen. Sie stellen eine Herausforderung dar, weil gleichzeitig Anforderungen an die sozialen und fachlichen Kompetenzen gestellt werden. Präventive Maßnahmen sowie eine gute Klassenführung und die wohlüberlegte, reflektierte und an die Kompetenzen der Kinder angepasste Einführung kooperativer Lernformen können helfen, die Begegnungen lernförderlich zu gestalten. Dabei ist es wichtig, soziale und inhaltliche Ziele aufeinander abzustimmen, so dass die (gemeinsame) Bearbeitung der mathematischen Aufgabe die Einsicht in soziale Regeln unterstützt und fördert.

Literatur

Ashman, A. F. (2008): School and inclusive practices. In: R. M. Gillies u. a. (Hrsg.) (2008), The teacher's role in implementing cooperative learning in the classroom. New York: Springer, 163–183.

Bowman-Perrott, L. / Burke, M. D. / Zaini, S. / Zhang, N. / Vannest, K. (2015): Promoting positive behavior using the Good Behavior Game: A meta-analysis of single-case research. In: Journal of Positive Behavior Interventions. doi:10.1177/1098300715592355

Brügelmann, H. (2011): Den Einzelnen gerecht werden – in der inklusiven Schule – Mit einer Öffnung des Unterrichts raus aus der Individualisierungsfalle! In: Zeitschrift für Heilpädagogik 62. Jg., H. 9, 355–361.

Büttner, G. / Warwas, J. / Adl-Amini, K. (2012): Kooperatives Lernen und Peer Tutoring im inklusiven Unterricht. In: Zeitschrift für Inklusion. Verfügbar unter: inklusion-online.net/index.php/inklusion-online/article/view/61/61

Evertson, C. M. / Emmer, E. T. (2009): Classroom management for elementary teachers (8th ed.). New Jersey: Pearson Education.

Grünke, M. / Castello, A. (2014): Attributionstraining. In: G. W. Lauth u. a. (Hrsg.), Interventionen bei Lernstörungen. Förderung, Training und Therapie in der Praxis. Göttingen: Hogrefe, 484–492.

Häsel-Weide, U. (2016a): Gemeinsam ordnen – gemeinsam lernen. Mathematische Strukturen sichtbar machen. In: Grundschulunterricht Mathematik 63. Jg., H. 1, 30–33.

Häsel-Weide, U. (2016b): Vom Zählen zum Rechnen. Struktur-fokussierende Deutungen in kooperativen Lernumgebungen. Wiesbaden: Springer Spektrum.

Helmke, A. (2009): Unterrichtsqualität und Lehrerprofessionalität. Diagnose, Evaluation und Verbesserung des Unterrichts. Seelze-Velber: Kallmeyer.

Hillenbrand, C. / Hennemann, T. / Hens, S. / Hövel, D. (2013): Lubo aus dem All! 1. und 2. Klasse. Programm zur Förderung sozial-emotionaler Kompetenzen. 2. erweiterte Auflage. München: Ernst Reinhardt.

Hintz, A. M. / Paal, M. / Krull, J. (angenommen): Evaluation des KlasseTeamSpiels mit einer sechsten Hauptschulklasse im Rahmen einer kontrollierten Einzelfallstudie. In: Hillenbrand C. u. a. (Hrsg.): KlasseKinderSpiel: Spielerisch Verhaltensregeln lernen. edition HPA.

Nührenbörger, M. (2009): Interaktive Konstruktionen mathematischen Wissens – Epistemologische Analysen zum Diskurs von Kindern im jahrgangsgemischten Anfangsunterricht. In: Journal für Mathematik-Didaktik, 30. Jg., H. 2, 147–172.

Tarim, K. / Akdeniz, F. (2008): The effects of cooperative learning on Turkish elementary students' mathematics achievement and attitude towards mathematics using TAI and STAD methods. In: Educational Studies in Mathematic, H. 67, 77–91.

Sonja Breitenbach / Juliane Leuders

Blindheit und Sehbeeinträchtigung

Hinweise zum inklusiven Mathematikunterricht

> *Die Aufgabe einer spezifischen Pädagogik besteht darin, von der*
> *Selbstverständlichkeit des Sehens abzusehen und die Erfahrungs-*
> *qualität der anderen Sinne zu analysieren, um sie für Unterstüt-*
> *zungsmaßnahmen nutzen zu können.* (Walthes 2016, 202)

Die Wahrnehmung der Welt um uns herum und unser Handeln in ihr
basiert zu einem großen Teil auf visuellen Informationen – wenn wir uns
orientieren, wenn wir auf Menschen treffen und in Interaktion treten, wenn
wir uns Tätigkeiten wie dem Lesen und Schreiben widmen oder alltäglichen
Erledigungen nachgehen. Die Vorstellung, diese visuellen Eindrücke nicht
oder nur zum Teil zur Verfügung zu haben, ist daher mit vielen Unsicherheiten verbunden. In diesem Beitrag soll der Frage nachgegangen werden,
wie im konkreten Fall des Mathematikunterrichts Inhalte aufbereitet und
Lernanlässe geschaffen werden können.

Beeinträchtigung des Sehens und Blindheit – Was ist das eigentlich?

Der Terminus »Sehschädigung« hat sich in Deutschland als Oberbegriff für
die verschiedenen Formen eines veränderten Sehens bis hin zu Blindheit etabliert. Der Rückgriff auf einen »Schädigungs«-Begriff verdeutlicht, dass eine
aus pädagogischer Sicht wenig hilfreiche medizinische Sichtweise zugrunde
liegt. Die Bedingungen, unter denen ein Kind seiner Umwelt begegnet, können darin nicht ausreichend erfasst werden, und Aussagen über individuelle
Unterstützungsbedarfe sind nur schwer abzuleiten.

Aufgrund der unterschiedlichen Bedingungen und Bedarfe der jeweiligen Personengruppen wird zwischen einer Beeinträchtigung des Sehens
und Blindheit unterschieden. Die primär genutzten Sinnesmodalitäten
werden als entscheidendes Kriterium für diese Form der Unterscheidung
herangezogen. *Blinde Kinder* greifen nicht oder nur äußerst begrenzt auf
visuelle Eindrücke zurück und erhalten ihre Informationen hauptsächlich
über andere Sinne (z. B. Gehör- und Tastsinn). *Kinder mit einer Sehbeeinträchtigung* setzen ihre – wenn auch veränderte – Visualität für die Auseinandersetzung mit ihrer Umwelt ein (vgl. KMK 1998). Trotz der begrifflichen
Unterscheidung in zwei Gruppen muss aber von einem Kontinuum ausge-

gangen werden. Darüber hinaus kann die visuelle Situation eines Kindes (wie auch eines erwachsenen Menschen) nicht als starre und gleichbleibende Bedingung verstanden werden. Vielmehr entsteht sie aus dem Zusammenwirken vieler unterschiedlicher Faktoren:

- **Entwicklung:** Das Sehen entwickelt sich von der Geburt an und hält für einige Sehfunktionen bis in das Erwachsenenalter an. Dabei verläuft diese Entwicklung nicht isoliert, sondern im Zusammenspiel mit und in Abhängigkeit von anderen Entwicklungsbereichen (v. a. Motorik) (Ferrel 2010).

- **Ausprägung der Sehbeeinträchtigung:** Organische Schädigungen des Auges können zu unterschiedlichen Formen einer Sehbeeinträchtigung führen. Nicht nur die Sehschärfe (Visus), sondern auch andere visuelle Funktionen wie Gesichtsfeld, Kontrast- und Farbwahrnehmung oder Lichtempfindlichkeit können individuell stark variieren. Ebenso wirken sich Beeinträchtigungen der visuellen Informationsverarbeitung im Gehirn – häufig unter dem Begriff CVI (Cerebral Visual Impairment) gefasst – auf das Sehen der Kinder aus (Walthes 2014; Zihl et al. 2013).

- **Verlauf und Komorbidität:** Wird ein Kind blind oder mit einer Beeinträchtigung des Sehens geboren, entwickelt es eine andere Art der Auseinandersetzung mit seiner Umwelt als ein Kind, dessen visuelle Situation sich erst im Laufe der Kindheit verändert. Demnach müssen insbesondere angeborene Sehbeeinträchtigungen von erworbenen unterschieden werden, ebenso wie stabile von progredienten Formen und singuläre von komplexen Beeinträchtigungen (früher: Mehrfachbehinderungen) (Walthes 2014).

- **Personenfaktoren:** Die individuellen visuellen Bedingungen variieren darüber hinaus auch in Abhängigkeit von Personenfaktoren wie Tagesform, Gesundheitszustand, Konzentrations- und Aufmerksamkeitsgrad sowie Motivation (Hyvärinen / Jacob 2011).

- **Umweltfaktoren:** Auch Beleuchtung, Kontrast, Größe und Komplexität des visuellen Angebots, Dauer der Darbietung und viele weitere Faktoren bestimmen, in welchem Maß ein Kind die visuellen Eindrücke nutzen kann oder ob es auf andere Informationen (haptische, akustische etc.) zurückgreift (Hyvärinen / Jacob 2011).

Diese Ausführungen zeigen, dass etliche Faktoren beeinflussen, ob und wie das Sehen als Möglichkeit der Auseinandersetzung mit der Umwelt eingesetzt wird. Ein und dieselbe medizinische Diagnose kann sich daher in ganz unterschiedlicher Weise zeigen und erfordert individuelle Unterstützungsangebote.

Es gibt ein vielfältiges **Angebot an elektronischen und optischen Hilfsmitteln**, die Lernende im Förderschwerpunkt Sehen im Unterricht unterstützen können (z. B. spezielle Beleuchtung, vergrößernde Hilfsmittel, Computer mit Braillezeile). Neben den klassischen Hilfsmitteln bieten auch technische Geräte wie Tablets (über Scan-, Vergrößerungs- und Sprachausgabeanwendungen) gute und einfache Lösungen an. Die Auswahl geeigneter Hilfsmittel ist eine individuelle Entscheidung, die auf unterschiedlichen Überlegungen und Kriterien basiert (Handhabbarkeit, Einsatzbereich, Akzeptanz etc.) (vgl. Walthes 2014). Gemeinsam können die Lernenden, ggf. Eltern sowie involvierte Lehrkräfte / Beratungslehrkräfte geeignete Hilfsmittel auswählen und erproben. Informationen zu Hilfsmitteln können über die entsprechenden Förderschulen und über Beratungsstellen des Deutschen Blinden- und Sehbehindertenverbandes (DBSV) bezogen werden. Auch mediale Unterstützungsportale wie das Projekt ISaR der TU Dortmund (www.isar-projekt.de) liefern konkrete Ideen und Hilfen zur Unterstützung der Kinder im inklusiven Unterrichtssetting.

Wie wirkt sich Blindheit oder Sehbeeinträchtigung auf das Mathematiklernen von Kindern aus?

Aufgrund von Blindheit oder einer Beeinträchtigung des Sehens stehen den Kindern andersartige und aus visueller Perspektive möglicherweise geringere Erfahrungsmöglichkeiten zur Verfügung. Sie machen verstärkt Erfahrungen in Bereichen, die bei Sehenden von visuellen Eindrücken überlagert werden (z. B. Glockenschläge oder die Form und Textur von Autogriffen).

Blinde und sehbeeinträchtigte Kinder haben seltener die Gelegenheit, andere Menschen bei ihren Handlungen zu beobachten. Zudem können sie aufgrund einer überwiegend visuell orientierten Umwelt in ihren Handlungsmöglichkeiten eingeschränkt sein. Manche Aktivitäten werden von den Kindern vermieden, z. B. entwickeln einige Kinder aufgrund schlechter Erfahrungen eine Abwehrhaltung gegen das Anfassen neuer Objekte. Andere Aktivitäten werden von Erwachsenen verboten, weil sie objektiv gefährlich sind oder Gegenstände beschädigt werden könnten. Bedingt durch diese Situation stehen den Kindern bei Schulbeginn möglicherweise weniger mathematisch relevante Vorerfahrungen zur Verfügung. Diese fehlenden Erfahrungen können durch vielfältige Angebote gezielt angebahnt und initiiert werden. Beratung und Unterstützung erhalten die Eltern dabei durch die zuständige (ggf. sehspezifische) Frühförderung bzw. Beratungslehrkräfte.

Mengen, Zahlbegriff und Rechnen [1]

Neuropsychologische Untersuchungen zeigen, dass die visuelle Wahrnehmung keine notwendige Voraussetzung für den Erwerb des Zahlbegriffs darstellt. Die Zahlverarbeitung im Gehirn gelingt auch über zählbare Hör-, Tast- und Bewegungseindrücke. Beim Hören und Tasten und auch bei beeinträchtigtem Sehen verändert sich allerdings die Qualität dieser Eindrücke: Sie werden häufig sukzessiv (nacheinander) wahrgenommen und seltener simultan (gleichzeitig) erfasst, sodass die Mengenwahrnehmung beeinträchtigt sein kann. Insbesondere das Verständnis der Teile-Ganzes-Relation setzt voraus, dass Mengen (z. B. 7 Plättchen) und ihre Teile (z. B. 2 und 5 Plättchen) gleichzeitig erfasst werden. Dies kann bei Sehbeeinträchtigung und Blindheit insbesondere über das Hören gelingen. Höreindrücke werden vom Gehirn sehr effektiv strukturiert und über Gedächtnisprozesse zu quasi-simultanen Einheiten zusammengefasst. Dies ist die Grundlage dafür, dass Menschen Sprache und Musik deuten können.

Viele blinde und sehbeeinträchtige Kinder zählen nicht von sich aus an den Fingern, sondern entwickeln andere Zählhilfen, z. B. über Kopfnicken oder über das Aufsagen der Zahlenreihe. Das Auf- und Abwärtszählen im Kopf gelingt ihnen dabei häufig deutlich besser als ihren sehenden Mitschülerinnen und Mitschülern.

Da das Gedächtnis im Alltag dieser Kinder in der Regel eine größere Rolle spielt, haben sie hier oft Stärken, die im Unterricht genutzt werden können. Dabei ist zu berücksichtigen, dass ein fehlendes Verständnis durch eine hohe Gedächtnisleistung maskiert werden kann (z. B. Beherrschen des 1·1 ohne tragfähige Grundvorstellungen zur Multiplikation).

Raum und Form

In Abhängigkeit von den individuellen Wahrnehmungsbedingungen der Kinder können sich Besonderheiten bezüglich der Entwicklung eines Verständnisses von Raum und räumlichen Beziehungen ergeben. Die Orientierung innerhalb eines Raumes, auf einem Gegenstand oder Bild kann unter der Bedingung eines veränderten Sehens oder einer tastenden Raumerfassung mehr Zeit in Anspruch nehmen und mit höherem kognitivem Aufwand für die Handlungsplanung und Gedächtnisprozesse verbunden sein. Spontan richten blinde und sehbeeinträchtige Kinder ihre Aufmerksamkeit vermehrt auf markante Aspekte eines Objekts, die ihnen die Identifizierung ermöglichen (Oberflächenstruktur, Löcher, Spitzen).

Raumwahrnehmung auf der Basis des Tastens lässt sich als »egozentrisch-kinästhetisch« beschreiben. Die notwendigen Tastbewegungen stellen nicht

---

1) Die folgende Zusammenfassung basiert auf einem Literaturreview in Leuders (2012), kürzer dargestellt in Leuders (2016). Die Originalquellen sind dort auffindbar.

etwa ein zeitraubendes Hindernis dar, sondern sind essentieller Bestandteil der haptischen Raumwahrnehmung (»kinästhetisch«). Räumliche Relationen werden beim Tasten eher in Bezug auf den eigenen Körper verarbeitet (»egozentrisch«). Eine »externe«, auf die Beziehungen innerhalb eines Tastobjekts fokussierte Verarbeitung, wie sie z. B. für die Analyse geometrischer Körper notwendig ist, entwickeln blinde und sehbeeinträchtigte Kinder oft mit Verzögerung, weil sie weniger leicht zugänglich ist und in ihrem Alltag selten Anwendung findet.

Für die Erarbeitung einer Raumvorstellung und Herstellung von räumlichen Beziehungen stellt der eigene Körper der Kinder einen geeigneten Ausgangspunkt dar (vor oder hinter mir? über oder unter mir?) (Lang / Hofer / Beyer 2011).

Größen und Sachrechnen

Wie bereits zum Thema Vorerfahrungen beschrieben, sammeln Kinder mit Sehbeeinträchtigung oder Blindheit teils andere, in Qualität und Quantität abweichende Erfahrungen zu Sachsituationen als sehende Kinder. Einige alltägliche Objekte sind für sie nur bedingt oder gar nicht sinnlich zu erfassen, weil sie zu weit entfernt (Sterne), zu groß (Kirche), zu klein (Käfer) oder zu zart (Schneeflocken) sind. Auch Darstellungen von Daten aus dem Alltag (z. B. Fahrpläne, Preisschilder) sind in der Regel nur visuell zugänglich. Wenn Objekte dieser Art Teil eines Sachkontextes im inklusiven Mathematikunterricht sind (z. B. Kirchenbauten zum Thema Symmetrie), muss das notwendige Hintergrundwissen über ein angemessenes Medium vermittelt (z. B. verkleinertes Kirchenmodell, Exkursion zu einer Kirche) oder ein anderer Sachbezug gewählt werden (z. B. Symmetrie in Musik oder Tanz).

Zur Ausbildung von Größenvorstellungen sind möglicherweise andere als im Schulbuch vorgesehene Repräsentanten heranzuziehen: der eigene Körper und die körpereigenen Maße bilden an dieser Stelle erneut einen geeigneten Ausgangspunkt. Auch über das Hören können Informationen über Entfernungen (z. B. Raumgröße) oder Richtung zugänglich gemacht werden. Zeit und Gewicht dagegen betreffen nicht primär das Sehen. Durch fehlende Erfahrungen mit Messgeräten kann ein automatischer Bezug zu Alltagssituationen (z. B. die Uhr am Bahngleis) nicht vorausgesetzt, sondern muss explizit hergestellt werden.

Für den Umgang mit Daten sind neben den Vorerfahrungen zum Sachkontext häufig auch grafische Darstellungen (z. B. Säulendiagramme) relevant. Die Entwicklung von Strategien für den Umgang mit tastbaren oder vergrößerten Darstellungen muss dabei als eigener Lerninhalt betrachtet und entsprechend in der Unterrichtsplanung berücksichtigt werden.

Hinweise für den inklusiven Mathematikunterricht

Gestaltung von Lernumgebungen

Im Folgenden soll ein Prozessmodell vorgestellt werden, das eine Orientierung für die Anpassung von Aufgaben und Lernmaterialien an die Bedürfnisse der unterschiedlichen Kinder bietet (Leuders 2015). Dieses Modell wird anhand verschiedener mathematischer Inhalte illustriert. Da die Schritte im Modell sowohl mathematikdidaktisches als auch sonderpädagogisches Fachwissen erfordern, sollten Regelschullehrkraft und Beratungslehrkraft im Idealfall zusammenarbeiten.

Schritt 1: Mathematische Lernziele

Welche mathematischen Kompetenzen sollen die Lernenden anhand des vorliegenden Lernmaterials entwickeln?

Schritt 2: Individuelle Bedingungen

Welche speziellen Bedürfnisse müssen beachtet werden (z. B. Kontraste, Größe, Handhabbarkeit)?
Auf welchen Stärken lässt sich aufbauen, welche Schwächen gilt es zu beachten und zu fördern?
Gibt es zusätzliche Lernziele, die nur das blinde oder sehbeeinträchtigte Kind betreffen (z. B. Taststrategien entwickeln)?

Schritt 3: Inklusive Eigenschaften des Materials

Können sehende Kinder auch mit dem Material arbeiten und dabei die Ziele aus Schritt 1 verfolgen?
Gibt es erhöhten Zeitbedarf für die Kinder mit Blindheit oder Sehbeeinträchtigung und kann dies im Unterricht aufgefangen werden?
Können die Kinder miteinander über ihre Ergebnisse kommunizieren?

Schritt 4: Mathematikdidaktische Kriterien

Werden die zentralen mathematischen Inhalte durch das Material hervorgehoben, oder sind sie durch andere Anforderungen verschleiert (z. B. hohe Anforderungen beim Tasten)?
Können die Handlungen, die mit dem Material möglich sind, mathematische Operationen sinnvoll veranschaulichen?

Beispiel 1: Blitzblick

(Wie) Ist es möglich, Kindern mit Blindheit oder Sehbeeinträchtigung ein dem Blitzblick ähnliches Format mit den gleichen Lernzielen anzubieten?

Schritt 1: Mathematische Lernziele

Beim Blitzblick sollen die Kinder lernen, Anzahlen auf einen Blick (quasi-simultan) zu erfassen und dabei die »Kraft der Fünf« zu nutzen (s. Abb. 1). Ein weiteres Ziel ist es, das Teile-Ganzes-Konzept zu vertiefen, um das Zahl- und Operationsverständnis zu fördern.

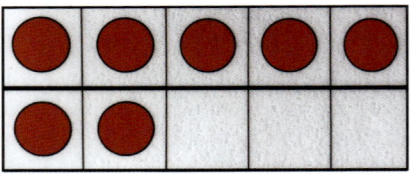

Abb. 1: Die Sieben, im Blitzblick erkennbar als 5 + 2

Schritt 2: Individuelle Bedingungen

Für Kinder mit Sehbeeinträchtigung kann die Darstellung vereinfacht und den visuellen Bedingungen des Kindes angepasst werden. Für blinde Kinder kann ein tastbares Zwanzigerfeld verwendet werden (z. B. Rechenschiffchen). In beiden Fällen ist es wichtig, dass die Grenze nach der Fünf leicht zu erfassen ist, sodass volle Fünferblöcke überstrichen werden können und nicht abgezählt werden müssen (»Blitztasten«).

Alternativ kann eine Zahl auch als Klatschrhythmus (s. Abb. 2) hörbar gemacht werden. Die Fünfergliederung kann dabei als 6/8-Rhythmus umgesetzt werden, wobei der sechste Schlag eine gliedernde Pause ist (s. Abb. 3).

Abb. 2 und 3: Klatschrhythmus für die Fünfergliederung

Um die verwendeten Materialien den individuellen Bedingungen der Lernenden anzupassen, können Aspekte wie Farbe, Kontrast, Linienstärke, Vergrößerung, Komplexität und Aufgabenumfang variiert werden. Mathematisch irrelevante Details (z. B. in Abbildungen) sollten dabei grundsätzlich vermieden werden.

Die Ausbildung von Taststrategien (oder visuellen Strategien bei Sehbeeinträchtigung) für den Umgang mit Lernmaterialien wie dem Zwanzigerfeld ist ein spezifisches Lernziel für Kinder mit dem Förderschwerpunkt Sehen (VBS 2011). Es ist individuell zu entscheiden, ob dieses Lernziel für das betreffende Kind zum konkreten Zeitpunkt relevant ist.

Schritt 3: Inklusive Eigenschaften

Beim Einsatz einer angepassten visuellen Version oder einer tastbaren Version des Zwanzigerfeldes können die sehenden Kinder in der Klasse mit dem vertrauten Material weiterarbeiten. Auch die Kinder mit Sehbeeinträchtigung und Blindheit profitieren von der didaktisch durchdachten Struktur des Zwanzigerfeldes. Bei dieser Form der Umsetzung können sich aber auch Inklusionshindernisse ergeben: Ein Kind mit Blindheit oder Sehbeeinträchtigung arbeitet in der Regel langsamer, weil die Erfassung der Lernmaterialien mehr Zeit beansprucht. Zudem kann die Kommunikation erschwert sein, wenn die Materialien der Mitschülerinnen und Mitschüler nicht zugänglich sind.

Im Fall von hörbaren (geklopften) Anzahlen können alle Kinder der Klasse mit demselben Material arbeiten. Für Kinder, die hauptsächlich visuelle Informationen aufnehmen, ist diese Variante ungewohnt, sodass Übungsmöglichkeiten zu Beginn wichtig sind. Der Wechsel des Sinneskanals kann sich positiv auf die Konzentrationsfähigkeit aller Kinder auswirken, und auch für Kinder mit geringen oder unspezifischen visuellen Wahrnehmungsproblemen kann diese Variante eine Unterstützung darstellen.

Schritt 4: Mathematikdidaktische Kriterien

Ein wesentliches Kriterium bei der visuellen oder taktilen Gestaltung ist die Hervorhebung der Fünfer- und Zehnerstruktur sowie das Vermeiden mathematisch irrelevanter Details. Die zur Erfassung benötigte Zeit und die Verwendung von Tast- oder Sehstrategien können zu einer erhöhten kognitiven Anforderung führen, sodass der mathematische Gehalt verschleiert wird.

Das Hören von Anzahlen stellt hingegen eine vergleichsweise geringere kognitive Belastung dar. Es birgt aber das Problem der Flüchtigkeit auditiver Eindrücke – sie müssen neu erzeugt oder aufgezeichnet werden, um sie abermals wahrzunehmen. Daher bietet es sich an, die Modalitäten zu verknüpfen, indem geklopfte Anzahlen von den Kindern visuell bzw. taktil dokumentiert werden. Ein solcher Transfer ermöglicht es, die mathematische Fünfer- und Zehnerstruktur von einem Sinneseindruck zu lösen und zu abstrahieren.

Für die Aufgabe »Blitzblick« erscheint es unter Berücksichtigung der genannten Kriterien sinnvoll, geklopfte Anzahlen, also das »Blitzhören«, für die ganze Klasse einzuführen und mit dem »Blitzblick« bzw. »Blitztasten« zu verknüpfen.

■ Beispiel 2: Längen

Die Einführung von Längenmaßen findet häufig mit Hilfe von Objekten statt, die Kindern vertraut sind und deren Größe oder Länge sie schätzen können. In vielen Schulbüchern werden verschieden große Tiere eingesetzt, da Kinder oft ein hohes Interesse an Tieren haben.

Schritt 1: Mathematische Lernziele
In diesem Beispiel geht es um den Aufbau von Größenvorstellungen zu Längen im Bereich von Zentimetern und Metern.

Schritt 2: Individuelle Bedingungen
Aufgaben zum Thema Größenvorstellungen werden in Schulbüchern in der Regel durch Abbildungen veranschaulicht. Diese Bilder (z. B. Hund, Giraffe, Pottwal) können zugänglich gemacht werden, indem sie vergrößert und mit stärkeren Kontrasten versehen, als tastbare Darstellung adaptiert oder durch Modelle (z. B. Spielzeug-Tierfiguren) veranschaulicht werden. Alternativ kann eine andere Aufgabenstellung gewählt werden, die besser zugängliche Repräsentanten der Größen enthält (z. B. Spielgeräte und Entfernungen auf dem Schulhof).

Bei blinden Kindern ist zu fragen, ob sie bereits ausreichend Erfahrungen mit taktilen Darstellungen (tastbare Linien und Schraffuren) haben. Ist dies nicht der Fall, können sie die Tierdarstellungen mit großer Wahrscheinlichkeit nicht erkennen. Blinde Kinder und Kinder mit Sehbeeinträchtigungen haben zudem seltener die Gelegenheit, Tiere in der Realität zu betrachten, und bringen daher ein geringeres Vorwissen über die Größe von Tieren mit. Es ist individuell abzuklären, ob diese als Repräsentanten für Längenmaße geeignet sind.

Schritt 3: Inklusive Eigenschaften
Das Thema Tiere und ihre Größen kann gut fächerübergreifend im Sachunterricht eingebunden werden. Als Alternative können auch andere, vertrautere Repräsentanten (Körpermaße, Alltagsgegenstände) gewählt werden. Ein geringeres Vorwissen reduziert die Chancen auf eine gelingende Kommunikation mit Mitschülerinnen und Mitschülern. Dies gilt möglicherweise ebenso für andere Lernende, die noch nie im Zoo waren oder selten über ein Bilderbuch oder einen Film die Möglichkeit erhalten haben, Vorstellungen zur Größe der Tiere aufzubauen.

Schritt 4: Mathematikdidaktische Kriterien
Die Nutzung von Spielzeugtieren erscheint für das Thema »Längen« wenig sinnvoll, weil die Größenverhältnisse nicht naturgetreu wiedergegeben werden. Dasselbe gilt für Bilder, beziehungsweise tastbare Darstellungen. Der mathematische Gehalt, die Längenvorstellungen im Bereich Zentimeter und Meter, werden dagegen betont, wenn z. B. die Größe des Pottwals auf dem Schulhof oder in der Turnhalle veranschaulicht wird. Für Kinder mit Sehbeeinträchtigungen oder Blindheit wird die Länge von 20 m erfahrbar, wenn sie die Entfernung abschreiten und wenn sie durch Klatschen oder Rufen hörbar gemacht wird.

Fazit

Die vorangegangenen Ausführungen verdeutlichen einerseits, dass die Berücksichtigung der Ausgangslage der einzelnen Schülerinnen und Schüler von hoher Bedeutung ist, um diese bei der Unterrichtsplanung und -gestaltung einzubeziehen. Insbesondere die von sehenden Kindern abweichende Entwicklung sowie die Menge und Art der Vorerfahrungen mit mathematisch relevanten Situationen müssen bei der Auswahl und Adaption von Aufgaben und Lernmaterialien berücksichtigt werden. Andererseits zeigen die beispielhaften Ausführungen, dass alle Schülerinnen und Schüler von Lernanlässen profitieren, die unterschiedliche Sinnesmodalitäten und Lernkanäle ansprechen.

Literatur

Ferrell, K. A. (2010): Visual Development. In: Corn, A. L. / Erin, J. N. (Hrsg.): Foundations of low vision. Clinical and functional perspectives. New York: AFB Press, 299–322.

Hyvärinen, L. / Jacob, N. (2011): What and how does this child see? Helsinki: Vistest.

KMK (1998): Empfehlungen zum Förderschwerpunkt Sehen. Beschluß der Kultusministerkonferenz vom 20.03.1998. Online verfügbar unter: www.kmk.org/fileadmin/Dateien/pdf/PresseUndAktuelles/2000/sehen.pdf.

Lang, M. / Hofer, U. / Beyer, F. (2011): Didaktik des Unterrichts mit blinden und hochgradig sehbehinderten Schülerinnen und Schülern: Fachdidaktiken (Bd. 2). Stuttgart: Kohlhammer.

Leuders, J. (2016): Inklusives Mathematiklernen bei Sehbeeinträchtigung und Blindheit – Herausforderungen und Konzepte. In: Steinweg, A. S. (Hrsg.): Inklusiver Mathematikunterricht – Mathematiklernen in ausgewählten Förderschwerpunkten: Tagungsband des AK Grundschule in der GDM 2016. Bamberg: University of Bamberg Press, 41–56.

Leuders, J. (2015): Inklusion von Kindern mit Sehschädigungen im Mathematikunterricht. Welche Lernmaterialien sind geeignet? Grundschule aktuell, 130 (Mai), 8–10.

Leuders, J. (2012): Förderung der Zahlbegriffsentwicklung bei sehenden und blinden Kindern. Empirische Grundlagen und didaktische Konzepte. Wiesbaden: Vieweg + Teubner Verlag.

VBS (2011): Bildung, Erziehung und Rehabilitation blinder und sehbehinderter Kinder und Jugendlicher in einer inklusiven Schule in den Ländern der Bundesrepublik Deutschland. Online verfügbar unter: www.ew.uni-hamburg.de/ueber-die-fakultaet/personen/degenhardt/files/110721-vbs-spezifisches-curriculum-und-standards.pdf.

Walthes, R. (2014): Einführung in die Pädagogik bei Blindheit und Sehbeeinträchtigung. 3. Auflage, München [u. a.]: Ernst Reinhardt Verlag.

Walthes, R. (2016): Bildung bei Beeinträchtigung des Sehens. In: Dederich, M. / Beck, I. / Antor, G. / Bleidick, U. (Hrsg.): Handlexikon der Behindertenpädagogik. Schlüsselbegriffe aus Theorie und Praxis. Stuttgart: Kohlhammer Verlag, 200–207.

Zihl, J. / Mendius, K. / Schuett, S. / Piglinger, S. (2012): Sehstörungen bei Kindern. Visuoperzeptive und visuokognitive Störungen bei Kindern mit CVI. Wien: Springer.

Marianne Nolte / Kirsten Pamperien

Mathematisch besonders begabte Kinder

Förderung im inklusiven Unterricht mit progressiven Forscheraufgaben

Einleitung

Verwendet man im Rahmen der Inklusionsdebatte einen breiten Inklusionsbegriff, der alle Schülerinnen und Schüler in ihrer jeweiligen Besonderheit in den Blick nimmt, stellt sich die Frage, wie auch Kinder, die bereits über außergewöhnlich hohe Vorkenntnisse oder über ein sehr hohes Potenzial verfügen, im Unterricht gefördert werden können. Dieser Artikel will dazu Anregungen geben.

Besondere mathematische Begabung – Annäherungen an den Begriff

Dass auch besonders begabte Kinder gefördert werden müssen, wird aus einer wissenschaftlichen Perspektive nicht angezweifelt. Wir wissen, dass sich Potenziale entfalten müssen und dass dazu geeignete Umweltbedingungen ebenso wichtig sind wie Aktivitäten des Kindes.

Das drückt sich auch in aktuellen Modellen zur Hochbegabung aus. Sie beschreiben Begabung nicht als ein statisches Persönlichkeitsmerkmal, sondern zeigen, dass Begabung einer Entwicklung unterliegt, auf die verschiedene Faktoren in ihrer Wechselwirkung Einfluss nehmen (siehe z. B. (Fischer / Fischer-Ontrup 2016; Gagné 2004;). Das Model von Gagné dient verschiedenen mathematikdidaktischen Modellen als Grundlage (siehe z. B. Käpnick 2006; Heinze 2004). Im Folgenden soll das Modell zur Entwicklung von mathematischen Kompetenzen von Nolte (2017) weiter ausgeführt werden. Es bezieht sich allgemein auf die Entwicklung mathematischer Kompetenzen, unabhängig von dem Potenzial eines Kindes (s. Abb. 1).

Ausgehend von Lernvoraussetzungen und Vorkenntnissen finden Entwicklungs- und Lernprozesse statt, die zur Entwicklung mathematischer Kompetenzen führen. Zu diesen gehören z. B. begriffliches Wissen, Vorstellungen zu mathematischen Inhalten, die Vernetzung des Wissens, aber auch die Verfügung über Prozeduren zur Bearbeitung von Aufgabenstellungen. Wann und auf welche Weise die Kompetenzen erarbeitet werden, hängt auf Seiten des Kindes davon ab, was es tut. Die Aktivitäten des Kindes werden u. a. gesteuert von seinem Interesse, von seiner Ausdauer, von seiner Lernbiographie, seiner Erfolgserwartung usw., aber auch von seiner Motorik

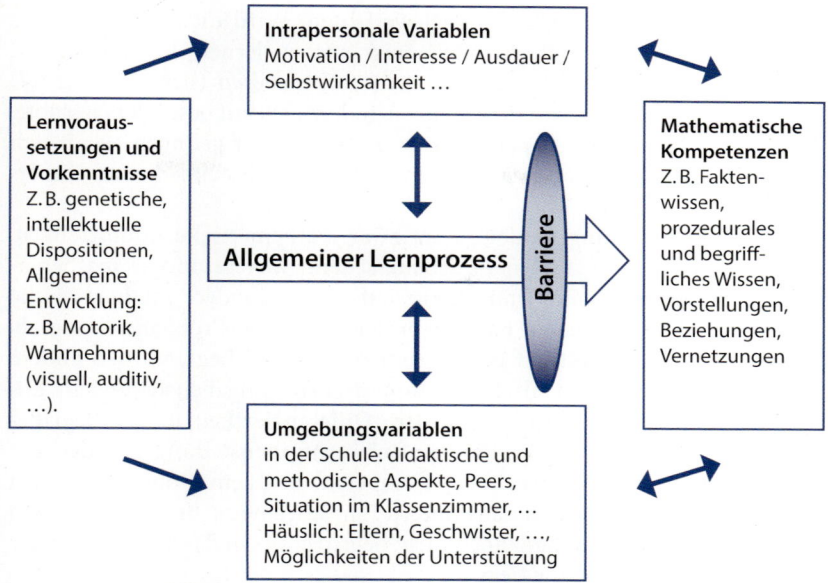

Abb. 1: Entwicklungsmodell mathematischer Kompetenzen (Nolte 2017)

und seiner Wahrnehmung. Die Aktivitäten werden jedoch ebenfalls von der Umgebung beeinflusst: Welche Angebote findet das Kind in seinem Elternhaus und in der Schule? Erlebt das Kind die Situation in der Klasse eher als anregend oder als frustrierend (usw.)? Sind die Angebote so ausgewählt, dass sie zu den Lernmöglichkeiten des Kindes passen? Wenn das nicht der Fall ist, kann das als eine Barriere wirken, genauso wie Behinderungen oder Entwicklungsbeeinträchtigungen als Barrieren im Lernprozess wirksam werden können.

Die Pfeile veranschaulichen die Wechselwirkung zwischen den verschiedenen Faktoren. Eine Lehrkraft wird einem Kind, das sie als interessiert erlebt, vermutlich andere Angebote machen, als einem Kind, das mühsam zur Mitarbeit angeregt werden muss. Wenn ein Kind besondere Leistungen zeigt, wirken diese wieder zurück auf die Umgebung. Das kann positiv sein, aber auch negativ, z. B. wenn Fragen von Kindern als störend erlebt werden. Wechselwirkungen dieser Art mit in Betracht zu ziehen, verweisen auf Verantwortungen, die Einflussfaktorenmodelle aufzeigen: Lern- und Entwicklungsprozesse eines Kindes, das trotz angemessener Angebote diese nicht wahrnimmt, verlaufen anders, als solche von Kindern, die Angebote aktiv nutzen. Sind hingegen die Kinder sehr aktiv und suchen sich alleine Anregungen, weil keine entsprechenden Vorschläge aus der Umgebung kommen und/oder die Aktivitäten des Kindes nicht geschätzt werden, wird die Entwicklung nicht so erfolgreich verlaufen. Wird nicht erkannt, dass ein Kind eine Barriere überwinden muss, um zu lernen, kann das Kind vermutlich sein Potenzial ebenfalls nicht voll entfalten (siehe Nolte 2017) Diese Beschreibung bezieht sich auf alle Kinder, auch auf besonders Begabte. Die Entwicklung von Kompetenzen wird umso besser gelingen, wenn sich Unterrichtsangebote an den Interessen und an dem Potenzial eines Kindes orientieren,

Das obige Begabungsmodell nennt zwar mathematische Kompetenzen, aber ist bewusst sehr allgemein gehalten, denn was besondere mathematische Kompetenzen sind und welche auf eine besondere mathematische Begabung schließen lassen, hängt von der jeweiligen Problemstellung ab. Wenn der Schwerpunkt auf geometrischen Inhalten liegt, werden andere Kompetenzen gebraucht als bei arithmetischen Aufgabenstellungen. Ein Vorschulkind verfügt über eine andere Differenziertheit in der Begriffsbildung als ein Fünftklässler. Eine einfache Aufgabenstellung erfordert ein anderes Niveau der angesprochenen Kompetenzen als ein Problem, das auch besonders begabte Kinder herausfordert. Eine allgemeine Beschreibung von Kompetenzen macht deshalb noch nicht deutlich, worin das besondere einer mathematischen Begabung liegt.

Wir halten es deshalb für wesentlich, zu fragen, wie ein Lernangebot für Kinder gestaltet werden muss, damit sie ihre mathematischen Kompetenzen entfalten können. Hier kommt dem Problemlösen eine besondere Bedeutung zu. Problemlösen gehört zu den zu erwerbenden mathematischen Kompetenzen im Sinne der Bildungspläne. Darüber hinaus führt die Arbeit an mathematischen Problemstellungen besonders gut zur Entwicklung eines hohen mathematischen Potenzials.

Problemlösekompetenzen

Der erste Aspekt bezieht sich auf die Verfügung über Heurismen. Kießwetter hat aus der Analyse von mathematischen Problemlöseprozessen folgende Handlungsmuster (1985) bzw. einen Katalog von Kategorien mathematischer Denkleistungen (2006) zusammengestellt, die sich in Problemlöseprozessen als erfolgreich erweisen.

Diese Handlungsmuster lassen sich auch bei besonders begabten Grundschulkindern im Umgang mit herausfordernden Aufgaben beobachten:

1. **Organisieren** von Material
   In Problemlöseprozessen werden immer neue Informationen generiert, die sich teilweise als hilfreich, teilweise als weniger hilfreich erweisen. Die Informationen zu sortieren, z. B. in einer Tabelle zu ordnen oder farblich zu markieren, sind grundschulspezifische Umsetzungen dieses Handlungsmusters.

2. Sehen von **Mustern** und **Gesetzen**
   Dies gehört mit zu den Zielen, die in Bildungsstandards angesprochen werden, z. B. als Gesetzmäßigkeiten und funktionale Beziehungen.

3. Erkennen von **Problemen**, Finden von Anschlussproblemen
   Selbst Fragen zu stellen und eigene Probleme zu entwickeln, findet sich z. B. im Kontext Sachaufgaben.

4. Wechsel der **Repräsentationsebenen** (vorhandene Muster bzw. Gesetze in »neuen« Bereichen erkennen und verwenden)
   In der Grundschule zeigt sich dies insbesondere in der Leichtigkeit, mit der Kinder zwischen den Repräsentationsebenen enaktiv, ikonisch und symbolisch wechseln können, z. B. wenn sie ein Rechengesetz mit Material oder anhand eines Beispiels erläutern können. Es kommt jedoch auch zum Tragen, wenn ein Muster in einer Tabelle auf ein Bild bezogen werden kann oder umgekehrt.

5. **Strukturen höheren Komplexitätsgrades** erfassen und darin arbeiten
   Das bezieht sich auf die Komplexität der vorgegebenen Informationen einer Aufgabenstellung.

6. **Prozesse umkehren**
   Das Rückwärtsarbeiten lässt sich auch bei vielen Aufgaben aus Schulbüchern als erfolgreiche Strategie einsetzen.

Unsere Studien zeigen, dass Kinder im Verlauf der Förderung, in der sie sich regelmäßig mit für sie komplexen Problemstellungen befassen und über verschiedene Herangehensweise sprechen, zunehmend vertrauter mit der Anwendung von Heurismen werden und diese sinnvoll nutzen.

Metakognitive Kompetenzen

Metakognitive Kompetenzen tragen wesentlich dazu bei, den Problembearbeitungsprozess erfolgreich zu absolvieren. Die Entwicklung metakognitiver Kompetenzen hängt eng mit der Komplexität der Lernumgebungen zusammen. Das, was besonders begabte Kinder in einfachen Kontexten bereits besser als andere können, müssen sie bei für sie herausfordernden Aufgaben neu lernen.

Dieser Prozess wird durch die Sprache unterstützt. Dazu gehört, dass Kinder erklären können, was sie im Verlauf der Problembearbeitung gedacht haben. Wenn Kindern durch Nachfragen bewusst wird, was sie gemacht haben und warum, werden metakognitive Kompetenzen entwickelt. Sie denken über das eigene Denken nach. Manche Kinder sind in Problemlöseprozessen sehr einfallsreich und entwickeln immer neue Ideen, aber ohne eine Überprüfung ihrer Vorgehensweise besteht die Gefahr, dass sie in der Produktion von Ideen stecken bleiben und nicht zu einem Resultat kommen.

Planen und Überwachen der eigenen Vorgehensweise zu schulen, gehört deshalb zu den entscheidenden Kompetenzen in Problemlöseprozessen.

Emotion

Es ist ganz entscheidend, die emotionale Befindlichkeit der Kinder mit zu berücksichtigen, weil Problemlöseprozesse immer von Unsicherheiten begleitet werden. Auch für gute Schülerinnen und Schüler ist es keine Selbstverständlichkeit, Probleme erfolgreich zu bearbeiten. Ausdauer und Frustrationstoleranz zu entwickeln gehört deshalb mit zu erfolgreichem Problemlösen. Ein wesentlicher Aspekt dabei ist das Interesse der Lehrkraft an den Ideen der Kinder und das Bemühen darum, die Kinder zu verstehen.

Kommunikation und Interaktion

Die Versprachlichung hat auch die Funktion, die eigene Vorgehensweise anderen zugänglich zu machen, sowie das Vorgehen anderer zu verstehen. Im Kontext von Problemlöseprozessen ist dies ein Schritt zur Erhöhung der Flexibilität des Denkens, der sich aus der Erfahrung speist, dass auch andere interessante und sinnvolle Ansätze zur Bearbeitung von Fragestellungen entwickeln können. Mit der Erklärung der eigenen Vorgehensweise beginnt auch der Prozess des argumentativen Vertretens der eigenen Gedanken. Letztlich leitet dies hin zum mathematischen Beweisen.

Progressive Forscheraufgaben (ProFa)

Aus diesen Überlegungen heraus haben wir für die Förderung mathematisch besonders begabter Kinder Aufgaben entwickelt, die wir progressive Forscheraufgaben (ProFa) nennen. Progressiv deshalb, weil Kinder erst allmählich Kompetenzen und Haltungen, die mit mathematischer Forschung verbunden sind, entwickeln. Ein wesentliches Charakteristikum progressiver Forscheraufgaben liegt in dem Schwerpunkt Problemlösen, der Höhe der Komplexität und der systematischen Heranführung an Handlungsmuster nach Kießwetter (1985, 2006). Im Weiteren werden ihre Merkmale vorgestellt: ProFa

- eröffnen altersangemessene komplexe mathematische Problemfelder,
- weisen eine mathematische Relevanz auf (Anregung mathematischer Denkprozesse, Problemlösekompetenz, heuristische Strategien),
- beinhalten eine eingegrenzte Anfangsaufgabe (Sicherheit),
- ermöglichen einen strukturierten Zugang zum Problemfeld à (Teil-) Erfolgserlebnisse, die die Entwicklung von Prozessmotivationen unterstützen,
- bieten in besonderem Maße verschiedene Wege und Eindringtiefen der Bearbeitung,

- bieten die Möglichkeit zur Veränderung von Dimensionen,
- eröffnen Anschlussprobleme.

Die Charakteristika von Aufgaben mit natürlicher Differenzierung, wie sie in Krauthausen und Scherer (2014, 50f) beschrieben werden – alle Kinder erhalten das gleiche Lernangebot, dieses ist ganzheitlich und hinreichend komplex, es bietet dem Lernenden Freiheitsgrade und Möglichkeiten zum Lernen von- und miteinander, z. B. durch gemeinsame Diskussionen –, haben viele Gemeinsamkeiten mit progressiven Forscheraufgaben, so dass eine Unterscheidung von Kriterien nur eine analytische sein kann.

Zur Bearbeitung der ProFa wird in der Regel eine Doppelstunde benötigt. Damit die Kinder Durchhaltevermögen entwickeln, sind die ProFa so gestaltet, dass sie rasch erste Erfolge ermöglichen und mit unterschiedlicher Eindringtiefe in den mathematischen Kontext bearbeitet werden können. Gerade dieser Aspekt veranlasste uns zu erheben, ob sich die ProFa auch für den Unterricht in heterogenen Gruppen eignen. Dies konnte in den Studien (Pamperien 2008, Nolte 1996, Nolte / Pamperien 2017) auch gezeigt werden.

■ Beispielaufgabe

Dieses Beispiel ist in der Literatur in verschiedenen Vorgaben bekannt. Die Folgende orientiert sich an Gardiner (1987, 88).

Die Figur besteht aus kleinen Quadraten, die eine immer größere Form erzeugen:

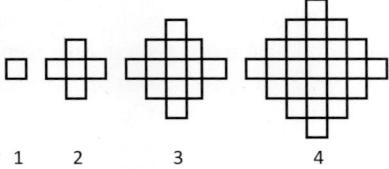

1   2   3   4

a) Wie viele kleine Quadrate enthält die vierte Figur?
b) Wie bist du darauf gekommen?
c) Gibt es noch andere Ideen, wie man die Anzahl ermitteln kann?
d) Aus wie vielen kleinen Qudraten bestehen die Figuren im 5. Schritt, im 10. Schritt?
e) Erkläre uns deine Vermutungen!

Lösungsvarianten

Diese Problemstellung lässt sich auf verschiedene Weisen bearbeiten. Die Einstiegsaufgabe ist leicht. Sie lässt sich zählend bearbeiten, so dass jedem Kind ein Zugang ermöglicht wird. Schwierigkeiten können für Kinder entstehen, die zeichnerisch nicht in der Lage sind, die Figur fortzusetzen. Großes Karopapier bietet hier eine entscheidende Hilfe. Die Kinder können jedoch auch auf Muster und Strukturen zurückgreifen. So erkennen einige Kinder, dass die jeweils vorhergehende Figur die vorausgegangenen Figuren enthält.

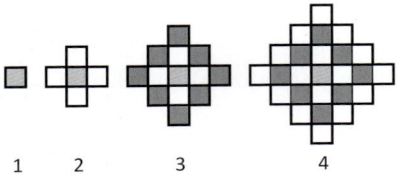

1   2   3   4

Lösungsvariante: Einbettung

Andere nutzen die vertikale bzw. horizontale Symmetrie:

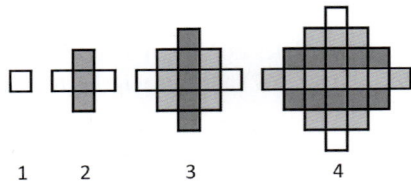

1   2   3   4

Lösungsvariante: Symmetrie

Aufgabe c) veranlasst die Kinder, über verschiedene Vorgehensweisen nachzudenken. Einige machen das von sich aus, aber es ist kein Hinweis auf fehlende Kreativität und Flexibilität, wenn Kinder dieses nicht tun. Wenn die Lösung eines Problems überwiegend im Mittelpunkt steht und wenig Gelegenheit besteht, über verschiedene Wege zu sprechen, fehlt Kindern die Erfahrung, dass es verschiedene Lösungsansätze geben kann bzw. das Suchen nach weiteren Wegen erwünscht und erlaubt ist.

Weiterdenken, die eigenen Beobachtungen verallgemeinern, ist ein wesentlicher Aspekt mathematischen Problemlösens. Aufgrund der bisherigen Arbeit an dieser ProFa können die Kinder eigene Hypothesen entwickeln, die in den Bearbeitungsprozess von Aufgabe d) einfließen. Unterstützend dabei kann eine Tabelle sein, die wir mit dem Problem vorgeben:

Figur	1	2	3	4	5	...	10
Anzahl von Quadraten	1	5					

Tabelle

Die Vorgabe einer Tabelle veranlasst die Kinder, entsprechende Muster auch in den Anzahlen zu suchen. Hier beobachten wir oft, dass die Kinder ein arithmetisches Muster erkennen, denn die Anzahl der Quadrate erhöht sich um 4, 8, 12, … In dieser Zahlenfolge erkennen viele Kinder die Viererreihe. Wir fragen in diesen Fällen systematisch nach dem Zusammenhang zwischen der bildlichen Darstellung und den Anzahlen, damit beides nicht isoliert verarbeitet wird. Dies ist wichtig: Studien haben gezeigt, dass die scheinbar gleichzeitige Aktivierung von geometrischen und arithmetischen bzw. algebraischen Repräsentationen einen Hinweis auf eine besondere mathematische Begabung geben kann (siehe Krause et al. 2004). Wenn Kinder diesen Wechsel der Repräsentation nicht von sich alleine vornehmen, unterstützt eine entsprechende Impulsfrage die Kinder darin, das zu tun. Diese könnte z. B. lauten: »Wie passen denn die Zahlen in der Tabelle zu den Bildern?«

Die Anzahl der kleinen Quadrate in der fünften Figur können die Kinder noch zählend ermitteln. Trotz Vorgabe von Karopapier ist das jedoch mühsam. Für die 10. Figur ist das ausgesprochen umständlich. Hier unterstützt die Frage nach einer großen Zahl das Verallgemeinern aufgrund von Hypothesenbildung. Immer wieder beobachten wir, dass auch Kinder, die dazu in der Lage sind, zeichnen, weil sie ganz sicher sein wollen, dass ihr Ergebnis richtig ist. Dieses unterstreicht die Bedeutung der emotionalen Aspekte in Problemlöseprozessen. Auch hier helfen Fragen, z. B., ob die Lösung auch ohne Zeichnen gefunden werden kann. Es gibt weitere Lösungsansätze. Die Verallgemeinerung wurde in unseren Beobachtungen nur in den Gruppen von besonders begabten Kindern gefunden. Abgesehen davon erkannten in fast allen Leistungsausprägungen die Kinder verschiedene Muster und Strukturen.

Chancen und Grenzen des Einsatzes im inklusiven Unterricht

Besonders begabte Kinder verarbeiten Informationen rascher als andere, sie finden sich besser in einer Fülle von Informationen zurecht. Deshalb präsentieren wir die ProFas in der Förderung von besonders begabten Kindern sehr knapp. D. h. anhand einer kurzen Einführung wird die Problemstellung eingeführt. Gleichzeitig bietet die Komplexität des mathematischen Inhalts der Aufgaben verschiedene Fragestellungen an. Damit sich die Kinder nicht in der Vielfalt der Informationen verlieren, führen wir sie zunächst anhand von Beispielen sehr eng zum

Einführung in das Problemfeld
nichtredundante Informationen
eingrenzende Beispiele
Einstiegsaufgabe

weitere Fragestellungen
Offenheit in der Bearbeitung
Verallgemeinerungen
Anschlussprobleme

Kern des mathematischen Problems. Damit ist sichergestellt, dass alle Kinder zunächst an der gleichen Fragestellung arbeiten. Darüber hinaus ist es wichtig, die Kinder an dieser Stelle eng zu führen. Die einführende Aufgabe darf nicht zu offen angeboten werden, damit sich die Kinder nicht zunächst erarbeiten müssen, was denn eigentlich gefragt wird. Das würde eine Herausforderung darstellen, die Energie kostet, die den Kindern im Verlauf des Problemlösens fehlen könnte. In der Schule braucht die Einführung in das Problemfeld mehr Zeit als in Fördergruppen für besonders begabte Kinder. Es müssen mehr Beispiele gegeben werden, die Fragestellung wird ausführlicher erörtert. Die Einstiegsaufgabe dient für die Kinder zur weiteren Klärung und zur Vertiefung des Verständnisses, für die Lehrkraft dient sie dazu, zu erkennen, ob die Fragestellung richtig verstanden wurde.

Wenn die Fragen der Kinder geklärt sind, können sie auf ihre eigene Weise arbeiten. Sie wählen verschiedene Wege und stellen verschiedene Fragen. Da die Aufgabenvorgabe immer wieder Zwischenerfolge ermöglicht, können die Kinder unterschiedlich tief in den mathematischen Sachverhalt eindringen. Zum Plenumsgespräch können und sollen in der Regel alle Kinder beitragen.

Warum profitieren Kinder von diesen Aufgaben?

Der Einsatz dieser Aufgabe in heterogenen Gruppen hat gezeigt, dass jedes Kind einen Ansatzpunkt finden kann, um an der Aufgabe zu arbeiten und etwas herauszufinden. Damit erfüllt die Aufgabe, ebenso wie andere Pro-Fas, die Anforderungen an einen inklusiven Unterricht, der **gemeinsames mathematisches Lernen** fördert und in dem **Austausch und Kommunikation aller** möglich sind (vgl. u. a. Stöckli et al. 2014; Häsel-Weide 2015).

Vom Umgehen der Lehrkraft mit den verschiedenen Eindringtiefen der Kinder sowie dem Erkennen von Barrieren hängt es ab, wie sehr Kinder herausgefordert werden. Manchmal finden Klassen mehr, manchmal weniger Bearbeitungswege. Entsprechendes gilt auch für die Muster, die Kinder erkennen. Es ist von entscheidender Bedeutung für die Motivation, dass die Lehrkraft in der Lage ist, sich flexibel auf das, was die Kinder entwickeln, einzulassen. Das ist bei kreativen Ideen von Kindern nicht immer einfach. Eine Atmosphäre, in der sich Kinder trauen, ihre eigenen Gedanken in der Gruppe zu äußern, wird entscheidend durch die Anregungen von Heller (1996) und Fielker (1997) ermöglicht. Diese wurden zwar für besonders begabte Kinder formuliert, erweisen sich unseres Erachtens aber für alle Kinder als förderlich:

- positive Einstellung der Lehrkräfte zu den Kindern,
- echtes Interesse der Lehrkräfte an den Ideen der Kinder und keine zu frühen Urteile über deren Ideen,

- Möglichkeit, Ideen zu entwickeln, zu überprüfen und in der Gruppe aus-zudiskutieren,
- es wird keine Idee ignoriert oder vernachlässigt, weil sie nicht richtig zu sein scheint oder weil die Lehrkraft annimmt, dass sie für den Rest der Klasse zu schwer ist,
- eine hohe Flexibilität im Unterricht,
- ein Unterricht, der den Kindern eigene Entdeckungen ermöglicht.

Regelmäßiges Anbieten von ProFas ermöglicht auch das Erkennen einer besonderen mathematischen Begabung. Insbesondere Barrieren können besondere Begabungen verschleiern. Kinder mit einem hohen Potenzial, die zu wenig herausgefordert werden, langweilen sich leicht und können sich nicht mehr konzentrieren (Korte 2009). Häufig entwickeln sie dann Verhaltensweisen, die es für Lehrkräfte weiter erschweren, das Potenzial zu erkennen. Erhalten alle Kinder die Gelegenheit, an herausfordernden Aufgaben zu arbeiten, so können alle Kinder ihre Potenziale ihrem Niveau entsprechend entfalten, und die vermeintlich besonders begabten Kinder können durch den Gehalt der Aufgaben tiefer in diese eindringen.

Unsere Studien ebenso wie unsere Erfahrungen zeigen, dass ein regelmäßiger Einsatz von ProFas, z. B. alle zwei Wochen, dazu führt, dass alle Kinder vertrauter mit Heurismen werden und lernen, sich selbst Fragen zu stellen. Wir konnten beobachten, dass auf diese Weise Kinder unterschiedlichster Leistungsniveaus eine Haltung entwickeln, die für mathematische Problemlöseprozesse entscheidend ist.

Literatur

Fielker, D. (1997): Extending Mathematical Ability Through Whole Class Teaching. London: Hodder & Stoughton.

Fischer, C. / Fischer-Ontrup, C. (2016): Mehrfach außergewöhnlich: Besonders begabte Kinder mit Lern- und Leistungsschwierigkeiten. In: Lernen und Lernstörungen, 5. Jg., H. 4, 207–218.

Gagné, F. (2004): Transforming gifts into talents: the DMGT as a developmental theory. In: High Ability Studies, 15 No 2, 119–148.

Häsel-Weide, U. (2015): Gemeinsam Mathematik lernen. Überlegungen für den inklusiven Mathematikunterricht. In: Grundschule aktuell. H. 130, 3–7.

Heinze, A. (2004): Lösungsverhalten mathematisch begabter Grundschulkinder – aufgezeigt an ausgewählten Problemstellungen. Münster: LIT Verlag.

Heller, K. A. (1996): Begabtenförderung – (k)ein Thema in der Grundschule? In: Grundschule, H. 5, 12–14.

Käpnick, F. (2006): Intuitives Erfassen, Vortasten und Lösen – ein besonderer Problembearbeitungsstil mathematisch begabter Grundschulkinder. In: K. P. Müller (Ed.): Beiträge zum Mathematikunterricht. Hildesheim: Franzbecker, 64–66.

Kießwetter, K. (1985): Die Förderung von mathematisch besonders begabten und interessierten Schülern – ein bislang vernachlässigtes sonderpädagogisches Problem. In: Mathematisch-naturwissenschaftlicher Unterricht, 38. Jg., H. 5, 300–306.

Kießwetter, K. (2006): Können Grundschüler schon im eigentlichen Sinne mathematisch agieren – und was kann man von mathematisch besonders begabten Grundschülern erwarten, und was noch nicht? In: H. Bauersfeld / K. Kießwetter (Eds.), Wie fördert man mathematisch besonders befähigte Kinder? – Ein Buch aus der Praxis für die Praxis. Offenburg: Mildenberger Verlag, 128–153.

Korte, M. (2009): Lernen lernen – Lehren lernen – Lernen fördern: Anmerkungen aus Sicht der Hirnforschung. XIX. Fachtagung FiL, Erkner 8./9. Mai 2009. In: Tagungsreader XIX. interdisziplinäre Fachtagung 2009 Lernen lernen – Lehren lernen – Lernen fördern.

Krause, W. u. a. (2004): Multimodalität am Beispiel mathematischer Anforderungen. Sitzungsberichte der Leibniz-Sozietät. Berlin. Band 64, 135–152.

Krauthausen, G. / Scherer, P. (2014): Natürliche Differenzierung im Mathematikunterricht: Konzepte und Praxisbeispiele aus der Grundschule. Seelze: Klett/Kallmeyer.

Nolte, M. (2017): Twice exeptional children – Mathematically promising children with special needs (Zur Veröffentlichung vorgesehen).

Pamperien, K. (2008): Herausfordernde und fördernde Aufgaben für alle? Teil 2. Erfahrungen mit Aufgaben zur Förderung besonders begabter Kinder in einer Regelklasse. In: M. Fuchs / F. Käpnick (Eds.), Mathematisch begabte Kinder. Eine Herausforderung für Schule und Wissenschaft. Berlin: LIT Verlag, 162–172.

Stöckli, M. u. a. (2014): Gezielt fördern, differenzieren und trotzdem gemeinsam lernen – Überlegungen zum inklusiven Mathematikunterricht. In: Sonderpädagogische Förderung heute, 59. Jg., H. 1, 44–56.

Praxis des gemeinsamen Mathematiklernens: Zahlen verstehen und nutzen

4.1

Miriam M. Lüken / Sebastian Fricke

Erste Entwicklung des Zahlverständnisses zwischen Zählen und Anzahlen

Wenn die Kinder am Schulanfang zu uns in die Schule kommen, stehen sie an ganz unterschiedlichen Stellen in ihrer Zahlbegriffsentwicklung. Einige haben sich gerade die Zahlwortreihe bis 10 erarbeitet, andere rechnen im Zahlenraum bis 100. Wie können wir als Lehrkräfte einen Mathematikunterricht am Schulanfang gestalten, in dem verschiedene Entwicklungspotentiale berücksichtigt werden? Wie können wir sowohl Kinder mit einer verzögerten als auch mit einer fortgeschrittenen Zahlbegriffsentwicklung fördern? Welche Inhalte bieten sich für ein gemeinsames Lernen am Schulanfang an? Ist ein gemeinsames Lernen in kooperativem Austausch überhaupt möglich? Diese Fragen werden im vorliegenden Kapitel mit Hilfe zweier mathematischer Inhalte – dem *Zählen* und der *Anzahlbestimmung ohne Zählen* – konkretisiert. Dabei beschreiben wir sowohl gemeinsame Aktivitäten als auch Anknüpfungspunkte für die individuelle Förderung, d.h. entsprechende Differenzierungsmaßnahmen und adaptive Lernangebote.

Zählen

Warum ist das Zählen überhaupt ein wichtiges Thema im mathematischen Anfangsunterricht? Wollen wir nicht eigentlich schnellstmöglich das Zählen durch Strategien ersetzen? Die Antwort ist Ja und Nein. Junge Kinder bestimmen viele Anzahlen zählend und rechnen zunächst auch zählend. Das Zählen ist ihre erste informelle Herangehensweise an Additions- und Subtraktionsaufgaben und stellt eine Entwicklungsphase dar, die alle Kinder im Rahmen ihrer Zahlbegriffsentwicklung durchlaufen und die sie im Laufe des ersten Schuljahres zugunsten des Rechnens mit Strategien hinter sich lassen sollen. Dennoch oder vielleicht gerade deshalb ist das Zählenkönnen wichtig. Zählen trägt dazu bei, mentale Vorstellungen vom Zahlenraum aufzubauen. Sicheres Zählen gilt sogar als Voraussetzung für die Rechenfertigkeit im Zahlenraum bis 20 (vgl. Hasemann / Gasteiger 2014, 87).

Ein Ziel des mathematischen Anfangsunterrichtes ist also die Festigung und Vertiefung der Zählfähigkeit aller Kinder. Nach wenigen Schulwochen sollte jedes Kind zumindest im Zahlenraum bis 20 sicher zählen können. Dabei gilt es einerseits, für Kinder mit umfangreichen Zählfähigkeiten herausfordernde Zählaufgaben zu finden. Andererseits müssen wir als Lehrerinnen und Lehrer wissen, an welcher Stelle der Zählentwicklung bei Kindern mit einer verzögerten mathematischen Entwicklung anzusetzen ist, um ein Weiterlernen zu ermöglichen. Aus diesem Grund greifen wir im Folgenden die Grundlagen zur Zählentwicklung (vgl. Fuson 1988; Gelman / Gallistel 1986) immer wieder auf.

Was sind also Voraussetzungen für einen gelingenden (Ab-)Zählprozess? Um diese Frage zu beantworten, muss zunächst geklärt werden, was mit dem Begriff *Zählen* eigentlich gemeint ist. Im Deutschen verwenden wir das Wort *Zählen* auf zwei unterschiedliche Weisen. Die Frage »Kannst du schon zählen?« bezieht sich auf das Aufsagen der Zahlwortreihe, die Frage »Wie viele sind es denn, zählst du mal?« bezieht sich auf die Bestimmung einer Anzahl (vgl. Hasemann / Gasteiger 2014, 17). Im Folgenden unterscheiden wir zwischen Aktivitäten zum Zählen (Aufsagen der Zahlwortreihe) und zum Abzählen (Anzahlbestimmung durch Abzählen).

Zählaktivitäten

Bei den Aktivitäten zum Zählen geht es um das Aufsagen der Zahlen von 1 bis 20 (oder weiter) in der richtigen Reihenfolge, ohne versehentliche Auslassungen oder Wiederholungen von Zahlwörtern (siehe Entwicklung der Zahlwortreihe, Fuson 1988). Es wird dabei ohne Material, rein verbal gezählt. Ziel der Aktivitäten ist, dass jedes Kind die Zahlwortreihe bis (mindestens) 20 aufsagen kann und zwar vorwärts, rückwärts, von beliebigen Zahlen aus und (mindestens) in Zweierschritten (vgl. Hasemann / Gasteiger 2014, 87). Die Reihenfolge der Zählzahlen (ordinaler Zahlaspekt) steht hier im Fokus. Die Kinder bauen beim Zählen eine mentale Vorstellung vom Zahlenraum auf. Sie sehen die Aufeinanderfolge der Zahlen vor ihrem »geistigen Auge«, den »Abstand« bestimmter Zahlen zueinander und ihre Beziehungen untereinander. So können sie beim Zählen beispielsweise erfahren, dass die 13 weiter weg von der 3 als von der 5 ist oder dass die Zahlenfolge 13, 14, 15, … analog zu der Folge 3, 4, 5, … gebildet wird. Die 13 ist von 3 aus schneller in Zweierschritten als durch einfaches Zählen zu erreichen usw. (vgl. ebd. 87 f.).

Die Ideen für gemeinsame Zählübungen (vgl. ebd. 88 ff.) sind tatsächlich Aktivitäten, bei denen alle Kinder gleichzeitig das Gleiche tun. Alle sagen die Zahlwortreihe gemeinsam auf. Dennoch können die Aktivitäten natürlich adaptiv an das Bedürfnis einzelner Kinder angepasst werden.

Wir zählen im Chor bis 20 (und darüber hinaus)

In der Klasse der Autorin dieses Beitrages haben wir uns am Schulanfang alle paar Tage Zeit genommen, um nicht nur bis 20, sondern bis 100 zu zählen. Gezählt haben wir in Einerschritten, wie auch in Fünfer- und Zehnerschritten. Wer nicht weiter wusste, ist nach und nach (unauffällig) ausgestiegen und hat das Zählen der anderen mitverfolgt. Verbindet man das gemeinsame Zählen mit Bewegungen (hüpfen, stampfen, klatschen, schnipsen, patschen, ...), sind alle Kinder bis zum Schluss am Zählen beteiligt.

Studien zu Vorkenntnissen von Schulanfängern zeigen, dass durchschnittlich mehr als Dreiviertel der Kinder die Zahlwortreihe bis 20 aufsagen können (vgl. Hasemann/Gasteiger 2014, 29). Für Kinder, die bereits bis 20 zählen können, ist es also umso wichtiger, in einem größeren Zahlenraum zu zählen. Allerdings können wir auch davon ausgehen, dass einige Kinder unserer Klasse noch nicht sicher bis 10 zählen können. Bringt es diesen Kindern, die beispielsweise nur bis 6 zählen können, überhaupt etwas, wenn gemeinsam bis 20 oder gar 100 gezählt wird? Das Lernen der Zahlwortreihe findet vor allem durch Nachahmung anderer Zähler statt. Alle Kinder brauchen also Sprachvorbilder, gemeinsames Hören und Nachsprechen. Beim Zählen bis 100 könnten sie entdecken, dass sich die Abfolge der Zahlen von 1 bis 9 aufgrund der dekadischen Struktur unseres Zahlsystems immer wiederholt, und sich merken, dass nach der 6 immer die 7 kommt. Im Sinne der »Zone der nächsten Entwicklung« halten wir es daher für sinnvoll, allen Kindern einen Blick auf unbekannte Zahlräume zu ermöglichen.

Wir zählen gemeinsam rückwärts
Nachdem von 1 bis 20 vorwärts gezählt wurde, schließt sich direkt das Rückwärtszählen, also das Aufsagen der Zahlwortreihe rückwärts von 20 bis 1 (oder 0) an. Hier ist zu beachten, dass sich das Rückwärtszählen in der kindlichen Entwicklung mit einer deutlichen Verzögerung nach dem Vorwärtszählen entwickelt (vgl. Fuson 1988, 50 ff.). Die Zahlwortreihe von 10 rückwärts kennen viele als Countdown auswendig. Ansonsten entwickelt sich das Rückwärtszählen mit Rückgriff auf das Vorwärtszählen. Beim Zählen von 5 rückwärts würde ein Kind zu Beginn also vorwärts bis 5 zählen und genau aufpassen, dass die 4 vor der 5 kommt. Anschließend »erzählt« es wieder mit Rückgriff auf das Vorwärtszählen, welche Zahl vor 4 kommt usw. Bei Aktivitäten zum Rückwärtszählen sollten also andere Startzahlen als 10 genutzt werden, bei denen nicht auf den bekannten Countdown zurückgegriffen werden kann. Der Zahlenweg (ein aus mit Ziffern beschrifteter Weg aus Teppichfliesen, der gleichzeitig die Ziffernkenntnis vertieft) kann für bestimmte Kinder eine Hilfe sein, die Abfolge der Zahlen ganzheitlich kinästhetisch durch Vorwärts- und insbesondere durch Rückwärtsgehen zu erfahren.

Wir zählen von beliebigen Zahlen aus
Die Kinder rollen sich im Stuhlkreis sitzend gegenseitig einen Ball zu und nennen Startzahl sowie Zählrichtung, z. B.: »Zähle rückwärts von 13.« »Zähle vorwärts. Starte bei 7.« Das Kind, zu dem der Ball rollt, führt den Zählvorgang aus. Variationen dieser Aktivität sind, dass das Kind nicht alleine, son-

dern gemeinsam mit dem rechten und linken Nachbarn zählt oder von der genannten Zahl ab reihum gezählt wird. Um kein Kind bloßzustellen, kann ein Zeichen vereinbart werden, das ein »Weitergeben« signalisiert, und das Nachbarkind nennt für beide die entsprechende Zahl. Eine weitere, selbst differenzierende Variation wäre, dass das Kind, das mit Zählen an der Reihe ist, selbst die Startzahl und Richtung bestimmt. Differenziert werden kann außerdem über die Größe des Zahlenraums, die Beschränkung auf eine oder beide Zählrichtungen oder über das Nennen eines »Running Starts«. Bei einem »Running Start« wird die Startzahl »angezählt« (z. B. »Zähle vorwärts. Starte bei Sieben. 5, 6, 7«) und hilft, die nächste Zahl zu finden, ohne bei 1 starten zu müssen.

Für die kindliche Entwicklung ist es bedeutsam, die Zahlwortreihe nicht nur von 1 aus aufzusagen, sondern jede Zahl als Einheit so gut zu kennen, dass von jeder beliebigen Zahl aus vorwärts und rückwärts gezählt werden kann. Dies führt dazu, dass Vorgänger und Nachfolger einer bestimmten Zahl unverzüglich genannt werden können. Diese Zählfertigkeiten stellen dann eine solide Grundlage für das Erkennen von Zusammenhängen zwischen Addition und Subtraktion dar: Zählt man beispielsweise von 5 an drei Schritte weiter, erreicht man 8, von 8 drei Schritte zurück, erreicht man 5.

Abzählaktivitäten

Kinder lernen die Zahlwortreihe nicht isoliert. Parallel dazu machen sie Erfahrungen mit dem Abzählen und erkennen, dass Zahlwörter Anzahlen benennen. Beim Abzählen geht es darum, reale (oder vorgestellte) Objekte zu zählen und deren Anzahl zu bestimmen. Ziel der Abzählaktivitäten ist, dass die Kinder jedes Wort innerhalb der Zahlwortreihe zunehmend mit der entsprechenden Anzahl in Verbindung bringen und letztendlich jedes Kind (mindestens) 20 Objekte sicher abzählen kann (vgl. Hasemann / Gasteiger 2014, 23). Die *Anzahl* bzw. die *Menge* der Objekte (kardinaler Zahlaspekt) steht hier im Fokus.

Gelman und Gallistel (1986, 77 ff.) beschreiben Zählprinzipien, die für einen korrekten Abzählprozess Voraussetzung sind, und die Kinder (im Laufe der frühen Kindheit) erwerben. Um eine Menge von Objekten zählen zu können, muss natürlich die Zahlwortreihe in immer der gleichen, festen Reihenfolge reproduziert werden können (Prinzip der stabilen Ordnung). Diese Fähigkeit wird mit den oben beschriebenen Zählaktivitäten gefördert. Darüber hinaus gibt das zuletzt benutzte Zahlwort die Mächtigkeit der Menge, also die Gesamtanzahl der Objekte der gerade gezählten Kollektion an (Kardinalzahlprinzip). Die Kinder müssen also verstehen, dass Zahlwörter beim Zählen keine spezifische Eigenschaft des gezählten Objektes sind (im Gegensatz zu den Ordnungszahlen, die den Rangplatz angeben, z. B. 3. Platz). Sprachlich würde das bedeuten: »Alle zusammen sind sieben.«

Außerdem wird im Zählprozess jedem zu zählenden Objekt ein Zahlwort – und zwar *genau ein* Zahlwort zugeordnet (Eindeutigkeitsprinzip). Gegen dieses Prinzip wird beispielsweise verstoßen, wenn ein Objekt doppelt gezählt oder ausgelassen wird. Als Lehrerinnen und Lehrer müssen wir die Kinder deshalb beim Zählen beobachten und auf eine Eins-zu-eins-Zuordnung von Zahlwort und zu zählendem Objekt achten. Ganz bewusst sollten Zählstrategien wie das Verschieben oder Kennzeichnen der bereits gezählten Objekte zum Thema des Unterrichts gemacht werden, um beim Zählen die Übersicht zu behalten (s. u.).

Wenn die Kinder Objekte beim Zählen verschieben, müssen sie allerdings verstanden haben, dass die Reihenfolge, in der die Objekte gezählt werden, für das Zählergebnis nicht von Bedeutung ist (Prinzip der Irrelevanz der Anordnung). Ob die Reihe von Stiften im Etui von rechts nach links oder von links nach rechts gezählt wird (oder ich alle Stifte aus dem Etui nehme und beim Zählen nacheinander vor mir auf den Tisch lege), ist in Bezug auf die Anzahl der Stifte egal. Gemäß dem Abstraktionsprinzip sollten die Kinder im Unterricht schließlich beliebige Objekte zählen – auch nur vorgestellte oder solche, die in keinem begrifflichen Zusammenhang zueinander stehen. Das heißt, man kann alles, unabhängig von Merkmalen, zu einer Menge von Zähldingen zusammenfassen und zählen. Man darf Mädchen und Jungen genauso zu einer Menge zusammenfassen wie den Vergleich anstellen, dass drei Mücken genauso viele sind wie drei Elefanten, obwohl das auf ihre Masse eher nicht zutrifft.

Differenzieren lassen sich Abzählaktivitäten an mehreren Stellschrauben: anhand der Größe der zu zählenden Menge, ob mit oder ohne Berühren gezählt wird und ob die zu zählenden Objekte geordnet oder ungeordnet, vorgestellt oder real sind. Unterschiedlich schwierig zu zählen sind z. B. die Gegenstände im Etui, Töne, sich bewegende Kinder oder Vögel auf dem Schulhof, nicht anwesende oder nicht sichtbare Personen (z. B. Kinder außerhalb des Klassenraumes) oder große, unstrukturiert dargebotene Mengen. Gerade beim Abzählen größerer Mengen oder bei unstrukturiert bzw. unübersichtlich präsentierten Zählaufgaben ist es wichtig, mit den Kindern Strategien zur Anzahlbestimmung zu thematisieren. Viele Kinder entwickeln von selbst Zählstrategien und können in gegenseitigen Austausch kommen, gezählte Objekte beim Zählen z. B. auf einen gesonderten Haufen zu verschieben oder eine ungeordnete Menge vor dem Zählen zu ordnen. Die zu zählenden – realen oder vorgestellten – Objekte können außerdem mit Hilfe anderer Objekte repräsentiert werden, z. B. mit Fingern, anhand von Strichlisten oder mit Hilfe von strukturierten 10er- bzw. 20er-Feldern. Hier fällt sofort auf, dass Ordnen und Bündeln die Sache erleichtert, und es ergibt sich ein fließender Übergang zur Anzahlbestimmung ohne Zählen.

Anzahlen bestimmen – ohne Zählen

Um die Mächtigkeit einer Menge zu bestimmen, kann jedes Objekt einzeln gezählt werden – muss es aber nicht. Menschen, bestimmte Vogelarten, Insekten und Säugetiere können eine kleine Anzahl von bis zu vier oder fünf Objekten allein durch Hinsehen erfassen (vgl. Gervasoni 2012, o.S.). Diese Fähigkeit nennt sich simultane Zahlerfassung (oder Subitizing). Im Schnitt verfügen Schulanfänger über eine Subitizing-Kapazität im Bereich von vier Elementen, wobei es Hinweise gibt, dass die simultan erfassbare Anzahl bei lernschwachen Kindern möglicherweise geringer ist (vgl. Scherer 1999, 26). Kennen die Kinder Würfel- oder andere Zahlbilder, können größere Zahlen mit Rückgriff auf diese bekannten Muster mit einem Blick erfasst werden (vgl. Benz / Peter-Koop / Grüßing 2015, 134 f.). Darüber hinaus können größere Anzahlen auch ohne einzelnes Abzählen erfasst werden, wenn sie (gedanklich) in Teilmengen zerlegt werden, wobei jede Teilmenge simultan wahrnehmbar ist. Anschließend werden die Teilmengen wieder zu einem Ganzen zusammengefügt und durch Addition die Gesamtzahl bestimmt (vgl. ebd.). (Wobei es zu Anfang auch ausreicht, die Teilmengen zu nennen, ohne eine Gesamtsumme zu berechnen.) Solch eine quasi-simultane oder gliedernde Zahlerfassung gelingt besser, wenn es sich um eine strukturierte Darstellung handelt.

Das Ordnen und Strukturieren von Objekten einer Menge kann sehr viel effizienter sein als ein einzelnes Abzählen. Auf jeden Fall ist es mathematisch bedeutsam. Kinder bauen dabei strukturelles Wissen über Zahlen und Zahlbeziehungen auf. Sie lernen, dass Zahlen aus Teilen zusammengesetzt sind und auf welche Weisen Zahlen unterschiedlich zerlegt werden können. Dieses Wissen über Zahlzerlegungen ist wiederum wichtiges (Vor-)Wissen, um komplexe Rechnungen zu vereinfachen und algebraische Probleme zu lösen (vgl. Gervasoni 2012).

Eine wichtige Aktivität im mathematischen Anfangsunterricht ist also, parallel zu den Zähl- und Abzählübungen, Anzahlen auch ohne Zählen, nur durch Hingucken zu bestimmen. Dabei ist das Ziel für alle Kinder, Mengen aus vier Objekten simultan wahrnehmen zu können und für größere Anzahlen Strukturierungsstrategien zu kennen. Die nächsten Aktivitäten können helfen, diese Ziele zu erreichen.

Handfuls
Handfuls (Gervasoni 2012; auf Deutsch: »Händevoll«) ist eine gute Aktivität, um Kinder anzuregen, ihren Fokus vom Einzelobjekt auf Gruppen von Objekten zu verlagern und erste Strukturierungsstrategien anzubahnen.

Bitten Sie Ihre Schülerinnen und Schüler, in eine Kiste zu greifen, eine ganze Handvoll Muggelsteine herauszunehmen und deren Anzahl zu schätzen: »Wie viele Muggelsteine sind in deiner Hand?« Anschließend soll die Anzahl der Muggelsteine genau bestimmt werden, jedoch NICHT durch Zählen, sondern durch Ordnen, Hinschauen und Denken: »Lege die Plättchen aus deiner Hand so vor dir auf den Tisch, dass die anderen Kinder auf einen Blick erkennen können, wie viele es sind!« Beobachten Sie bei dieser Aktivität und stellen Sie Fragen, die den Fokus auf die Beziehungen zwischen Anzahlen lenken und das Reflektieren über die gewählten Anordnungen anregen: »Was hilft dir beim Herausfinden, wie viele es sind? Kannst du sie anders legen, so dass es noch einfacher wird? Gibt es noch einen anderen Weg? Sind es mehr oder weniger Plättchen, als du geschätzt hast? Wie viele mehr oder weniger?«

Da nicht alle Schulanfänger die Fähigkeit zur quasi-simultanen Erfassung einer Menge besitzen, ist es ganz besonders wichtig, dass die Kinder sich gegenseitig erklären, in welche Teile sie ein Muster zerlegen, was sie sich merken, was und wie sie vergleichen. Um von den anderen Kindern zu lernen, bietet sich methodisch auch ein Galeriegang an. Fordern Sie die Kinder auf, herauszufinden, wie einfach sie die unterschiedlichen Anzahlen der »Handfuls« herausbekommen, und regen Sie an, sich gute Strukturierungsideen abzuschauen. »Wie siehst du das Muster? Wie bekommst du heraus, wie viele es sind? Schau dir Ideen ab, wie du Anzahlen gut erkennen kannst!«

Abb. 1:
Handfuls

»Handfuls« kann auf einfache Art und Weise angepasst werden, um die Aktivität mehr oder weniger herausfordernd zu gestalten. Zur Differenzierung nutzen die Kinder große Muggelsteine (und leere 10er-Felder), die Erfahrung im Strukturieren sehr kleiner Anzahlen benötigen. Die Kinder, die bereits in großen Zahlenräumen unterwegs sind, nutzen kleine Muggelsteine und erarbeiten sich Wege, große Anzahlen übersichtlich darzustellen (siehe Abb. 1). Die Aktivität bietet darüber hinaus die Möglichkeit, Anordnungen von Quadratzahlen und Dreieckzahlen zu erforschen oder die Kraft bekannter Muster wie Würfelbilder zu thematisieren.

116

Wichtig ist dabei immer das Reflektieren über die unterschiedlichen Strukturierungen bzw. die unterschiedlichen Deutungen der Anordnungen, d. h. auf welche Weise die Struktur dem Kind hilft (oder nicht hilft), die Anzahl nur durch Gucken und Denken herauszubekommen.

Blitzblickaktivitäten

Eine mögliche Weiterführung der »Handfuls«-Aktivität könnte sein, dass die Kinder eine (vorgegebene) Anzahl an Plättchen (Knöpfen, Muggelsteinen, …) selbst strukturieren, diese einem Partner aber nur sehr *kurz* zeigen. »Lege die Plättchen so, dass dein Partner schnell erkennen kann, wie viele es sind.« Diese Aktivität ist auch als »Schnelles Sehen« bekannt. Die Anzahlen werden nur so kurz gezeigt, dass ein einzelnes Abzählen nicht mehr möglich ist und das wahrnehmende Kind eine andere Strategie zur Anzahlbestimmung entwickeln *muss*. Das strukturierende Kind ordnet die Plättchen mit der Absicht, dass der Partner die Anzahl schnell bzw. einfach erkennen kann, obwohl ihm nur wenig Zeit zur Verfügung steht. Es muss sich also bewusst Gedanken über eine »gute« Ordnung machen.

Auch hier ist eine gemeinsame Reflexion der Partner über die gewählte Anordnung wichtig. Warum ist sie eine »gute« Gliederung (oder auch nicht). Als Lehrerin und Lehrer unterstützen Sie eine solche Reflexion mit Fragen wie: »Warum ist dein Muster einfach?« »Kann man erkennen wie viele es sind, ohne einzeln abzuzählen?« »Wie siehst du, dass es 5 (6, 7, …) sind?« »Kannst du es auch anders / einfacher sehen / legen?«

Auch bei dieser Aktivität geschieht die Differenzierung über den Zahlenraum, also die Anzahl der zur Verfügung gestellten Plättchen. Für Blitzblickaktivitäten jeglicher Art ist es allerdings wichtig, den schwächeren Kindern nicht nur sehr kleine Anzahlen anzubieten. Eine Studie gibt Hinweise darauf, dass kleine Anzahlen eher zum Zählen verführen, große Anzahlen »erzwingen« das Anwenden einer Strukturierung (vgl. Lüken 2012).

Zusätzliche Unterstützungsmaßnahmen zur Entwicklung der Anzahlerfassung

Für die Gestaltung kurzer individueller Lerngelegenheiten zum gemeinsamen Thema Anzahlbestimmung ohne Zählen werden im Folgenden zwei Apps beschrieben, die sich im Sinne eines adaptiven Lernangebotes einsetzen lassen.

Fingu

Fingu (Image & Form o. J.) ist eine kostenlose Apple IPad App für Einzelaktivitäten zur Anzahlbestimmung ohne Zählen, die darüber hinaus Zahlzerlegungen und die Übersetzung von Bilddarstellungen in Fingerbilder für Anzahlen im Zahlenraum bis zehn fördert.

Dem Kind wird für eine kurze Zeit eine Menge gleicher Früchte präsentiert, die sich bewegen (vgl. Abb. 2). Ziel des Spieles ist es, dass das Kind mit der korrespondierenden Anzahl an Fingern den Bildschirm berührt. Die Anordnungen der Früchte entsprechen zum Teil bekannten Würfelbildern, aber auch anderen strukturierten Mengenbildern.

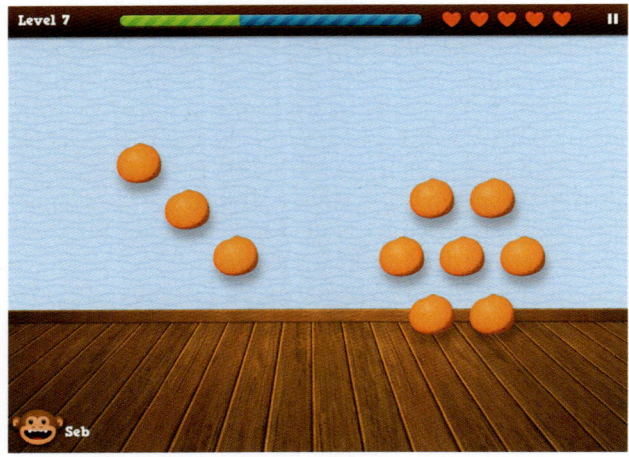

Abb. 2:
Fingu

Fingu ist sprachfrei, kann an die individuellen Bedürfnisse eines Kindes angepasst werden und eignet sich so zum Fördern als auch Fordern einzelner Kinder. Bei Beeinträchtigungen der visuellen Wahrnehmung kann unabhängig voneinander der Abstand, die Größe und die Bewegungsgeschwindigkeit der Früchte vergrößert bzw. verringert werden. Weitere Bedürfnisse können berücksichtigt werden, da die Präsentations-, Antwort- und Eingabezeit variabel sind. Für Kinder mit einer fortgeschrittenen Zahlbegriffsentwicklung kann das Schwierigkeitsniveau zusätzlich durch die Änderung der zur Verfügung stehenden Fehlversuche oder auch eine veränderte Antwortzeit gesteigert werden.

Insgesamt können bis zu 30 verschiedene Benutzer in der App angelegt werden. Für jeden Benutzer können die Leistungen eingesehen werden. So ist es möglich, Leistungsveränderungen nachzuverfolgen, aber auch Problemfelder zu entdecken.

Tens Frame Snap

Tens Frame Snap (BHAD Games, o.J.) ist eine im Apple App Store und Google Play Store verfügbare Tablet- und Smartphone-App zur Anzahlbestimmung ohne Zählen im strukturierten 10er-Feld. Gespielt werden kann in drei verschiedenen Spielmodi, die ihrerseits weitere Voreinstellungen zur

Differenzierung ermöglichen. Jeder Modus kann von einem Kind allein oder gemeinsam von zwei Kindern gespielt werden.

Im Pärchen-Modus (Pairs) besteht das Spielziel darin, zu erfassen, wann auf beiden 10er-Feldern die gleiche Punkteanzahl erscheint (siehe Abb. 3), und dann als erstes das Bildschirmsymbol »Snap« (siehe Abb. 3 rechts unten und links oben) zu berühren. Je nach Entwicklungsstand eines Kindes kann der Zahlenraum, in dem sich die Karten befinden, variiert werden (1–5, 3–7, 5–10, 1–10).

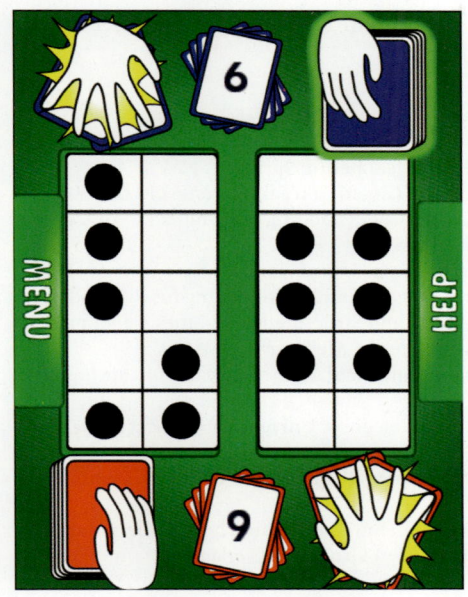

Abb. 3:
Tens Frame Snap

Im Summenmodus (Add) besteht das Spielziel darin, den »Snap«-Button zu betätigen, wenn die Summe der Punkte auf beiden Karten eine Zielzahl (fünf bzw. zehn) bildet. Im Differenzen-Modus (Difference) besteht das Spielziel darin, den »Snap«-Button zu berühren, wenn die Differenz zwischen den beiden Karten eine Zielzahl erreicht.

Es ist möglich, ein Kartendeck aus den voreingestellten Karten zu bilden, eigene Karten mit gewünschten Anordnungen zu erstellen und Karten auszublenden. Durch die Vielzahl an Einstellungsmöglichkeiten kann Tens Frame Snap sehr gut an die Bedürfnisse eines Kindes angepasst werden.

Fazit

Zählen und Anzahlbestimmung ohne Zählen sind nicht nur bedeutsame mathematische Kompetenzen, sondern eignen sich darüber hinaus sehr gut als Inhalte für ein gemeinsames Lernen mit allen Kindern am Schulanfang. Die Aktivitäten zeigen vielfältige Möglichkeiten auf, durch die auch Kinder mit einer verzögerten oder fortgeschrittenen Zahlbegriffsentwicklung miteinander in kooperativem Austausch lernen. Sie zeigen aber auch das Potential der mathematischen Inhalte, um verschiedenen Entwicklungspotentialen differenziert gerecht zu werden. In diesem Sinne: Viel Freude beim Zählen der Lernfortschritte!

Literatur

Benz, C. / Peter-Koop, A. / Grüßing, M. (2015): Frühe mathematische Bildung. Mathematiklernen der Drei- bis Achtjährigen. Berlin: Springer.

BHAD Games Pty Ltd (o. J.): Tens Frame Snap. (Zuletzt aktualisiert am: 24.11.2012).

Gelman, R. / Gallistel, C. R. (1986): The Child's Understanding of Number (2. Auflage). Cambridge, MA: Harvard University Press.

Fuson, K. C. (1988): Children's Counting and Concepts of Number. New York: Springer.

Gervasoni, A. (2012): Developing Powerful Whole Number Reasoning for P-8 Students Using Mental Images Prompted by Arrays and Structured Bead Lines. Paper presented at the 2012 Mathematics Leader Conference, Melbourne, 5.12.2012.

Hasemann, K. / Gasteiger, H. (2014): Anfangsunterricht Mathematik. Berlin: Springer Verlag.

Image & Form International AB (o. J.): Fingu. Göteborgs Universitet. (Zuletzt aktualisiert am: 08.06.2015).

Lüken, M. M. (2012): Muster und Strukturen im mathematischen Anfangsunterricht. Münster: Waxmann.

Scherer, P. (1999): Produktives Lernen für Kinder mit Lernschwächen: Fördern durch Fordern. Bd. 1. Zwanzigerraum. Leipzig: Klett Grundschulverlag.

Lisann Lass / Dorothea Tubach

(Weiter-)Entwicklung des Zahlverständnisses im Spiel

Spiel als gemeinsamer Zugang zur Mathematik

Aus mathematikdidaktischer Sicht bietet das Angebot mathematisch reichhaltiger Regelspiele[1] fachliches Lernpotenzial. Interventionsstudien mit Kindern im Kindergarten und Anfangsunterricht weisen mathematische Lernzuwächse beim Spielen sowohl von konventionellen als auch bei selbst konzipierten Regelspielen nach (Gasteiger / Obersteiner / Reiss 2015; Stebler / Vogt / Wolf / Hauser / Rechsteiner 2013). Ein sinnvoll abgestimmtes Spielangebot kann sogar ein systematisch aufgebautes Förderprogramm ersetzen.

Neben *fachlichen* Aspekten sind im Spiel aber immer auch *soziale* Aspekte relevant. Im Regelspiel begibt sich das Kind in einen fiktiven Wettkampf. In der Spielrolle versucht das eine Kind mithilfe von Glück und strategischen Überlegungen das andere Kind zu besiegen. Die Kinder zeigen Freude über einen gelungenen Spielzug oder Frust, wenn es nicht so klappt, wie sie sich das wünschen. Ein mathematisch reichhaltiges Regelspiel steht daher stets im Spannungsfeld zwischen den fachlichen Anforderungen der Mathematik und den sozialen wie emotionalen Anforderungen des Spiels. Eine *zu* starke Fokussierung auf Mathematik durch eine erwachsene Spielbegleitung kann die Kinder aus der sozialen Interaktionssituation des Spiels herausreißen und das Spiel so stark stören, dass es zum Abbruch kommt (Schuler 2013).

Empirische Befunde verweisen auf das Potenzial eines mathematikhaltigen Regelspielangebots für gemeinsame Lernsituationen: Während von einem strukturierten Förderprogramm in erster Linie Kinder mit Schwierigkeiten beim Mathematiklernen profitierten, können im Rahmen eines Spielangebots *alle* Kinder gefördert werden (Stebler et al. 2013). Ein mathematisch reichhaltiges Regelspiel bietet Kindern die Möglichkeit, selbstverantwortlich ihren Spielzug durchzuführen, vorhandene mathematische Kompetenzen (wie z. B. Zählen) zu üben, und eröffnet darüber hinaus – je nach Lernstand – die Möglichkeit, komplexere Strategien zu entwickeln und zu nutzen sowie vorausschauend Spielzüge zu planen. Ein mathematisch-reichhaltiges Regelspiel scheint also gute Bedingungen für gemein-

---

1) Unter »(Regel-)Spiel« sollen in diesem Beitrag u. a. Brett- bzw. Würfelspiele verstanden werden, die von zwei oder mehr Kindern und Erwachsenen gespielt werden, die reihum wiederkehrend ähnliche Spielzüge vornehmen mit dem Ziel, das Spiel zu gewinnen.

same Lernsituationen zu schaffen. Der folgende Beitrag zeigt auf, unter welchen Bedingungen das Angebot solcher Regelspiele einen gemeinsamen Zugang zur Mathematik bieten kann. Am Beispiel des Spiels »Würfeltürme«[2] wird gezeigt, wie das Angebot von Kindern im ersten Schulbesuchsjahr in gemeinsamen Lernsettings genutzt wird.

Gemeinsames Lernen in Spielsituationen

Das Angebot eines mathematisch-reichhaltigen Regelspiels ermöglicht Kindern sowohl *soziale* als auch *fachliche* Teilhabe und regt sie zu *sozialen* und *fachlichen* Beiträgen an. Somit kann ein gemeinsamer Zugang zur Mathematik geschaffen werden, indem Teilhabe auf verschiedenen Ebenen ermöglicht und gesichert wird.

Aspekte sozialer Teilhabe im Regelspiel

Beim gemeinsamen Spielen erfahren die einzelnen Spieler das Gefühl des Eingebundenseins in eine Gruppe (Heimlich 1995). Darüber hinaus können aus der Literatur zum kooperativen Lernen (u.a. Green / Green 2005) zwei Kennzeichen für gemeinsame Lernsituationen im Regelspiel hervorgehoben werden:

1. Wechselseitige Abhängigkeit

Die Spieler eines Regelspiels stehen in einem wechselseitigen Abhängigkeitsverhältnis zueinander. Ein Spieler kann nur dann spielen und seine Spielzüge tätigen, wenn die Mitspieler ihrerseits ihre Spielzüge durchführen. Die Aufrechterhaltung des Spiels ist gemeinsam verantwortet. So fordern sich die Kinder gegenseitig auf, ihre Spielzüge vorzunehmen, und unterstützen sich ggf. dabei.

2. Selbstverantwortlichkeit und Selbstwirksamkeit

Spielregeln geben den Kindern einen Orientierungsrahmen, der ihnen ermöglicht, eigene Entscheidungen zu treffen. Beispielsweise können die Kinder selbstständig festlegen, welchen Spielzug sie durchführen wollen. Durch die individuelle Verantwortlichkeit für das eigene Handeln erleben die Kinder ein Autonomiegefühl, welches Kinder mit Schwierigkeiten beim Mathematiklernen sonst selten haben (Hauser 2011).

Wenn jedes Kind selbstverantwortlich seinen Spielzug tätigen kann, dann kann die wechselseitige Abhängigkeit als positiv gekennzeichnet werden. Ein Spiel in gemeinsamen Lernsettings muss also so konzipiert sein,

---

2) Die Spielidee »Würfeltürme« stammt aus Nührenbörger/Schwarzkopf/Tubach (2016) und wurde in diesem Beitrag für gemeinsame Lernsituationen im Anfangsunterricht erweitert.

dass jedes Kind Verantwortung für seinen Spielzug übernehmen kann; das bedeutet, dass die fachliche Teilhabe für alle Spieler gewährleistet sein muss.

Aspekte zur Ermöglichung mathematisch-fachlicher Teilhabe

Um allen Kindern im Spiel mathematische Lernchancen zu bieten, ist einerseits die mathematische Reichhaltigkeit des Regelspiels zu berücksichtigen, andererseits muss die fachliche Zugänglichkeit für alle Kinder geschaffen werden. Eine breite Zugänglichkeit zum mathematischen Lerngegenstand darf jedoch nicht die mathematische Reichhaltigkeit des Regelspiels insgesamt reduzieren. Wesentlich bei der Auswahl des Spielmaterials sind der im Zentrum stehende mathematische Inhalt und die Handlungen, die das Material ermöglicht (Scherer / Moser Opitz 2010). Das Regelspiel mit den Spielmaterialien sollte so differenziert sein, dass es verschiedene Vorgehensweisen, Deutungen und Entdeckungen auf unterschiedlichen Ebenen zulässt sowie die Versprachlichung unterstützt. Die Zugänglichkeit für alle Kinder kann dabei aber nicht immer mit den gleichen differenzierten Materialien geschaffen werden. Manchmal ist es notwendig, andere – aber ähnliche – Materialien zu erstellen, die zusätzliche Strukturierungs- und Orientierungshilfen bieten.

Um dem Anspruch von Reichhaltigkeit und Zugänglichkeit gerecht zu werden, ist also zu berücksichtigen, dass mit dem Spiel sowohl verschiedene (mathematische) Spielhandlungen als auch verschiedene (mathematische) Darstellungen angeboten werden.

1. Verschiedene (mathematische) Spielhandlungen

Die Handlungsorientierung ist für Kinder mit Schwierigkeiten beim Mathematiklernen wesentlich und ein allgemeines Kennzeichnen von Regelspielen (Griffiths 2010). Zentral ist, dass ein Spiel Handlungen ermöglicht, die zunehmend eine mathematische Interpretation erlauben und somit zu mathematischen Handlungen werden. Für das gemeinsame Lernen ist überdies die Ermöglichung verschiedener Handlungen auf verschiedenen Ebenen relevant. Einerseits durch die unterschiedlichen Fokusse der Kinder, andererseits durch die ggf. unterschiedlichen Spielmaterialien werden verschiedene Spielhandlungen ermöglicht, die individuelle Lernchancen bieten. Die Spielhandlungen beziehen sich hierbei also neben der konkreten Durchführung eines Spielzuges auch auf die Spielstrategie und die womöglich unterschiedlichen Lernziele der Kinder.

2. Verschiedene (mathematische) Darstellungen

Für das gemeinsame Lernen sollten Regelspiele verschiedene Darstellungen – bildliche und sprachliche und ggf. in Ansätzen symbolische – enthalten respektive für das Spielen erfordern.

Die Versprachlichung von Spielhandlungen und Entdeckungen während des Spiels erfüllt zweierlei Ziele: Einerseits wird ein erster Schritt hin zur Abstraktion geleistet, andererseits werden den Kindern die durchgeführten Handlungen bewusster (Scherer / Moser Opitz 2010). Nicht nur durch Fragen oder Impulse einer erwachsenen Spielbegleitung, auch durch bestimmte Spielsituationen können Kinder angeregt werden, über ihre Spielzüge oder bestimmte mathematische Aspekte miteinander zu diskutieren. Ein Regelspiel sollte daher eine Versprachlichung unterstützen und keine komplexen Wörter zur Beschreibung von Handlungen oder Abbildungen voraussetzen.

Regelspiel »Würfeltürme« und gemeinsames Lernen

Das Regelspiel »Würfeltürme« kann von zwei Kindern gespielt werden. Es geht darum, einen Würfelturm so zu verändern, dass ein auf den eigenen Spielkarten abgebildeter Würfelturm entsteht. Ein Würfelturm besteht dabei aus zwei Türmen. So sieht man in der folgenden Abbildung einen gebauten 3|2-Würfelturm bestehend aus einem 3er-Turm und einem 2er-Turm. Der Würfelturm steht auf einem Spielbrett mit einer linken grünen und einer rechten blauen Seite. Entsprechend haben die Spielkarten eine linke grüne und eine rechte blaue Seite. Darüber hinaus ist die Gesamtanzahl der Würfel eines Würfelturmes jeweils als Ziffer oben auf den Spielkarten angegeben. Zu Beginn kann zwischen zwei Kartensätzen gewählt werden, die sich nur im Hinblick auf die angebotenen Orientierungs- und Strukturierungshilfen unterscheiden. Es ist also möglich, dass Kinder mit verschiedenen Kartensätzen miteinander spielen.

Spielaufbau »Würfeltürme« für gemeinsame Lernsituationen

Jedes Kind startet mit drei Spielkarten, die offen hingelegt werden. Entsprechend der Darstellung auf einer weiteren Karte wird ein erster Würfelturm gebaut und die Karte rechts neben dem Würfelturm abgelegt. Die restlichen Karten werden als Ziehstapel auf den Tisch gelegt. Die Kinder sitzen möglichst nebeneinander frontal zum Würfelturm. Ein 10er-Feld mit Punkten liegt mittig zwischen den Kindern. Jedes Kind sammelt auf einer Seite des Feldes (in einem 5er-Feld) seine Punkte.

Ein Kind darf eine seiner Karten ablegen, wenn durch die Veränderung *eines* Würfels (einen Würfel umlegen, einen Würfel wegnehmen oder einen Würfel hinzufügen) der auf der Karte abgebildete Würfelturm entsteht. Für jede abgelegte Karte nimmt sich das Kind eine neue Karte und darf sich ein Plättchen auf seine Seite des Punktefeldes legen. Gewonnen hat das Kind, das zuerst sein 5er-Feld gefüllt hat.

Gestaltungselemente von »Würfeltürme« zur Ermöglichung mathematischer Teilhabe

Orientierungs- und Strukturierungshilfen durch das Spielmaterial

Das Spielbrett und die Kartensätze bieten mit der linken grünen und der rechten blauen Seite durch die optische Trennung der Türme eine Orientierungshilfe. Dieses Gestaltungselement erleichtert zudem die Versprachlichung. Schwierige Wörter wie »links« und »rechts« können mit »blau« und »grün« ersetzt werden. Der vertikale »Trennbalken« auf dem Spielbrett zwischen den beiden Türmen hat die Höhe eines 5er-Turmes. Er bietet somit sowohl eine Orientierungs- als auch Strukturierungshilfe, indem er es erlaubt, Türme in Relation zum 5er-Balken zu interpretieren. Auf dem Kartensatz 1 sind neben dem Trennbalken ebenfalls Trennlinien dargestellt. Dadurch wird der Vergleich von Karte und Würfelturm unterstützt (Strukturierungshilfe). Der Fokus kann auf die Anzahlbestimmung und den Vergleich von Anzahlen gelegt werden, wohingegen beim Kartensatz 2 (ohne Trennmarken) stärker die Zahlbeziehungen in den Blick genommen werden können.

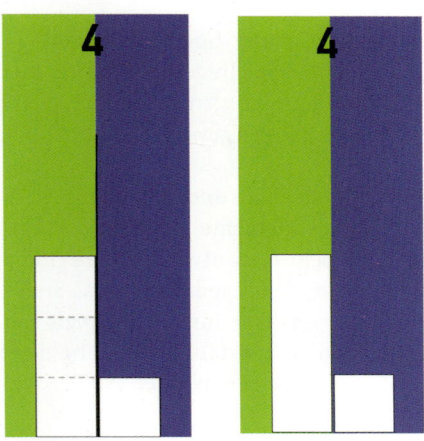

Verschiedene Darstellungen: 3|1-Karte mit Trennlinien und 5er-Balken (Kartensatz 1, links) und 3|1-Karte ohne Trennlinien (Kartensatz 2)

Verschiedene (mathematische) Spielhandlungen
Eine Vielzahl von Spielhandlungen, wie das Interpretieren und Beschreiben des Würfelturms, das Verändern des Würfelturms, der Vergleich der Karten untereinander und mit dem Würfelturm, das Punktesammeln und das Vergleichen des Punktestandes, können sowohl anzahlbezogen als auch räumlich-geometrisch vorgenommen werden. Aber nicht die Vielzahl von zunehmend mathematisch bedeutsamen Spielhandlungen ist relevant, sondern dass Spielhandlungen auf verschiedenen Ebenen vollzogen werden können, d.h. unterschiedlich komplexe Strategien ermöglichen. So kann z.B. einerseits eine transparente Spielkarte vor den Würfelturm gehalten und Veränderungen ausprobiert werden, andererseits aufgrund von Überlegungen zu Beziehungen zwischen Zahlen Veränderungen konstruiert werden. Die Beispiele von Kindern auf den folgenden Seiten geben Einblick in einige anzahlbezogene Vorgehensweisen.

Verschiedene (mathematische) Darstellungen
»Würfeltürme« ist durch die verschiedenen Darstellungen von dreidimensionalem Würfelturm und zweidimensionaler Darstellung auf der Karte, die aufeinander bezogen werden, gekennzeichnet. Im Spiel werden stets verbale Beschreibungen der Würfeltürme und Karten oder auch Begründungen für Veränderungen gefordert.

Weitere Gestaltungsmerkmale des Spiels »Würfeltürme«
Bei der Gestaltung der gemeinsamen Lernsituation im Spiel »Würfeltürme« sind zwei weitere Prinzipien berücksichtigt, die die soziale und fachliche Teilhabe aller Kinder unterstützen:

Verständlichkeit und Überschaubarkeit
Verständliche Spielregeln und eine kurze Spieldauer (dafür ggf. mehrere Spieldurchläufe) sorgen dafür, dass das Spiel überschaubar bleibt und unterschiedliche Kinder gewinnen können. Dies erhöht die Motivation.

Gewinnen mit Glück und Strategie
Strategische Elemente des Spiels schaffen eine Wahlfreiheit und sichern somit die Selbstverantwortlichkeit und Selbstwirksamkeit der Kinder. Strategische Überlegungen dürfen das Spiel bereichern, nicht jedoch ausschlaggebend für das Gewinnen des Spiels sein. Daher sind ebenso zufällige Elemente – wie die zufällige Ausgabe der Spielkarten – wichtig (u.a. Vernay 1990; Zenker-Schweinstetter 1999).

Zahlverständnis im Spiel »Würfeltürme«

Im Spiel »Würfeltürme« geht es um Anzahlen und deren Veränderung, um den Aspekt, dass Zahlen in andere Zahlen zerlegt und zu einer Zahl zusammengesetzt werden können (Teile-Ganzes-Beziehung). Im Folgenden soll der Fokus beispielhaft auf verschiedene Lernchancen bezogen auf (An-)Zahlen gerichtet und anhand von Beispielen aus Spielsituationen gezeigt werden, wie die Kinder diese nutzen.

Es lassen sich zwei Lernchancen in zwei verschiedenen Bereichen unterscheiden, die sich je nach Kind ergeben und durch einen entsprechenden Kartensatz unterstützt werden können:

- Anzahlen bestimmen und verändern (Kartensatz 1, mit Trennlinien)
- Beziehungen zwischen Zahlen herstellen und nutzen (Kartensatz 2, ohne Trennlinien)

Lernchance: Anzahlen bestimmen und verändern

Während des Spiels bieten sich den Kindern vielfältige Anlässe, Anzahlen zu bestimmen. Dabei können die Kinder die Anzahl der Würfel eines Würfelturmes abzählen oder die Anzahlen (zunehmend) strukturiert erfassen. Der Kartensatz 1 unterstützt durch die jeweils abgebildeten Trennlinien diese Vorgehensweisen. Die Kinder können bei der abgebildeten 3 | 1-Karte die Würfelanzahl von jedem Turm sowie die Gesamtzahl abzählen und dabei feststellen, dass 3 und 1 zusammen 4 ergibt.

Beispiel Emil

Emil bestimmt die Anzahlen seiner Karte und des Würfelturms, indem er mit Würfeln die einzelnen Felder seiner 4 | 2-Karte belegt und diesen Prozess zählend begleitet. Er ermittelt 2 Würfel auf der blauen und 4 Würfel auf der grünen Seite. Anhand des liegenden Würfelbildes kann er feststellen, wie er den 3 | 3-Würfelturm umbauen muss, damit er die Karte ablegen kann (s. Abb.).

Dann nehm' ich eins weg (*nimmt einen Würfel vom blauen 3er-Turm weg*). Auf der grünen Seite sind drei drauf, eigentlich müssen da vier (*legt den Würfel auf den grünen Turm*).

**Emil: 4 | 2-Karte
und 3 | 3-Würfelturm**

Emil passt die Türme scheinbar jeweils einzeln an. Zunächst verringert er den blauen 3er-Turm um 1 auf 2, um anschließend den blauen 3er-Turm um 1 auf 4 zu erhöhen. Zu der Gesamtanzahl der Türme äußert er sich nicht. Er nimmt die beiden Veränderungen des Wegnehmens und Hinzufügens nacheinander vor. Es ist nicht sicher, ob er diese zu *einer* Veränderung »Umlegen« zusammenfügen kann.

Beispiel: Ben

Ben hat einen 0|5-Würfelturm vor sich stehen und begründet, warum er seine 4|1-Karte nicht ablegen kann.

Ich kann nicht. Ich darf ja nur einen rüber setzen, aber ich muss mehrere rübersetzen *(legt drei Würfel in den grünen 4er-Turm der Karte).* Vier müsste ich rübersetzen.

Ben: 0|5-Würfelturm und 4|1-Karte

Ben kann die jeweiligen Seiten zuordnen und die große Differenz zwischen 4 und 0 auf der grünen Seite erkennen, jedoch nicht sofort mit einer Zahl bestimmen. Er sieht, dass er mehrere Würfel, d. h. mehr als einen Würfel umlegen müsste. Er bestimmt die Anzahl an Würfeln auf der grünen Seite ebenfalls durch das Belegen der Felder mit Würfeln, jedoch kann er bereits nach drei Würfeln sagen, dass es vier Würfel sind, die auf der linken Seite stehen müssten. Ob Ben die Gesamtzahl an Würfeln (jeweils 5) im Blick hat und deshalb die Veränderung des Umlegens (»rübersetzen«) wählt, lässt sich nicht mit Sicherheit feststellen.

Lernchance: Beziehungen zwischen Zahlen erkennen und nutzen

Der Kartensatz 2 hat keine Trennlinien, sondern zeigt lediglich die Umrandung der zwei Türme. Dadurch soll das Erkennen und Nutzen von Zahlbeziehungen angeregt werden. Beispielsweise können die Kinder von der Gesamtanzahl 4 und einem Würfel auf der blauen Seite darauf schließen, dass der grüne Turm 3 Würfel enthalten muss, indem sie Zusammenhänge herstellen wie 4 – 1 = 3 oder 1 + 3 = 4. Natürlich können Kinder aber auch bei einer solchen Karte zählende Strategien finden.

Beispiel Jan

Jan betrachtet seine 4|1-Karte und begründet, warum er diese nicht bei einem 3|3-Würfelturm ablegen kann:

Ich kann ja nicht zwei Würfel wegtun. Weil ich muss ja hier auf einer Seite einen haben (*zeigt auf den blauen 1er-Turm der Karte*). Dann muss ich einen Würfel auf die andere Seite legen und einen wegnehmen.

Jan: 3|3-Würfelturm und 4|1-Karte

Jan erkennt bereits am Vergleich zwischen dem blauen 3er-Turm und seinem blauen 1er-Feld (3 – 1 = 2), dass er die 4|1-Karte nicht ablegen kann, da mindestens zwei Würfel zu verändern wären. Theoretisch würde dieses Argument bereits ausreichen, Jan beschreibt jedoch noch verbal – ohne die Handlungen auszuführen –, welche Veränderungen er vornehmen müsste (einen Würfel umlegen und einen wegnehmen), um den entsprechenden Würfelturm zu erreichen.

Beispiel Anna

Ähnlich argumentiert Anna bezogen auf ihre 4|0-Karte und einen 6|0-Würfelturm. Im Gegensatz zu Jan bestimmt sie nicht sofort die Differenz zwischen 6 und 4, sondern beschreibt, dass sie mit einer erlaubten Veränderung (einen Würfel wegnehmen) nicht das Ziel erreicht. Nimmt sie von 6 einen Würfel weg, erhält sie zunächst 5 und müsste einen weiteren Würfel, also insgesamt 2 Würfel, wegnehmen: 6 – (1 + 1) = 4.

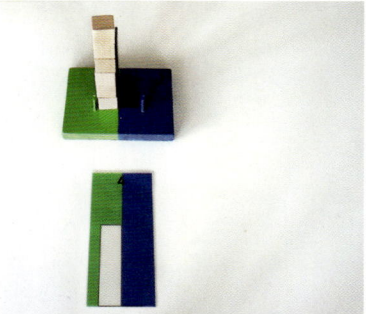

Ich könnte ja auch einen wegnehmen. Aber sind vier, geht nicht. Wenn ich einen wegnehme, sind ja fünf. Dann müsste ich zwei wegnehmen, aber das darf ich ja nicht.

Anna: 4|0-Karte und 6|0-Würfelturm

Fazit

An den Kinderaussagen und deren Handlungen ist zu erkennen, dass sie verschiedene Zugänge wählen und auch verschiedene (mathematische) Aspekte fokussieren. Emil und Ben nutzen das Legen von Würfeln auf die Spielkarte. Dies unterstützt den Zählprozess und verhilft den Kindern zur Teilhabe am Spiel. Während Emil durch Auslegen seiner Karte mit Würfeln seinen Spielzug ermittelt, begründet Ben, warum er den Turm auf seiner Karte nicht gemäß den Regeln bauen kann. So kann ein gemeinsames Lernen durch unterschiedliche Darstellungen und Handlungen initiiert werden. Die Beispiele von Jan und Anna zeigen, dass Kinder (zunehmend) Beziehungen zwischen Zahlen betrachten und sich Veränderungen von Anzahlen und deren Wirkung vorstellen können und diese zur Argumentation heranziehen. Ben begründet, dass er durch Umlegen eines Würfels einen Turm nicht um zwei verringern kann, Anna zeigt, dass sie durch Hinzufügen eines Würfels die Gesamtanzahl nur um einen Würfel und nicht um zwei erhöhen kann. Beim Spiel »Würfeltürme« können Kinder mit zwei verschiedenen Kartensätzen miteinander spielen. So kann ein Kind, das das Bestimmen von Anzahlen übt, mit einem Kind, das Konstanzbeziehungen (d. h. beim Umlegen verändert sich die Anzahl nicht) erkundet und vertieft, gemeinsam spielen und Anregungen auf dem jeweiligen Lernstand erhalten. Die verschiedenen Handlungs- und Darstellungsmöglichkeiten erlauben es den Kindern, selbstverantwortlich und selbstwirksam ihre Spielzüge vorzunehmen und somit eigene fachliche Beiträge im Spiel einzubringen. Bei gemeinsamen Lernsituationen im Spiel sind also fachliche und soziale Teilhabe sehr eng verwoben.

Literatur

Gasteiger, H. / Obersteiner, A. / Reiss, K. (2015): Formal and Informal Learning Environments: Using Games to Support Early Numeracy. In: Torbeyns, J. / Lehtinen, E. / Elen, J. (Hrsg.): Describing and Studying Domain-Specific Serious Games. Cham, Heidelberg, New York, Dordrecht, London: Springer, 231–250.

Green, N. / Green, K. (2005): Kooperatives Lernen im Klassenraum und im Kollegium. Seelze: Kallmeyer.

Griffiths, R. (2010): Mathematics and play. In: Moyles, J. (Hrsg.): The excellence of play. Buckingham: Open University Press, 169–185.

Hauser, B. (2011): Spielendes Lernen und intrinsische Motivation in der Primarstufe. In: 4 bis 8, H. 12, 11–13.

Heimlich, U. (1995): Behinderte und nichtbehinderte Kinder spielen gemeinsam: Konzept und Praxis integrativer Spielförderung. Bad Heilbrunn: Klinkhardt.

Nührenbörger, M. / Schwarzkopf, R. / Tubach, D. (2016): Mit Zahlen spielen. Leipzig: Klett.

Scherer, P. / Moser Opitz, E. (2010): Fördern im Mathematikunterricht der Primarstufe. Heidelberg: Spektrum.

Schuler, S. (2013): Mathematische Bildung im Kindergarten in formal offenen Situationen – eine Untersuchung am Beispiel von Spielen zum Erwerb des Zahlbegriffs. Münster: Waxmann.

Stebler, R. / Vogt, F. / Wolf, I. / Hauser, B. / Rechsteiner, K. (2013): Play-Based Mathematics in Kindergarten. A Video Analysis of Children's Mathematical Behaviour While Playing Board Game in Small Groups. In: Journal für Mathematik-Didaktik, 34. Jg., H. 2, 149–175.

Vernay, R. (1990): »Spielen wir heute?« oder: Ludendo discimus. In: mathematik lehren, H. 43, 6–12.

Zenker-Schweinstetter, E. (1999): Spielen im Mathematikunterricht. In: Petillon, H. / Valtin, R. (Hrsg.): Spielen in der Grundschule. Grundlagen – Anregungen – Beispiele. Frankfurt am Main: Grundschulverband, 194–205.

Axel Schulz / Cordula Schülke

Aufbau von Zahlvorstellungen mit Hilfe von Materialien

Das Verstehen von Zahlen und das Nutzen von Zahlen erfolgt auch über den (handelnden) Umgang mit Objekten der Realität. Dieser Umgang mit Anschauungsmaterialien wird im vorliegenden Beitrag unter verschiedenen Perspektiven beleuchtet. Bereits an dieser Stelle wollen wir jedoch darauf hinweisen, dass das charakteristische Merkmal der mathematikdidaktisch zielführenden Nutzung von Materialien im Unterricht *nicht nur die Handlung* selbst ist. Vielmehr geht es u. E. beim Lernen und Verstehen von mathematischen Zusammenhängen um die *bewusste* und *reflektierte* sensorische Auseinandersetzung des Individuums mit seiner Umwelt.

> Ein »handlungsorientierter Unterricht« verdient seinen Namen nur dann, wenn er nicht im bloßen Aktionismus verbleibt, sondern zugleich »vorstellungsorientiert« ist in dem Sinne, dass den Kindern die in den Handlungen enthaltenen mathematischen Strukturen bewusst (gemacht) werden (Schipper 2003, 223).

Damit dies gelingen kann, muss die Aufmerksamkeit der Kinder auf die mathematischen Strukturen ihrer Handlungen und in ihrer Umwelt gelenkt werden (Schulz 2014, 52 f.). Dies gilt selbstverständlich – über die verschiedenen Schulstufen hinweg – für jeden Mathematikunterricht und für alle Schülerinnen und Schüler, unabhängig von ihren jeweiligen Lernvoraussetzungen und ihrem individuellen Unterstützungsbedarf.

Der Fokus im folgenden Beitrag wird auf dem Aufbau von Grundvorstellungen zu *Zahlen* liegen und darauf, wie dieser Aufbau durch gezielte Unterstützungsmaßnahmen zur Reflexion des Umgangs mit Anschauungsmaterialien gelingen kann.

Zahlen verstehen und nutzen

Von tragfähigen Grundvorstellungen zu Zahlen gehen wir einerseits aus, wenn ein Kind (oder Erwachsener) in der Lage ist, sicher und schnell zwischen verschiedenen Darstellungen einer Zahl hin und her zu übersetzen. Darüber hinaus muss das Kind (oder der Erwachsene) die jeweilige Zahl in ihrer Beziehung zu anderen Zahlen und als aus Teilen zusammengesetztes Ganzes »sehen« können. Im Folgenden soll daher für diesen Zusammenhang geklärt werden:

- Was sind »verschiedene Darstellungen«?
- Was sind »Übersetzungen«?
- Was ist »schnell und sicher«?
- Was sind »Beziehungen« und »Teile vom Ganzen«?

Was sind »verschiedene Darstellungen«?

Mathematische Begriffe, Zusammenhänge und Operationen sind nicht unmittelbar fass- oder sichtbar (Söbbeke 2005, 17 f.). Daher ist es für jede Beschäftigung mit mathematischen Inhalten notwendig, angemessene Repräsentanten zu nutzen – wobei sich diese Repräsentanten in ihrem jeweiligen Abstraktionsgrad sehr unterscheiden. Bezogen auf den Mathematikunterricht der Grundschule kann es sich dabei z. B. um Bilder und Abbildungen (von Alltagssituationen oder didaktischem Material), reale Repräsentanten (wie Stühle oder Wendeplättchen), Geschichten und Erklärungen, Handlungen, Tabellen und Diagramme, Zahlwörter, Zahl- und Rechenzeichen handeln.

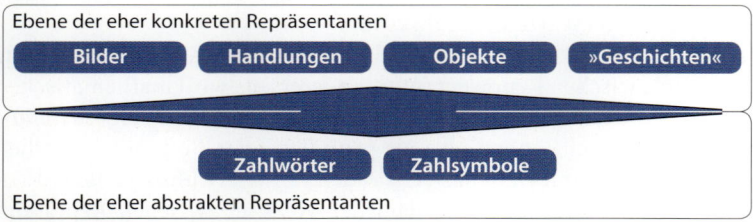

Abb. 1: Ebenen der eher abstrakten und konkreten Repräsentanten

Diese möglichen Darstellungsarten können in zwei Darstellungsebenen unterschieden werden: Solche, die eher konkrete Repräsentanten umfassen, und solche, die eher symbolisch-abstrakte Repräsentanten umfassen (Abb. 1). Symbolisch-abstrakt bedeutet in diesem Zusammenhang, dass kein unmittelbarer Bezug mehr zur konkreten Ebene sichtbar ist. Auch eine erzählte Rechengeschichte wie z. B. »Peter hat bereits fünf Murmeln und er bekommt noch drei dazu« ist abstrakter als die entsprechende Handlung – dennoch hat sie einen *konkreteren* Bezug zu dieser Handlung als der Term $5 + 3 = 8$. Auf diese Weise ergibt sich die (nicht trennscharfe) Unterteilung in eine eher konkrete und eine eher symbolisch-abstrakte Darstellungsebene.

Auf der Ebene der eher konkreten Repräsentanten kann wiederum zwischen solchen unterschieden werden, die eher alltagsnah sind, und solchen, die eher didaktisch geprägt sind (z. B. einerseits Sticker, Kinder, Bauklötze u. a. und andererseits Wendeplättchen, Rechenrahmen, Zehner-System-Blöcke u. a.; vgl. auch Kuhnke 2013, 42).

Was sind »Übersetzungen«?

Von tragfähigen Übersetzungen zwischen Repräsentanten *einer* Darstellungsebene (also *innerhalb* der eher konkreten Darstellungen oder *innerhalb* der eher symbolischen Darstellungen) sprechen wir, wenn ein Kind (oder Erwachsener) in der Lage ist, z. B. eine durchgeführte (mathematische) Handlung nachzuerzählen oder in eine Geschichte zu kleiden oder zu dieser Handlung ein Bild zu malen, in dem die mathematisch relevanten Aspekte der Handlung sichtbar werden. Auch die Fähigkeit, ein Zahlzeichen wie 37 richtig zu benennen (nämlich mit dem Zahlwort »siebenunddreißig«), ist eine Übersetzung in diesem Sinne.

Von tragfähigen Übersetzungen *zwischen* den beiden Darstellungsebenen (also zwischen der z. B. eher konkreten und der eher symbolischen Darstellungsebene) sprechen wir, wenn ein Kind (oder Erwachsener) in der Lage ist, z. B. zu einer Rechengeschichte oder einem Sach-Problem einen Term aufzustellen (Modellieren) oder umgekehrt zu einem Term eine Rechengeschichte zu erfinden. Auch das Benennen von drei ausgestreckten Fingern mit dem Zahlwort »drei« gehört zu dieser Art der Übersetzung zwischen Darstellungsebenen (Wartha / Schulz 2012).

Mathematisches Wissen und Handeln *entsteht* einerseits durch diesen steten Wechsel zwischen Repräsentanten, andererseits wird mathematisches Wissen und Handeln durch diese Übersetzungen überhaupt erst »*sichtbar*« – Darstellungswechsel können also als grundlegender Bestandteil mathematischen Handelns und Denkens verstanden werden (Kuhnke 2013, 19 f.).

In diesem Sinne wird deutlich, dass der Wechsel zwischen Repräsentanten als didaktisches Prinzip kein Selbstzweck ist und auch, dass sich ein mathematisches Verständnis nicht automatisch aus dem Darstellungswechsel entwickelt: Erst die Fokussierung auf den mathematischen Gehalt verschiedener Repräsentanten und das gemeinsame Aushandeln dieses mathematischen Gehalts kann zu einem verstandenen mathematischen Handeln und Denken führen. Unterrichtspraktisch bedeutet dies, dass »nicht nur Strukturen und Beziehungen in einer Darstellung explizit thematisiert werden« sollten, »sondern gerade auch Beziehungen zwischen verschiedenen Darstellungsformen in der Interaktion mit den Darstellungen selbst und über diese erschlossen und aufgezeigt werden« (Kuhnke 2013, 271; vgl. auch Kasten 1 auf S. 136).

Was heißt »schnell und sicher«?

Schnell bzw. langsam sind zwei sehr subjektiv geprägte Begriffe – daher sollen diese Begriffe zunächst aus der mathematikdidaktischen Blickrichtung eingeordnet werden. Im Folgenden sollen unter einem »langsamen« Vorgehen all solche Prozesse verstanden werden, die sukzessiv (also schrittweise) durchgeführt werden (egal wie viel oder wenig *Zeit* diese Prozesse dabei tatsächlich in Anspruch nehmen). »Schnell« bedeutet im Gegensatz dazu, dass nicht mehr auf ein vollständig sukzessives Vorgehen zurückgegriffen werden muss. Dieser Unterschied soll am Beispiel des Auffassens und Darstellens kleiner Mengen geklärt werden: Zunächst ermitteln Kinder kleine Mengen über das *Einzeln-Abzählen* (Wie viele sind das? Gib mir mal bitte fünf!) – also sukzessiv. Im weiteren Verlauf ihrer Entwicklung gelingt es den meisten Kindern immer mehr, Mengen auch *ohne vollständiges Abzählen* zu benennen – nämlich dann, wenn sie bestimmte (Teil-) Mengen bereits anzahlmäßig überschauen, deuten und benennen können. Entweder können sie dann bereits die Gesamtmenge benennen oder bekannte Teilmengen nutzen, um von diesen aus weiterzuzählen. Noch später im Verlauf dieser Entwicklung sind Kinder in der Lage, alle einzeln erkannten Teilmengen als Einheit zu deuten und ggf. zusammenzurechnen (Benz et al. 2015, 126 f.; Benz / Schulz 2015). Auch bezogen auf größere Zahlenräume kann das eher sukzessive Vorgehen unterschieden werden von einem Vorgehen, bei dem bekannte Strukturen gesehen und genutzt werden können, um Mengen »schnell« zu bestimmen oder darzustellen (z. B. Schipper 2009, 119 f.).

Es lässt sich also einerseits feststellen, dass ein sukzessives Vorgehen ein *notwendiger und wichtiger Schritt* bei der Zahlbegriffsentwicklung ist, andererseits ist davon auszugehen, dass ein *Festhalten* am sukzessiven Vorgehen die Einsicht in Strukturen und mathematische Zusammenhänge verhindern und somit in Sackgassen im Lernprozess führen kann – das »Verstehen« wird durch das »Ausführen« blockiert (Schulz 2014, 124).

»Sicher« bedeutet daher in dem gerade geklärten Zusammenhang, dass das Kind die mathematischen Strukturen eines Materials, einer Darstellung, einer Geschichte nicht nur *manchmal* zielgerichtet erfassen und nutzen kann, sondern dass ihm dies *immer* gelingt und bestenfalls sogar *auf verschiedene Arten* (»Ich sehe vier und drei, aber auch fünf und zwei, aber auch acht und einen weniger«). Auch hier zeigt sich in verschiedenen Untersuchungen, dass verschiedene Stufen der Strukturierungsfähigkeit unterschieden werden können, und dass gerade die leistungsschwachen Schülerinnen und Schüler die mathematisch relevanten Strukturen nicht immer sicher deuten können (zusammenfassend vgl. Lüken 2012, 115 f.). Unterrichtspraktisch bedeutet dies, dass die mathematischen Strukturen und Zusammenhänge verschiedener Darstellungen gemeinsam zum Inhalt des Unterrichts gemacht werden sollten (vgl. Kasten 1 und 2). Auch hier bietet der inklusive Unterricht eine große Chance, denn die Vielfalt unterschiedlicher Deutungen wächst mit der Heterogenität der Schülerinnen und Schüler.

Immer Sieben

Der Arbeitsauftrag für alle Kinder lautet: »Immer 7 Plättchen. Lege verschiedene Muster. Beschreibe deine Muster.« Dafür erhalten alle Kinder eine ausreichende Anzahl an Plättchen.

Die Kinder legen zunächst verschiedene einfarbige Muster auf eine Unterlage. Hierbei sollte genügend Zeit zur Verfügung stehen, damit die Kinder verschiedene Muster, Platzierungen und Gruppierungen ausprobieren können. Auch sollen die Kinder schon in dieser Phase immer wieder aufgefordert werden, ihre Muster zu beschreiben.

Im Anschluss können die Kinder herausgefordert werden, ihre Muster zu dokumentieren. Neben dem direkten Abzeichnen der Vorlage besteht auch die Möglichkeit, das Muster aus dem Gedächtnis nachzeichnen zu lassen oder die Teilmengen als Zahlzeichen zu notieren.

Abb. 2: »Immer sieben« mit Plättchen und mögliche Dokumentation der Muster

Die Aufgabenstellung kann weiter vertieft werden, indem die Kinder aufgefordert werden, ihre gefundenen Muster in Partnerarbeit zu sortieren. Eine mögliche Sortierung stellt die Aufteilung in »Ich erkenne schnell, dass es sieben sind« und »Ich sehe nicht sofort, dass es sieben sind« dar.

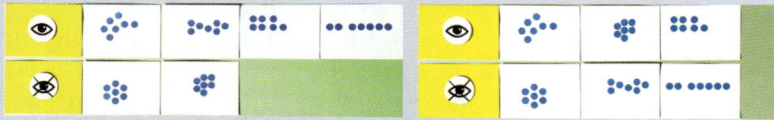

Abb. 3: Sortierung durch Hanna (Bild 1, links) und Sortierung durch Ben (Bild 2)

Potential der Aufgabe:
- Erkennen, Deuten und Nutzen von Strukturen
- Übersetzen zwischen und innerhalb verschiedener Repräsentationsformen
- Austausch über Deutungen und Zusammenhänge zwischen den Darstellungsebenen
- Erkennen der Invarianz der Menge (Veränderung der Struktur durch das neue Anordnen von Teilmengen)
- Nutzen von sog. Forschermitteln (z. B. Markieren) zur Illustration der vorgenommenen Strukturierungen
- Einsichten in Teile-Ganzes-Beziehungen und Anbahnung der Zahlzerlegungen

Mögliche Aufgabenadaptionen
Reduktion
- Legen von Plättchen auf eine Mustervorlage
- Nachlegen eines Musters
- Ergänzen einer unvollständigen Mustervorlage
- Reduktion des Zahlenraums

Erweiterung
- Notation von Zahlensätzen oder Additionsaufgaben (z. B. $3+4=7$;
- $2+2+2+1=7, 8-1=7$ ...)
- Erweiterung des Zahlenraums
- Verändern eines gegebenen Musters und Finden von Kombinations-möglichkeiten

Aufgaben der Lehrkraft:
- Anregen zum Verknüpfen der verschiedenen Darstellungsebenen (durch Markieren im Bild, Versprachlichen und Notation von mögli-chen Rechnungen oder Zahlensätzen, ggf. mit verschiedenen Farben)
- Wertschätzen aller vorgenommenen Strukturierungen und Deutungen
- Offenheit gegenüber den verschiedenen Strukturierungen (denn manchmal sind diese nicht auf den ersten [und auch nicht auf den zweiten] Blick nachvollziehbar), daher ...
- Einfordern nachvollziehbarer Erklärungen und Deutungen, in denen sowohl auf die Muster als auch auf Notationen und Dokumentationen Bezug genommen wird

Impulsfragen:
- Beschreibe dein Muster.
- Woher weißt du, dass es genau 7 Plättchen sind?
- Du hast gesagt, dass hier 3 und hier 4 Plättchen sind. Kannst du das auch noch anders sehen? Beschreibe, was du siehst.
- Bei welchen Mustern kannst du schnell erkennen, dass es 7 Plättchen sind? Erklär mal! Kannst du verstehen, warum Hanna das nicht schnell sieht?
- Vergleiche die beiden Muster. Wo sind mehr / weniger Plättchen? Wie hast du das (so schnell) gesehen?
- Du hast die Aufgabe $2+2+2+1$ notiert. Erklär mal!

(vgl. hierzu auch: www.▶ *pikas-mi.dzlm.de/423)*

Zahlenkarten ordnen

Die Kinder erhalten Zahlenkarten von 1 bis 20 mit folgender Aufgabenstellung: »Ordnet die Zahlenkarten. Fangt mit der 1 an«.

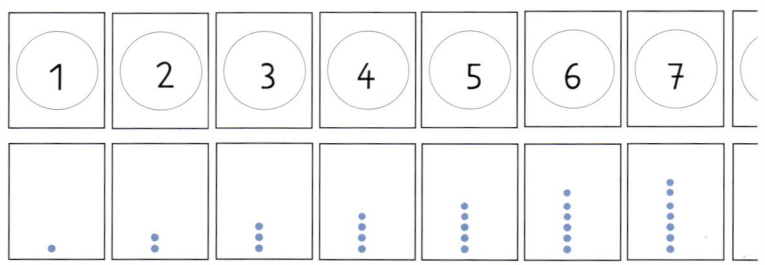

Abb. 5: Zahlenkarten (Vorder- und Rückseite)

Die Aufgabenstellung kann variiert werden, indem beispielsweise Zahlenkarten herausgenommen werden, die dann von den Kindern ergänzt werden, oder indem in einer gegebenen Zahlreihe mit »falsch« verorteten Zahlenkarten Fehler gefunden werden müssen.

Bei diesen Aufgabenstellungen steht die Rangordnung der Zahlen, d.h. der Platz, den die Zahl in der Abfolge der Zahlen einnimmt, im Fokus. Dabei wird bei der Sortierung der Zahlenkarten auf die Vorgänger-Nachfolger-Beziehung Bezug genommen – beispielsweise durch die Fragestellung »Welche Zahl kommt davor? Welche Zahl kommt danach?«. Die ordinalen Zusammenhänge von Zahlen können aber auch über kardinale Nachfragen erarbeitet werden – indem es bei der Sortierung beispielsweise um »immer eins (einen Punkt) mehr oder weniger« geht.

Potential der Aufgabe:
- Kennenlernen der Zahlenfolge bis 20
- (Sichere) Orientierung im Zahlenraum bis 20
- Erkennen von Analogien im Aufbau unseres Zahlensystems
- Nutzen, Deuten und Verknüpfen von ordinalen und kardinalen Beziehungen und Strukturen (z.B. Vorgänger/Nachfolger; mehr/weniger; Nachbarzahlen)
- Kennenlernen der Zahlsymbole (z.B. durch das Vergleichen von Ziffern) und der dazugehörigen Zahlworte, Zählen

Mögliche Aufgabenadaptionen:
Reduktion:
- Nachlegen einer gegebenen Zahlreihe mit Zahlenkarten
- Sortieren von wenigen (z. B. zwei oder drei) Zahlenkarten (Vorgänger/Nachfolger oder ein Punkt mehr/weniger)
- Ergänzen fehlender Zahlenkarten / Finden falsch einsortierter Zahlenkarten bei einer (kurzen) gegebenen Zahlreihe

Erweiterung:
- Ordnen von Zahlenkarten aus größeren Zahlräumen
- Bestimmen von Nachbarzehnern
- Fortsetzen von Zahlenfolgen (z. B. 1, 3, 5, 7, …)
- Bestimmen der Anzahl fehlender Zahlenkarten in einer vorgegebenen Zahlenreihe (z. B. 1, 2, 3, 4, _____11, 12, 13)

Aufgaben der Lehrkraft:
- Erkennen, ob ein Kind eher einen kardinalen oder ordinalen Zugang zur Sortierung wählt
- Angemessene (ordinale oder kardinale) Bearbeitungshinweise geben (mehr/weniger oder davor/danach)
- Den gemeinsamen Blick auf die Analogien im Zahlenraum lenken
- Den gemeinsamen Blick auf die Zusammenhänge zwischen ordinaler und kardinaler Deutung lenken
- Einfordern nachvollziehbarer Erklärungen und Deutungen, in denen die symbolische und die bildliche Zahldarstellung verknüpft werden

Impulsfragen
- Du hast die Zahlenkarte mit der 6 an diese Stelle gelegt. Erklär mal!
- Könnte die Zahlenkarte mit der 8 auch an dieser Stelle liegen? Warum? Warum nicht?
- Kann es die »2« auch mehrmals geben? Warum? Warum nicht?
- Wie hast du die Karte gefunden, die an der falschen Stelle liegt? Erklär mal!
- Woher weißt du, dass hier eine Karte fehlt?
- Woher weißt du, welche Zahlenkarte fehlt?

(vgl. hierzu auch: *pikas-mi.dzlm.de/423)*

Was sind »Beziehungen« und »Teile vom Ganzen«?

Jede Zahl ist eingebettet in ein vielschichtiges und komplexes Beziehungs-geflecht. So liegt beispielsweise die Zahl 4 zwischen 0 und 10, aber näher an der 0 als an der 10, 4 hat die Nachbarzahlen 3 und 5, lässt sich zerlegen in 1 und 3 oder 2 und 2, ist das Doppelte von 2, die Hälfte von 8 oder ein Drittel von 12 usw.

Die Fähigkeit, eine Zahl in ihrer Beziehung zu anderen Zahlen »sehen« und verstehen zu können, stellt eine Grundlage tragfähiger Zahlvorstellun-gen dar. Von Beginn an ist es deshalb wichtig, das »Denken in Beziehungen« in den Mittelpunkt des Unterrichts zu stellen und mit *allen* Kindern die viel-fältigen kardinalen und ordinalen Beziehungen und Zusammenhänge zwi-schen Zahlen in den Blick zu nehmen und zu thematisieren, denn »*Zahlen in Beziehung zu einander zu denken lernt man, indem man Zahlen zu einan-der in Beziehung setzt*« (Gaidoschik 2010, 116, Hervorhebung im Original).

Exemplarisch verdeutlicht werden kann dies am Beispiel eines der bedeutsamsten Aspekte des Denkens in *kardinalen Beziehungen* – dem Teil-Ganzes-Konzept. Dabei geht es um die Erkenntnis, dass Zahlen – als Repräsentanten einer Menge – zerlegbar und aus anderen Zahlen zusam-mengesetzt sind (Resnick 1983). Bevor die Kinder die Beziehungen zwischen einer Zahl und möglichen Teilmengen exakt numerisch beschreiben kön-nen (6 = 2 + 4), erwerben sie ein Verständnis über Beziehungen zwischen *Mengen*: »Das Verständnis, dass eine Menge in verschiedene Anzahlen zer-legt und wieder zusammengesetzt werden kann, stellt die Grundlage dar zur Erkenntnis, dass Zahlen auch Beziehungen zwischen Mengen modellieren« (Scherer / Moser Opitz 2010, 99).

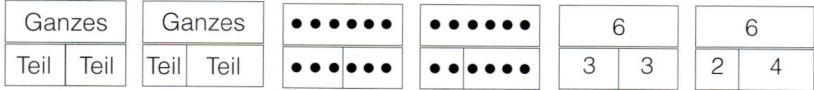

Abb. 4: Schematische Darstellung der Entwicklung des Teil-Ganzes-Konzepts

In Bezug auf den Aufbau und die Entwicklung des Teil-Ganzes-Konzeptes geht es zunächst um die Einsicht in die Beziehung zwischen den einzelnen *Teilen des Ganzen* und dem *Ganzen der Teile*. Diese Einsicht kann durch die Ausbildung der Fähigkeit, die Beziehungen zwischen den Teilen und dem Ganzen *numerisch* zu erfassen, weiterentwickelt werden.

Wichtig ist, dass weder ein isoliertes Handeln auf der Ebene der kon-kreten Repräsentanten (z. B. Zerlegen einer Menge von Objekten) noch die unverbundene Beschäftigung mit Zahlentripeln wie 6 – 4 – 2 oder 6 – 5 – 1 zielführend sein kann. Aber auch die Übersetzung zwischen den beiden Darstellungsebenen (der eher konkreten und der eher abstrakten) generiert noch nicht automatisch mathematisches Verständnis, sondern erst die gemeinsame Reflexion der mathematischen Strukturen.

Eine elementare Möglichkeit, Teil-Ganzes-Beziehungen im Unterricht zu thematisieren, stellen beispielsweise Zerlegungs- und Strukturierungsübungen mit Plättchen dar (vgl. auch Kasten 1).

Wird der Blick demgegenüber auf *ordinale Beziehungen* zwischen Zahlen gerichtet, geht es zumeist um die Rangordnung bzw. Positionierung von Zahlen. Hier spielen Nachbarzahlen oder Nachbarzehner, die relativen Abstände der Zahlen zueinander oder die Position von Zahlen als Mittelzahlen eine Rolle. Um ordinale Zahlbeziehungen mit den Kindern genauer in den Blick nehmen zu können, bieten sich beispielsweise Übungen und Aufgabenstellungen zur Positionierung von Zahlenkarten am leeren Zahlenstrich oder auch zum Ordnen von Zahlenkarten (vgl. Kasten 2 auf S. 138) an.

Schluss

Das vorangehende Kapitel konnte exemplarisch zeigen, wie gemeinsam mit Schülerinnen und Schülern eine tragfähige Zahlvorstellung erarbeitet werden kann. Dabei wurde der Fokus auf die besondere Bedeutung von Materialien und Veranschaulichungen in diesem Prozess gelegt, weil Mathematiklernen sich vor allem durch Darstellungswechsel auszeichnet.

Besondere Aufgabe der Lehrkraft ist es in diesem Zusammenhang, einerseits passende Materialien inhaltsorientiert auszuwählen und andererseits den gemeinsamen Fokus auf den mathematischen Gehalt der Darstellungen zu lenken. Besonders wichtig ist dabei, den gemeinsamen Austausch anzuregen, da Mathematiklernen vor allem ein sozialer Prozess ist (Schülke 2013).

Die Beispiele machen deutlich, wie es gelingen kann, die vielfältigen und unterschiedlichen Deutungszugänge der Schülerinnen und Schüler nutzbar zu machen für das gemeinsame Lernen an einer Sache. Hierbei ist die Heterogenität einer Lerngruppe ein Gewinn, weil erst die verschiedenen Zugangsweisen und Deutungen der Kinder die Zusammenhänge zwischen Zahlen und deren Aufbau sichtbar machen.

Literatur

Benz, C. / Peter-Koop, A. / Grüßing, M. (2015): Frühe mathematische Bildung – Mathematiklernen der Drei- bis Achtjährigen. Berlin, Heidelberg: Springer.

Benz, C. / Schulz, A. (2015): Den Übergang vom Kindergarten in die Grundschule inklusiv denken und gestalten. In: Peter-Koop, A. / Rottmann, T. / Lüken, M. (Hrsg.): Inklusiver Mathematikunterricht in der Grundschule. Offenburg: Mildenberger, 122–134.

Gaidoschik, M. (2010): Die Entwicklung von Lösungsstrategien zu den additiven Grundaufgaben im Laufe des ersten Schuljahres. http://othes.univie.ac.at/9155/1/2010-01-18_8302038.pdf. Zugriff am 23.02.2017.

Kuhnke, K. (2013): Vorgehensweisen von Grundschulkindern beim Darstellungswechsel. Eine Untersuchung am Beispiel der Multiplikation im 2. Schuljahr. Wiesbaden: Springer.

Lüken, M. (2012): Muster und Strukturen im mathematischen Anfangsunterricht. Grundlegung und empirische Forschung zum Struktursinn von Schulanfängern. Münster: Waxmann.

Resnick, L. B. (1983): A developmental theory of number understanding. In: Ginsburg, H. P. (Hrsg.): The development of mathematical thinking. New York: Academic Press, 109–151.

Scherer, P./Moser Opitz, E. (2010): Fördern im Mathematikunterricht der Primarstufe. Heidelberg: Spektrum.

Schipper, W. (2003): Lernen mit Material im arithmetischen Anfangsunterricht. In: Baum, M. / Wielpütz, H. (Hrsg.): Mathematik in der Grundschule – Ein Arbeitsbuch. Seelze: Kallmeyer, 221–237.

Schipper, W. (2009): Handbuch für den Mathematikunterricht an Grundschulen. Braunschweig: Schroedel.

Schülke, C. (2013): Mathematische Reflexion in der Interaktion von Grundschulkindern – Theoretische Grundlegung und empirisch-interpretative Evaluation. Empirische Studien zur Didaktik der Mathematik, Band 14. Münster: Waxmann.

Schulz, A. (2014): Fachdidaktisches Wissen von Grundschullehrkräften – Diagnose und Förderung bei besonderen Problemen beim Rechnenlernen. Bielefelder Schriften zur Didaktik der Mathematik. Wiesbaden: Springer Spektrum.

Söbbeke, E. (2005): Zur visuellen Strukturierungsfähigkeit von Grundschulkindern – Epistemologische Grundlagen und empirische Fallstudien zu kindlichen Strukturierungsprozessen mathematischer Anschauungsmittel. Hildesheim: Franzbecker.

Wartha, S. / Schulz, A. (2012): Rechenproblemen vorbeugen. Grundvorstellungen aufbauen – Zahlen und Rechnen bis 100. Berlin: Cornelsen Scriptor.

Corinna Mosandl / Lara Sprenger

Ausbau des Zahlverständnisses bei großen Zahlen und Stellenwerten

Die Einsicht in den Aufbau von natürlichen Zahlen ist grundlegend für nahezu alle arithmetischen Bereiche: für den Umgang mit Operationen, das Schätzen und Vergleichen, den Umgang mit Größen und die Auseinandersetzung mit anderen Zahlbereichen in der Sekundarstufe I. Jeder dieser Lerninhalte kann ohne ein tragfähiges Stellenwertverständnis nicht durchdrungen werden. Deshalb ist es notwendig, dass alle Schülerinnen und Schüler bereits in der Grundschule Konzepte entwickeln, die es ihnen ermöglichen, ein tragfähiges Stellenwertverständnis aufzubauen. Zahlreiche Untersuchungen zeigen allerdings, dass dies keinesfalls trivial ist und selbstverständlich passiert (vgl. u. a. Padberg 2008, Moser Opitz 2007). Ein nicht geringer Anteil von Lernenden hat Schwierigkeiten, die strukturellen Eigenschaften des Zahlaufbaus und das dahinterliegende dezimale Stellenwertsystem zu verstehen (vgl. u. a. Moser Opitz 2007), obwohl es in den Lehrwerken einen umfangreichen Anteil an Erarbeitungs- und Übungsaufgaben dazu gibt. Umso wichtiger scheint es, früh Förderkonzepte in diesem Bereich anzubieten und gleichzeitig den Zahlaufbau und das Stellenwertsystem so im Unterricht zu etablieren, dass auch Schülerinnen und Schüler mit unterschiedlichen Lernvoraussetzungen einen verstehensorientierten Zugang dazu finden. Die folgenden Ausführungen sollen eine kurze inhaltliche Einführung und auf dieser Grundlage Förderempfehlungen und didaktische Anregungen für den Mathematikunterricht geben.

Das dezimale Stellenwertsystem – fachliche Grundlagen

Das in unserer Kultur etablierte dezimale Stellenwertsystem bildet die wesentliche Grundlage für das Verständnis der natürlichen Zahlen. Die Einsicht in den stellengerechten Aufbau von Zahlen ist eine grundlegende Voraussetzung für den Erwerb des Operationsverständnisses, den Umgang mit Größen sowie für das Schätzen, Überschlagen und Runden von Zahlen (vgl. Scherer / Moser Opitz 2010). Das dezimale Stellenwertsystem setzt sich aus Bündelungs- und Stellenwertprinzip zusammen (vgl. Padberg 2008b) und bietet eine übersichtliche Darstellung von Zahlen, selbst wenn diese sehr groß werden (vgl. Müller / Wittmann 1984; Padberg 2008b). Eine vorangegangene Einsicht in Teil-Ganzes-Beziehungen und somit Zerlegbarkeiten von Zahlen bildet dabei das Fundament. Letztendlich müssen die Lernenden dieses Wissen mit ihrem Wissen über unser (kulturell bedingtes) Notationssystem von Zahlen verknüpfen (vgl. Moser Opitz 2007; Ross 1989), was nachfolgend genauer erläutert wird.

Teil-Ganzes-Prinzip als Grundlage

Jede Menge kann als ein Ganzes verstanden und in Teile zerlegt sowie wiederum aus diesen zusammengesetzt werden. Der Wert der Menge bleibt trotz verschiedener Zusammensetzungen immer gleich (vgl. Resnick 1983; Ross 1989). Für das dezimale Stellenwertsystem müssen die Zahlen allerdings nicht nur als Zusammensetzungen anderer Zahlen, sondern speziell als Zusammensetzungen der Stellenwerte interpretiert werden, sodass die Teile immer Vielfache einer Zehnerpotenz darstellen (vgl. Resnick 1983; Ross 1989). Lernende sollten also nicht nur wissen, dass z. B. die Zahl 64 als eine Menge von 64 Objekten interpretiert werden kann, sondern auch, dass die rechte Ziffer vier dieser Objekte darstellt und die linke Ziffer sechzig Objekte bzw. sechs Zehnerbündel. 64 repräsentiert ebenso die Summe der Mengen, die durch die einzelnen Ziffern dargestellt werden (vgl. Ross 1989; Moser Opitz 2007). Diese Einsichten sind deshalb grundlegend, damit Lernende die einzelnen Ziffern der Zahlen mit inhaltlicher Bedeutung füllen können.

Das Prinzip der fortgesetzten Bündelung

Das Prinzip der fortgesetzten Bündelung spielt für das Darstellen und Rechnen mit Zahlen in unserer Zahlschrift eine wichtige Rolle (vgl. Müller / Wittmann 1984). In unserem dezimalen Zahlsystem werden auf der Grundlage der Basis zehn immer zehn Elemente einer Einheit zu einem Element der nächsthöheren Einheit zusammengefasst. Zehn Einer werden demnach zu einem Zehner, zehn Zehner zu einem Hunderter usw. gebündelt. Wesentlich beim Bündelungsprinzip ist, dass es *prinzipiell* durchgeführt werden muss, was bedeutet, dass der Bündelungsprozess so lange vollzogen wird, bis kein Bündel nächsthöherer Ordnung mehr gebildet werden kann (vgl. Scherer / Moser Opitz 2010).

Neben dem Bündeln beinhaltet das Prinzip der fortgesetzten Bündelung aber auch das Entbündeln als Umkehroperation, das das Zerlegen einer Einheit in die nächstkleinere Einheit ermöglicht. Beide Operationen sind gleichermaßen bedeutsam, da durch das Bündeln der Zahlenraum beliebig erweitert werden kann und das Entbündeln besonders die Zerlegbarkeit von Mengen veranschaulicht. Mit der Mengenvorstellung liefert das Prinzip der fortgesetzten Bündelung das inhaltliche Verständnis der einzelnen Stellenwerte, sodass beispielsweise in einem Zehner zehn Einer identifiziert werden können. Dies ist insbesondere beim Entbündeln und damit verbundenen Subtraktionshandlungen von Bedeutung.

Das Stellenwertprinzip

Das Stellenwertprinzip regelt vor allem die Schreibweise der Bündelungs-ergebnisse (vgl. Scherer / Moser Opitz 2010). In unserer Zahlschrift liefert jede Ziffer in einer Zahl zwei Informationen. Einerseits gibt die Ziffer an, wie viele Bündel einer bestimmten Größe (Einer, Zehner, Hunderter etc.) in der Zahl vorhanden sind und andererseits informiert die Position der Ziffer in der Zahl über die genaue Mächtigkeit des jeweiligen Bündels (vgl. Padberg / Benz 2011; Padberg 2008b). Das Stellenwertprinzip umfasst vier Eigenschaften, die ausschlaggebend für die Interpretation von natürlichen Zahlen sind (vgl. Ross 1989): Stellenwert-Eigenschaft, Eigenschaft der Zehnerbasis, multiplikative und additive Eigenschaft.

Die **Stellenwert-Eigenschaft** beinhaltet zum einen, dass jede Ziffer in der Zahl für einen bestimmten Stellenwert (für Bündel einer bestimmten Mächtigkeit) steht und zum anderen, dass der Wert dieser Ziffer durch ihre Position in der Zahl bestimmt ist. Die **Eigenschaft der Zehnerbasis** beschreibt das Wachstum der Stellenwerte von rechts nach links um das jeweils Zehnfache. Hier wird der multiplikative Zusammenhang der Stellenwerte untereinander sichtbar. Die **multiplikative Eigenschaft** verbindet mit der Ermittlung des Zahlenwertes der einzelnen Ziffern die Stellenwert-Eigenschaft und die Eigenschaft der Zehnerbasis miteinander. Die Zahl 2 in der Zahl 325 steht an der Zehnerstelle und muss deshalb mit 10 multipliziert werden, sodass sich der Zahlenwert $2 \cdot 10 = 20$ ergibt. Die **additive Eigenschaft** beschreibt die additive Verbindung der einzelnen Stellen der Zahl, die einzelnen Zahlenwerte werden zum Gesamtwert der Zahl aufsummiert. Jede Zahl ist daher, aufbauend auf das Teil-Ganzes-Prinzip, stellengerecht zerleg- und wieder zusammensetzbar ($35 = 30 + 5$). Neben dieser standardisierten Zerlegung sind allerdings auch nicht-standardisierte Zerlegungen einer Zahl Bestandteil eines flexiblen und tragfähigen Stellenwertverständnisses, sodass 35 ebenso als $20 + 15$ oder $10 + 25$ gedeutet werden kann (vgl. Ross 1989).

Fazit: Integration und Vernetzung verschiedener Aspekte des dezimalen Stellenwertverständnisses

Die verschiedenen wichtigen Prinzipien und Eigenschaften des dezimalen Stellenwertsystems können nun in einem Schaubild zusammenfassend dargestellt werden, das aufzeigt, in welcher Verbindung sie zueinander stehen bzw. wie sie aufeinander aufbauen (Abb. 1 auf S. 146). Daraus ergeben sich auch die zentralen Komponenten für eine Förderung des Stellenwertverständnisses. Das Schaubild verdeutlicht, wie wichtig das Teil-Ganzes-Prinzip und das Prinzip der fortgesetzten Bündelung als Grundlage sind. Gerade in diesen Bereichen ist es schon von großer Bedeutung, dass Zusammenhänge handelnd an konkreten Materialien erfahren werden, um im nächsten

Schritt der Notation der Bündelungsergebnisse auf inhaltliche Vorstellungen aufbauen und somit ein tragfähiges Verständnis entwickeln zu können.

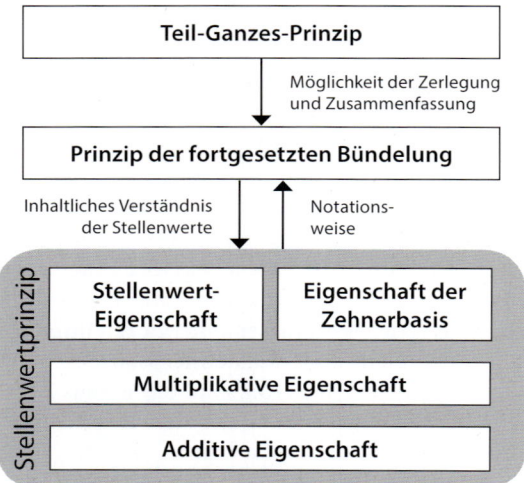

Abb. 1: Zentrale Aspekte des dezimalen Stellenwertverständnisses
(in Anlehnung an Sprenger 2018)

Geeignete Darstellungsmittel für die Erarbeitung des Stellenwertprinzips

Bei der Erarbeitung des Stellenwertsystems werden zentrale Darstellungsmittel genutzt, um die mathematischen Prinzipien zu veranschaulichen. Dabei muss jedoch beachtet werden, dass die konkrete Realisierung Grenzen hat: Beispielsweise ist es schwierig, mit dem Würfelmaterial Zahlen darzustellen, die größer als 10 000 sind. Neben der Arbeit mit Veranschaulichungen ist es daher wichtig, auch Aufgaben anzubieten, in denen die inhaltliche oder formal-symbolische Schreibweise von Bedeutung ist, um Bezüge zwischen den verschiedenen Zahldarstellungen zu erarbeiten.

Da beim dezimalen Stellenwertsystem sowohl kardinale als auch ordinale Zahlvorstellungen von Bedeutung sind, ist es wichtig, beide anzulegen und inhaltlich zu verknüpfen. Im Folgenden werden einige ausgewählte, für die Förderung geeignete Darstellungsmittel vorgestellt. Dabei geht es keinesfalls darum, zu diskutieren, welches der vorgestellten Darstellungsmittel allgemein zu favorisieren ist, sondern darum, ein Zusammenspiel und sinnvolles Ergänzen dieser Mittel anzuregen, um die jeweiligen Vorteile effektiv zu nutzen.

Das **dekadische Würfelmaterial (Dienes-Material)** veranschaulicht die ersten vier Stellen der natürlichen Zahlen durch die Einheiten Einerwürfel,

Zehnerstangen, Hunderterplatten und Tausenderwürfel. Eine Zehnerstange lässt sich aus zehn Einerwürfeln nachbauen, wie auch eine Hunderterplatte aus zehn Zehnerstangen. Allerdings kann die Hunderterplatte ebenso aus 100 Einerwürfeln gelegt werden, sodass sowohl der Name des Objektes als auch die zugrunde liegende dekadische Struktur thematisiert werden können. Des Weiteren ist das dekadische Würfelmaterial ebenfalls geeignet, um die additiven und multiplikativen Eigenschaften des Stellenwertprinzips zu veranschaulichen.

Sowohl die leere als auch die skalierte **Zahlengerade** unterstützen insbesondere die ordinale Zahlauffassung und somit das Verständnis der Größenordnung bzw. Anordnung der Zahlen: Je weiter rechts eine Zahl auf der Zahlengeraden liegt, desto größer ist sie (vgl. Padberg / Benz 2011). Neben der Vorstellung über die Anordnung der Zahlen kann an der Zahlengerade das Bündeln thematisiert werden, wenn immer zehn gleiche Striche oder Abstände zu einem Strich oder Abstand der nächstgrößeren Einheit zusammengefasst werden.

Ergänzend zur Arbeit mit konkreten Materialien dient der Einsatz der **Stellenwerttafel** als sinnvolle Erweiterung und Hinführung zu der abstrakteren formal-symbolischen Zahldarstellung. In der Stellenwerttafel wird durch die multiplikative Verbindung der Stellenwerte (als Spaltenüberschriften) mit den Zahlen in der jeweiligen Spalte (geben an, wie viele Bündel einer Einheit vorhanden sind) der Zahlenwert der Ziffern in der Zahl besonders deutlich (vgl. Sprenger 2018). Bei der Arbeit mit der Stellenwerttafel sollte es nicht ausschließlich um ein Eintragen und Ablesen von Zahlen gehen, sondern es sollten die Aspekte und Beziehungen des dezimalen Stellenwertverständnisses in unterschiedlichen Schwerpunktsetzungen in den Blick genommen werden, damit einem rein schematischen Vorgehen ohne inhaltliches Verständnis der Stellenwerte vorgebeugt wird.

Konsequenzen für den inklusiven Unterricht

Hinsichtlich der besonderen Herausforderung im inklusiven Mathematikunterricht sind für die Entwicklung eines tragfähigen Stellenwertverständnisses – aufbauend an das obige Schaubild (Abb. 1) – Aufgabenstellungen zu den folgenden Bereichen zentral: Zusammensetzung und Zerlegung von Zahlen (Teil-Ganzes-Prinzip), Bündeln und Entbündeln (Prinzip der fortgesetzten Bündelung) sowie Notation der Bündelungsergebnisse (Stellenwertprinzip). Dabei sind drei didaktische Leitideen grundlegend, die dem zieldifferenten Mathematikunterricht gerecht werden: Verstehensorientierung, Kommunikationsförderung und Diagnosegeleitetheit (vgl. Hußmann et al. 2014). Die **Verstehensorientierung** meint, dass der konsequente Aufbau von Verständnis als Basis für ein nachhaltiges Lernen von besonderer Bedeutung ist. Der systematische Aufbau inhaltlicher Vorstellungen und der Einbezug lernför-derlicher Materialien sind dabei unumgänglich (vgl. Prediger et al. 2013).

Da Schülerinnen und Schüler beim Aufbau inhaltlicher Vorstellungen von der Kommunikation untereinander und mit der Lehrperson in hohem Maße profitieren, spielt die **Kommunikationsförderung** eine wesentliche Rolle in Förderprozessen und beim gemeinsamen Lernen. Lernende benöti-gen gezielte Lernimpulse, die besonders gut in kommunikativen Situationen angeregt werden können (vgl. Nührenbörger / Schwarzkopf 2010).

Zuletzt umfasst die **Diagnosegeleitetheit**, dass die individuellen Kennt-nisse und Vorstellungen der Lernenden fortwährend ermittelt werden, um den gemeinsamen Unterricht inhaltlich effektiv darauf ausrichten zu kön-nen. Dies muss nicht zwingend mit einer schriftlichen Erhebung verbunden sein, sondern kann auch in informellen Gesprächen über problemhaltige Aufgaben geschehen (vgl. Sundermann / Selter 2006).

Nachfolgend werden einige Aufgabenbeispiele vorgestellt, bei denen sowohl die didaktischen Leitideen als auch der Einbezug lernförderlicher Materialien bei der Förderung des dezimalen Stellenwertverständnisses berücksichtigt werden.

Teil-Ganzes-Prinzip

Die Einsicht, dass Zahlen (beliebig) zerleg- und zusammensetzbar sind, lässt sich besonders deutlich am dekadischen Würfelmaterial und an der Zahlen-geraden veranschaulichen. Zum Aufbau des kardinalen Zahlverständnisses kann nach der Thematisierung der Zusammenhänge zwischen den unter-schiedlichen Einheiten des dekadischen Würfelmaterials eine Aufgabe zur fle-xiblen Zusammensetzung bzw. Zerlegung der Hunderterplatte anschließen. Dabei wird durch die konkrete Handlung am Material die additive Struktur der Zahl 100 verstehensorientiert erarbeitet. Des Weiteren kann durch einen Gesprächsanlass die Kommunikationsförderung angesprochen werden, wenn die Lernenden gemeinsam diskutieren, wie viele verschiedene Zerlegungs-möglichkeiten existieren, und dies auch begründen. Je nach Lernvorausset-zung kann der Zahlenraum dieser Aufgabe individuell angepasst werden.

Im Sinne des ordinalen Zahlverständnisses bieten sich Aufgaben an, bei denen die Stufenzahlen (z. B. 100 oder 1000) an der Zahlengeraden zerlegt werden, indem beispielsweise an vorgegebenen Positionen die passenden Zahlen eingetragen werden müssen (Abb. 2). Auch hier lässt sich der Zah-lenraum variieren.

Bündeln und Entbündeln

Der verständige Aufbau des Prinzips der fortgesetzten Bündelung kann durch das konkrete Bündeln und Entbündeln am Material erfolgen. Denk-bar ist hier wiederum die Arbeit mit dem dekadischen Würfelmaterial.

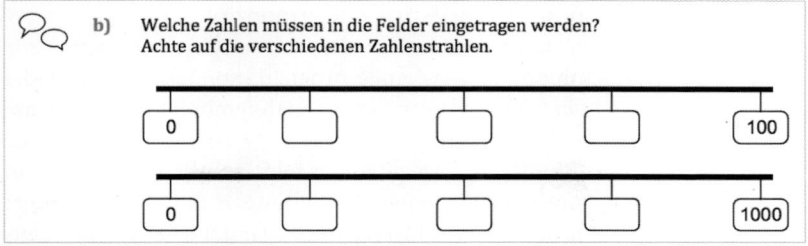

b) Welche Zahlen müssen in die Felder eingetragen werden?
Achte auf die verschiedenen Zahlenstrahlen.

Abb. 2: Aufgabe zum ordinalen Zahlverständnis (vgl. Mosandl / Nührenbörger 2014, 18)

Dabei sind zunächst Aufgaben sinnvoll, bei denen ungebündeltes Material in maximal gebündelte Einheiten getauscht werden muss (z. B. werden 13 Einerwürfel in eine Zehnerstange und 3 Einerwürfel gebündelt). Anschließend muss die Loslösung vom konkreten Material erfolgen. Dazu bieten sich Aufgaben an, bei denen die Bündelungs- und Entbündelungsprozesse mental vollzogen werden müssen. In diesem Rahmen sollte außerdem die Bedeutung des Bündelns und Entbündelns in der Stellenwerttafel angesprochen werden, die für das Verständnis der stellenweisen Notation der natürlichen Zahlen eine wichtige Rolle spielen kann (siehe auch Abb. 5 auf S. 151). Analog zu den Aufgaben bezüglich des Teil-Ganzes-Prinzips kann der Zahlenraum angepasst sowie die Komplexität der Aufgabe je nach Lernausgangslage variiert werden, beispielsweise indem mehr oder weniger Bündelungsschritte bearbeitet werden müssen.

Ebenso ist die Thematisierung des Bündelns und Entbündelns an der Zahlengeraden denkbar, wenn 10 Einerstriche zu einem Zehnerstrich gebündelt werden oder zwischen zwei Zehnerstrichen die Einerstriche gesehen werden müssen (entbündeln). Dies kann durch das Zählen in Schritten an der Zahlengeraden realisiert werden (vgl. Abb. 3).

2.2   Zahlenreihen am Zahlenstrahl

a)   Wähle eine Startzahl, trage sie ein und zähle in Zehnerschritten vorwärts.
Mache fünf Schritte, trage die Zahlen ein und zeichne die Bögen.
Bei welcher Zahl landest du?

---

b)   Trage die 40 ein und zähle von dort aus in Fünferschritten bis 0 rückwärts.
Zeichne die Bögen und schreibe die gezählten Zahlen auf.

---

c)   Bei welchen Zahlen kannst du starten, wenn du in Zwanzigerschritten zählen
und die Zahl 87 treffen willst?

Abb. 3: Zählen in Schritten an der Zahlengeraden (vgl. Mosandl / Nührenbörger 2014, 28)

Notation der Bündelungsergebnisse (Stellenwertprinzip)

Im dritten Inhaltsbereich wird nicht nur die Ablösung vom Material zur Notation der Bündelungsergebnisse angesprochen, sondern genauso die Ablösung zum mentalen Operieren in der formal-symbolischen Zahldarstellung.

Die Notation der Bündelungsergebnisse erfolgt implizit schon dann, wenn beim Umgang mit verschiedenen Darstellungen die Zahlen notiert bzw. abgelesen werden: Es erfolgt ein ständiger Darstellungswechsel zwischen den Darstellungen an diesen und der formal-symbolischen Schreibweise. Eine denkbare Aufgabe in der Förderung spricht die Vernetzung der verschiedenen Darstellungen an, um die stellenweise Notation im Sinne der Verstehensorientierung mit inhaltlichen Vorstellungen zu füllen sowie einen Austausch über die individuellen Vorstellungen anzuregen (vgl. Abb. 4). Im Sinne des inklusiven Unterrichts kann dabei die Anzahl der Darstellungswechsel verringert werden.

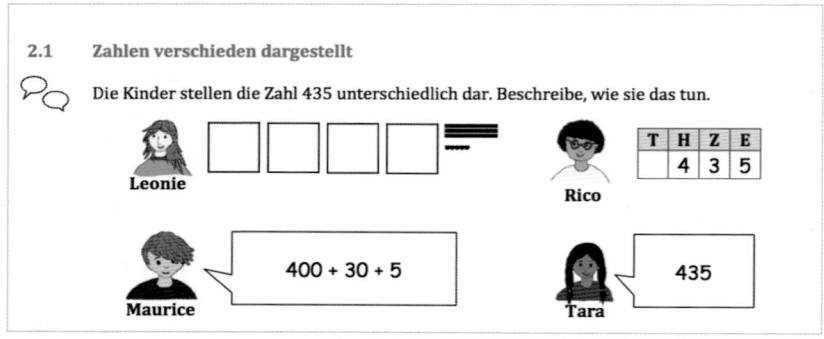

Abb. 4: Vernetzung der verschiedenen Darstellungen
(vgl. Mosandl / Nührenbörger 2014, 7)

Um die Notation der Bündelungsergebnisse explizit zu thematisieren eignet sich die Arbeit mit der Stellenwerttafel in Verbindung mit der inhaltlichen Sprechweise der einzelnen Stellenwerte (Abb. 5). In dieser inhaltlichen Sprechweise werden die Bündelungseinheiten sowie die Anzahl der Bündel besonders deutlich und können nach dem Eintragen in und Ablesen aus der Stellenwerttafel direkt mit der formal-symbolischen Schreibweise verknüpft werden. Dabei wird in dem Aufgabenbeispiel zudem bewusst eine nicht-standardisierte Bündelung gewählt, um einem rein schematischen Vorgehen ohne inhaltliches Verständnis entgegenzuwirken.

a) Trage in die Stellentafel ein und schreibe als Zahl daneben.

	Stellentafel				Zahl
	T	**H**	**Z**	**E**	
3 Hunderter, 6 Zehner, 10 Einer					
	T	**H**	**Z**	**E**	
30 Hunderter, 5 Zehner					
	T	**H**	**Z**	**E**	
2 Tausender, 3 Hunderter, 61 Zehner, 4 Einer					

Abb. 5: Nicht-standardisierte Bündelungen in der Stellenwerttafel
(vgl. Mosandl / Nührenbörger 2014, 15)

Fazit

Die Förderung des dezimalen Stellenwertverständnisses umfasst, wie dargestellt, verschiedene inhaltliche Aspekte. Im inklusiven Mathematikunterricht geht es um die gemeinsame Reflexion und Verknüpfung der verschiedenen inhaltlichen Aspekte des dezimalen Stellenwertsystems, wie z. B. Prinzip der fortgesetzten Bündelung oder die Eigenschaften des Stellenwertprinzips. Diese Aspekte sollten keinesfalls isoliert thematisiert, sondern vielmehr mit unterschiedlichen Schwerpunktsetzungen zusammenhängend betrachtet werden. Die Reflexion und Verknüpfung der verschiedenen Darstellungsmittel muss im Fokus stehen, um ein tragfähiges, anschlussfähiges Stellenwertverständnis auszubilden und um heterogenen Zugangsweisen und Vorkenntnissen der Lernenden gerecht zu werden. Die Förderung darf allerdings nicht ausschließlich auf das Handeln an konkreten Materialien beschränkt werden. Sie sollte vielmehr durch Übungen zum mentalen Operieren ergänzt und erweitert werden, damit alle Schülerinnen und Schüler ihre gewonnenen Einsichten in das dezimale Stellenwertsystem für andere mathematische Bereiche nutzbar machen können. So kann eine gute Grundlage für das erweiterte Zahlverständnis in der Sekundarstufe I geschaffen werden (vgl. Sprenger 2018).

Literatur

Hußmann, S. / Nührenbörger, M. / Prediger, S. / Selter, C. / Drüke-Noe, C. (2014): Schwierigkeiten in Mathematik begegnen. In: Praxis der Mathematik in der Schule, 56. Jg., H. 56, 2–8.

Mosandl, C. / Nührenbörger, M. (2014): Zahlen mit Material lesen und darstellen. Bündeln und Entbündeln. Zahlen am Zahlenstrahl lesen und darstellen. Zu Zahlen Nachbarzahlen angeben und in Schritten zählen. In: Selter, C. et al. (Hrsg.): Mathe sicher können. Natürliche Zahlen. Förderbausteine zur Sicherung mathematischer Basiskompetenzen, Berlin: Cornelsen, 4–20 / 26–30.

Moser Opitz, E. (2007): Rechenschwäche / Dyskalkulie. Bern: Haupt Verlag.

Müller, G. / Wittmann, E. Ch. (1984): Der Mathematikunterricht in der Primarstufe. Braunschweig: Vieweg.

Nührenbörger, M. / Schwarzkopf, R. (2010): Die Entwicklung mathematischen Wissens in sozial-interaktiven Kontexten. In: Böttinger, C. et al. (Hrsg.): Mathematik im Denken der Kinder. Anregungen zur mathematikdidaktischen Reflexion, Seelze: Klett-Kallmeyer, 73–81.

Padberg, F. (2008): Unser Stellenwertsystem – keineswegs leicht und problemlos. In: BzMU, Hildesheim: Franzbecker Verlag.

Padberg, F. (2008b): Elementare Zahlentheorie. Heidelberg: Spektrum Akademischer Verlag.

Padberg, F. / Benz, C. (2011): Didaktik der Arithmetik. Für Lehrerausbildung und Lehrerfortbildung (4. erweiterte, stark überarbeitete Auflage). Heidelberg: Spektrum Akademischer Verlag.

Prediger, S. / Freesemann, O. / Moser Opitz, E. / Hußmann, S. (2013): Unverzichtbare Verstehensgrundlagen statt kurzfristige Reparatur – Förderung bei mathematischen Lernschwierigkeiten in Klasse 5. In: Praxis der Mathematik in der Schule, 55. Jg., H. 51, 12–17.

Resnick, L. B. (1983): A developmental theory of number understanding. In: Ginsburg, H. P. (Ed.): The development of mathematical thinking, New York: Academic Press, 109–151.

Ross, S. H. (1989): Parts, Wholes and Place Value: A Developmental View. In: Arithmetic Teacher 36. Jg., H. 6, 47–51.

Scherer, P. / Moser Opitz, E. (2010): Fördern im Mathematikunterricht der Primarstufe. Heidelberg: Spektrum Akademischer Verlag.

Sprenger, L. (i. V. 2018): Zum Begriff des Dezimalbruchs. Eine empirische Studie zum Dezimalbruchverständnis aus inferentialistischer Perspektive.

Sundermann, B. / Selter, C. (2006): Beurteilen und Fördern im Mathematikunterricht. Berlin: Cornelsen.

Praxis des gemeinsamen Mathematiklernens: Operationen verstehen und anwenden

Michael Gaidoschik / Doris Bayer

Rechnen als Handeln mit Zahl-Teilen und Zahl-Ganzen

Der Beitrag versucht deutlich zu machen, wie verständiges, nicht-zählendes Addieren und Subtrahieren darauf aufbauen, dass Zahlen als Zusammensetzungen aus anderen Zahlen verstanden werden. Bei der Erarbeitung der dafür nötigen Einsichten können die Finger sehr hilfreich sein. Wir liefern dazu Anregungen und Erfahrungen aus der Umsetzung in einer Inklusionsklasse.

Zahlen als Zusammensetzungen und als Positionen

Zur Einstimmung Szenen mit zwei Kindern, beide am Ende ihres ersten Schuljahres, beide mit der Aufgabe »Sieben minus fünf?« konfrontiert. Lukas hört die Rechnung und senkt sogleich den Blick auf seine Hände. An diesen streckt er schnell sieben Finger aus, fünf links, zwei rechts. Ebenso schnell beginnt er nun, fünf Finger einzeln umzuklappen – zunächst die zwei an der rechten Hand, dann den kleinen, den Ring- und schließlich den Mittelfinger der linken. Ausgestreckt bleiben Daumen und Zeigefinger der linken Hand. Lukas fixiert sie kurz, blickt auf und antwortet mit sicherer Stimme: »Zwei!« Der ganze Vorgang dauert nicht länger als drei Sekunden.

Nun zu Lara. Sie hört die Aufgabe, blickt kurz nach oben und sagt dann etwas bedächtig, aber entschieden: »Zwei!« Auf Nachfrage, wie sie das wisse, meint sie: »Weil in der Sieben steckt eine Fünf und eine Zwei drinnen.«

Beide Kinder benötigen für die Lösung dieser Aufgabe etwa gleich lang. Und doch ist zu vermuten, dass sie in unterschiedlichen Zahl-Welten leben.

Zahl-Denken, das Alternativen zum zählenden Rechnen ermöglicht

Lara hat offenbar eine entscheidende Entdeckung bereits gemacht: *Zahlen sind aus anderen Zahlen zusammengesetzt* und können deshalb auch wieder in andere Zahlen zerlegt werden. Sieben ist für Lara ein Ganzes mit den Teilen fünf und zwei. Sie nutzt dieses Wissen, um 7 – 5 zu lösen: Ein Teil (fünf) wird weggenommen, der andere (zwei) bleibt übrig.

Diese Art, Zahlen zu denken, wurde als »die wesentliche gedankliche Leistung« im frühen Mathematiklernen bezeichnet (vgl. Resnick 1983, 114). Sie ist der Schlüssel für ein tragfähiges Verständnis von Addition und Subtraktion und ermöglicht einem Kind zugleich, aus jedem Stück Zahlwissen, das es bereits erworben hat, eine ganze Reihe von Aufgaben abzuleiten: Wenn sieben aus fünf und zwei besteht, so ist $5 + 2 = 7$, aber auch $2 + 5 = 7$;

denn die Reihenfolge ist egal, wenn beide Teile letztlich ohnedies zum Ganzen zusammengefügt werden. $7 - 5 = 2$ ist auf Basis dieses Denkens nur die Kehrseite von $7 - 2 = 5$, und beides die Umkehrung der Zusammensetzung von sieben aus fünf und zwei. Schreibweisen wie $5 + \_ = 7$ und $2 + \_ = 7$ mögen eine Herausforderung darstellen und sind deshalb sorgfältig zu erarbeiten, aber die zugrunde liegende Sache erschließt sich unschwer aus dem Teile-Ganzes-Denken: Ein Teil ist gegeben. Was fehlt, um daraus das Ganze zu machen?

$$7$$
$$5 \diagdown 2 \qquad 5 + 2 = 7 \qquad 7 - 2 = 5$$
$$2 + 5 = 7 \qquad 7 - 5 = 2$$

Abb. 1: Zahlen als Zusammensetzungen als Grundlage fürs Handeln mit Zahlen

Freilich wäre es nicht ausreichend, wenn Lara bei »sieben« nur an »fünf und zwei« dächte. Für *andere* Rechnungen mit der Zahl sieben sind *andere* Zusammensetzungen hilfreich. Letztlich sollte sie *alle* Zerlegungen *aller Zahlen bis zehn* spontan verfügbar haben und anwenden können. Kommt dann noch Einsicht ins dezimale Stellenwertsystem hinzu, eröffnet dies den flexiblen, nicht-zählenden Umgang mit beliebig großen Zahlen.

Zahl-Denken, das zählendes Rechnen wahrscheinlich macht

Nun zu Lukas. Er löst die meisten Aufgaben im Zahlenraum bis 10 ähnlich wie oben für $7 - 5$ beschrieben. Es ist dies kein durchgehend zählendes Rechnen. Er *weiß*, welche Finger für »sieben«, »neun«, ... auszustrecken sind. Dann aber *zählt* er beim Addieren Finger *einzeln dazu*, beim Subtrahieren *einzeln weg*. Zumeist erkennt er die Anzahl der zuletzt ausgestreckten Finger, ohne zu zählen. Er zeigt damit einiges an Routine und Wissen. Dennoch ist zu befürchten, dass er mit seiner Art des Rechnens bei komplexeren Aufgaben in höheren Zahlenräumen nur noch schwer zurechtkommen wird. Aus gutem Grund lautet die klare Empfehlung der Mathematikdidaktik, Kinder möglichst schon im ersten Schuljahr vom zählenden Rechnen wegzuführen (vgl. etwa Gerster 2009; Gaidoschik 2010). Aber kann das für alle Kinder gelingen, auch im inklusiven Unterricht? Wie können wir dazu beitragen?

Kinder wie Lukas und Lara zeigen uns, wo anzusetzen ist: beim Zahldenken. Lukas hat zwar automatisiert, dass er für »sieben« fünf und zwei Finger ausstrecken muss. Er scheint dennoch *nicht* wie Lara in der Zahl sieben auch die Zahlen fünf und zwei *mitzudenken*. *Zumindest wenn er rechnet*, denkt er bei sieben wohl eher an die *siebente Position in* der Zahlwortreihe; an die *eine* Position, die nach sechs und vor acht kommt; an den siebten Finger. »Minus« heißt für ihn dann, dass er von dort ausgehend »zurück(zählen)«

soll, während »plus« für »weiter« und »vorwärts« steht. So denkt er vermutlich, so tut er es jedenfalls – und ist *deshalb* ein *zählender* Rechner. Wollen wir ihm und anderen Kindern helfen, nicht-zählend rechnen zu lernen, sollten wir sie darin unterstützen, Zahlen so zu denken, wie Lara das tut. Und gerade die Finger erweisen sich dabei als außerordentlich hilfreich!

Finger: Ein Material mit Vorzügen, das erarbeitet sein will

Um ein mögliches Missverständnis zu vermeiden: Wir meinen *nicht*, dass die Finger das einzig geeignete, unfehlbare, beste … Material zur Erarbeitung einer tragfähigen Zahlauffassung sind. Wir halten sie aber bei sorgfältiger didaktischer Einbettung für ein *sehr gut* geeignetes Material, um den Einstieg in das *Denken von* und *Handeln mit* Zahlen als Zusammensetzungen zu unterstützen. Unserer Erfahrung nach gilt das gerade auch für Kinder mit (wie auch immer verursachten) Schwierigkeiten beim Mathematiklernen.

Zunächst: Ein nicht zu unterschätzender Vorteil dieses »Materials« liegt tatsächlich darin, dass die Kinder es immer dabeihaben – und es nicht durch unbedachte Bewegungen vom Tisch befördern können. Das trägt nicht nur zur Vermeidung unproduktiver Unruhe im Klassenzimmer bei. Dass die Finger *fixe Teile des Körpers* sind, hilft auch bei einem grundlegenden Lernschritt, der von einigen Kindern bei Schuleintritt erst noch gemacht werden muss, nämlich: Einsicht in die *Konstanz* einer Anzahl zu gewinnen.

Dazu einige konkrete Anregungen: In dieser ersten Phase des Mathematikunterrichts ist es wichtig, das Wissen und Können der Kinder im Bereich des Zählens zu ermitteln, abzusichern, zu erweitern. Zu einem tragfähigen Verständnis des Zählens gehört die Einsicht, dass eine einmal zählend ermittelte Anzahl gleichbleibt, sofern nichts dazu- oder weggegeben wird. Das sollte vielfältig zum Thema gemacht werden, mit ganz unterschiedlichem Zählmaterial – aber eben auch den eigenen Fingern.

Nicht alle Kinder können bei Schuleintritt ohne weiteres Nachdenken und zweifelsfrei sagen, wie viele Finger sie an einer Hand haben, wie viele an beiden Händen zusammen. Sie sollten und können es aber lernen. Einige dafür geeignete Aktivitäten, die teils schon auf nächste Ziele verweisen:

- »Zahlen mit den Fingern zeigen« als Morgenritual in den ersten Wochen und Monaten des Unterrichts (Abb. 2): Fordern Sie die Kinder auf, fünf, zehn, drei, acht, … Finger auszustrecken, im Lauf der Zeit immer schneller. Achten Sie in besonderer Weise auf Kinder, die auch fünf und zehn Finger (vielleicht nur teilweise) immer wieder *zählen* und erst dann ausstrecken.
- Fordern Sie gerade auch die zählenden Kinder zum Versprachlichen auf: »Fünf, das sind alle Finger auf einer Hand. Zehn sind alle Finger auf bei-

Abb. 2: Zahlen mit Fingern darstellen als Morgenritual

den Händen.« Helfen sie Kindern, die sich schwertun, ihr Tun in Worte zu fassen, bzw. lassen sie diesen von anderen Kindern helfen.

- Fördern Sie Prozesse des Sich-Bewusstmachens durch Fragen: Hast du an jeder Hand gleich viele Finger, oder sind es links und rechts verschieden viele? Musst du die Finger jedes Mal neu abzählen, oder bleiben es fünf, auch wenn du sie durchschüttelst? Was müsste passieren, dass es nicht mehr fünf an einer Hand sind? Die Frage mag blutrünstige Ideen provozieren, fördert aber die Einsicht in die Zahlkonstanz: Wird nichts dazugegeben oder weggenommen, bleiben Anzahlen gleich.

Es hat sich als sehr hilfreich erwiesen, Kinder mit körperlicher Behinderung beim Zeigen durch Halten und Führen der Hände und Finger zu unterstützen. Das ruhige Halten und Führen und der dabei entstehende Körperkontakt ermöglichen es unserer Erfahrung nach auch Kindern mit hyperkinetischem Syndrom, Tun und Denken auf die Fingeranzahlen zu fokussieren (Abb. 3).

Abb. 3: Unterstützung einzelner Kinder bei der Zahldarstellung mit Fingern

Alle Zahlen bis zehn mit Fingern darstellen können, ohne zu zählen

Ein erstes Zwischenziel besteht darin, dass möglichst alle Kinder möglichst alle Zahlen bis zehn mit Fingern zeigen können, ohne die Finger abzählen zu müssen. Das sollte in weiterer Folge so selbstverständlich werden, dass es kein großes Nachdenken mehr erfordert. Vor allem aber sollten die Kinder bei all dem *Tun* begreifen, wie *Zahlen* aus anderen Zahlen zusammengesetzt sind. Das sollten sie schließlich auch losgelöst von den Fingern wissen und sagen können, etwa: »Acht besteht aus fünf und drei«. Erneut sind es Fragen, die das mathematisch Wichtige an den Fingerhandlungen in die Aufmerksamkeit rücken und damit das Nachdenken über Zahlen fördern.

Wenn etwa ein Kind vier Finger immer wieder zählend aufbaut, so hat es vermutlich bislang noch nicht darauf geachtet, dass beim Zeigen von vier an einer Hand genau ein Finger nicht benötigt wird. Entsprechendes Nachfragen kann helfen, dies bewusst zu machen. Ebenso: Ist es von Belang, ob vier mit der linken oder mit der rechten Hand gezeigt wird? Fragen wie diese erhöhen die Chance, dass Kinder das Wesentliche erkennen: Von fünf eins weg macht vier! Von vier auf fünf fehlt eins! Analoges gilt für andere Zahlen. Für ein Kind, das bei Zahlen größer als fünf immer wieder von eins hochzählt, ist es ein großer Fortschritt, wenn es erkennt: Ich kann eine ganze Hand ungezählt ausstrecken und von fünf aus weiterüberlegen. Wieder helfen Fragen: Für welche Zahlen genügt eine Hand? Für welche benötigen wir beide Hände?

Hauptzeigeweisen und solche, die auch möglich sind

Manche Kinder werden von sich aus die Zahl sechs nicht als fünf und eins, sondern als drei und drei zeigen, die Zahl acht nicht als fünf und drei, sondern als vier und vier usw. Dazu einige Überlegungen und Anregungen.

- Mit Blick auf die ganze Klasse spricht vieles dafür, Kinder von Anfang an aufzufordern, *verschiedene* Zeigeweisen für eine Zahl zu überlegen und zu vergleichen. So kann etwa die Lehrkraft oder ein Kind der Klasse jeweils eine Zahl nennen. Die entsprechende Anzahl von Fingern soll von allen im Sitzkreis zunächst hinter dem Rücken ausgestreckt werden, von jedem Kind in seinem Tempo. Auf Kommando werden die Hände für alle sichtbar nach vorne gebracht. Alle Varianten werden nun betrachtet, überprüft (stimmt die Anzahl?) und versprachlicht. Dann könnten die Kinder Gruppen bilden: Alle, die sechs als drei und drei eingestellt haben, stehen auf und erklären: »Sechs besteht aus drei und drei«. Dann alle, die sechs als fünf und eins gebildet haben. Geht es noch anders?
- Mit steigender Sicherheit strecken die Kinder die Finger gleich vor dem Körper aus, möglichst »auf einen Sitz«, jedes in seinem Tempo.
- Umgekehrt: Ein Kind zeigt eine Zahl mit Fingern, die anderen Kinder bilden die Zahl nach – in derselben oder einer anderen möglichen Darstellung; ein oder mehrere Kinder versprachlichen ihre Zeigeweise.

Kinder, die sich mit dieser Vielzahl von Zeigeweisen schwertun, sollten nicht gedrängt werden, sie mitzumachen. Ermutigen Sie diese Kinder, sich anfangs auf eine »Hauptzeigeweise« zu konzentrieren, unter Nutzung der »Kraft der Fünf«: Die Zahlen bis fünf werden an *einer* Hand dargestellt; dabei sollte jeweils mitüberlegt werden, wie viele Finger dieser Hand *nicht* benötigt werden. Sechs, sieben, acht und neun werden jeweils als *»fünf und ...«* gezeigt.

Ist diese Hauptzeigeweise abgesichert und weitgehend automatisiert, sollten nach und nach weitere Zeigeweisen gezielt erarbeitet werden – mit *allen* Kindern. Zahlen sind nun einmal vielfältig! Einsicht in operative Zusammenhänge hilft, die Vielfalt zu beherrschen: Aus fünf und drei wird vier und vier, wenn ich an der vollen Hand einen Finger umklappe und dafür zum Ausgleich einen Finger an der anderen Hand ausstrecke. Die Gesamtzahl bleibt gleich. Das Muster wiederholt sich: Aus sieben, gezeigt als fünf und zwei, wird vier und drei. Aus sechs als fünf und eins wird vier und zwei ...

Vom Zeigen zum nicht-zählenden Handeln

Eine entscheidende Erweiterung: Kinder sollten Zahlen als Zusammensetzungen *in Gebrauch nehmen*. Damit sind wir beim Plus- und Minusrechnen – auch wenn wir es noch nicht so nennen und noch nicht mit Ziffern, Rechen- und Gleichheitszeichen darstellen. Erst später sollten Kinder Darstellungen wie $3 + 5 = 8$ und $9 - 5 = 4$ als eine Art *Kurzschrift zum Festhalten von Handlungen* verstehen lernen. Das setzt aber eben voraus, dass ihnen zunächst einmal die Rechenhandlungen als solche klarwerden – und zwar als Handlungen mit Zahl-Teilen und Zahl-Ganzen. Dabei helfen Fragen und Aufgaben wie:

- Nimm von sieben fünf weg! Wie lässt sich das am leichtesten zeigen? (Indem ich sieben nicht-zählend als fünf und zwei darstelle und dann die fünf als eine ganze Hand wegnehme).
- Es bleiben zwei Finger ausgestreckt. Gib nun die ganze zweite Hand (also fünf) wieder dazu. Wie viele Finger sind es dann?
- Wie viel kann ich von acht Fingern mit einer Handbewegung wegtun? (Je nach vorangehender Darstellung: fünf bzw. drei – oder auch vier!)
- Ein Kind zeigt vier Finger. Zusammen mit einem zweiten Kind sollen neun gezeigt werden. Wie viele Finger müssen dazugegeben werden?
- Ich zeige fünf Finger links, einen rechts. Nun kreuze ich die Hände vor dem Körper, lasse aber dieselben Finger ausgestreckt. Ich sehe nun eins und noch fünf. Hat sich die Zahl der ausgestreckten Finger geändert?

Bei all diesen und weiteren Aufgaben (vgl. Gaidoschik 2007) ist für unsere Lernziele entscheidend, dass Kinder die Finger nicht einzeln abzählen, nicht einzeln bewegen. Sie sollten erkennen, dass sie jeweils »Fingerpakete« im Ganzen dazu- oder weggeben können. Ob sie das *tun*, lässt sich an ihrem Fingerhandeln nach und nach gut beobachten. Was sie dabei *denken*, sollte in Strategiekonferenzen thematisiert werden. Wenn einzelne zählend vorgehen, werden andere vermutlich von sich aus nicht-zählend handeln und argumentieren. Unserer Erfahrung nach lassen sich zählende Kinder in diesem Rahmen leicht davon überzeugen, dass die nicht-zählende Variante einfacher ist. Manche werden freilich wiederholt in dieser Weise überzeugt werden müssen, ehe sie auch von sich aus in »Fingerpaketen« denken und handeln!

Vom Handeln zum Aufschreiben von Handlungen

Für eine Standorterhebung könnten Sie die Kinder zunächst auffordern, ihre Fingerhandlungen auf dem Papier festzuhalten – sei es als Zeichnung, sei es mit Zahlzeichen. Kinder, die schon Kenntnisse zu Ziffern und Rechenzeichen erworben haben, werden diese einbringen (Abb. 4). Leo kann die von ihm erfundene Schreibweise für die Subtraktion nachvollziehbar erläutern und mit Fingern vorzeigen. Andere, wie Marua, machen an einer Zeichnung ihrer Hände deutlich, was sie schon über Zahlbeziehungen gelernt haben.

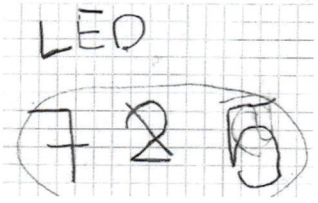

Abb. 4:
Leo: »Sieben, zwei weg, bleibt fünf«. Marua (rechts) zeichnet 8 − 3 = 5.

Beide Kinder zeigen hier eine Vorstellung vom Subtrahieren als Wegnehmen eines Teiles von einem Ganzen. Diese Grundvorstellung sollte abgesichert sein, ehe die »korrekte« Gleichungsschreibweise im Unterricht Thema wird.

Diese ist eine Konvention und muss als solche jenen Kindern, die sie noch nicht kennen, gezeigt werden. Die Subtraktion stellt dabei insofern eine besondere Herausforderung dar, als in der Grundvorstellung des Wegnehmens ein zeitlicher Ablauf mitzudenken ist: *Zuerst* ist das Ganze, *dann* wird ein Teil davon weggenommen. In der Gleichung stehen aber das Symbol für das Ganze und das Symbol für den Teil *gleichzeitig* nebeneinander – und sie stehen *nebeneinander*, als handelte es sich um *zwei getrennte* Zahlen (und nicht *eine* Zahl und deren Teil). Umso wichtiger, dass Sie Kinder zum Hin- und Herübersetzen auffordern: »Erzähle eine Geschichte, die zu 8 – 5 passt.« »Ich zeige dir etwas mit meinen Händen (von acht fünf weg). Welche Rechnung passt?« Dazu gehört auch immer wieder die Aufforderung, Rechnungen mit Material darzustellen, nicht-zählend mit den Fingern, aber natürlich auch mit anderen Materialien. Dazu abschließend noch ein wenig mehr.

Von Fingern zu weiteren strukturierten Darstellungen

Bei allen Vorzügen, die Finger als arithmetisches Material bieten, sind für weitere Lernschritte doch auch andere Zahldarstellungen wichtig, insbesondere solche im Zehner- und Zwanzigerfeld. Deren Erarbeitung wird unserer Erfahrung nach durch vorhergehende Arbeit mit Fingerdarstellungen erleichtert; auch deshalb empfehlen wir Letztere für den *Einstieg* in die Arithmetik.

Wie an den Händen kann auch im Zehnerfeld etwa acht nicht-zählend als fünf und drei aufgefasst werden. Eine Schwierigkeit zeigt sich aber schon darin, dass manche Kinder die fünf Plättchen einer Reihe immer wieder abzählen. Sie kommen leichter davon los, wenn sie zuvor schon mit Hilfe der Finger gelernt haben, Zahlen mit der »Kraft der Fünf« strukturiert zu denken und diese Struktur dann (vielleicht aber erst nach entsprechenden Hinweisen!) im Zehnerfeld wiederentdecken können (Abb. 5).

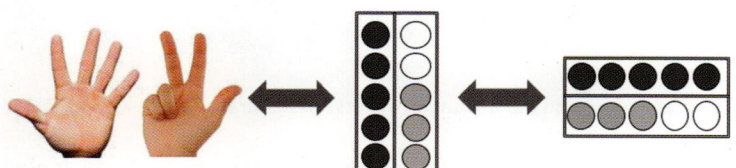

Abb. 5.: Strukturen der Fingerdarstellungen helfen, das 10er-Feld zu verstehen

Dafür sind zunächst Übungen zur schnellen, nichtzählenden Zahlauffassung wichtig. So kann die Lehrkraft etwa mit Overhead oder PowerPoint im Zehnerfeld strukturierte Punktedarstellungen kurz (für ein bis zwei Sekunden) an die Wand werfen. Dazu die Frage: »Wie viele Punkte?« Vor allem aber: »Wie hast du das so schnell gesehen?« (»Blitzblick«, vgl. Gerster 2009). Dabei sollten unterschiedliche Begründungen eingefordert werden. So lässt sich 8 in der obigen Darstellung als 5 + 3 (5 links/oben, 3 rechts/unten), 10 – 2 (2 fehlen auf 10), aber auch 6 + 2 (Würfel-6 plus 2) deuten.

Werden nun bei der weiteren Arbeit im Zehnerfeld Additionen und Subtraktionen *gelegt*, so ist zu bedenken, dass Plättchen nur einzeln im Zehnerfeld positioniert werden können. Wenn wir aber Kinder durch Material bei der Entwicklung nicht-zählender Rechenstrategien unterstützen wollen, sollte dieses Material nicht-zählend verwendet werden (vgl. Schipper 2003).

Das spricht zum einen dafür, bei der Darstellung von Zahlen im Zehnerfeld auch »schnelle Fünfer« (halbierte Zehnerstreifen) zu nutzen. Vor allem aber sollten Zehnerfelddarstellungen vorwiegend *statisch* genutzt werden. Für die Darstellung von 3 + 5 mögen Plättchen zwar (teilweise) einzeln ins Feld gelegt werden. Umso wichtiger die anschließenden Fragen: Lässt sich ohne Zählen erkennen, wie viele Plättchen insgesamt im Feld liegen? Wie?

Das Problem des zählenden Legens wird umgangen, wenn eine (etwa auf einer PowerPoint-Folie) vorgegebene Zwei-Farben-Darstellung von 3 + 5 im Zehnerfeld gezeigt wird (Abb. 6). Die Kinder sollen sagen, welche Aufgaben dargestellt werden. Die *Mehrzahl* ist hier wichtig. Denn ein nächstes Ziel besteht darin, die zwischen drei Zahlen bestehenden Teile-Ganzes-Beziehungen in ihrer Gesamtheit in ein und dieselbe strukturierte Darstellung hineinzuinterpretieren. Dabei sollte die Subtraktion sowohl als Wegnehmen wie auch als Ergänzen und Ermitteln eines Unterschieds beachtet werden. So kann Abbildung 6 wie folgt gedeutet werden: »Ich sehe hier 5 + 3, aber auch 3 + 5. Ich sehe auch 8 – 5 = 3, denn wenn ich die 5 wegnehme, bleiben 3. Von 5 auf 8 fehlen 3. Der Unterschied von 8 und 5 ist 3. Ich sehe auch 8 – 3 = 5 …«

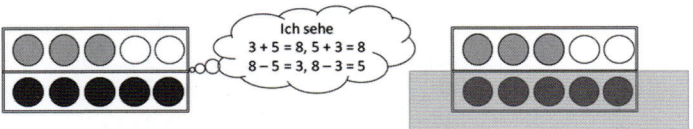

Abb. 6: Statisches Nutzen von Darstellungen (rechts mit halbtransparenter Folie)

Um dieses flexible Interpretieren zu unterstützen, kann anfangs noch eine halbtransparente Folie hilfreich sein. Kinder können damit zur Darstellung von Subtraktionen jenen Teil, der beim Wegnehmen wegzudenken bzw. beim Ergänzen hinzuzudenken ist bzw. beim Vergleichen den Unterschied ausmacht, abdecken; das Ganze bleibt als Bezugsrahmen dennoch sichtbar.

Ein abschließendes Plädoyer für Hartnäckigkeit

Zur Erinnerung an den Einstieg: Je mehr Zusammensetzungen ein Kind spontan mit einer Zahl verbindet, umso freier wird es im Umgang mit dieser Zahl. Es lohnt deshalb, die in diesem Beitrag angesprochenen Ziele mit *allen* Kindern zu verfolgen – und jene geduldig zu unterstützen, die sich dabei schwertun. Denn natürlich unterscheiden sich die Kinder gewaltig darin, *wie oft* sie die beschriebenen Handlungen ausführen müssen, *wie viele* Denkanstöße in Form von gezielten Fragen und Aufträgen zum Weiterdenken sie dabei benötigen, *in welcher Zeit* sie zu den erwünschten Einsichten gelangen.

Durch den frühen Einbezug *unterschiedlicher* Fingerdarstellungen für dieselben Zahlen und die Fortführung mit Finger*handlungen* lässt sich das einleitend vorgeschlagene Morgenritual unserer Erfahrung nach über mehrere Wochen auch für jene Kinder lehrreich und interessant gestalten, die schneller sind. Zugleich eröffnen sich dadurch zahlreiche Möglichkeiten, in diesen ersten Wochen und Monaten innerhalb desselben Rahmens unterschiedlich weit gesteckte Teilziele zu verfolgen: Für die einen geht es bald darum, ihre Teile-Ganzes-Vorstellungen mehr und mehr auch unabhängig von Fingerhandlungen abzusichern. Andere brauchen zunächst noch mehr Zeit und Unterstützung, um im nicht-zählenden Darstellen der Zahlen mit Fingern sicher zu werden. Die einen automatisieren mehr und mehr sämtliche Zahlzerlegungen bis 10 und nutzen sie für nicht-zählendes Addieren und Subtrahieren, bald auch über 10 hinaus. Die anderen erobern sich gerade einmal je eine »Hauptzeigeweise« der Zahlen bis 10 und wenden sie in Rechenhandlungen an.

Gelingt zumindest Letzteres, ist aber tatsächlich auch für diese Kinder schon sehr viel gewonnen: Es eröffnet ihnen eine Zahlenwelt, in der nicht-zählendes Rechnen möglich wird, auf Basis von Einsicht in operative Zusammenhänge. Das klappt vielleicht vorerst nur in einem kleinen Bereich von wenigen schon abgesicherten Teile-Ganzes-Beziehungen. Dieser lässt sich aber nach und nach ausdehnen. Dafür wird es im weiteren Verlauf des Schuljahres für einzelne Kinder wichtig sein, dass sie mit mehr Zeit und Einzelzuwendung immer wieder an den hier beschriebenen Themen weiterarbeiten können. Angesichts der zentralen Bedeutung dieser Lernschritte lohnt es, sie dabei konsequent und hartnäckig zu fördern.

Literatur

Gaidoschik, M. (2007): Rechenschwäche vorbeugen – Erstes Schuljahr: Vom Zählen zum Rechnen. Wien: G + G.

Gaidoschik, M. (2010): Wie Kinder rechnen lernen – oder auch nicht. Frankfurt/Main: Peter Lang.

Gerster, H.-D. (2009): Schwierigkeiten bei der Entwicklung arithmetischer Konzepte im Zahlenraum bis 100. In: Fritz, A. / Ricken, G. / Schmidt, S. (Hrsg.): Rechenschwäche. Lernwege, Schwierigkeiten und Hilfen bei Dyskalkulie. Weinheim: Beltz, 248–268.

Resnick, L. (1983): A Developmental Theory of Number Understanding. In: Ginsburg, H. P. (Hrsg.): The Development of Mathematical Thinking. New York: Academic Press, 109–151.

Schipper, W. (2003): Lernen mit Material im arithmetischen Anfangsunterricht. In: Baum, M. / Wielpütz, H. (Hrsg.): Mathematik in der Grundschule. Ein Arbeitsbuch. Kallmeyer: Seelze, 221–237.

Marei Fetzer / Elke Söbbeke

Operationsvorstellungen zur Subtraktion in kooperativen Arbeitsphasen entwickeln

Die Grundvorstellungen der elementaren Rechenoperationen sind vielfältig. Sie erfordern, genau wie Zahlen in ihren vielfältigen (Zahl-)Aspekten, eine reiche Erarbeitung. Nur so können sie von den Kindern durchdrungen und verstanden werden. Die Subtraktion beispielsweise beansprucht nicht nur verschiedene, sondern sogar *konträre* Grundvorstellungen: Einige Subtraktionsaufgaben lassen sich sehr effektiv über das Ergänzen lösen, also über einen Rückgriff auf die Addition. Wie aber lassen sich diese sehr unterschiedlichen Grundvorstellungen auf- und ausbauen?

Insbesondere im Hinblick auf das *gemeinsame, kooperative* Mathematiklernen *aller* Kinder zeigt dieser Beitrag auf, inwiefern (Anschauungs-)Materialien diese unterschiedlichen Grundvorstellungen adäquat repräsentieren und Kindern in einer *heterogenen Lerngruppe* auch unterschiedliche Zugänge zum Verstehen der Subtraktion eröffnen können. Dabei wird vor dem Hintergrund der Anforderung, dass langfristig *alle* Kinder einer heterogenen Lerngruppe *adäquate* Operationsvorstellungen entwickelt haben sollen, geklärt, welche Rolle (Anschauungs-)Materialien insbesondere in Bezug auf Differenzierung einnehmen können, sowie welche Bedeutung in diesem Lernprozess gerade auch das Lernen von- und miteinander hat.

Subtrahieren – mehr als nur »Wegnehmen«

Zu den vier grundlegenden Vorstellungen der Subtraktion gehören das »Abziehen«, »Vereinigen«/»Teil-Ganzes-Vorstellung«, »Ergänzen« sowie »Vergleichen«/»Unterschied« (vgl. Padberg / Benz 2011, 115):

Während beim *»Abziehen«* eine Menge verändert wird, wird unter der Vorstellung *»Vereinigen«* / *»Teil-Ganzes«* eine Menge in zwei Teil-Mengen zerlegt. Unter der Vorstellung des *»Ergänzens«* wird eine von zwei Mengen durch Hinzufügen von Objekten so verändert, dass beide Mengen anschließend die gleiche Anzahl von Objekten haben. Um zu *»Vergleichen«* / den *»Unterschied«* zu ermitteln, werden zwei Mengen bezüglich der Anzahl der Objekte miteinander verglichen.

Das kindliche Denken ist gerade im Anfangsunterricht vielfach noch an die Anschauung und an konkrete Alltagsbezüge und Erfahrungen gebunden. Deshalb werden die verschiedenen Grundvorstellungen zur Subtraktion ebenso wie zu allen elementaren Rechenoperationen (Addition, Subtraktion, Multiplikation, Division) im arithmetischen Anfangsunterricht zunächst über direkte Alltagsbezüge und über Situationen aus der Lebenswelt der Kinder thematisiert und eingeführt. Insbesondere auch in inklusiven Lernsituationen ist das Ausnutzen solcher Alltagsbezüge unerlässlich, um den Kindern einen verständnisbasierten Zugang zu dem abstrakten mathematischen Inhalt »Rechenoperationen« zu ermöglichen. Es wird also ein »Medium« benötigt, das zwischen dem abstrakten Begriff und dem Denken des Kindes vermittelt und es ermöglicht, über diese abstrakten Inhalte sprechen, nachdenken und mit diesen operieren zu können (vgl. Söbbeke 2010). So werden den Kindern kleinere Sachsituationen, Bilder oder Rechengeschichten angeboten, die grundlegende Operationsvorstellungen repräsentieren. Indem die Kinder diese Sachsituation konkret handelnd oder gedanklich durchdringen, sollen sie unterstützt werden, adäquate mentale »Bilder« von der mathematischen Idee und den vielfältigen Vorstellungen der entsprechenden Operation aufzubauen. Dieses tun sie, indem sie nach und nach strukturelle Ähnlichkeiten bzw. Gemeinsamkeiten in den unterschiedlichen alltäglichen Situationen erkennen. Hierfür ist nicht nur der Umgang eines jeden Kindes mit den konkreten Situationen wichtig, sondern in erster Linie der reflektierende Austausch mit den Deutungen anderer Kinder. Nur hierüber können Kinder einen ersten Zugang gewinnen zu dem, was *allen Handlungen und Situationen gemeinsam* ist: die Subtraktion (vgl. Fetzer / Tiedemann 2017).

Das nachfolgende Schulbuchbeispiel (vgl. Abb. 1) illustriert diese didaktische Intention, indem verschiedene kleinere »Situationen« zur Subtraktion veranschaulicht werden:

Abb. 1: Situationen zur Subtraktion (Jo-Jo Mathematik 1 (2017), Cornelsen, 36)

- Von der Bank verabschieden sich 2 der 5 Kinder, 3 Kinder bleiben sitzen,
- von den 7 Bällen nimmt ein Junge 3 Bälle weg, 4 Bälle verbleiben im Netz
- usw.

Über die (tatsächlichen, eventuell nachgespielten oder vorgestellten) Handlungen des »Weggehens«, »Wegnehmens« etc. erhalten die Kinder in diesem Beispiel eine wichtige Verstehensgrundlage und einen erklärenden Hintergrund für eine Grundvorstellung der Subtraktion – hier das Abziehen.

Sollen Kinder aber ein langfristig tragfähiges Verständnis und eine umfassende Operationsvorstellung zur Subtraktion entwickeln, ist es unerlässlich, die Subtraktion nicht nur mit der Vorstellung des Abziehens zu verbinden, sondern vielfältige Vorstellungen zur Subtraktion auszubilden. Gerade im Hinblick auf die Entwicklung effizienter Rechenstrategien ist es produktiv und zentral, dass Kinder Aufgabenkontexte zu verschiedenen Grundvorstellungen zu Subtraktionsaufgaben kennenlernen. Denn während unter der Grundvorstellung des »Abziehens« praktisch nur das Subtrahieren naheliegt, kann beim »Ergänzen«, »Vergleichen« und »Vereinigen« sowohl subtrahiert wie auch addiert werden (vgl. Padberg / Benz 2011, 115). Hier zeigt sich der enge Zusammenhang von Addition und Subtraktion, der insbesondere auch für Kinder mit Schwierigkeiten beim Mathematiklernen produktiv zur Berechnung von Aufgaben genutzt werden kann. Die Untersuchungen von Verschaffel et al. (2010) zeigen eindrücklich die Vorzüge des Ergänzens im Vergleich zum Abziehen beim Lösen bestimmter Subtraktionsaufgaben. Außerdem belegen sie, dass vielen Kindern schon ab dem ersten Schuljahr das Ergänzen leichter fällt als das Subtrahieren. Einige Subtraktionsaufgaben (insbesondere mit kleinen Differenzen) können somit sehr effektiv über den Rückgriff auf die Addition gelöst werden. Hierzu bedarf es eines gewissen »Operationssinns«, um entscheiden können, ob eine Aufgabe wie »21 – 19 = « schneller und leichter über das Ergänzen (»19 + __ = 21«) oder über das Abziehen gelöst werden kann (»21 – 19 = __«). Die Untersuchungen von Verschaffel et al. (2010) zeigten zugleich auch, dass das Ergänzen als eine wichtige Vorstellung der Subtraktion im Unterricht mit den Kindern nicht gleichberechtigt thematisiert und vergleichend gegenübergestellt wird (ebd., 33). Dieses ist aber insbesondere für die schwächeren Kinder eine wichtige Voraussetzung, um überhaupt einen Operationssinn und damit ein breiteres Repertoire an effizienten Subtraktionsstrategien entwickeln zu können.

Grundvorstellungen zur Subtraktion veranschaulichen

Während das »Abziehen« sehr gut auf alltagsnahe Handlungen zurückgeführt werden kann, ist dies bei der Grundvorstellung des »Ergänzens« im Kontext der Subtraktion vielfach schon schwieriger und erscheint zum Teil etwas konstruierter: »*Lilian hat 4 Murmeln. Sie bekommt von ihrer Freundin Luisa einige Murmeln hinzu und hat schließlich 6. Wie viele Murmeln hat sie von Luisa hinzubekommen?*« Diese typische »Schulbuchsituation«

erscheint mit der Brille des Lebensweltbezugs als eher realitätsfern. Wenn ein Kind – bleiben wir in der gegebenen Situation – Murmeln von der Freundin geschenkt bekommt, wird ihm die Anzahl der ergänzten Murmeln *direkt offensichtlich*, da man diese ja gewöhnlich von der Freundin überreicht bekommt. In den seltensten Fällen ermitteln Kinder ausgehend von der neuen Anzahl an Murmeln die von der Freundin hinzugeschenkten Stücke durch »*Ergänzen*«. Das Beispiel illustriert, dass einige den Kindern im Unterricht präsentierte Situationen bei genauerer Betrachtung artifiziell sind. Das gilt insbesondere im Kontext des Ergänzens.

An diesem Beispiel wird zudem deutlich, dass mathematische Begriffe nicht immer und nicht ausschließlich auf alltagsnahe Bezüge zu konkreten Sachsituationen zurückgeführt oder gänzlich darüber verstanden werden können. Mathematische Begriffe sind abstrakt. Handlungen und mentale Erkundungen an strukturierten Anschauungsmitteln bieten einen ergänzenden Zugang zum Verstehen der vier verschiedenen Grundvorstellungen zur Subtraktion. Möglich ist beispielsweise die Arbeit am Zwanzigerfeld (vgl. Abb. 2) oder mit Rechenschiffchen und mit entsprechenden bildlichen Darstellungen, um ein einseitiges Operationsverständnis zu vermeiden und eine flexible Vorstellung zu unterstützen.

Sobald man selber einmal versucht, die verschiedenen Grundvorstellungen beispielsweise zur Aufgabe »9 – 5 = 4« mit Material durchzuführen, wird zum einen die *Unterschiedlichkeit* der Grundvorstellungen offenbar, zum anderen werden die *Beziehungen* zwischen ihnen deutlich (vgl. Abb. 2). Beim

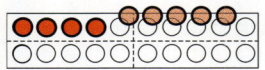

Abziehen

„Ich habe 9 Plättchen und nehme 5 weg, dann sind es noch 4.«

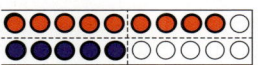

Ergänzen

„Ich habe 5 Plättchen und lege so viele dazu bis ich 9 habe. Das sind 4."

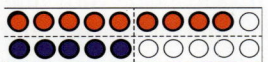

Vergleichen / Unterschied

Um die Mengen zu vergleichen, muss die Vorstellung des Abziehens oder Ergänzens genutzt werden.

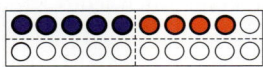

Teil-Ganzes

„Ich habe insgesamt 9 Plättchen. Es sind 5 blaue Plättchen und 4 rote.«

Abb. 2: Die vier Grundvorstellungen der Subtraktion zur Aufgabe »9 – 5 = 4«

Abziehen handelt es sich um eine dynamische Vorstellung, die sich sehr anschaulich durch eine Handlung mit dem Material darstellen lässt: *»Von 9 Plättchen nehme ich 5 Plättchen weg. Es bleiben 4 Plättchen liegen.«* Allerdings zeigt dieses Beispiel auch, dass nach dieser Handlung der Ausgangszustand (Minuend: 9 Plättchen) für den Betrachter nicht mehr sichtbar ist. Entsprechend haben einige Kinder Schwierigkeiten, sich an den ursprünglichen Ausgangszustand oder die durchgeführte Operation zu erinnern (vgl. Häsel-Weide 2014, 28); lediglich das Ergebnis der Subtraktionsaufgabe, die Differenz, ist noch sichtbar. Das Vergleichen entspricht demgegenüber einer statischen Vorstellung und ist daher gut mit Objekten darzustellen, indem etwa zwei Plättchen-Mengen untereinander in das Zwanzigerfeld einsortiert werden. Um aber die Mengen zu vergleichen, also den Unterschied zu bestimmen, ist eine dynamische Handlung notwendig (vgl. Häsel-Weide 2014, 29), indem von der kleineren Menge zur größeren Menge vier Plättchen ergänzt werden. Genauso können von der größeren Menge solange Plättchen weggenommen werden, bis man die kleinere Menge erhält. An dieser Stelle zeigt sich – trotz der Unterschiedlichkeit der Vorstellungen – die Beziehung zwischen den Grundvorstellungen des Abziehens, Ergänzens und Vergleichens, da das Vergleichen unter Rückgriff auf das Abziehen oder Ergänzen durchgeführt werden muss.

Gemeinsam Operationsvorstellungen aufbauen, vertiefen und vernetzen

Verschiedene Studien in der Mathematikdidaktik (vgl. Lorenz 1998; Schipper 2004; Söbbeke 2005; Steenpaß 2014), aber auch die Erfahrungen vieler Lehrpersonen in der Schulpraxis bestätigen, dass die bloße Handlung der Kinder am Material keine direkte Eins-zu-eins-Übertragung zum gewünschten Vorstellungsbild in den Kopf des Kindes bewirkt. Die im Material repräsentierte Rechenoperation kann nicht direkt und einfach abgelesen werden. Vielmehr muss jedes Kind sie eigenständig in das Material hineindeuten.

Damit ist der Aufbau von Operationsvorstellungen ein individueller, konstruktiver Akt, den letztendlich jedes Kind für sich alleine vornehmen muss. Hierbei werden dementsprechend auch unterschiedliche Vorstellungen aufgebaut oder aktiviert. Die zwangsläufig sehr heterogenen Deutungen der Kinder sollten im Unterricht aber nicht als störend empfunden werden. Vielmehr ermöglichen es gerade die unterschiedlichen Deutungen, die verschiedenen Grundvorstellungen zur Subtraktion im Unterricht aufzugreifen und dann systematisch und bewusst zu reflektieren. Gerade wenn die Kinder verschiedene Ideen und Operationsvorstellungen mit Hilfe von Material entwickeln und diese den anderen Kindern vorstellen, kann die Subtraktion in ihren vielfältigen Aspekten kennengelernt und die unterschiedlichen Grundvorstellungen können produktiv zueinander in Beziehung gesetzt werden. Hierfür ist es wichtig, dass die Anschauungsmittel im Unterricht nicht nur als bloße Rechenhilfsmittel für die schwächeren Kinder benutzt werden. Im Mittelpunkt der Arbeit mit dem Material darf nicht nur das bloße Handeln oder Darstellen stehen, sondern immer wieder auch das gemeinsame Beschreiben und Reflektieren *über* die durchgeführten Handlungen oder Darstellungen.

> »Für die Ausbildung von geeigneten arithmetischen Vorstellungsbildern (ist) nicht die Handlung mit dem Veranschaulichungsmittel selbst so wesentlich, sondern (…) das Nachdenken darüber.« (Lorenz 2013, 190)

Insbesondere über das gemeinsame Reflektieren verschiedener Deutungen können Kinder andere bzw. für sie selbst neue Vorstellungen kennen und nachvollziehen lernen (vgl. Fetzer 2016) und ihr mathematisches Wissen *strukturell* erweitern. Somit ist Mathematik im Austausch *die Grundlage* für besonders günstige Lernbedingungen für alle Kinder. Dabei sind es durchaus nicht nur die originellen und ausgereiften Vorstellungen, die zum Aufbau vielfältiger Operationsvorstellungen beitragen. Im Gegenteil: Es zeigt sich in der Unterrichtspraxis, dass es ebenfalls die Nachfragen der Kinder sind, die bestimmte Zusammenhänge noch nicht verstanden haben oder Inhalte noch nicht durchdrungen haben, die eine geeignete Basis für weitere Klärungen und somit für den Verstehensprozess vieler Kinder bedeuten. Oft sind es nicht ausschließlich sprachlich ausformulierte Anmerkungen, die einzelne Kinder im Lernprozess weiterbringen. Auch Irritationen – beispielsweise unterstützt durch ein Zeigen auf die eigene Plättchenanordnung im Zwanzigerfeld – können dazu beitragen, vielfältige Operationsvorstellungen zu thematisieren. Grundlage hierbei ist die *Identifikation* von *Unterschieden* und *Gemeinsamkeiten* und das gemeinsame Sprechen aller Kinder darüber: *»So habe ich es. Wie hast du es?« »Liegen unsere Plättchen gleich, oder haben wir es unterschiedlich gemacht?« »Ist meine Anordnung (oder deine) dann falsch, oder geht beides? Warum?« »Was ist das ›Gleiche‹ (das strukturell Verbindende) in unseren unterschiedlichen Darstellungen?«*

Schließlich kann gerade dasjenige Kind, welches lediglich eine Subtraktionsvorstellung ausschließlich handelnd umgesetzt hat, für Mitschülerinnen und Mitschüler Anlass bieten, sich über alternative Darstellungen Gedanken zu machen, diese zu vergleichen und zu versprachlichen. Mathematik im Austausch bietet das Potenzial für reichhaltiges und produktives Arbeiten mit der Vielfalt der Deutungen. So erweitern Grundschulkinder ihre eigenen Operationsvorstellungen langfristig und vor allem strukturell, was gerade Kindern mit Schwierigkeiten beim Mathematiklernen nicht durch das bloße Bearbeiten möglichst vieler Aufgaben gelingen würde.

Im Folgenden sind einige konkrete Beispiele zusammengestellt, wie *gemeinsame* Lernphasen gestaltet werden können, so dass Kinder auf unterschiedlichen Anforderungsniveaus gefördert werden können. Die Kinder bearbeiten hierfür jedoch nicht verschiedene Aufgaben, sondern setzen sich im Sinne der natürlichen Differenzierung mit *einer gemeinsamen Aufgabe* auseinander. Ihre Bearbeitungen können jedoch eine breite Anforderungsspanne umfassen, von einem Trainieren der *Rechenfertigkeiten* über das Entwickeln verschiedener *Rechenstrategien* bis hin zu einem Austausch

Abb. 3: Ayse nimmt von den 11 Steinen vier weg. Sie »zieht ab«

über unterschiedliche *Subtraktionsvorstellungen* und *strukturelle Zusammenhänge*: So können beispielsweise bei der Arbeit mit Rechenschiffchen im Zwanziger-Rahmen (vgl. Abb. 3) Schülerinnen und Schüler (vorgegebene) Minusaufgaben legen und lösen. Auf dieser Ebene setzen sich *alle* Kinder zunächst mit der Berechnung der Aufgabe auseinander, finden – ggf.

auch gestützt durch die Handlung am Material – eine Lösung und entwickeln erste *Rechenfertigkeiten*. Darüber hinaus werden sich schon in dieser Phase *unterschiedliche Vorgehensweisen* und *Rechenstrategien* beobachten und thematisieren lassen. Aber auch unterschiedliche *Operationsvorstellungen* kommen zum Tragen, wenn einige Kinder bei der Aufgabe »11 – 4« elf Wendeplättchen in den Zwanziger-Rahmen legen und daraufhin vier wieder herausnehmen. Die verbliebenen Steine zeigen das Ergebnis »7« an (vgl. Ayses Bearbeitung in Abb. 3). Neben diesem Vorgehen, in welchem sich die Vorstellung des *Abziehens* manifestiert, ist auch das *Vereinigen / Teil–Ganzes* erwartbar. Dazu legen die Kinder elf blaue Steine und drehen dann vier um, so dass die rote Farbe sichtbar wird. Legen die Kinder hingegen zunächst vier Steine einer Farbe und füllen dann in der anderen Farbe bis zu elf Steinen auf, lässt sich das als eine Variante des *Ergänzens* verstehen. Auf dieser Ebene bietet es sich an, mit den Kindern über die verschiedenen Handlungen zu reflektieren und zu besprechen, dass alle der o. g. Handlungen (*Operationsvorstellungen*) zu der Aufgabe passen, und warum dieses so ist. In der Phase des handelnden Umgangs mit konkretem Material werden die Kinder somit auf sehr unterschiedliche Weise gefordert.

Im weiteren Verlauf der Unterrichtseinheit wird gezielter auf die Vielfalt der Grundvorstellungen hingearbeitet. Dazu werden verschiedene bildliche Darstellungen zu einer Subtraktionsaufgabe angeboten (vgl. Abb. 4) unter der Leit-

170

frage: »*Welche Bilder passen am besten zur Aufgabe 9 – 7? Was meinst du?*«
Nach einer Phase der Einzelarbeit ist im Anschluss eine Partnerarbeit gewinnbringend, in der die Kinder ihre Einschätzungen reflektieren und vergleichen.
Dabei können Kinder, die – wie Finn (Abb. 4.1) – ausschließlich die Variante
mit den durchgestrichenen Plättchen (Abziehen) markiert haben, mit Kindern
ins Gespräch kommen, die – wie Lenja (Abb. 4.2) – die zweifarbige Darstellung
(Vereinigen) der zweiten Zeile ebenfalls für angemessen befunden haben. Finn,
der die oberste Darstellung als Plusaufgabe interpretiert (vermutlich als »9 + 7«)
und damit als nicht passend empfindet, erfährt durch den Austausch mit Lenja
eine wichtige neue Deutung: Lenja versteht die Darstellung nämlich *auch* als
Plusaufgabe, aber im Sinne eines Ergänzens oder Vergleichens zu der Aufgabe
»9 – 7«. Das zeigt sie durch ihre Einzeichnung und indem sie die Plusaufgabe
»7 + 2« unter der Aufgabe »9 – 7« zu der Darstellung notiert.

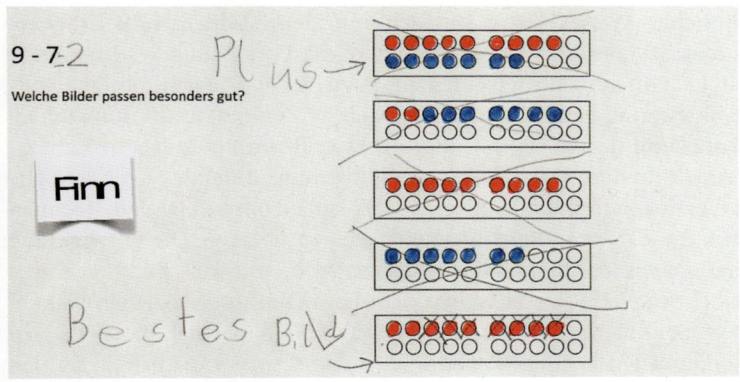

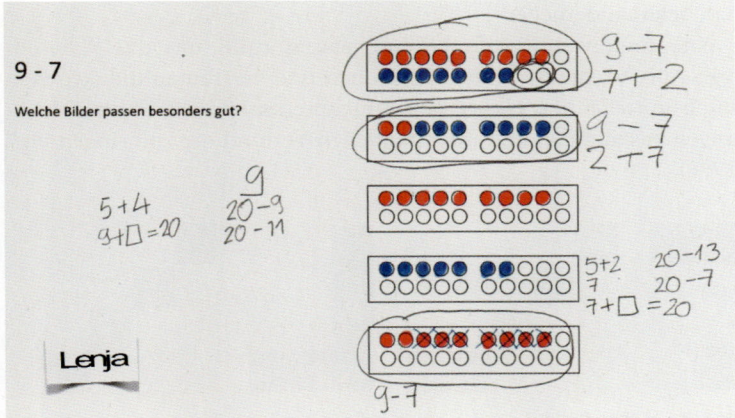

Abb. 4.1 und 4.2: Welche Bilder passen besonders gut?

Ein solches Arbeiten mit verschiedenen bildlichen Darstellungen bietet außerdem das Potenzial, dass Kinder vertieft über den Zusammenhang von Addition und Subtraktion nachdenken, wenn eine Mitschülerin, wie in unserem Beispiel Lenja (Abb. 5), zu einer Darstellung verschiedene Aufgaben

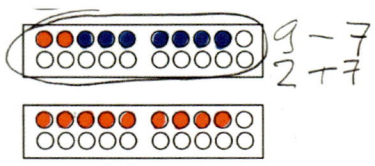

Abb. 5: Lenja findet passende Aufgaben zum Punktefeld

notiert hat (9 – 7, 7 + 2 bzw. 9 – 7, 2 + 7). Über Äußerungen wie »*So lässt sich 9 – 7 darstellen.*« »*Ich würde 2 + 7 allerdings genau gleich legen!*« eröffnet sich die Möglichkeit, eine Darstellung auf unterschiedliche Art deuten zu lernen und damit verschiedene Vorstellungen (z. B. Ergänzen, Vergleichen) zu vernetzen.

In ähnlicher Weise lässt sich auch mit dem Zahlenstrahl arbeiten. Anhand dieses Materials wird insbesondere die Vorstellung des Ergänzens (be-)greifbar. Differenzierungspotenzial liegt hier u. a. darin, ob eine vollständige Skalierung gewählt wird, ob lediglich Zehner- und Fünferzahlen zur Orientierung markiert sind oder ob es sich um einen leeren Zahlenstrahl handelt. Erstere Darstellung ermöglicht ein zählendes Rechnen. Die anderen Versionen unterstützen eine Ablösung vom zählenden Rechnen und helfen, die Zahlen in Relation zueinander zu erfassen. Die Entwicklung eines relationalen Zahlbegriffs ist entscheidend, um ›geschickt‹ rechnen und flexibel beispielsweise zwischen dem Ergänzen und Abziehen wählen zu können. Bei oben genannter Aufgabe »21 – 19« bietet sich das Ergänzen an. Das erkennt ein flexibler Rechner aber nur, wenn er die beiden Zahlen relational deutet, d. h. wenn er weiß, dass die 21 und die 19 (auf dem Zahlenstrahl) nah beieinanderliegen.

Auch eine unkonventionelle Lernumgebung rund um das »Fliesenlegen« (vgl. Abb. 6), die nicht die klassischen und vertrauten didaktischen Anschauungsmittel nutzt, eignet sich, um unterschiedliche Subtraktionsvorstellungen auszubilden und miteinander in Verbindung zu bringen (vgl. Lorenz 1998).

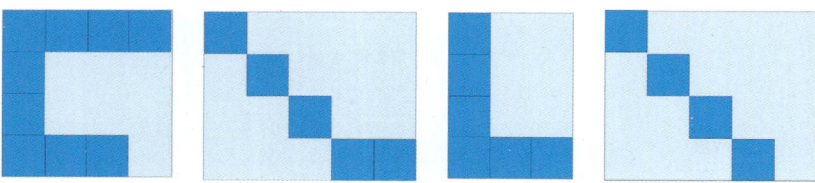

Abb. 6: Wie viele Fliesen fehlen?

Unter der Fragestellung »*Wie viele Fliesen fehlen?*« arbeiten die Kinder zunächst in Einzelarbeit, um unterschiedliche Vorgehensweisen zu ermöglichen und später zu reflektieren. Das Legen mit konkreten ›Fliesen‹ erlaubt grundsätzlich auch ein Abzählen, um die Lösung zu bestimmen (Ausbildung von *Rechenfertigkeiten*). Dabei wird aber ein echtes Subtraktionsverständnis nicht notwendigerweise ausgebildet. In einem weiteren Zugang ist es jedoch möglich, auch verschiedene *Grundvorstellungen zur Subtraktion* anzusprechen: Wenn einige Kinder beispielsweise zunächst die Gesamtzahl der Platten bestimmen und dann die bereits verlegten Fliesen subtrahieren, liegt eine Vorstellung des *Abziehens* zugrunde. Legen die Kinder die Fliesen tatsächlich oder in der Vorstellung in die Lücken, entspricht das dem *Ergänzen*. Fragt man danach, ob der Stapel der Platten, die schon verlegt sind, höher war als der Stapel der Fliesen, die noch zu verlegen sind, so zielt die Überlegung auf die Vorstellung des *Vergleichens* ab. »Welcher der beiden Fliesenstapel ist höher? Um wie viel?«

Fazit

Im inklusiven Mathematikunterricht lernen die Kinder mit dem *gleichen* Material *gemeinsam* auf ganz *unterschiedlichen* Niveaus Subtrahieren. An den Beispielen im Beitrag wird deutlich: Wird Material in Verbindung mit geschickt und reichhaltig gestalteten Arbeits- und Deutungsaufträge eingesetzt, so kann es sein Potential zur Differenzierung entfalten und entscheidend zu einer intensiven Auseinandersetzung mit unterschiedlichen Subtraktionsvorstellungen beitragen. Vor diesem Hintergrund sind Anschauungsmittel nicht mehr (nur) didaktische (Rechen-)Hilfsmittel für die »Schwachen«. Im Gegenteil: In Arbeitsphasen, in denen Kinder kooperativ mit einem Anschauungsmittel arbeiten, kann der Erkenntnisgewinn zur Subtraktion auf sehr unterschiedlichen Niveaus initiiert oder auch vertieft werden. Während einige Kinder handelnd die Subtraktion ›begreifen‹, erkunden andere Beziehungen zwischen verschiedenen Subtraktionsvorstellungen und entdecken und begründen erste Gesetzmäßigkeiten. Auf diese Weise trägt das Operieren mit Material dazu bei, Ähnlichkeiten und Unterschiede der zugrunde liegenden mathematischen Strukturen zu entdecken und so verschiedene Subtraktionsvorstellungen in Beziehung zu setzen. Entscheidend ist dabei immer eine kooperative Phase, in welcher der Austausch unterschiedlicher Ideen und Ansichten möglich wird.

Literatur

Becherer, J. / Schulz, A. (Hrsg.) (2017): Jo-Jo Mathematik 1. Berlin: Cornelsen.

Fetzer, M. (2016): Inklusiver Mathematikunterricht. Ideen für die Grundschule. Baltmannsweiler: Schneider-Hohengehren.

Fetzer, M. / Tiedemann, K. (2017): Talking with Objects. Proceedings of the Tenth Congress of the European Society for Research in Mathematics Education (CERME 10, Dublin). (Im Druck)

Häsel-Weide, U. (2014): Subtraktion durch Abdecken. Operationsvorstellungen zur Subtraktion aufbauen und vertiefen. In: Mathematik differenziert, H. 2, 28–33.

Lorenz, J. H. (2013): Grundlagen der Förderung und Therapie. Wege und Irrwege. In: M. von Aster / J. H. Lorenz (Hrsg.): Rechenstörungen bei Kindern, Neurowissenschaft, Psychologie, Pädagogik (2. Auflage). Göttingen: Vandenhoeck & Ruprecht, 181–193.

Lorenz, J. H. (1998): Anschauung und Veranschaulichungsmittel im Mathematikunterricht. Mentales visuelles Operieren und Rechenleistung. 2. unv. Auflage. Göttingen: Hogrefe.

Lorenz, J. (Hrsg.) (1998): Mathematikus Übungsteil Teil 2. Braunschweig: Westermann.

Padberg, F. / Benz, C. (2011): Didaktik der Arithmetik (4. erweiterte, stark überarb. Auflage). Heidelberg: Springer Spektrum.

Schipper, W. (2004): Von Handlungen zu Operationen: Entwicklung von Strategien des Kopfrechnens aus Handlungen an Materialien. In: Ganser, B. (Hrsg.): Rechenstörungen (5. erweiterte Auflage). Donauwörth: Auer.

Schülke, C. / Söbbeke, E. (2010): Die Entwicklung mathematischer Begriffe im Unterricht. In: C. Böttinger, K. Bräuning, M. Nührenbörger, R. Schwarzkopf & E. Söbbeke (Eds.), Mathematik im Denken der Kinder. Anregungen zur mathematikdidaktischen Reflexion. Seelze: Klett-Kallmeyer, 18–28.

Söbbeke, E. (2005): Zur visuellen Strukturierungsfähigkeit von Grundschulkindern – Epistemologische Grundlagen und empirische Fallstudien zu kindlichen Strukturierungsprozessen mathematischer Anschauungsmittel. Hildesheim: Franzbecker.

Steenpaß, A. (2014): Grundschulkinder deuten Anschauungsmittel. Eine epistemologische Kontext- und Rahmenanalyse zu den Bedingungen der visuellen Strukturierungskompetenz (Dissertation, Universität Duisburg-Essen) http://duepublico. uni-duisburg-essen.de/servlets/DocumentServlet?id = 35866.

Verschaffel, L. / Torbebeyns, J. / De Smedt, B. / Petres, G.. / Ghesquiere, P. (2010): Indirect Addition: Theoretical, Methodological und Educations Considerations. In: Beiträge zum Mathematikunterricht, 31–38.

Maren Laferi / Martin Reinold / Jan Wessel

Addition und Subtraktion verstehen

Vorstellungen aufbauen und Beziehungen entdecken

Lernen kann bildhaft gesprochen als »Knüpfen eines Netzes« beschrieben werden (u. a. Wittmann / Müller 2012). Dabei stellt das bereits Gelernte und Verstandene immer wieder die Basis für neue und weiterführende Lernprozesse dar. Auf dieser Grundlage wird deutlich, welche immense Bedeutung der (ersten) systematischen Erarbeitung der Grundrechenarten der Addition und Subtraktion in der Grundschule zugeschrieben werden muss, um ein tragfähiges Netz für weitere Lernprozesse zu knüpfen.

Mit dieser inhaltlichen Anforderung sind Lehrerinnen und Lehrer in immer heterogener werdenden Lerngruppen – nicht zuletzt im Zuge des Gemeinsamen Lernens – tagtäglich konfrontiert. Doch wie kann das oben beschriebene tragfähige Wissensnetz bezüglich der Grundrechenarten der Addition und Subtraktion auf- bzw. ausgebaut und dabei die Heterogenität im Mathematikunterricht produktiv genutzt werden?

Die Addition und Subtraktion verstehen – aus fachdidaktischer Perspektive

Die Bildungsstandards im Fach Mathematik für den Primarbereich (KMK 2004, 9) fordern, dass Schülerinnen und Schüler »die vier Grundrechenarten und ihre Zusammenhänge verstehen«. Doch was heißt das eigentlich?

Um die Grundrechenarten zu verstehen – kurzum ein umfassendes Operationsverständnis zu besitzen –, ist es zunächst einmal zentral, *Grundvorstellungen* zu der jeweiligen Operation ausgebildet zu haben (vgl. vom Hofe 1995; Wartha / Schulz 2011). Des Weiteren gehört zu einem Verstehen der Grundrechenarten *Eigenschaften der jeweiligen Operationen* und *Beziehungen zwischen den Operationen* zu kennen und diese nutzen zu können (vgl. Marx / Wessel 2010).

Grundvorstellungen

Zu den Grundrechenarten der Addition und Subtraktion lassen sich jeweils verschiedene Grundvorstellungen ausmachen (vgl. Tab. 1 auf S. 176), wobei Grundvorstellungen dazu dienen, zwischen Darstellungen zu übersetzen und Aufgaben und Problemstellungen zu lösen (vgl. vom Hofe 1995; Wartha / Schulz 2011, 13; Wessel 2015, 24).

Addition	Subtraktion
Zusammenfügen	Abziehen (Restvorstellung)
Hinzufügen	Ergänzen (Unterschiedsvorstellung)

Tab. 1: Grundvorstellungen der Addition (u.a. Häsel-Weide / Nührenbörger 2012, 29) **und Subtraktion** (u.a. Wessel 2015, 65 f.)

Grundvorstellungen können dabei immer dann rekonstruiert werden, wenn Übersetzungsprozesse im Sinne von Darstellungswechseln ablaufen (z. B. zwischen symbolischen Darstellungen und Bildern bzw. Handlungen).

So soll Tim zu der Minusaufgabe 6 – 4 = 2 ein Bild malen, welches die formale Minusaufgabe erklärt (vgl. Abb. 1).

Abb. 1: Tims »Minusbild«

Tim malt sechs Luftballons, von denen vier mit Scheren zerstochen werden. Er vollzieht also einen tragfähigen Darstellungswechsel, indem er das Minuszeichen (–) in die Handlung des Wegnehmens (hier: Zerstechen) übersetzt. Dabei ist das Ergebnis der Minusaufgabe als Rest repräsentiert. Tim nutzt also die Restvorstellung der Subtraktion abziehend, um zwischen den Darstellungsebenen zu übersetzen.

Die Unterschiedsvorstellung stellt neben der Restvorstellung die zweite zentrale Grundvorstellung der Subtraktion dar. Dabei ist das Ergebnis der jeweiligen Subtraktionsaufgabe als Unterschied zwischen dem Minuenden und dem Subtrahenden repräsentiert.

Beziehungen zwischen den Operationen

Um ein fundiertes Operationsverständnis der Addition und Subtraktion aufzubauen, ist es erforderlich, für die Lernenden auch Beziehungen zwischen Addition und Subtraktion erfahrbar zu machen. Vor allem die Subtraktion als *Umkehrung* der Addition stellt dabei eine wichtige Perspektive dar, die das Verstehen und Automatisieren des kleinen Einspluseins und Einsminuseins erheblich erleichtern kann (vgl. Padberg 1996, 104): Um das Ergebnis der Minusaufgabe 12 – 3 = __ zu bestimmen, kann bspw. auf die Plusaufgabe 9 + 3 = 12 zurückgegriffen werden.

Operationseigenschaften

Jede Operation besitzt verschiedene Eigenschaften, welche als Grundlage für das Rechnen anzusehen sind. Diese können zum einen als *algebraische Eigenschaften* in Form der Rechengesetze und zum anderen als *funktionale Eigenschaften* klassifiziert werden (vgl. Marx / Wessel 2010).

Bei der Addition und Subtraktion lassen sich dabei folgende algebraische Eigenschaften entdecken:

	Addition	Subtraktion
Kommutativität (Vertauschung)	ist kommutativ: $6 + 3 = 3 + 6$	ist nicht kommutativ: $6 - 3 \neq 3 - 6$
Assoziativität (Verbindung)	ist assoziativ: $(6 + 3) + 2 = 6 + (3 + 2)$	ist nicht assoziativ: $(6 - 3) - 2 \neq 6 - (3 - 2)$

Tab. 2: Algebraische Eigenschaften der Addition und Subtraktion

Betrachtet man die Addition und Subtraktion unter funktionalen Gesichtspunkten, d.h. die Summe bzw. Differenz in Abhängigkeit der Summanden bzw. des Minuenden und Subtrahenden, lassen sich ganz verschiedene Beziehungen entdecken: z.B., dass bei einer gegensinnigen Veränderung der beiden Summanden einer Additionsaufgabe um die gleiche Zahl die Summe stets konstant bleibt (z.B. $8 + 4 = 7 + 5$).

Die Addition und Subtraktion verstehen – drei Praxisbeispiele

Im Folgenden werden anhand von drei unterrichtspraktischen Beispielen die vorherigen Ausführungen exemplarisch konkretisiert. Dabei wird beschrieben, inwiefern *Verständnisorientierung, individuelle Zugänge* und *gemeinsamer Austausch* als zentrale Grundsätze des (inklusiven) Mathematikunterrichts Berücksichtigung finden (vgl. PIK AS 2012, in Anlehnung an Meyer 2004).

■ Die Unterschiedsvorstellung aufbauen

Das Spiel »Hamstern« kann eingesetzt werden, um explizit Unterschiede zwischen Zahlen bzw. Mengen zu bestimmen und zu verbalisieren. Im Mittelpunkt steht also die Unterschiedsvorstellung der Subtraktion, welche durch das Vergleichen von Mengen von den Kindern entwickelt und spielerisch vertieft werden kann. Beim Spiel »Hamstern« erwürfeln zwei Kinder abwechselnd eine Plättchenmenge zwischen eins und sechs, die auf einem Spielplan dargestellt wird (vgl. Abb. 2). Anschließend darf das Kind, welches mehr gewürfelt hat, den Unterschied (»das Mehr«) wegnehmen (»hamstern«) und auf ihrem bzw. seinem Zehnerfeld ablegen. Wer zuerst genau zehn Plättchen »hamstern« konnte, hat gewonnen (vgl. Verboom 2010, Tubach u. a. 2016).

Dabei ist es zentral, dass die Schülerinnen und Schüler auch dazu angehalten werden, die Unterschiede zu verbalisieren (z. B. »Blau hat vier mehr als Rot«).

Durch das Darstellen und das Verbalisieren der jeweiligen Unterschiede kann es gelingen, Vorstellungsbilder in Form der Unterschiedsvorstellung in den Köpfen der Kinder auf- bzw. auszubauen.

Das Spiel »Hamstern« bietet

Abb. 2: Spiel »Hamstern«

dabei im Sinne der natürlichen Differenzierung zahlreiche Möglichkeiten, eine individuelle Auseinandersetzung mit der Unterschiedsvorstellung der

Subtraktion zu initiieren. Während leistungsschwächere Schülerinnen und Schüler evtl. im konkreten Spielen verbleiben und Unterschiede zwischen den jeweiligen Mengen durch Eins-zu-eins-Zuordnung bestimmen (evtl. unterstützt durch einen Holzstab, der die Differenzmenge sichtbar abtrennt), können sich leistungsstärkere Kinder auch schon von der konkreten Spielsituation lösen und auf formaler Ebene arbeiten. Dabei haben sich z. B. die weiterführenden Fragestellungen »Was sind gute Würfelergebnisse?«, »Was können die beiden Spieler würfeln, um ein 2-mehr-Würfelergebnis (3-mehr-Würfelergebnis, …) zu erhalten?« und »Was passiert, wenn der eine Spieler eine Zwei und der andere Spieler eine Drei (Vier, Fünf, Sechs) würfelt?« bewährt.

Durch den Spielkontext bietet die Lernumgebung zahlreiche Möglichkeiten, Phasen des Austausches zu initiieren. So findet bereits während des konkreten Spielens ein natürlicher Austausch zwischen den Kindern statt. Dieser Austausch kann durch die Lehrperson dabei noch dahingehend gelenkt werden, dass leistungsstärkere und -schwächere Kinder gezielt in den Austausch treten, indem sie als Spielpartnerinnen bzw. Spielpartner benannt werden. Häufig ist bei Kindern mit Schwierigkeiten im Mathematiklernen zu beobachten, dass sie die Frage nach dem Unterschied zwischen den beiden gewürfelten Mengen nicht intendiert deuten. Dies wird in folgender kurzer Szene von Ayla und Christos deutlich und zeigt auf, welche Bedeutung dem gemeinsamen Austausch zukommt. Als die Szene beginnt, hat Ayla nach einer gewürfelten Sechs sechs Plättchen auf den Spielplan gelegt. Christos würfelt eine Zwei und legt zwei Plättchen.

Christos: »Wer hat mehr?«
Ayla: »Ich.«
Christos: »Wie viel hast du mehr?«
Ayla: »Sechs.« Sie zeigt dabei auf ihre sechs Plättchen.
Christos: »Nein, du hast vier mehr. Mehr heißt, dass du gucken musst, was der Unterschied ist. Bis hier haben wir beide gleich viele [zeigt dabei auf seine zwei Plättchen und die zwei Plättchen von Ayla] und die hier [zeigt dabei auf Aylas restliche vier Plättchen] hast du mehr.«

■ Die Umkehrbarkeit der Addition und Subtraktion entdecken

Die gegenseitige Umkehrbarkeit der Addition und Subtraktion zu entdecken, ist ein zentraler Schritt im Lernprozess eines jeden Kindes. Doch wie kann das Entdecken der Umkehrbarkeit angebahnt werden, ohne es als unverstandene Gesetzmäßigkeit vorzugeben?

Vor dem Hintergrund der Verständnisorientierung ist der Einsatz von bildlichen Darstellungen und konkreten Materialien notwendig, um konkrete Vorstellungen zu mathematischen Inhalten in den Köpfen der Kinder zu erzeugen und so z. B. Verständnis dafür zu schaffen, was die formale Darstellung der Minusaufgabe 7 – 3 = 4 bedeutet. Die vermeintliche Schwierigkeit beim Einsatz von Bildern liegt jedoch oft in deren Mehrdeutigkeit und der daraus resultierenden mangelnden Passung zwischen formaler und bildlicher Darstellung (vgl. Radatz 1989).

Abb. 3: Mögliche Darstellung einer Subtraktionsaufgabe

Je nach eingenommener gedanklicher Perspektive lässt sich nicht unbedingt die Aufgabe 7 – 3 = 4 in dem Bild erkennen (vgl. Abb. 3), weil das Kind gerade nicht an das Austrinken, sondern z. B. an das Auffüllen der Gläser denkt.

Doch ist eine »richtige« Zuordnung bzw. Vorgabe der formalen zu der bildlichen Darstellung überhaupt erforderlich? Im Sinne individueller Zugänge, wie sie gerade im Gemeinsamen Lernen notwendig sind, ist das Gegenteil hilfreich: Die Schülerinnen und Schüler sollten vielmehr über die Frage nachdenken, welche Aufgaben zu dem Bild passen könnten. Hier sind dann verschiedene Möglichkeiten vorstellbar (vgl. Gaidoschik 2015, 80), z. B.:

- 4 + 3 = _
  Es sind vier volle und drei leere Gläser zu sehen. Wie viele Gläser sind es insgesamt?

- 7 – 3 = _
  Drei der sieben Gläser wurden ausgetrunken. Wie viele sind noch voll?

- 4 + _ = 7
  Vier der sieben Gläser sind voll. Wie viele müssen noch gefüllt werden?

In diesem Beispiel zeigt sich, dass die Verschiedenartigkeit der Deutungsmöglichkeiten gerade an dieser Stelle im Kontext von Addition und Subtraktion die Chance bietet, Beziehungen zwischen den Operationen und Grundvorstellungen zu entdecken. So kann neben der Addition als »Zusammenfügen« ($4+3=\_$) bzw. der Subtraktion als »Abziehen« ($7-3=\_$) die gegenseitige Umkehrung der Operationen erfahrbar gemacht werden. Weiterhin bietet das Bild aber auch die Möglichkeit, die beiden Grundvorstellungen der Subtraktion in Form des »Abziehens« ($7-3=\_$) und des »Ergänzens« ($4+\_=7$) zu verknüpfen. Sicherlich: Vor allem Kinder mit sonderpädagogischem Unterstützungsbedarf im Lernen werden vielleicht nur eine Möglichkeit erkennen oder müssen unterstützt werden, indem sie aus vorgegebenen Deutungsmöglichkeiten auswählen. Gleichzeitig können Kinder mit besonderen Stärken im Mathematiklernen gleich mehrere Möglichkeiten entdecken und gegebenenfalls verschiedene situative Weiterentwicklungen kreieren.

Um das Operationsverständnis gerade in Bezug auf die Umkehrbarkeit weiterzuentwickeln, sollten die Lernenden dazu angehalten werden, eigene Bilder zu entwickeln. Feinmotorische Schwierigkeiten können hier durch das Anbieten einfacher Materialien (z. B. Klebepunkte) und der Betonung der nicht notwendigen künstlerischen Perfektion ausgeglichen werden.

Jedoch werden erst durch die gegenseitige Deutung und den Austausch über die verschiedenen bildlichen Darstellungen Beziehungen zwischen den Operationen und Grundvorstellungen deutlich. Dieser Austausch bietet gerade im Gemeinsamen Lernen auch die Chance zur konstruktiven Zusammenarbeit von Schülerinnen und Schülern mit ganz unterschiedlichen mathematischen Kompetenzen, denn sie sollten die unterschiedlichen Sichtweisen auf Darstellungen zusammentragen und diskutieren. Das Lernen am gemeinsamen Gegenstand ist hier somit nicht nur möglich, sondern auch nötig!

■ Operationseigenschaften bei der Addition entdecken und nutzen
Ein wesentlicher Bestandteil eines tragfähigen Operationsverständnisses ist das Entdecken und Nutzen von Operationseigenschaften, um vorteilhaft bzw. geschickt zu rechnen. Erkennt ein Kind bspw., wie es die Aufgabe $219+43$ mithilfe der Nachbaraufgabe $220+42$ lösen kann, nutzt es damit eine bestimmte Operationseigenschaft der Addition, hier konkret das Gesetz der Konstanz der Summe: »Erhöhe ich einen Summanden und verringere den anderen Summanden um dieselbe Zahl, bleibt die Summe konstant.« Das bewusste Anwenden von Operationseigenschaften für eine möglichst geschickte Lösung einer Aufgabe »fällt nicht vom Himmel«, sondern muss gezielt angebahnt und gefördert werden. Doch wie kann dies geschehen, so dass kein Kind über- bzw. unterfordert wird – mit anderen Worten: Wie

können wirklich alle Kinder einer Lerngruppe ihren Lernvoraussetzungen entsprechend profitieren?

Der im Folgenden skizzierte Unterrichtseinstieg soll ein mögliches Vorgehen darstellen.

In der Mitte des Sitzkreises einer inklusiven und jahrgangsgemischten Klasse 3/4 liegen verschiedene Aufgabenkärtchen (vgl. Abb. 4). Die Aufgabe an die Kinder lautet: »Löse die Aufgabe möglichst geschickt!«

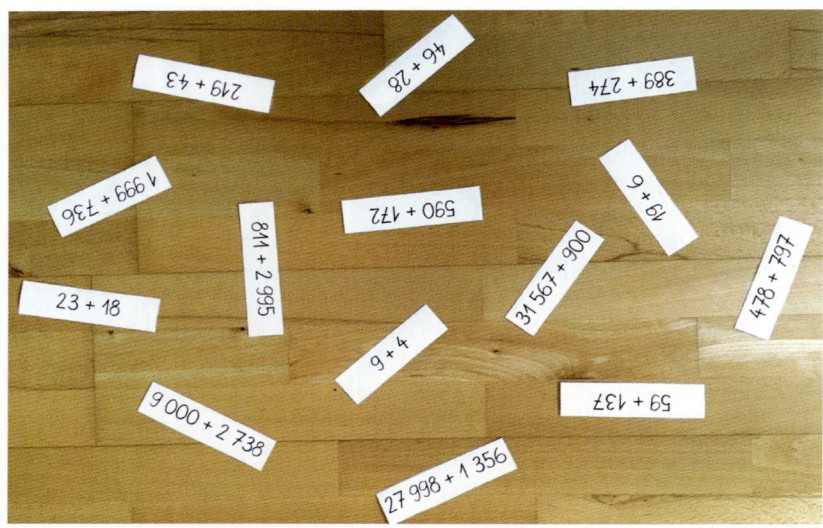

Abb. 4: »Löse die Aufgaben möglichst geschickt!«

Der Drittklässler Emir meldet sich und nennt blitzschnell 262 als Ergebnis der Aufgabe 219 + 43.

L: »Wie hast du das so schnell gerechnet?«

Emir: »Also das ist ganz einfach. Ich hab' aus 219 220 gemacht. Und 220 plus 43 ist 263. Dann hatte ich ja noch einen zu viel. Dann war das am Ende nur 262.«

L: »Wer kann erklären, warum Emirs Rechenweg klappt? Also warum darf er einfach die erste Zahl in 220 ändern?«

Durch die letzte Frage der Lehrkraft wird Emirs Rechenweg nun nicht nur beschrieben, sondern es wird eine Legitimation für seinen Rechenweg eingefordert. Diese Frage nach dem »Warum?« stellt somit ein verständniskonstituierendes Moment dar.

Die Frage kann durch Handlungen oder handlungsbezogene Argumentationen beantwortet werden, indem die Kinder ihre Rechenwege durch geeignete Materialien wie z. B. dem Dienes-Material oder an einem leeren Zahlenstrahl darstellen und erklären.

Bereits die Auswahl des Zahlenmaterials macht deutlich, dass alle Kinder der Lerngruppe – mit und ohne sonderpädagogischen Unterstützungsbedarf – an einem gemeinsamen Austausch über geschickte Rechenwege teilnehmen können. So sucht sich die Viertklässlerin Julia (Kind mit Unterstützungsbedarf im Lernen) die Aufgabe 19 + 6 heraus und erklärt: »25! Ich hab' das mit dem ›9er-Trick‹ gemacht.«

Der Drittklässler Almir zeigt zögerlich auf die Aufgabe 1999 + 736 und sagt: »Ich bin mir nicht sicher …, aber geht hier nicht auch der ›9er-Trick‹? Also ich kann doch erst 2000 plus 736 rechnen, dann hab ich 2736. Und dann tu ich einen weg und habe 2735.« Die Viertklässlerin Estrela fügt hinzu: »Ich habe bei der Aufgabe 1999 plus 736 auch 2735 als Ergebnis, habe aber anders gerechnet. Ich habe einen von der 736 weggenommen und zur 1999 getan, dann hatte ich die Aufgabe 2000 + 735.«

Die Erklärungen der Kinder zeigen, dass der Umgang mit der Aufforderung »Löse die Aufgabe möglichst geschickt!« keineswegs objektiv, sondern sehr subjektiv ist. Was hier für Julia, Almir oder Estrela geschickt ist, können nur sie selbst entscheiden. Aufgabe der Lehrkraft ist es jedoch, diese Situationen durch geeignete Aufgabenstellungen (hier z. B. die gewählten Aufgabenstellungen, die einen »9er-Trick« in verschiedenen Zahlenräumen anbieten) immer wieder zu initiieren und mit entsprechenden Impulsen zu begleiten.

Der gemeinsame Austausch über die unterschiedlichen Rechenwege und Erklärungen ist wesentlich, um die Einsicht in Operationseigenschaften fortwährend zu vertiefen. Die Beantwortung der Fragen »Wie hast du gerechnet?« und »Warum hast du so gerechnet?« sollte in dieser Phase niemals fehlen. Des Weiteren können auch Fragen bezüglich der Gemeinsamkeiten und Unterschiede zwischen Rechenwegen für eine Vertiefung der Operationseigenschaften hilfreich sein (»Was ist bei Julias, Almirs und Estrelas Rechenwegen gleich? Was ist verschieden?« oder »Wie könnte man auf ähnliche Weise die Aufgabe 590 + 172 lösen?«).

Die Addition und Subtraktion verstehen – ein Fazit

Die Entwicklung eines tragfähigen Wissensnetzes ist sehr facettenreich und komplex. Über Grundvorstellungen zu verfügen sowie Operationseigenschaften und Beziehungen zwischen den Operationen zu kennen, sind dabei die zentralen Aspekte beim Verstehen der Addition und Subtraktion. Dabei handelt es sich um einen höchst individuellen Prozess, der allerdings erst im Austausch mit anderen wirklich sinnstiftend und nachhaltig vorangetrieben werden kann. Dies bedarf Lernumgebungen, die einerseits einen individuellen Zugang ermöglichen, andererseits die Kinder in ihrem Lernprozess nicht isolieren. Denn nur so ist es möglich, dass im Gemeinsamen Lernen auch gemeinsam gelernt werden kann.

Literatur

Gaidoschik, M. (2015): Rechenschwäche verstehen – Kinder gezielt fördern. Ein Leitfaden für die Unterrichtspraxis. Hamburg: Persen Verlag.

Häsel-Weide, U. / Nührenbörger, M. (2012): Fördern im Mathematikunterricht. In: Bartnitzky, H. / Hecker, U. / Lassek, M. (Hrsg.): Individuell fördern – Kompetenzen stärken in der Eingangsstufe (Kl. 1 und 2). Beiträge zur Reform der Grundschule 134. Frankfurt am Main: Grundschulverband, H. 4.

Marx, A. / Wessel, J. (2010): Die Entwicklung des Operationsverständnisses bei der Subtraktion. In: Grundschule Mathematik, H. 25, 40–43.

Meyer, H. (2004): Was ist guter Unterricht? Berlin: Cornelsen Verlag Scriptor.

Padberg, F. (1996): Didaktik der Arithmetik. Heidelberg, Berlin, Oxford: Spektrum Akademischer Verlag.

PIK AS (2012): Basisinformationen Modul 8.1. Wodurch zeichnet sich guter Mathematikunterricht aus? http://pikas.dzlm.de/upload/Material/Haus_8_-_Guter_Unterricht/FM/Modul_8.1/Basisinfo_GuterMU.pdf (abgerufen 14.06.2016).

Radatz, H. (1989): Schülervorstellungen von Zahlen und elementaren Rechenoperationen. In: Beiträge zum Mathematikunterricht 1989. Bad Salzdetfurth: Franzbecker, 306–309.

Sekretariat der ständigen Konferenz der Kultusminister der Länder in der Bundesrepublik Deutschland (KMK) (Hrsg.) (2004): Bildungsstandards im Fach Mathematik für den Primarbereich. Beschluss vom 15.10.2004. München, Neuwied: Luchterhand.

Tubach, D. / Nührenbörger, M. / Schwarzkopf, R. (2016): Mit Zahlen spielen. Leipzig: Klett.

vom Hofe, R. (1995): Grundvorstellungen mathematischer Inhalte. Heidelberg: Spektrum.

Verboom, L. (2010): »Ich habe drei Plättchen mehr als du«. Grundschule Mathematik, H. 25, 6–7.

Wartha, S. / Schulz, A. (2011): Aufbau von Grundvorstellungen (nicht nur) bei besonderen Schwierigkeiten im Rechnen. Publikation des Programms SINUS an Grundschulen. Programmträger: Leibnitz Institut für die Pädagogik der Naturwissenschaften und Mathematik (IPN) an der Universität Kiel.

Wessel, J. (2015): Grundvorstellungen und Vorgehensweisen bei der Subtraktion. Stoffdidaktische Analysen und empirische Befunde von Schülerinnen und Schülern des 1. Schuljahres. Wiesbaden: Springer Spektrum.

Wittmann, E. Ch. / Müller, G. N. (2012): Multum non multa – Das Zahlenbuch 2012. Vortrag im Rahmen des 762. mathematikdidaktischen Kolloquiums des IEEM an der TU Dortmund.

Xenia Lamprecht / Anna Susanne Steinweg

Multiplikatives Verständnis fördern

Vorstellungen nutzen und aufbauen helfen

Multiplizieren zu können gehört zu den bedeutenden Kulturtechniken, die im Mathematikunterricht der Grundschule erlernt werden. Dieses Können bildet die Grundlage für viele Themenbereiche in höheren Jahrgangsstufen. Ein mangelndes oder fehlerhaftes Verständnis der Multiplikation kann weitreichende Auswirkungen haben (Bönig 1995, 2). Die Förderung eines stabilen multiplikativen Verständnisses sollte der Automatisierung der Aufgaben des kleinen Einmaleins unbedingt vorausgehen.

Vor dem Hintergrund eines inklusiven Mathematikunterrichts gilt es heute verstärkt, Möglichkeiten zu finden, wie Kinder mit unterschiedlichen Voraussetzungen geeignet gefördert werden können. Ausgehend davon, was Multiplizieren mathematisch bedeutet, werden in diesem Beitrag konkrete didaktische Ideen zur Förderung des multiplikativen Verständnisses vorgestellt. Von besonderem Interesse sind dabei durchweg das verstehende Durchdringen und die Förderung anschaulicher Vorstellungen von Multiplikationsaufgaben und ihren Beziehungen zueinander.

Multiplizieren mathematisch betrachtet

Der Operation Multiplikation liegen zwei ganz verschiedene mathematische Strukturen zugrunde (vgl. Ruwisch 1999, 130; Steinweg 2013, 132). Multiplikation kann einerseits als **wiederholte Addition** definiert werden, d. h. eine beliebige, im jeweiligen Fall aber feste Zahl wird mehrfach hintereinander addiert. In dieser Perspektive ist $3 \cdot 4 = 4 + 4 + 4$. Andererseits kann Multiplikation aber auch als **kartesisches Produkt** definiert werden. Die Faktoren des Produkts spannen als Dimensionen eine Matrix mit einer bestimmten Anzahl an Spalten und Zeilen auf. Konkret heißt das, dass die Faktoren als Seitenlängen einer Felddarstellung (Punktefeld, Kästchenpapier) gedeutet werden können (siehe auch Tab. 1 auf S. 186).

Darüber hinaus besitzt die Operation Multiplikation verschiedene Eigenschaften. Die **Kommutativität** besagt, dass die Faktoren des Produkts vertauscht werden können, ohne dass sich das Ergebnis ändert. So gilt z. B. $3 \cdot 4 = 4 \cdot 3$. In einer Summe oder Differenz aus zwei Produkten, in denen ein gemeinsamer Faktor identifiziert werden kann, lässt sich dieser aufgrund der Eigenschaft der **Distributivität** ausklammern bzw. die beiden anderen Faktoren zusammenfassen: Beispielsweise ist $2 \cdot 3 + 2 \cdot 4 = 2 \cdot (3 + 4) = 2 \cdot 7$.

Multiplizieren darstellen

Ziel des Einsatzes von **Darstellungen** ist es, innere Vorstellungen zu fördern, die den mathematischen Vorstellungen der Multiplikation möglichst nahekommen.

Multiplikatives Verständnis liegt allerdings erst dann nachweisbar vor, wenn Vorstellungen in **unterschiedlichen Darstellungsformen**, wie z. B. in einer Handlung, in einem Bild oder in einer Realsituation, aktiviert werden können (Wartha/Schulz 2011, 5). Um also mathematische Vorstellungen fassbar zu machen und Verständnis zu fördern, ist es wichtig, unterschiedliche Darstellungsformen einzusetzen.

		Vorstellungen	
		wiederholte Addition	kartesisches Produkt
Darstellungsformen	Sachkontext		
	didaktisches Material		
	symbolische Form	$4 + 4 + 4 = 3 \cdot 4 = 12$	$3 \cdot 4 = 12$ $4 \cdot 3 = 12$

Tab. 1: Übersicht zu verschiedenen Darstellungsformen und Vorstellungen

Darstellungsformen können einerseits einen **Sachkontext** anbieten, d. h. ein Bild oder einen Text, in den ein Term (hier $3 \cdot 4 = 12$) hineingesehen werden kann. Andererseits ist es möglich, die Aufgabe in einer Darstellung mit **didaktischem Material** zu identifizieren. In beiden Fällen kann dabei durch die Auswahl der Darstellung entweder eher eine additive Vorstellung oder eine Produktvorstellung nahegelegt werden (Tab. 1). Es geht aber nicht nur darum, Multiplikationsaufgaben in unterschiedlichen Darstellungsformen in die **symbolische Schreibweise** zu übersetzen. Verstehen beinhaltet auch, beide **Übersetzungsrichtungen** zu beherrschen (Bönig 1995, 191 ff.). Fordernd und fördernd sind also Aufgabenstellungen, die alle Richtungen im Übersetzungsprozess beachten.

Gemeinsamen Unterricht gestalten

Einmaleins im Unterricht – früher und heute
Bei der Behandlung des Einmaleins können unterschiedliche Wege unterschieden werden. Die früher **traditionell** übliche Vorgehensweise konzentriert sich auf die Einmaleinsreihen, die eine nach der anderen thematisiert werden (z. B. Padberg / Benz 2011, 139). Beziehungen zwischen den Aufgaben werden nicht thematisiert. Das ist gerade für Kinder mit Förderbedarf ein großes Problem, da sie in der Regel nicht von allein in der Lage sind, Zusammenhänge zu sehen. Die 100 Einmaleins-Aufgaben erscheinen ihnen so wie ein riesiger Berg an Einzelfakten, die sie mühevoll auswendig lernen müssen.

Die **aktuell** überwiegend empfohlene Möglichkeit besteht in einer **ganzheitlichen** Erarbeitung aller Einmaleinsaufgaben mit Anschauungsmitteln (z. B. Padberg / Benz 2011, 138). Die Einmaleinsreihen werden dabei nicht isoliert in den Blick genommen, sondern Beziehungen von Anfang an im Unterricht angesprochen (z. B. Wittmann / Müller 2010, 110 ff.). Ausgehend von den **Kernaufgaben** (Stützpunkt- bzw. Königsaufgaben), d. h. der Einer-Zweier-, Fünfer- und Zehnerreihe und meist zusätzlich noch der entsprechenden Quadratzahlen, werden die übrigen Einmaleinsreihen (Dreier-, Vierer-, Sechser-, Siebener-, Achter-, Neunerreihe) durch das Finden von Nachbaraufgaben, Zusammensetzen und Zerlegen abgeleitet (Padberg / Benz 2011, 142; Schipper 2009, 154).

Diese Methode ist eine geschickte Anwendung der Eigenschaften der Multiplikation, die die **Beziehungen zwischen den Einmaleinsaufgaben** erzeugen. Den Kindern wird ermöglicht, ›schwerere‹ Einmaleinsaufgaben, wie z. B. $7 \cdot 8$, aus ›leichteren‹ abzuleiten oder zusammenzusetzen, da hier $2 \cdot 8 + 5 \cdot 8 = 7 \cdot 8$ (vgl. auch Gaidoschik 2014). Selbst die Kinder, die schon viele Malaufgabenergebnisse kennen, sollten für die Entwicklung einer flexiblen Rechenkompetenz Ableitungsstrategien nutzen und verstehen.

Nach einer Untersuchung zur Multiplikation gibt es erste Anzeichen dafür, dass Schülerinnen und Schüler, die eine ganzheitliche Behandlung des Einmaleins erfahren haben, seltener additive Strategien einsetzen als Kinder im traditionellen Unterricht zum Einmaleins (Köhler 2015, 73). Dieselbe Studie zeigt allerdings auch, dass leistungsschwache Kinder deutlich häufiger auf die wiederholte Addition zurückgreifen als auf Strategien, die Beziehungen, wie etwa die Verwendung von Nachbaraufgaben, nutzen (ebd.). Gerade im inklusiven Unterricht sind folglich eine ganzheitliche Behandlung und die bewusste Thematisierung der Beziehungen zwischen den Einmaleinsaufgaben nicht nur sinnvoll, sondern auch dringend erforderlich.

Sich Multiplizieren vorstellen

Die Multiplikation lässt sich anhand mathematischer Strukturen erklären. Die mathematischen Ideen bestimmen **mathematische Vorstellungen**, die den Kern eines mathematischen Sachverhalts umfassen. Didaktisch bieten sie damit Lehrpersonen eine Orientierung, geeignete Aufgaben und Sachzusammenhänge auszuwählen, die schließlich sinnvolle Vorstellungen bei den Kindern aktivieren können. Das Ziel von Unterricht ist, genau die **inneren Vorstellungen** der Kinder zu fördern, die den mathematischen Vorstellungen gerecht werden und somit hilfreich sind, Multiplizieren zu verstehen (vom Hofe 1992).

In verschiedenen Studien zur Bearbeitung von Multiplikationsaufgaben wurde die wiederholte Addition als verbreitete **intuitive Vorstellung** identifiziert (z.B. Fischbein u.a. 1985, 14; Mulligan/Mitchelmore 1997, 316; Bönig 1995, 100). Bleibt die Vorstellung auf additive Ideen beschränkt, ist der Zugang zu Beziehungen der Aufgaben zueinander schwierig. Unterricht muss also die Vorstellungen der Kinder kennen und geeignet darauf eingehen. Ein Problem ist, dass innere Vorstellungen höchst subjektive Bilder sind, auf die nicht direkt zugegriffen werden kann (Steinweg 2013, 133). Eine Möglichkeit, Zugang zu den inneren Vorstellungen zu bekommen, ist, Kinder Bilder zu Einmaleinsaufgaben malen zu lassen bzw. umgekehrt zu Bildern Aufgaben finden zu lassen.

Abb. 1: Zeichnungen zweier Kinder zu 4 · 5 bzw. 5 · 4 (Steinweg 2013, 134)

In Abbildung 1 sind zwei zeichnerische Interpretationen von Kindern der zweiten Jahrgangsstufe zu ihrer Lieblingsaufgabe zu sehen. Zufällig sind dies die zueinander kommutativen Aufgaben 4 · 5 und 5 · 4. Die Kinderbilder informieren die Lehrperson und sollten Anlass sein, sich miteinander über Vorstellungen auszutauschen. Es wäre für die Kinder günstig, wenn die Vorstellungen das Entdecken der Beziehung der Tauschaufgaben ermöglicht. Das Tauschen wird in diesem Fall allerdings weder innerhalb des eigenen Kontextes noch als Beziehung der beiden Kontexte zueinander möglich. Gerade der konkrete Bezug zur realen Welt verstellt also den Blick auf hilfreiche Beziehungen.

Zudem eignen sich Darstellungsformen, die eher die wiederholte Addition verdeutlichen, kaum, um **Beziehungen** anschaulich zu machen. Im Unterricht ist es deshalb sehr wichtig, den inneren Vorstellungen der Kinder nachzuspüren, um mögliche individuelle Schwierigkeiten, Beziehungen von Aufgaben zu erkennen, zu verstehen.

Günstig ist es, didaktisches Material für eigene Vorstellungsbilder anzubieten, das möglichst multiplikative Sichtweisen und Beziehungen unterstützt. Geeignet ist vor allem das 100er-Punktefeld. Drei Kinder haben die Malaufgabe 4 · 8 ins Punktefeld eingezeichnet (Abb. 2). Es wird deutlich, welche Vielfalt an **individuellen Vorstellungen** möglich ist.

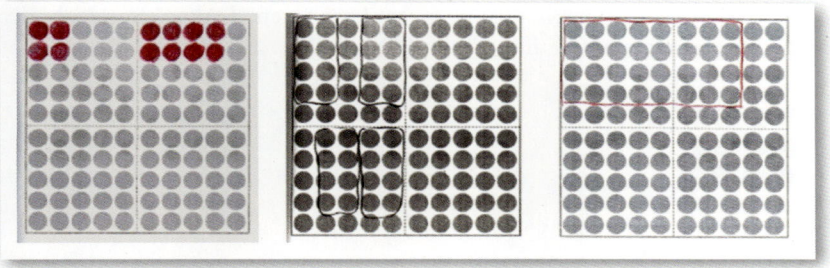

Abb. 2: Drei Darstellungen zu 4 · 8 im Punktefeld (v. l. Natalie, Robert und Sarah)

Natalie hat die beiden gegebenen Faktoren 4 und 8 als zwei getrennte Punktefelder mit den jeweiligen Anzahlen an Punkten eingezeichnet. Eine multiplikative Beziehung zwischen den beiden Faktoren kann nicht identifiziert und das Ergebnis nicht abgelesen werden. Robert hat vier Mengen mit jeweils 8 Elementen markiert, die summiert werden können, um das Ergebnis zu ermitteln (wiederholte Addition). Das Feld von Sarah enthält die Elemente in 4 Zeilen und 8 Spalten angeordnet (kartesisches Produkt). Das Ergebnis kann ebenso abgelesen werden wie auch Eigenschaften des Produkts (Tauschen, Zusammensetzen).

Im gemeinsamen Unterricht sollte an die unterschiedlichen Vorstellungen zur Multiplikation entsprechend angeknüpft werden. Falls sich Natalie Einmaleinsaufgaben immer so vorstellt, sind Schwierigkeiten vorgezeichnet und Hilfen, sich die Aufgabe zu zeichnen oder vorzustellen, führen ins Leere. Es gilt zu beobachten, ob Robert immer die gezeigte Vorstellung nutzt oder auch Felddarstellungen sehen könnte. Die Kinder könnten z. B. ihre **Bilder austauschen und gemeinsam klären**, ob sie die Bilder wechselseitig verstehen. Natalie könnte so durch den Austausch zu einer tragfähigeren Vorstellung und einem besseren Verständnis gelangen.

Beziehungen von Malaufgaben sehen und vorstellen lernen
Die Einmaleinsaufgaben bilden ein Beziehungsnetz. Die **Kernaufgaben** bilden das Zentrum des Netzes. Es ist für alle Kinder wichtig, sich diese Fakten nach und nach zu erobern. Darüber hinaus muss der Unterricht ermöglichen, die **Zusammenhänge** von Aufgaben zueinander in geeignetem Material sehen und damit verstehen zu lernen. Insbesondere die Punktefelddarstellung in Zeilen und Spalten erlaubt es, die mathematischen Eigenschaften hineinzudeuten und zu entdecken.

So kann Andreas im Punktefeld die Multiplikationsaufgaben 3 · 4 und 4 · 3 sehen (Abb. 3). Die Deutung ist abhängig davon, ob man zuerst die 3 Zeilen und dann die 4 Spalten ›liest‹ oder umgekehrt. Beide Sichtweisen sind als mögliche, richtige Lösungen zu akzeptieren, da die Gesamtzahl der Objekte gleich bleibt (Steinweg 2013, 132).

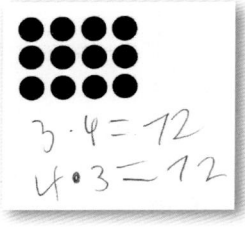

Abb. 3:
Andreas sieht 3 · 4 oder 4 · 3 im Punktefeld

Immer zwei Aufgaben stehen also eng in Beziehung. Die Anzahl der zu erarbeitenden Einmaleinsaufgaben wird mit dem Wissen um die **Kommutativität** um die Hälfte reduziert. Das ist eine enorme Erleichterung gerade für die Kinder, die sich mit der Mathematik schwer tun.

Die **Distributivität** stiftet eine enge Beziehung zwischen drei Aufgaben (z. B. Padberg / Benz 2011, 134 f.) und ermöglicht die Idee des Ableitens aller Aufgaben aus den Kernaufgaben. Die Lösung für 6 · 7 wird abgeleitet, indem z. B. 5 · 7 + 1 · 7 gerechnet wird. Wieder eignen sich Punktefelder besonders, um diese Eigenschaft zu verdeutlichen und zu verstehen (Abb. 4).

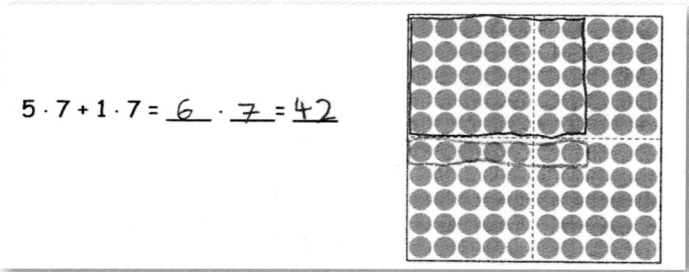

Abb. 4: Sarah stellt Distributivität im Punktefeld dar

Um also Beziehungen zwischen den Einmaleinsaufgaben kennenzulernen und zu nutzen, die aufgrund der Eigenschaften Kommutativität und Distributivität gelten, ist gerade im inklusiven Unterricht die **Materialauswahl** von entscheidender Bedeutung.

Lernumgebungen mit Kontextbezug

Kontextbezüge als einzige Vorstellung zu Malaufgaben können problematisch sein (s. o.). Zum vollständigen Verständnis gehört es dennoch dazu, multiplikative Kontexte deuten zu können. Lernumgebungen mit Kontextbezug enthalten **Bilder, Gegenstände** oder Texte, zu denen die Kinder entsprechende Malaufgaben finden sollen. Es können auch Gegenstände, wie Eierschachteln, Getränkekästen, Puzzle usw., eingesetzt werden. Mögliche Arbeitsaufträge sind:

- Welche Malaufgabe passt dazu? Schreibe sie auf und rechne aus.
- Finde mehrere passende Malaufgaben und rechne aus.

Umgekehrt können den Kindern verschiedene Malaufgaben vorgegeben werden, zu denen sie jeweils konkrete Sachkontexte finden sollen. Diese können entweder als Bilder dargestellt oder als Geschichten erzählt oder aufgeschrieben werden (Abb. 5). Gerade im inklusiven Unterricht können diese unterschiedlichen Möglichkeiten gezielt eingesetzt werden, um verschiedene Fähigkeitsniveaus anzusprechen. Einigen Kindern fallen schriftsprachliche Antworten schwer und sie können dann auf der ikonischen Ebene einen geeigneten Kontext finden. Alternativ können die Kinder auch anderen oder der Lehrkraft ihre Geschichte diktieren. Die Geschichten und Bilder der Kinder können zudem dann wieder Gegenstand des gemeinsamen Austausches über Vorstellungen und Ideen sein.

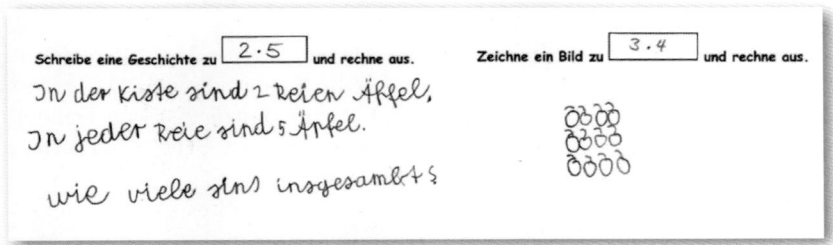

Schreibe eine Geschichte zu $2 \cdot 5$ und rechne aus.

In der Kiste sind 2 Reien Äpfel,
In jeder Reie sind 5 Äpfel.

wie viele sins insgesamt?

Zeichne ein Bild zu $3 \cdot 4$ und rechne aus.

Abb. 5: Sarah erfindet Kontexte zu 2 · 5 bzw. 3 · 4

Lernumgebungen mit didaktischem Material

Lernumgebungen mit didaktischem Material enthalten Aufgaben, die **Darstellungen von didaktischem Material** anbieten oder **Handlungen mit didaktischem Material** einfordern. Auch hier soll eine wechselseitige Übersetzung zwischen didaktischem Material und symbolischer Form einer

Malaufgabe vollzogen werden. Es gibt dabei mindestens drei verschiedene Methoden, um Punktefelder geschickt einzusetzen (Abb. 6, z.T. in Anlehnung an Wittmann/Müller 2010, 110 ff.).

- *Legen*: Malaufgaben auf dem Punktefeld mit dem sog. Einmaleinswinkel oder Papier abdecken oder mit Plättchen legen.
- *Zeichnen*: Malaufgaben auf Punktefeldern einzeichnen.
- *Schneiden*: Malaufgaben aus Punktefeldern ausschneiden.

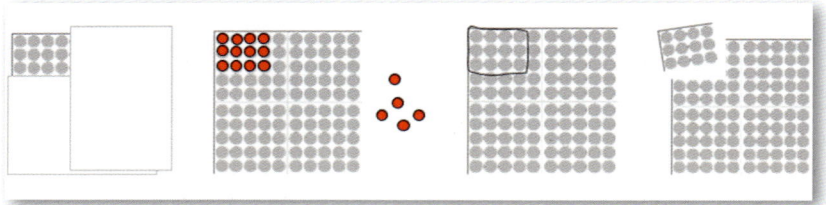

Abb. 6: Legen, Zeichnen, Schneiden von Malaufgaben

Inklusiver Unterricht beachtet die individuellen motorischen Möglichkeiten der Kinder. Die Alternative können also ganz gezielt passend ausgewählt werden. Alle Kinder arbeiten dennoch an den gleichen Mathematikaufgaben.

Im Unterricht ist ebenso zu planen, wie die entstandenen Mal-Punktefelder weiter genutzt werden sollen. Die ausgeschnittenen und die eingezeichneten Punktefelder lassen sich aufkleben und schriftlich kommentieren, während die anderen gerade durch ihre Flüchtigkeit ermöglichen, flexibel die nächste Malaufgabe am gleichen Punktefeld darzustellen und dabei gezielt die Veränderung zu beobachten. Beobachtungsfragen könnten dabei sein: Wie muss das Papier verschoben werden? Kommen Plättchen hinzu oder werden weniger gebraucht? usw.

Alle Methoden ermöglichen es, dass Malaufgaben z.B. auf dem Overheadprojektor dargestellt werden oder sich die Kinder gegenseitig die Darstellung präsentieren (z.B. Partnerarbeit). Arbeitsaufträge sollten Darstellungswechsel ansprechen und passende Malaufgaben bzw. Punktefelder schreiben, legen, zeichnen oder schneiden lassen.

In der Kommunikation zwischen den Kindern wird es sich möglicherweise von selbst ergeben, dass verschiedene Kinder unterschiedliche Vorstellungen nutzen und daraufhin auch verschiedene Aufgaben nennen, was dann direkt im Unterrichtsgespräch aufgegriffen werden kann. Zudem können die Kinder angeregt werden, jeweils zwei Aufgaben zu sehen oder weitere Unterteilungen des Punktefelds hineinzudenken (Abb. 7).

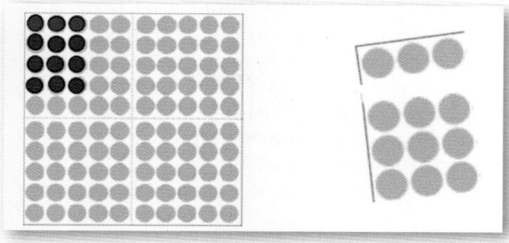

Abb. 7: 1·3 + 3·3 = 3·3 + 1·3 = 4·3 = 12 legen oder schneiden

Diese Unterteilungen (Eigenschaft der Distributivität) können durch Farbmarkierungen beim Legen, Einzeichnen oder durch Schneiden und Zusammenlegen anschaulich gemacht werden (vgl. Steinweg 2013, 141 ff.; Wittmann / Müller 2010, 110 ff.).

Schlussbemerkungen

Multiplikation zu verstehen beinhaltet, geeignete Vorstellungen stabil aufzubauen, Vorstellungen in Darstellungen hineinzusehen sowie Darstellungen zu symbolischen oder verbal gegebenen Aufgaben zu erstellen. Die inneren Bilder sind folglich eine wesentliche Information, auf die im Unterricht eingegangen werden und für die Raum und Zeit gegeben werden muss. Vorstellungsbilder und Darstellungen sind keine Vorstufe des Multiplizierens, sondern der wesentliche Kern des Verstehens.

Bei allen Kindern und insbesondere denen mit Schwierigkeiten bei Einmaleinsaufgaben ist es wertvoll, einen Eindruck von inneren Vorstellungen zu Malaufgaben zu erhalten. Ausgehend von diesen Vorstellungsbildern können Angebote gemacht werden, die zunehmend mathematisch tragfähige Bilder aufbauen helfen.

Literatur

Bönig, D. (1995): Empirische Untersuchungen zum Verständnis multiplikativer
  Operationen bei Grundschülern. In: Steiner, H.-G. / Vollrath, H.-J. (Hrsg.) (1995):
  Neue problem- und praxisbezogene Forschungsansätze. Köln: Aulis.
Fischbein, E. u. a. (1985): The Role of Implicit Models in Solving Verbal Problems in
  Multiplication and Division. In: Journal for Research in Mathematics Education,
  16. Jg., H. 1, 3–17.
Gaidoschik, M. (2014): Einmaleins verstehen, vernetzen merken. Strategien gegen
  Lernschwierigkeiten. Seelze: Kallmeyer.
Hofe, R. vom (1992): Grundvorstellungen mathematischer Inhalte als didaktisches
  Modell. In: Journal für Mathematik-Didaktik, 13. Jg., H. 4, 345–363.

KMK (2005): Bildungsstandards im Fach Mathematik für den Primarbereich (Jahrgangsstufe 4). Beschluss der Kultusministerkonferenz vom 15.10.2004. www.kmk.org/fileadmin/Dateien/veroeffentlichungen_beschluesse/2004/2004_ 10_15-Bildungsstandards-Mathe-Primar.pdf [18.09.2016].

Köhler, K. (2015): Strategieverwendung bei Aufgaben zum kleinen Einmaleins. In: Steinweg, A. (Hrsg.) (2015): Entwicklung mathematischer Fähigkeiten von Kindern im Grundschulalter. Bamberg: University of Bamberg Press (UBP), 71–74.

Lamprecht, X. (2014): Unterrichtsmaterialien zur Förderung des Einmaleins. Bamberg (unveröffentlicht).

Lamprecht, X. (2015): Das Projekt ›Förderung und Diagnose in differenten Rahmenbedingungen‹ (FeDeR). In: Caluori, F. u. a. (Hrsg.) (2015): Beiträge zum Mathematikunterricht. Münster: WTM, 548–551.

Lamprecht, X. (2016): Multiplikatives Verständnis fördern – Einblicke in das Projekt FeDeR. In: Pinkernell, G. / Vogel, M. (Hrsg.) (2016): Beiträge zum Mathematikunterricht. Münster: WTM, 617–620.

Mulligan, J. / Mitchelmore, M. (1997): Young Children's Intuitive Models of Multiplication and Division. In: Journal for Research in Mathematics Education, 28. Jg., H. 3, 309–330.

Padberg, F. / Benz, C. (2011): Didaktik der Arithmetik. Heidelberg: Spektrum Akademischer Verlag.

Ruwisch, S. (1999): Angewandte Multiplikation. Klassenfest, Puppenhaus und Kinderbowle: eine qualitative empirische Studie zum Lösungsverhalten von Grundschulkindern beim Bearbeiten multiplikativer Sachsituationen. Frankfurt am Main: P. Lang.

Schipper, W. (2009): Handbuch für den Mathematikunterricht an Grundschulen. Braunschweig: Schroedel.

Steinweg, A. S. (2013): Algebra in der Grundschule. Muster und Strukturen – Gleichungen – funktionale Beziehungen. Berlin, Heidelberg: Springer.

Wartha, S. / Schulz, A. (2011): Aufbau von Grundvorstellungen (nicht nur) bei besonderen Schwierigkeiten im Rechnen. Handreichung des Programms SINUS an Grundschulen. sinus-an-grundschulen.de/fileadmin/uploads/Material_aus_ SGS/Handreichung_WarthaSchulz.pdf [18.09.2016].

Wartha, S. / Schulz, A. (2012): Rechenproblemen vorbeugen. Grundvorstellungen aufbauen: Zahlen und Rechnen bis 100. Berlin: Cornelsen.

Wittmann, E. C. / Müller, G. N. (2010): Handbuch produktiver Rechenübungen. Vom Einspluseins zum Einmaleins (Bd. 1, 2. Aufl.). Leipzig: Ernst Klett Grundschulbuchverlag GmbH.

Elisabeth Rathgeb-Schnierer / Teresa Klein

Aufgaben sortieren und vereinfachen

Ein Lernangebot zur Förderung des adaptiven Rechnens im erweiterten Zahlenraum

Das Rechnen im erweiterten Zahlenraum setzt bei allen Kindern nicht nur ein fundiertes Zahl- und Operationsverständnis voraus, sondern erfordert weitaus mehr Kompetenzen. Damit Kinder auch im erweiterten Zahlenraum Aufgaben sicher lösen können, sind zwei Voraussetzungen unabdingbar: die Automatisierung von Basisfakten (Grundaufgaben des kleinen Einsplus- und Einmaleins) und das grundlegende Verständnis strategischer Werkzeuge (Zerlegen, regelgerechtes Verändern, Nutzen von Analogien und Hilfsaufgaben). Denn unabhängig davon, ob die Kinder Aufgaben im Kopf lösen, Zwischenschritte oder Zwischenergebnisse notieren (also halbschriftlich rechnen) oder ein schriftliches Standardverfahren (Algorithmus) anwenden, ohne das Hinzuziehen von Basisfakten und/oder strategischen Werkzeugen kann das Ergebnis einer Aufgabe nicht ermittelt werden. Wir wollen dies an folgendem Beispiel veranschaulichen:

Wie würden Kinder ab der dritten Klasse die Aufgabe 497 + 326 lösen? Aufgrund der Zahlengröße ist zu vermuten, dass viele schriftlich addieren: d. h. sie schreiben zunächst die beiden Summanden stellengerecht untereinander, addieren dann Einer, Zehner und Hunderter separat und kommen – sofern sie den Algorithmus regelgerecht durchgeführt haben – zum Ergebnis 823. Was passiert beim Lösen der Aufgabe? Zunächst wird die Ausgangsaufgabe aus dem Tausenderraum durch das Anwenden eines schriftlichen Verfahrens auf den kleinen Zahlenraum »heruntergebrochen« – beim Rechnen in den Stellenwerten ist jeder Summand automatisch kleiner als 10. Die Ergebnisfindung gelingt dann scheinbar einfach, wenn die Regeln des Algorithmus eingehalten werden. Aber die Durchführung eines schriftlichen Verfahrens allein führt noch zu keinem Ergebnis. Den Schülerinnen und Schülern gelingt es nur dann die Aufgabe zu lösen, wenn sie in der Lage sind, auf entsprechende Lösungswerkzeuge des additiven Rechnens[1] zuzugreifen: also entweder Basisfakten (automatisiertes Einspluseins) oder passende strategische Werkzeuge zu nutzen. Abhängig von den individuellen Kompetenzen kann das Lösen

---

1) Prinzipiell können Aufgaben auch zählend gelöst werden. Da wir zwischen zählendem und rechnendem Lösen von Aufgaben unterscheiden, gehört das Zählen nicht zu den Lösungswerkzeugen des additiven Rechnens.

der Additionsaufgaben in den jeweiligen Stellenwerten unterschiedlich erfolgen:

- Die Aufgabe an der Einerstelle $(6+7)$ kann – wenn sie nicht auswendig gewusst wird – z. B. durch Ableitung von den benachbarten Verdopplungsaufgaben $(6+6+1$ oder $7+7-1)$ oder durch unterschiedliche Zerlegung $(6+4+3=10+3; 5+1+5+2=5+5+1+2=10+3)$ gelöst werden.
- Die Aufgabe an der Zehnerstelle $(1+2+9)$ kann durch Tauschen und geschicktes Zusammenfassen der Summanden $(9+1+2=10+2)$ oder durch Zerlegung und Stützung auf die Kraft der Fünf gelöst werden.
- Die Aufgabe an der Hunderterstelle $(1+3+4)$ kann auf der Basis automatisierter Plus-Eins- und Verdopplungsaufgaben gelöst werden.

Bei einem genauen Blick auf die obere Beispielaufgabe stellt sich aber die Frage, ob das adaptive Rechnen im erweiterten Zahlenraum nicht mehr erfordert als das Beherrschen von Basisfakten, das Kennen strategischer Werkzeuge und den sicheren Umgang mit halbschriftlichen Methoden und schriftlichen Verfahren. Adaptives Rechnen ist insbesondere dadurch gekennzeichnet, dass Kinder Formen des Rechnens (Kopfrechnen, halbschriftliches Rechnen, schriftliches Rechnen) und Lösungswerkzeuge nutzen, die auf die Merkmale der Aufgaben abgestimmt sind. Dies setzt voraus, dass eine Aufgabe vor dem Lösen in den Blick genommen und die Merkmale erkannt werden. Die Aufgabe $497+326$ würde möglicherweise von den Kindern nicht schriftlich gerechnet werden, wenn sie die spezifischen Merkmale der Aufgabe und die damit verbundenen Möglichkeiten erkannt hätten. Die Nähe des ersten Summanden zum Nachbarhunderter eröffnet zwei verschiedene Möglichkeiten zur Vereinfachung (s. u. Trickkiste): Erstens, die Nutzung der Hilfsaufgabe $500+326$ verknüpft mit dem entsprechenden Ausgleichen $(826-3)$. Zweitens, das gegensinnige Verändern der beiden Summanden zur Aufgabe $500+323$.

Dieses genaue Anschauen von Aufgaben mit dem Ziel, Merkmale und Beziehungen zu erkennen und für das Vereinfachen der Aufgaben und somit für deren Lösung zu nutzen, ist eine zentrale Idee beim additiven Rechnen (Gaidoschik 2014, Häsel-Weide et al. 2013, Häsel-Weide 2014, Rathgeb-Schnierer 2011, Rechtsteiner-Merz 2014). Da diese Idee in allen Zahlenräumen gleichermaßen tragfähig ist, eignet sie sich als Grundlage zur Konzeption eines Lernangebots im »inklusiven« Unterricht.

»DAS« inklusive Lernangebot gibt es nicht

Im Unterricht besteht der Anspruch, für jedes Kind ein sinnvolles, adäquates Bildungsangebot zu schaffen. Dies ist insgesamt eine große Herausforderung, da jede Lerngruppe an sich schon äußerst heterogen ist (z. B. unterschiedliche Leistungsniveaus, Kinder mit Deutsch als Zweitsprache) und diese Heterogenität im »inklusiven«, gemeinsamen Unterricht verstärkt wird, zumal auch innerhalb jedes einzelnen Förderschwerpunkts Heterogenität herrscht und möglicherweise Kinder mit unterschiedlichen Förderbedarfen in einer Lerngruppe unterrichtet werden. Je nach sonderpädagogischem Förderbedarf werden die Kinder zielgleich oder zieldifferent von ihren Mitschülerinnen und -schülern unterrichtet. Inklusive Settings sind daher von hoher Komplexität und der Differenziertheit individueller Ansprüche gekennzeichnet.

Vor diesem Hintergrund ist es nicht unser Anliegen, ein Lernangebot zu konzipieren, das für alle inklusiven Settings gleichermaßen gültig ist. Vielmehr wollen wir anhand des Beispiels »Aufgaben sortieren, untersuchen und vereinfachen« zeigen, dass solchen Lernangeboten ein hohes Potenzial an Differenzierung innewohnt. Deshalb sind sie eine gute Ausgangsbasis für das gemeinsame Lernen an einem Lerngegenstand (Rathgeb-Schnierer / Feindt, 2014) und bieten auch im zieldifferenten Unterricht die Möglichkeit, unterschiedliche Kompetenzen anzustreben.

Nachfolgend wird das Lernangebot zunächst generell beschrieben und dann die Spezifizierung auf zwei inklusive Settings vorgenommen.

Beschreibung des Lernangebots

Lernangebote zum Sortieren von Aufgaben stellen eine von vielen Möglichkeiten zur Schulung des Zahlenblicks dar (Schütte 2008, Rechtsteiner-Merz 2013). Indem die Kinder zum Sortieren angeregt werden, wird der Rechendrang aufgehalten und der Blick gezielt auf Aufgabenmerkmale und Zahlbeziehungen gelenkt. Mit dem Sortieren und dem anschließenden expliziten Untersuchen von Aufgaben werden zwei zentrale Ziele der Zahlenblickschulung umgesetzt:

- der veränderte Umgang mit Aufgaben nach dem Motto »erst schauen, dann rechnen«,
- das Erkennen von Zahlen- und Aufgabenmerkmalen als Voraussetzung für das adaptive Rechnen (vgl. 1. Abschnitt).

Grundsätzlich können Lernangebote zum Sortieren vielfältig gestaltet (Rathgeb-Schnierer / Rechtsteiner-Merz 2010) und dementsprechend unterschiedliche Ziele verfolgen werden. Je nach Intention können Sortieraufgaben frei erfunden oder vorgegeben und jeweils mit objektiven (z. B. Aufgabentypen, Aufgabenmerkmale) oder subjektiven Kriterien (z. B. Aufgabenschwierigkeiten, Lösungswerkzeuge, Rechenformen) kombiniert werden.

Im nachfolgend beschriebenen Lernangebot wird das Erfinden von Subtraktionsaufgaben mit dem Sortieren nach subjektiven Kriterien kombiniert. Es intendiert die Schulung des Zahlenblicks – hier exemplarisch auf die Subtraktion bezogen (Schütte 2004).[2] Konkret geht es darum, dass alle Kinder durch das vielfältige Sortieren angeregt werden, Minusaufgaben im Hinblick auf ihre Merkmale zu untersuchen, Möglichkeiten zum Vereinfachen und geschickten Lösen zu entdecken und Rechenwege zu entwickeln. Inhaltlich umfasst es verschiedene Aspekte: das Erfinden und Sortieren von Aufgaben, das gezielte Untersuchen der Aufgabenmerkmale sowie das Nutzen der Aufgabenmerkmale, um die Aufgaben zu lösen.

Das Lernangebot kann eine Möglichkeit zur individuellen Kompetenzentwicklung sein. Insgesamt werden durch das Lernangebot ein reflektierter Umgang mit Zahlen und Aufgaben ebenso angebahnt wie kommunikative und metakognitive Kompetenzen. Schülerinnen und Schüler können

- Einblicke in Merkmale, Schwierigkeiten und Typen von Aufgaben bekommen,
- strategische Werkzeuge zum Vereinfachen von Aufgaben entdecken und nutzen,
- Lösungswege für unterschiedliche Aufgaben ergründen,
- Subtraktionsaufgaben mit unterschiedlicher Schwierigkeit lösen,
- ihre Sichtweisen austauschen, d. h. ihre Sichtweisen formulieren und begründen sowie sich wechselseitig zuhören und verstehen,
- eine angemessene Selbsteinschätzung entwickeln.

Ob und in welcher Weise diese Lernchancen im individuellen Lernprozess zum Tragen kommen, hängt von verschiedenen Faktoren ab: unter anderem von den individuellen Lernvoraussetzungen, dem individuellen Bearbeitungsniveau und den auf das Kind abgestimmten Anregungen durch die begleitende Lehrkraft.

Aufgaben erfinden und sortieren

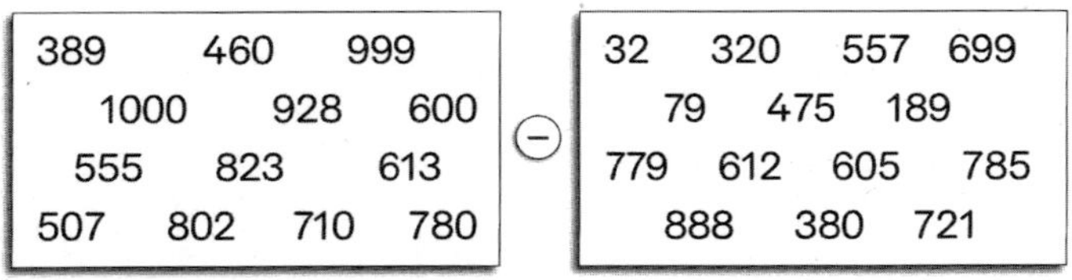

Abb. 1: Aufgabengenerator für Subtraktionsaufgaben (Schütte 2005, 54)

Den Impuls für das Erfinden der zu sortierenden Aufgaben stellt ein sogenannter Aufgabengenerator dar, in dem verschiedene Minuenden und Subtrahenden angeboten werden (vgl. Abb. 1). Durch die Auswahl des Zahlenmaterials können das Schwierigkeitsniveau sowie das Potenzial

---

2) Lernangebote zum »Aufgaben sortieren« können in allen Zahlenräumen und somit in allen Grundschulklassen angeboten werden.

zur natürlichen Differenzierung (d. h. Bearbeitung der Aufgabe auf unterschiedlichen Schwierigkeitsniveaus) bestimmt werden. Die Zahlenauswahl sollte an das individuelle Leistungsvermögen der Kinder angepasst werden, indem man gezielt Zahlen aus Zahlenräumen wählt, mit denen die Kinder vertraut sind. So könnte beispielsweise der oben abgebildete Aufgabengenerator um ein- und zweistellige Zahlen erweitert werden, um das Potenzial der natürlichen Differenzierung zu erhöhen. Allerdings ist bei einer Erweiterung darauf zu achten, dass die Übersichtlichkeit erhalten bleibt. Bei der Entwicklung eines Aufgabengenerators sind die Zahlen so auszuwählen, dass Aufgaben mit prägnanten Merkmalen gebildet werden können, die das Entdecken und Nutzen von strategischen Werkzeugen zur Vereinfachung ermöglichen (wie z. B. 999 – 888, 389 – 189 oder 710 – 699).

Die subjektiven Sortierkriterien begegnen den Kindern in Form von Sortierkisten – zunächst sind dies die »leichte Kiste« und die »schwere Kiste«:

- In die »leichte Kiste« kommen alle Aufgaben, die dem jeweiligen Kind leicht fallen, d. h. über die nicht lange nachgedacht werden muss. »Leicht fallen« ist eine subjektive Einschätzung und kann je nach Zahlenmaterial unterschiedliches bedeuten: beispielsweise, dass man die Aufgabe auswendig weiß, das Ergebnis aufgrund der Zahlenmerkmale schnell sehen (z. B. 999 – 888; 389 – 189) oder im Kopf erschließen kann (z. B. 1000 – 710).

- In die »schwere Kiste« kommen zunächst alle Aufgaben, die vom jeweiligen Kind nicht als leicht eingeschätzt werden, weil das Ergebnis nicht schnell gesehen oder einfach ermittelt werden kann. Das Lösen dieser Aufgaben benötigt noch viele verschiedene Rechenschritte und erfordert damit viel Nachdenken. In die »schwere Kiste« kommen auch Aufgaben, die von den Kindern noch gar nicht gelöst werden können.

Der Einstieg in das Lernangebot erfolgt durch das Erfinden von Aufgaben, die anschließend in die Kisten »leicht« und »schwer« sortiert werden. Da es hierbei um die subjektiven Einschätzungen der Kinder geht, bietet sich Einzelarbeit an. Werden am Ende der individuellen Arbeitsphase jeweils eine leichte und eine schwere Aufgabe auf einer Karte notiert, kann über die verschiedenen Sortierungen im Rahmen einer Mathekonferenz gesprochen werden (Götze 2010). Hierbei entsteht vermutlich immer wieder die Situation, dass dieselbe Aufgabe von zwei Kindern unterschiedlich eingeschätzt und sortiert wurde – dies stellt eine echte Aufforderung zum Begründen der eigenen Sortierentscheidung dar.

Aufgabenmerkmale untersuchen und Aufgaben vereinfachen

Im weiteren Verlauf stehen die spezifischen Aufgabenmerkmale im Zentrum. Um den Blick hierauf zu lenken, werden die einzelnen Kisten unter bestimmten Fragestellungen untersucht. Bei der »leichten Kiste« bietet sich das Nachdenken darüber an, was Aufgaben leicht macht. Dies kann gezielt angeregt werden, indem in Partnerarbeit weitere Aufgaben für die »leichte Kiste« erfunden und danach vorgegebene Minusaufgaben im Hinblick auf ihre Passung untersucht werden (Schütte 2004, 54; Rathgeb-Schnierer / Rechtsteiner-Merz 2010). Gerade bei heterogenen Tandems muss im Blick behalten werden, dass sich die Einschätzungen der Kinder unterscheiden können. Deshalb geht es darum, dass sich die Kinder wechselseitig erzählen, was für sie eine leichte Aufgabe ist und dadurch der permanente Austausch über Merkmale angeregt wird. Gerade die Arbeit mit unterschiedlichem Zahlenmaterial birgt die Chance zu entdecken, dass Merkmale, die Aufgaben leicht machen, häufig nicht mit der Größe der Zahlen zusammenhängen (z. B. bei den Aufgaben 888 – 444, 88 – 44 und 8 – 4). Ziel ist es, ein Bewusstsein dafür zu schaffen, dass bestimmte Merkmale Aufgaben leicht machen und, wenn diese erkannt werden, sich das Ergebnis ohne viele Rechenschritte – manchmal gar auf einen Blick – erschließen lässt.

Die Untersuchung der »schweren Kiste« kann von verschiedenen Fragen geleitet sein: Was macht Aufgaben schwer? Gibt es schwere Aufgaben, die leichter gemacht werden können? Wie und warum lassen sich die schweren Aufgaben vereinfachen? Welche schweren Aufgaben können nicht vereinfacht werden? Wie können diese schweren Aufgaben gelöst werden? Beim Untersuchen der Aufgaben in der »schweren Kiste« wird der Blick vor allem auf Aufgabenmerkmale gelenkt, die es ermöglichen, die Aufgabe zu vereinfachen. An dieser Stelle kommen zwei neue Sortierkisten hinzu: die Trickkiste und die Ergänzungskiste. Die Kinder werden aufgefordert, die Aufgaben aus der »schweren Kiste« gezielt daraufhin zu untersuchen, ob sie in eine der beiden weiteren Kisten passen:

- In die »Trickkiste« werden Aufgaben aus der »schweren Kiste« umsortiert, die sich aufgrund ihrer Merkmale vereinfachen lassen, indem man sie beispielsweise mit einer Hilfsaufgabe verknüpft oder regelgerecht verändert. Es sind also Aufgaben, für die sich ein »Trick« zur Vereinfachung anbietet: beispielsweise Aufgaben mit Zehner- oder Hunderternähe (z. B. 17 – 9, 75 – 39, 823 – 699) sowie Fast-Verdopplungs- und Fast-Halbier-Aufgaben (z. B. 7 + 8, 36 + 35, 460 – 240). Einen Trick zu kennen, bedeutet nicht – so wie es Kinder oft meinen –, einen Rechenweg zu kennen und so die Lösung einer Aufgabe zu finden, sondern eine schwere Aufgabe so zu verändern, dass sie zu einer leichten Aufgabe wird und das Ergebnis gesehen oder schnell erschlossen werden kann.

- In die »Ergänzungskiste«, die es nur beim Sortieren von Subtraktionsaufgaben gibt, passen die Aufgaben aus der »schweren Kiste«, die eine kleine Differenz zwischen Minuend und Subtrahend aufweisen und sich deshalb ganz einfach über die Umkehraufgabe lösen lassen (z. B. 18 – 16, 76 – 73, 710 – 699).

Sind die Schülerinnen und Schüler noch nicht mit den Sortierkisten und der Idee des Vereinfachens von Aufgaben vertraut, muss die Bedeutung der Kisten und die damit verbundene Idee vor der eigenständigen Arbeit gemeinsam erschlossen werden. Dies kann anhand von prägnanten Aufgaben erfolgen, die die Kinder in der ersten Arbeitsphase der »schweren Kiste« zugeordnet haben. Wenn hier in verschiedenen Zahlenräumen gearbeitet wurde, bietet es sich an, strukturgleiche Aufgaben zu wählen: beispielsweise 43 – 19 und 21 – 19 sowie 823 – 699 und 710 – 699. Gemeinsam kann ergründet werden, warum 43 – 19 und 823 – 699 in die Trickkiste sowie 21 – 19 und 710 – 699 in die Ergänzungskiste passen. Nachdem die Kinder die Aufgaben der »schweren Kiste« untersucht und gegebenenfalls umsortiert haben, bietet sich eine Austauschphase an, in der die sortierten Aufgaben gemeinsam auf ihre Passung zu der jeweiligen Kiste betrachtet werden. Im weiteren Verlauf werden die Schülerinnen und Schüler dazu angeregt, Aufgaben für die einzelnen Kisten zu erfinden. Diese Aufgabenstellung ermöglicht nicht nur eine weitere Vertiefung, sondern kann der Lehrkraft auch Einblicke in das Verständnis der einzelnen Schülerinnen und Schüler geben. Unter den schweren Aufgaben werden natürlich auch solche sein, die weder in die Trick- noch in die Ergänzungskiste umsortiert werden können, eben weil sie keine entsprechenden Merkmale beinhalten. Diese Aufgaben können dann im weiteren Verlauf den Ausgangspunkt für die Erarbeitung möglicher Rechenwege darstellen.

Fazit

Mit dem Sortieren von Aufgaben in die Kategorien »leicht« und »schwer« eröffnet sich eine gute Möglichkeit, einen Einblick in den Lernstand der Kinder zu bekommen. Wichtig ist uns, dass das Lernangebot nach dem Sortieren nicht abbricht, sondern dass in der gezielten Weiterarbeit mit Aufgaben, die einzelnen Kisten zugeordnet wurden, sowohl strategische Werkzeuge gefestigt als auch ein Bewusstsein für aufgabenadäquate Rechenwege geschaffen werden. Durch das vorgestellte Lernangebot sollen die Kompetenzen zur adäquaten Einschätzung einer Aufgabe, zum Erkennen von Merkmalen und zur Vereinfachung von Aufgaben gefördert werden. Diese Kompetenz wird mit zunehmender Größe des Zahlenraums und der Kenntnis verschiedener Rechenformen (Zahlenrechnen und Ziffernrechnen) immer relevanter. Schülerinnen und Schüler stehen nämlich dann vor der Herausforderung, nicht nur geeignete strategische Werkzeuge zu nutzen, sondern auch auf adäquate Rechenformen zuzugreifen. Es stellen sich also Fragen wie: Welche Aufgabe lässt sich mit strategischen Werkzeugen vereinfachen und kann dann im Kopf gelöst werden? Für welche Aufgaben bieten sich halbschriftliche Methoden an? Welche Aufgabe erfordert einen schriftlichen Algorithmus?

Insbesondere für Kinder mit Lernschwierigkeiten in Mathematik ist dieser Blick für Beziehungen und Merkmale, verbunden mit einem Bewusstsein, dass diese für die Lösung von Aufgaben genutzt werden können, eine große Hilfe und Erleichterung (Rechtsteiner-Merz 2013). Nimmt ein Kind beispielsweise die Zahlennähe bei den Aufgaben 71 – 69 oder 901 – 899 wahr, so kann die Differenz nahezu intuitiv erschlossen werden. Wird dieses Merkmale nicht gesehen und beispielsweise der schriftliche Algorithmus genutzt, so bergen die erforderlichen Überträge unnötige Hürden und möglicherweise Fehlerquellen.

Förderschwerpunkte Hören und Lernen

Zur Konkretisierung der Umsetzung haben wir zwei Förderschwerpunkte gewählt, die sich hinsichtlich der Zielorientierung unterscheiden: Schülerinnen und Schüler mit dem sonderpädagogischen Förderbedarf Hören werden im inklusiven Setting zielgleich, die mit sonderpädagogischem Förderbedarf Lernen zieldifferent unterrichtet.

Förderschwerpunkt Hören

Für diesen Förderschwerpunkt kann das oben beschriebene Lernangebot ohne Modifikation übernommen werden, allerdings bedarf es einiger spezifischer Maßnahmen, um die Teilhabe von Kindern bzw. Jugendlichen mit Hörbehinderung zu sichern.

Eine grundlegende Voraussetzung für den gelungenen (gemeinsamen) Unterricht ist die Absicherung der Kommunikation. Dies setzt voraus, dass die Lehrperson über die Hörschädigung und auditive Wahrnehmung des Kindes informiert ist und dementsprechend auf folgende organisatorische Aspekte achtet: Einsatz technischer Hilfsmittel, Raumakustik, Wahl des Sitzplatzes (z. B. Nähe zu Lehrperson und Mitschülern, Lichtverhältnisse). Darüber hinaus ist es wichtig, auf die Einhaltung der Gesprächsregeln zu achten und den Geräuschpegel im Klassenzimmer möglichst niedrig zu halten.

Die Lehrersprache sollte insgesamt den sprachlichen Fähigkeiten der Schülerinnen und Schüler angepasst werden. Für Kinder mit Hörschädigung sind eine klare Strukturierung und Akzentuierung sowie das Sprechen in kurzen Sätzen mit Blickkontakt unabdingbar (Stecher 2011). Für das Lernangebot bedeutet dies eine klare Formulierung der Arbeitsaufträge und eine strukturierte Moderation der Mathekonferenzen. Durch die Klärung wichtiger Begriffe, den Einsatz von Mimik und Gestik sowie Visualisierungen kann das Aufgabenverständnis unterstützt werden (ebd.). Dazu dienen die Aufgabenkarten, abgebildete oder reale Kisten, eine transparente Übersicht über den Ablauf des gesamten Lernangebots (ggf. mit Piktogrammen für die unterschiedlichen Sozialformen) und ein einfach strukturierter schriftlicher Arbeitsauftrag.

Begründen die Kinder ihre Sortierung, so kann dies schriftlich oder mündlich erfolgen. Da solche Begründungen für Kinder mit Hörschädigung eine Herausforderung darstellen können, können Satzanfänge als Hilfe angeboten werden (z. B. »Ich lege die Aufgabe … in die leichte Kiste, weil …« / »Ich finde die Aufgabe leicht, weil …«). Hier bietet sich die Möglichkeit, die grammatische Struktur von Begründungssätzen anzubahnen. In der Mathekonferenz sollte die thematisierte Aufgabe und die ausgewählte Kiste in jedem Fall visualisiert werden (Tafel, Visualizer, Overheadprojektor).

Alle hier beschriebenen Maßnahmen unterstützen den Lernprozess aller Schülerinnen und Schüler. Insbesondere für jene mit Deutsch als Zweitsprache oder Schwierigkeiten in der Fokussierung der Aufmerksamkeit sehen wir im hörgeschädigtenspezifischen Angebot mit dem Augenmerk auf der bewussten Lehrersprache und Dialogik im Unterricht hohes Potential.

Förderschwerpunkt Lernen

Lernangebote zum Sortieren und Vereinfachen von Aufgaben wurden von uns in unterschiedlich zusammengesetzten Lerngruppen (Jahrgangsmischung und Klassen mit Kindern mit sonderpädagogischem Förderbedarf) und Jahrgangsstufen (1 bis 4) erprobt. Die grundlegende Idee sowie die Aufgabenstellungen und Impulse zur Reflexion waren prinzipiell gleich. Die Aufgabengeneratoren (Zahlen und Rechenoperationen) wurden durch die Reduktion des Zahlenmaterials, durch die Vorgabe von Zahlen aus einem anderen Zahlenraum (Abb. 2 auf S. 204) oder durch Kombination dieser Möglichkeiten auf die speziellen Gegebenheiten der Lerngruppe abgestimmt.

Einblicke in die Umsetzung im Förderschwerpunkt Lernen werden nachfolgend entlang eines konkreten Beispiels gegeben – der Eigenproduktionen von Ali[3] (Abb. 2).

Ali ist eines von vier Kindern mit sonderpädagogischem Förderbedarf im Förderschwerpunkt Lernen, die die vierte Klasse einer allgemeinen Schule besuchen. Während die Kinder ohne sonderpädagogischen Förderbedarf mit dem oben abgebildeten Aufgabengenerator (Abb. 1) arbeiteten, bekamen die vier Kinder mit sonderpädagogischem Förderbedarf einen Aufgabengenerator mit zweistelligen Zahlen (Abb. 2). Aufgrund der individuellen Lernstände der Kinder und der Übersichtlichkeit haben wir uns für zwei verschiedene Aufgabengeneratoren entschieden. Diese waren so gewählt, dass Aufgaben mit denselben typischen Merkmalen gebildet werden konnten (z. B. 31 – 29 / 710 – 699; 99 – 22 / 999 – 888; 51 – 31 / 389 – 189). Das Lernangebot differenziert auch dahingehend, dass jedes Kind im eigenen Tempo

---

3) Name geändert.

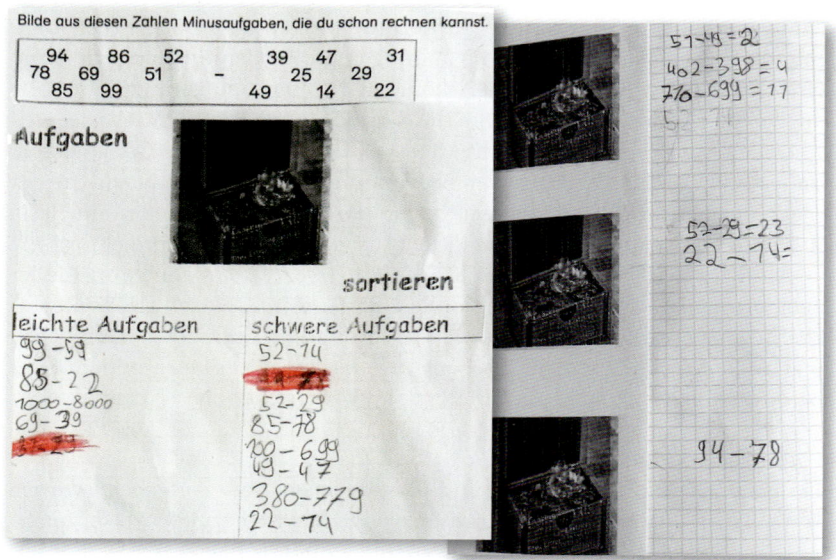

Abb. 2: Dokumente von Ali (Aufgabengenerator: Schütte 2004, 94)

arbeiten kann – es ist nicht relevant, wie viele Aufgaben generiert werden.
In der ersten Mathekonferenz stellte jedes Kind eine leichte und schwere
Aufgabe vor und begründete diese. In den von Ali gewählten Aufgaben
(31 – 29 und 94 – 78) zeigten sich typische Merkmale: Als leicht wurden Aufgaben einsortiert mit kleinen Minuenden, gleichen Einer- oder Zehnerzah-
len und kleiner Differenz zwischen Minuend und Subtrahend. Als schwer
wurden Aufgaben mit großen Zahlen und Zehner- und Hunterterunter-
schreitungen eingeschätzt.

In der weiteren Beschäftigung mit den schweren Aufgaben und der
Fragestellung, wie diese vereinfacht und gelöst werden können, entwickelten die Kinder der Klasse gemeinsam drei Möglichkeiten: das Ergänzen,
das Vereinfachen durch Nutzen einer Hilfsaufgabe sowie das Nutzen eines
halbschriftlichen oder schriftlichen Rechenweges. Diese drei Möglichkeiten
mündeten in drei weiteren Sortierkisten (Abb. 2) und in dem Arbeitsauftrag,
die eigenen schweren Aufgaben nochmals daraufhin zu untersuchen, in welche Kiste sie passen.

Betrachtet man Alis zweites Dokument, fallen insbesondere die Aufgaben in der Ergänzungskiste auf. Während sich in der Trick- und Rechen-
wegkiste Aufgaben befinden, die zuvor in der »schweren Kiste« waren, sind
die Aufgaben in der Ergänzungskiste neu gebildet. In den drei von ihm
gebildeten Aufgaben wird deutlich, dass Ali die Idee der Ergänzungskiste
durchdrungen hat und diese auch auf Zahlen übertragen kann, die über sei-

nen gewohnten Zahlenraum hinausgehen. Schon das erste Dokument zeigt auf, dass Ali sich nicht auf Zahlen seines Aufgabengenerators beschränkt hat. Während aber hier der Eindruck entsteht, dass die großen Zahlen eher willkürlich zu Subtraktionsaufgaben verknüpft wurden, sind die Subtraktionsaufgaben aus dem Tausenderraum in der Ergänzungskiste gezielt und mit Verständnis generiert – das Gespräch mit Ali hat dies bestätigt.

An Alis Eigenproduktion wird das Potenzial des Sortierens und Untersuchens von Aufgaben – auch bei Kindern mit sonderpädagogischem Förderbedarf im Förderschwerpunkt Lernen – deutlich. Durch dieses Lernangebot hatte Ali die Möglichkeit, sein Verständnis für Zahlen und Operationen weiterzuentwickeln und sein Wissen auch auf einen ihm noch ungewohnteren Zahlenraum zu übertragen. Auf dem Weg zum adaptiven Rechnen ist dies ein wichtiger Schritt.

Fazit

Bei der Umsetzung von Lernangeboten zum Sortieren und Vereinfachen in unterschiedlichen Lerngruppen (s. o.) haben sich auch Hürden gezeigt. Diese waren aber weniger durch die Heterogenität bedingt als durch die in der jeweiligen Klasse vorherrschende Aufgaben- und Unterrichtskultur. Das Gelingen eines solchen Lernangebots hängt stark davon ab, inwiefern die Kinder diese Art des Umgangs mit Rechenaufgaben gewohnt sind. Die größte Herausforderung besteht immer wieder darin, die Kinder vom Ausrechnen der Aufgaben abzuhalten und diese zunächst »nur« zu untersuchen und sich darüber auszutauschen. Wenn dies gelingt, dann bieten Lernangebote zum Sortieren und Vereinfachen reichhaltige Lernchancen für Kinder mit und ohne sonderpädagogischen Förderbedarf.

Literatur

Götze, D. (2010): Mathekonferenzen. Kommunikation unter Kindern anregen, um Lösungswege anderer zu verstehen. Grundschulunterricht, 1, 22–26.

Häsel-Weide, U./Nührenbörger, M./Moser Opitz E./Wittich, C. (2013): Ablösung vom zählenden Rechnen. Fördereinheiten für heterogene Lerngruppen, Seelze: Kallmeyer.

Häsel-Weide, U. (2014): Additionsaufgaben verändern. In: Die Grundschulzeitschrift, H. 280, 42–45.

Gaidoschik, M. (2014): Automatisierung von Beziehungswissen. In: Die Grundschulzeitschrift, H. 280, 38–41.

Rathgeb-Schnierer, E./Rechtsteiner-Merz, Ch. (2010): Mathematiklernen in der jahrgangsübergreifenden Eingangsstufe. Gemeinsam, aber nicht im Gleichschritt. Reihe Oldenbourg Fortbildung. München: Oldenbourg Verlag.

Rathgeb-Schnierer, E. (2011): »Ich kann schwere Aufgaben leichter machen …«. In: Die Grundschulzeitschrift, H. 248.249, 39–43.

Rathgeb-Schnierer, E. / Feindt, A. (2014): 24 Aufgaben für 24 Kinder oder eine Aufgabe für alle? In: Die Grundschulzeitschrift, H. 271, 30–35.

Rechtsteiner-Merz, Ch. (2013): Flexibles Rechnen und Zahlenblickschulung. Entwicklung und Förderung von Rechenkompetenzen bei Erstklässlern, die Schwierigkeiten beim Rechnenlernen zeigen. Münster: Waxmann 2013.

Rechtsteiner-Merz, Ch. (2014): »Und da kommt's gleiche raus, weil …« In: Die Grundschulzeitschrift, H. 280, 34–37.

Schütte, S. (Hrsg.) (2004): Die Matheprofis 2. München: Oldenbourg Schulbuchverlag.

Schütte, S. (Hrsg.) (2005): Die Matheprofis 3. München: Oldenbourg Schulbuchverlag.

Schütte, S. (2008): Qualität im Mathematikunterricht der Grundschule sichern. Für eine zeitgemäße Unterrichts- und Aufgabenkultur. München: Oldenbourg.

Stecher, M. (2011): Guter Unterricht bei Schülern mit einer Hörschädigung. Heidelberg: Median.

Praxis des gemeinsamen Mathematiklernens: Sachkontexte erkunden und modellieren

Dagmar Bönig / Julia Lange

Fermi-Aufgaben mit Größen

Im Mathematikunterricht können Sachkontexte das mathematische Verständnis erleichtern, da hier an lebensweltliche Erfahrungen der Kinder angeknüpft werden kann. Zugleich stellt die Bewältigung von Sachaufgaben aber auch eine nicht zu unterschätzende Herausforderung dar. Schülerinnen und Schüler müssen z. B. die sprachlichen Anforderungen meistern, um überhaupt ein Verständnis des jeweiligen Sachkontextes aufbauen zu können. Das permanent notwendige In-Beziehung-Setzen zwischen der Ebene der Mathematik und der Ebene der Sache, welches in der allgemein-mathematischen Kompetenz des Modellierens zum Ausdruck kommt (KMK 2004), kann ein mathematisches Operieren aber auch erleichtern.

In diesem Artikel wollen wir einen speziellen Typ von Sachaufgaben – offene Sachaufgaben in Form der sog. Fermi-Aufgaben – mit Blick auf die Eignung für einen inklusiven Mathematikunterricht diskutieren.

Kompetenzen entwickeln mit Fermi-Aufgaben

In Fermi-Aufgaben wird eine Frage im Kontext einer Sachsituation aus der Lebenswelt der Kinder gestellt, die allein über die Daten der Aufgabe nicht lösbar ist (vgl. Bsp. in Abb. 1). So müssen Kinder zunächst überlegen, welche Daten sie für die Lösung benötigen und wie sie die entsprechenden Werte ermitteln können. Damit wird eine inhaltliche Auseinandersetzung mit dem Sachkontext quasi erzwungen. Die sonst häufiger beim Lösen von Textaufgaben beobachtbare vom Kontext losgelöste Verrechnung der im Text gegebenen Zahlen kann hier nicht stattfinden.

> Wie lang ist die Strecke, wenn ihr alle Spaghetti einer 500-g-Packung hintereinanderlegt?
>
> Wie viele Postkarten brauchst du, um deine Spindtür vollständig zu bekleben?
>
> Brauchen wir mehr als 20 Kinder, um eine Schlange zu bilden, die länger als der Klassenraum ist?
>
> Mit drei Lakritzschnecken kann man eine Schnur herstellen, die größer ist als du.
>
> Wie viel Zeit verbringst du in einer Woche mit dem Zähneputzen?

Abb. 1: Beispiele von Fermi-Aufgaben

Fermi-Aufgaben werden zumeist als offene Fragen formuliert, sie lassen sich aber auch als Aussage im »Kann das stimmen?«-Format im Unterricht behandeln (Ruwisch/Schaffrath 2009). Ein vorgegebener Vergleichswert wie im Beispiel der Kinderschlangen-Aufgabe (Abb. 1) bietet den Schülerinnen und Schülern eine erste Orientierung. Über die Wahl dieses Wertes kann zudem die Schwierigkeit der Aufgabe gesteuert werden. Bei extremen Werten – im Fall der Kinderschlange z. B. 200 Kinder – kann die Entscheidung manchmal sehr schnell erfolgen, während andernfalls eine differenziertere Betrachtung notwendig wird.

Mit dem Einsatz von Fermi-Aufgaben können im Unterricht durchaus unterschiedliche Ziele verfolgt werden. In jedem Fall werden aber Modellierungskompetenzen gefordert und gefördert. Kinder müssen die zur Lösung notwendigen Annahmen treffen, die Sachsituation mathematisieren (d. h. einen Lösungsansatz finden) und das Ergebnis vor dem Hintergrund des Sachkontextes interpretieren und validieren. Idealtypisch werden die hier vorzunehmenden Schritte in Form sog. Modellierungskreisläufe veranschaulicht (z. B. Schipper 2009, 240). Die kreislaufförmige Darstellung bildet aber nicht den Bearbeitungsprozess der Kinder ab. Diese wechseln vielmehr im Verlauf des Lösungsprozesses immer wieder zwischen der Sach- und der mathematischen Ebene (vgl. z. B. Peter-Koop 2008).

Gerade bei komplexeren Problemen (wie z. B. der Spaghetti-Aufgabe aus Abb. 1) gelingt es Kindern im Grundschulalter in der Regel nicht, den Lösungsablauf vorab komplett zu planen und erst dann mit dem Rechnen zu beginnen. Zur Entlastung des Arbeitsgedächtnisses ist ein schriftliches Dokumentieren des Lösungsweges unerlässlich – damit wird zugleich die Kompetenz des Darstellens angesprochen. Die spätere Vorstellung der Lösungswege motiviert zudem, darüber nachzudenken, wie das eigene Vorgehen auch für andere nachvollziehbar notiert werden kann. Hierdurch werden (wie auch schon beim Lösen der Fermi-Aufgabe in der Kleingruppe) die Kompetenzen des Kommunizierens und Argumentierens zusätzlich gefördert und gefordert.

Wie die Beispiele in Abb. 1 verdeutlichen, lassen sich mit dem Einsatz von Fermi-Aufgaben aber auch inhaltsbezogene Kompetenzen im Umgang mit Größen schulen. Sie können z. B. im Verlauf der systematischen Erarbeitung eines Größenbereichs gezielt eingesetzt werden, um vorab im Unterricht thematisierte Stützpunktvorstellungen zu festigen (vgl. z. B. Körner 2015). Derartige Fragestellungen lassen sich auch unter einem Sachthema bündeln und in ein projektartiges Vorhaben einbetten wie z. B. »Der Mensch in Zahlen« (Hack/Ruwisch 2004, Rink 2015). Insgesamt sollten dabei fachlich und sachlich bedeutsame Situationen ausgewählt werden.

Unabhängig von der jeweiligen Akzentuierung bedarf es allerdings der Anpassung der Fermi-Aufgaben an die mathematisch-inhaltlichen und unterrichtsorganisatorischen Voraussetzungen der Lernenden.

Lernchancen von Fermi-Aufgaben im inklusiven Unterricht

Fermi-Aufgaben sind einerseits zwar anspruchsvoll, andererseits aber dennoch für den Einsatz in inklusiven Klassen geeignet. Der Sachbezug kann gerade für Kinder mit Förderbedarf eine Hilfe darstellen, insbesondere dann, wenn hier Bezüge zur eigenen Person bzw. zur Klasse auftauchen. Bei den Aufgaben in Abb. 1 wäre das mit Ausnahme der Spaghetti-Aufgabe gegeben, die sich aber leicht passend umformulieren lässt: »Wenn du alle Spaghetti einer 500-g.Packung hintereinander legst, ist die Strecke länger als die 100-m-Laufbahn auf dem Sportplatz.« Und im Gegensatz zu vielen anderen Sachaufgaben sind die sprachlichen Hürden des Aufgabentextes eher gering (die im Text vorkommenden Bezeichnungen lassen sich relativ schnell erläutern).

Im Sinne einer natürlichen Differenzierung (Krauthausen / Scherer 2014) ermöglicht die Fermi-Aufgabe den Schülerinnen und Schüler zudem individuelle Zugänge auf verschiedenen Repräsentationsformen, verbunden mit deutlich unterschiedlichen arithmetischen Anforderungen und unterschiedlichem Grad der Durchdringung der Sachsituation. Im Fall der Spaghetti-Aufgabe gelingt es vielleicht einem Kind mit Unterstützungsbedarf eine Nudel auszumessen oder die Anzahl der Nudeln für 1 m durch Aneinanderlegen von Nudeln zu ermitteln, während leistungsstärkere Kinder die Aufgabe unter Rückgriff auf Stützpunktvorstellungen auf der rein symbolischen Ebene lösen. Diese Offenheit erfordert auf der anderen Seite aber auch ein höheres Maß an Selbstregulationsfähigkeiten. Gerade Kinder mit Schwierigkeiten beim Mathematiklernen benötigen hier sicherlich Unterstützung beim Strukturieren des Lösungsweges oder ggf. auch durch eine explizite Formulierung von Zwischenfragen (s. weiter unten). Darüber hinaus fordert die Komplexität von Fermi-Fragen geradezu ein Bearbeiten in kleineren Gruppen heraus, was ein gemeinsames von- und miteinander Lernen ermöglicht.

Das Lernen mit Fermi-Aufgaben begleiten

Das Lösen von Fermi-Aufgaben ist für Grundschulkinder anspruchsvoll und erfordert eine intensive Auseinandersetzung sowohl auf der Sachebene als auch auf der mathematischen Ebene. Dafür muss den Lernenden vor allem genügend zeitlicher Spielraum zur Verfügung stehen. Damit alle Kinder in die Sachsituation eintauchen und erste Ideen entwickeln können, kann es zu Beginn sinnvoll sein, eine kurze Phase für ein individuelles Verstehen zu reservieren, bevor dann die Arbeit in Kleingruppen fortgesetzt wird. Hier können die Arbeitsschritte gemeinsam geplant und dann ggf. auch arbeitsteilig ausgeführt werden. Dabei ist ein schriftliches Dokumentieren unerlässlich, was zugleich eine gute Grundlage für das Präsentieren des Ergebnisses (z. B. in Form eines Plakates) liefert. Dies kann im Rahmen eines reflektierenden Klassengespräches erfolgen. Gerade die vergleichende Betrachtung der Lösungswege schärft das Bewusstsein für verschiedene Bearbeitungsmöglichkeiten und regt die Kinder dazu an, ihr eigenes Strategierepertoire zu erweitern. Eine solche unterrichtliche Umsetzung ist auf der Ebene der Unterrichtsorganisation zweifellos voraussetzungsvoll. Daher empfehlen Bongartz / Verboom (2007, 148) den Einsatz von Fermi-Aufgaben nur in Klassen, »die es gewohnt sind, im Mathematikunterricht offen, selbstständig, forschend, probierend und kommunikativ zu arbeiten«. Korff (2016) zeigt aber auch Möglichkeiten auf, wie eine solche Herausforderung gemeistert werden kann, wenn eine solche Unterrichtskultur noch nicht (vollends) etabliert ist. Um Vertrautheit im Umgang mit Fermi-Aufgaben entwickeln zu können, sollten diese über einen längeren Zeitraum zum Einsatz kommen. In unseren Erprobungen haben wir gute Erfahrungen mit einem ritualisierten Unterrichtsablauf (Abb. 2) gemacht, der den Kindern auf der unterrichtsorganisatorischen Ebene Sicherheit bot.

Phase	Unterrichtsverlauf
Einstieg	Vorstellen der Fermi-Aufgabe
Aktivitätsphase	Bearbeitung der Fermi-Aufgabe a) individuelle Auseinandersetzung mit der Sachsituation b) Bearbeitung in Partnerarbeit oder Kleingruppen incl. Dokumentation des Lösungsprozesses; ggf. arbeitsteiliges Vorgehen
Ergebnisvorstellung	Präsentation ausgewählter Ergebnisse der Kleingruppen
Reflexion	Vergleich der Lösungswege; Fokussierung von Schwierigkeiten

Abb. 2: Überblick über einen typischen Unterrichtsablauf

Unterrichtliche Lernprozesse unterstützen

Auch wenn die unterrichtliche Behandlung von Fermi-Fragen vielen Kriterien guten inklusiven Unterrichts genügt, müssen Kinder z. B. bei der Arbeitsorganisation, beim Verstehen des Sachkontextes, beim Darstellen der eigenen Ideen oder auch beim Verbalisieren des eigenen Lösungsweges unterstützt werden.

Für das Erlernen von Modellierungsfähigkeiten benötigen Kinder zu Beginn ausreichend Freiraum, um ihren eigenen Zugang zu den Aufgaben zu finden. In bester didaktischer Absicht angebotene Lösungsschemata (z. B. in Form stark ausdifferenzierter Ablaufpläne) können hier durchaus kontraproduktiv wirken und die angestrebten Verstehensprozesse eher behindern (Franke / Ruwisch 2010, 79; Rasch 2015). Günstiger erscheint uns, zunächst die ersten Vorgehensweisen der Kinder beim Umgang mit Fermi-Aufgaben zu analysieren und daran anknüpfend überschaubare Strukturierungshilfen gemeinsam mit den Schülerinnen und Schülern zu entwickeln.

Im Folgenden stellen wir konkrete Möglichkeiten der Unterstützung vor, die wir mit Blick auf die angestrebten allgemein-mathematischen Kompetenzen des Modellierens, Darstellens und Kommunizierens / Argumentierens gebündelt haben.

Unterstützung des Modellierens

Winter (1994, 32) charakterisiert das Modellieren als konstruktiven und kreativen Akt. Die damit verbundene Denkarbeit lässt sich nicht beliebig reduzieren, so dass man als Lehrkraft beim Einsatz von Hilfen behutsam vorgehen muss, um eigenes Erproben und Verstehen der Kinder nicht zu früh einzuschränken. »Das Ziel ist auch beim Modellieren, das, was jeder Einzelne zu leisten imstande ist, anzunehmen, zu verstärken und geduldig zu entwickeln« (Rasch 2015, 8). Von daher besteht eine erste Hilfe grundsätzlich darin, Kinder immer wieder zu ermutigen, eigene Wege zu erproben und die Bewältigung von Teilschritten zu bestärken.

Aufgabenauswahl

Mit Blick auf die Modellierung lassen sich zunächst natürlich die Fermi-Aufgaben selbst im Schwierigkeitsgrad steuern. Dies kann insbesondere über die zur Verfügung gestellten Materialien erfolgen.
- Stehen für die Kinder Messwerkzeuge bereit oder müssen Stützpunktvorstellungen aktiviert werden?
- Ist durch die Materialien eine Lösung auf der Handlungsebene möglich oder muss teilweise in der Vorstellung bzw. anhand einer Zeichnung operiert werden?

Die Kinderschlangenaufgabe (s. Abb. 1) wäre z. B. auf der reinen Handlungsebene lösbar. Ein rechnerisches Vorgehen erfordert die Ermittlung der Spannweite der Arme – durch Messen oder Stützpunktwissen. Der mathematische Anspruch ließe sich weiter steigern, wenn man die Frage auf die Umzäunung eines Fußballfeldes bezieht. In diesem Fall sind mehr Annahmen erforderlich, denn die rechnerisch notwendigen Überlegungen können allenfalls an einer Skizze des Feldes veranschaulicht werden.

Strukturierung des Lösungsprozesses als Bearbeitungshilfe

Darüber hinaus kann es durchaus sinnvoll sein, Strukturierungshilfen für das Bearbeiten von Fermi-Aufgaben zur Verfügung zu stellen. Vor allem Lernende, welche im Mathematikunterricht eher kurze Konzentrationsspannen aufweisen und zu Resignationen neigen, können vorgegebene Schrittfolgen zur Orientierung nutzen und dadurch ihren Arbeitsprozess konstanter aufrechterhalten. Die nachfolgende Formulierung dieser Schritte wurde gemeinsam mit der jahrgangsgemischten Lerngruppe (Kl. 3/4) im Anschluss an eine Einstiegs-Fermi-Aufgabe erarbeitet und orientiert sich an den Teilprozessen beim Modellieren. Das Endergebnis stand allen Lernenden in Form eines Plakats (vgl. Abb. 3) sowie eines »Fächers« zur Verfügung.

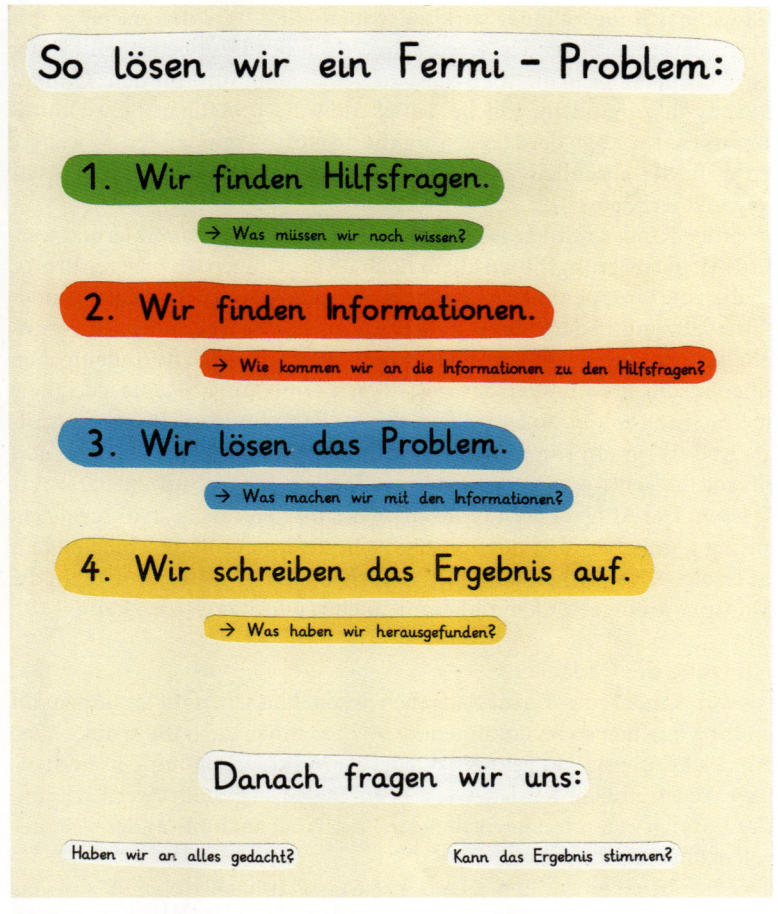

Abb. 3: Strukturierungshilfen zum Lösen von Fermi-Aufgaben

Für Kinder, die Schwierigkeiten im Bereich der Modellbildung haben, erwies sich der erste Schritt als hilfreich, um gezielt auf die zur Beantwortung notwendigen Teilaspekte des in der Fermi-Aufgabe beschriebenen Sachkontextes zu fokussieren. Im Fall der Spaghetti-Aufgabe könnten z. B. folgende Hilfsfragen formuliert werden: Wie lang ist eine Spaghetti? Wie viele Spaghetti sind in einer 500-g-Packung? Die Nutzung der Placemat-Methode (Barzel / Büchter / Leuders 2007, 152 ff.) ermöglicht es, dass alle Kinder einer Kleingruppe zunächst individuell über solche für die Bearbeitung notwendigen Schritte nachdenken können. Im Anschluss erfolgt dann eine gemeinsame Verständigung über zielführende Teilfragen, die sich in den Kleingruppen durchaus unterscheiden können.

Die Strukturierungsschritte (vgl. Abb. 3) werden für viele Kinder erst nach längerer Übung zu einer wirkungsvollen Hilfe. Wichtig erscheint uns zudem, in den reflektierenden Gesprächen nach der Gruppenarbeit immer wieder einzelne Teilschritte fokussiert zu beleuchten, um mit den Kindern gemeinsam auszuhandeln, welche Tätigkeiten die jeweiligen Bezeichnungen umfassen. Im Zuge der Diskussion über Schritt 4 entstanden so weitere Unterfragen, die abschließend unter der Überschrift »Danach fragen wir uns« ergänzt wurden.

Für einige Kinder mit Lernschwierigkeiten beim Mathematiklernen werden diese Strukturierungshilfen allein noch nicht genügen. In unserer Erprobung haben die Gruppenmitglieder oft selbst dafür gesorgt, dass auch Kinder mit Unterstützungsbedarf einzelne Schritte in der Bearbeitung der Fermi-Aufgabe übernahmen. Ggf. kann auch die Lehrkraft explizite Teilaufgaben formulieren, die im Kontext der gestellten Fermi-Aufgabe eine geeignete Herausforderung bieten. So haben wir in einer Erprobung die Postkartenaufgabe (s. Abb. 1) für ein Kind, welches im Zahlraum bis 10 rechnete, bewusst vereinfacht. Es sollte u. a. herausfinden, wie viele Karten auf ein DIN-A4-Blatt passen. Die Aufgabe ist auf der mathematischen Ebene strukturgleich, die Lösung kann aber über ein vollständiges Auslegen mit anschließendem Zählen erfolgen. Vorteilhaft daran ist, dass ihre Lösung später sinnvoll in die Reflexionsphase eingebunden und damit auch gewürdigt werden kann.

Unterstützung des Darstellens

Auch wenn Kinder die Fermi-Aufgaben lösen können, fällt es ihnen oft schwer, ihr Vorgehen so zu dokumentieren, dass ihnen auch die spätere Vorstellung des Lösungsweges gelingt. Wieder kann im Dialog mit den Lernenden nach Wegen gesucht werden, wie z. B. ein Plakat so gestaltet werden kann, dass der Lösungsweg mit entsprechender Erklärung auch für andere leichter nachvollziehbar wird.

Beispiel 1: In einer zweiten Klasse hat Maria zunächst eine »Kann das stimmen«-Aufgabe bearbeitet (s. Abb. 4 oben) und als Antwort ihre Kör-

Name: _____

_____

Mit drei Lakritzschnecken kann man eine „Schnur" herstellen, die länger ist als Du.

1,24

Name: _____

_____

Brauchen wir mehr als 20 Kinder, um eine Schlange zu bilden, die länger als die Klassenräume sind.

Meine Erklärung: ich bin von finger spitze zu finger spitze 120cm.

Meine Rechnung:

6 · 2 ≠ 21 m

21 + 21 = 42

42

Abb. 4: Marias Bearbeitung der Lakritz-Aufgabe (oben) und der Kinderschlangen-Aufgabe (unten)

pergröße mit 1,24 notiert. Maria hat zwei Lakritzschnecken abgerollt und geteilt. Eine Schnur wurde auf den Zollstock gelegt, die weiteren dann angelegt. Bei vier Schnüren ergab sich ein Wert von 154 cm, das war bereits länger als Marias Körpergröße.

Wie Maria haben auch andere Kinder bei den ersten Aufgaben dieser Art nur wenige Notizen gemacht und oftmals nur mit ja bzw. nein geantwortet. Daher wurde im weiteren Verlauf ein strukturiertes Arbeitsblatt angeboten, welches im Dialog mit den Kindern die Rubriken »Meine Erklärung« (zum eigenen Vorgehen) und »meine Rechnung« (hier konnten auch Zeichnungen erstellt werden) auswies. Im Fall von Maria lassen sich sofort Fortschritte bei der Bearbeitung der nächsten Aufgabe (Kinderschlange, s. Abb. 4 unten) erkennen. Maria erläutert im ersten Teil, wie sie ihre Armspanne ermittelt hat, notiert den Wert mit Angabe der Maßeinheit und stellt dann zeichnerisch zwei Möglichkeiten dar, eine Kinderschlange zu bilden. Unklar bleibt noch, für welche sie sich entschieden hat. Die formulierte Rechnung ist bis auf den Zahlendreher im Ergebnis korrekt, welchen Bezug die Zahlen in diesem Kontext haben, bleibt allerdings unklar.

Beispiel 2: In einer vierten Klasse haben die Kinder allgemeine Tipps zur Ergebnisnotation entwickelt. Diese hat die Lehrerin zunächst auf Karten gesammelt und für die kommenden Stunden auf einem Plakat in der Klasse aufgehängt (vgl. Abb. 5). Das Anwenden der Tipps gelingt natürlich nicht allen Gruppen auf Anhieb, hier brauchen Kinder unterschiedlich viel Zeit zur Erprobung. Wichtig ist, dass auch das Aufgreifen weniger Tipps als positive Entwicklung gewürdigt wird.

Vergleichbare Tipps lassen sich mit den oben bereits beschriebenen Strukturierungshilfen für das Modellieren sinnvoll verbinden. Wenn Kinder die oben genannte Phasierung bereits beim Lösen genutzt haben, bedarf es zum Präsentieren möglicherweise nur noch kleinerer Ergänzungen, um den Weg auch für andere verstehbar darzustellen.

Unterstützung des Kommunizierens und Argumentierens
Kommunizieren und Argumentieren werden in der Phase des gemeinsamen Bearbeitens in Kleingruppen, aber auch beim Präsentieren der Ergebnisse sowie im anschließenden reflektierenden Gespräch angesprochen. Für das Präsentieren bieten die schon für das Darstellen aufgeführten Unterstützungen eine gute Ausgangsbasis. Gerade Gruppen, die ihren Lösungsweg ausführlich und unter Nutzung der erarbeiteten Tipps dokumentierten, gelang es auch, diesen gut nachvollziehbar zu erläutern.

Als Lehrkraft lohnt es sich, für den reflektierenden Vergleich von Lösungen ggf. passende Veranschaulichungen / Materialien zur Verdeutlichung der Lösungswege während der Reflexionsphase konkret anzubieten (vgl. Korff 2016). Im Fall der Postkartenaufgabe (s. Abb. 1) könnte das Auslegen z. B. an der Spindtür direkt gezeigt werden oder aber man verwendet die Skizze eines Rechtecks als Repräsentation für die Türfläche, und verdeutlicht das Auslegen mit Postkarten durch Einzeichnen entsprechender Markierungen.

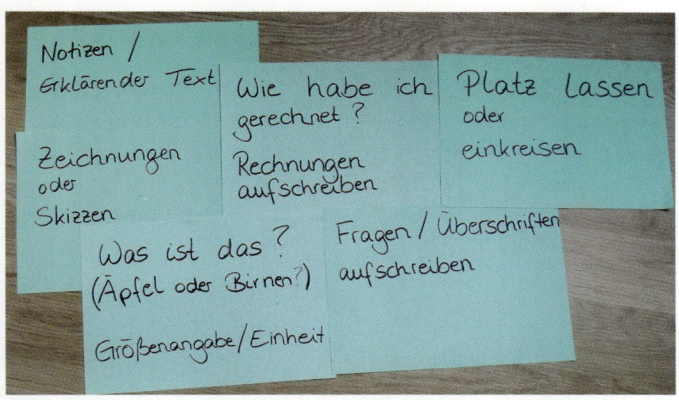

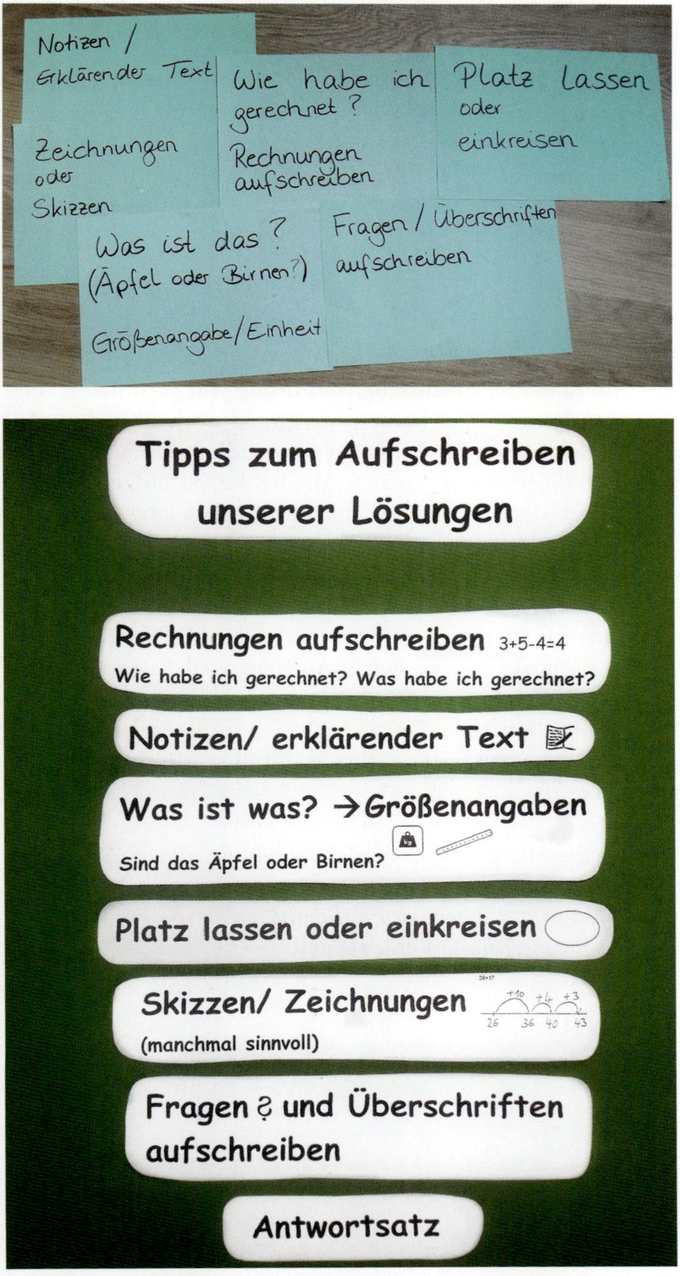

Tipps zum Aufschreiben unserer Lösungen

Rechnungen aufschreiben 3+5-4=4
Wie habe ich gerechnet? Was habe ich gerechnet?

Notizen/ erklärender Text

Was ist was? → Größenangaben
Sind das Äpfel oder Birnen?

Platz lassen oder einkreisen

Skizzen/ Zeichnungen
(manchmal sinnvoll)

Fragen ? und Überschriften aufschreiben

Antwortsatz

Abb. 5: Hilfen zur schriftlichen Notation von Lösungswegen (Kl. 4)

Wie kann es weitergehen? – Fermi-Aufgaben erfinden

Wenn Kinder Erfahrungen im Lösen von Fermi-Fragen gewonnen haben, ist das Erfinden eigener Fermi-Aufgaben für Kinder reizvoll und ergiebig. Auf diese Weise kann individuellen Interessen stärker Rechnung getragen werden, zudem müssen Lernende sich auf diese Weise noch einmal mit den charakteristischen Merkmalen solcher Aufgaben auseinandersetzen (vgl. z. B. Ludwig / Martens / Schneider 2016).

Fazit

Inklusiver Unterricht sollte zugleich offen und strukturiert sein (Krähenmann u. a. 2015). Mit dem hier beschriebenen Einsatz von Fermi-Aufgaben haben wir erläutert, wie sich diese beiden Merkmale sinnvoll verknüpfen lassen. Neben der Offenheit im Hinblick auf die kindlichen Zugänge und die genutzten Darstellungsformen wurden Möglichkeiten aufgezeigt, das Lernen der Kinder nach dem Prinzip der minimalen Hilfe angemessen zu unterstützen. Für einige Lernende wird vielleicht letztlich ein explizites Formulieren von Teilfragen notwendig sein, für viele andere reichen bereits Strukturierungshilfen, die das Modellieren oder auch das Darstellen des Lösungsweges geeignet unterstützen. Welcher Grad der Hilfestellung individuell erforderlich ist, muss bei jeder Fermi-Aufgabe wieder neu ausbalanciert werden, so dass alle Kinder ihr Lernpotential bestmöglich ausschöpfen können. Nur so kann mit Hilfe von Fermi-Aufgaben insbesondere die zentrale Idee des Modellierens von Sachkontexten mit allen Kindern gemeinsam verfolgt werden.

Die im Artikel dokumentierten Anregungen stammen überwiegend aus Erprobungen von Studierenden der Universität Bremen, denen wir an dieser Stelle herzlich für ihren Mut danken, sich auf den Einsatz von Fermi-Aufgaben im Rahmen ihres Praxissemesters einzulassen.

Literatur

Barzel, B. / Büchter, A. / Leuders, T. (2007): Mathematik Methodik. Handbuch für die Sekundarstufe I und II. Berlin: Cornelsen Scriptor.

Bongartz, T. / Verboom, L. (2007): Fundgrube Sachrechnen. Unterrichtsideen, Beispiele und methodische Anregungen für das 1. bis 4. Schuljahr. Berlin: Cornelsen Scriptor.

Franke, M. / Ruwisch, S. (2010): Didaktik des Sachrechnens. Heidelberg: Springer.

KMK (2004): Bildungsstandards im Fach Mathematik für den Primarbereich. Neuwied: Luchterhand.

Korff, N. (2016): »Ich bin froh, dass ich uns das zugetraut habe!« Fermi-Aufgaben im inklusiven Mathematikunterricht. In: Grundschulunterricht Mathematik H. 1, 9–13.

Körner, A (2015): Sind wir alle so schwer wie ein Elefant? Fermi- und »Kann das stimmen?«-Probleme zu Gewichten. In: Mathematik differenziert 4, 38–45.

Krähenmann, H. / Labhart, D. / Schnepel, S. / Stöckli, M. / Moser Opitz, E. (2015): Gemeinsam lernen – individuell fördern. In: Peter-Koop, A. / Rottmann, T. / Lüken, M. (Hrsg.): Inklusiver Mathematikunterricht in der Grundschule. Offenburg: Mildenberger, 43–57.

Krauthausen, G. / Scherer, P. (2014): Natürliche Differenzierung im Mathematik-unterricht – Konzepte und Praxisbeispiele in der Grundschule. Seelze: Kallmeyer.

Ludwig, F. / Martens, K. / Schneider, F. (2016): Sachaufgaben: Forscher in Aktion. In: Fetzer, M. (Hg): Inklusiver Mathematikunterricht. Ideen für die Grundschule. Baltmannsweiler: Schneider, 107–116.

Peter-Koop, A. (2008): »Wie viele Autos stehen in einem 3-km-Stau?« Modellbildungs-prozesse beim Bearbeiten von Fermi-Problemen in Kleingruppen. In: Ruwisch, S. / Peter-Koop, A. (Hg.): Gute Aufgaben im Mathematikunterricht der Grundschule. Offenburg: Mildenberger, 111–130.

Rasch, R. (2015): Modellieren lernt man nur durch Modellieren. Beispiel: Der Einsatz von Text- und Sachaufgaben. In: Der Grundschulunterricht, H. 2, 4–8.

Ruwisch, S. / Schaffrath, S. (2009): Fragenbox Mathematik. Kann das stimmen? Donauwörth: Auer.

Rink, R. (2015): Der Mensch in Zahlen. In: Die Grundschulzeitschrift H. 283.284, 47–49.

Hack, S. / Ruwisch, S. (2004): Der Mensch in Zahlen. In: Die Grundschulzeitschrift H. 172, 38–48.

Schipper, W. (2009): Handbuch für den Mathematikunterricht an Grundschulen. Braunschweig: Schroedel.

Winter, H. (1994): Sachrechnen in der Grundschule. 3. Aufl. Frankfurt am Main: Cornelsen Scriptor.

Anna-Lena Neumann / Ralph Schwarzkopf

Spielkontexte zum Zufall

Die Stochastik ist ein Themenbereich der Mathematik, der sich in die Gebiete der Statistik und der Wahrscheinlichkeitstheorie gliedern lässt. Grob gesagt entspricht diese Untergliederung dem, was in den Bildungsstandards für den Mathematikunterricht als Leitidee im Sinne von »Daten und Häufigkeit« auf der einen Seite und »Wahrscheinlichkeit« auf der anderen Seite für die Entwicklung der inhaltlichen Kompetenzen in der Grundschule formuliert ist (vgl. Hasemann / Mirwald / Hoffmann 2011; Neubert 2016).

Dieser Beitrag setzt sich mit der Thematisierung der Wahrscheinlichkeit im Unterricht auseinander, die gemeinhin als besonders schwierig angesehen wird. Das liegt unter anderem sicher daran, dass mathematische Aussagen über den Zufall eine gewohnt exakte Quantifizierung auf der theoretischen Seite aufweisen, die einer großen Unsicherheit auf der Seite der Anwendung gegenübersteht: Die Wahrscheinlichkeit, mit einem regulären Spielwürfel eine 6 zu werfen, beträgt in der Theorie genau 1/6. In der Realität bedeutet das aber nur, dass man bei einer hinreichend großen Anzahl an Versuchen (was auch immer das heißen mag) beim Werfen eines Würfels mit einem Sechstel an Sechsen rechnen kann – aber nur ungefähr. Es handelt sich also um schwer zu interpretierende Aussagen, die noch dazu in der Regel an Bruchzahlen und damit an einen Zahlbereich gebunden sind, der erst in der Sekundarstufe zum Tragen kommt. Diese Umstände führen sicher auch dazu, dass die Stochastik in der Grundschule nur ein Dasein am Rande führt und immer in Gefahr steht, zugunsten der Sicherung »bodenständiger« Basiskompetenzen wegzufallen.

Auf der anderen Seite bietet die Stochastik aber auch besonders niederschwellige Einstiegsmöglichkeiten, die sie für das Arbeiten in der Grundschule und insbesondere dort im inklusiven Unterricht durchaus attraktiv machen. Die meisten Kinder haben schon Erfahrungen mit einfachen Würfelspielen gemacht, haben sich also bereits in informellen Lernsettings mit Zufallsphänomenen auseinandergesetzt, ohne dass sie dafür auch nur den Zahlenraum bis 10 hätten überschreiten müssen. Zudem sind viele Kinder sehr motiviert, mit Würfeln spielerisch zu experimentieren. Bekanntlich entstehen durch subjektive Erfahrungen aber auch Vorstellungen, die nicht zu fachlich gewünschten stochastischen Basiskonzepten passen: Durch ihre Erfahrungen mit Spielen wie »Mensch ärgere dich nicht« glauben viele Kinder etwa, dass die 6 auf dem Spielwürfel eine Zahl sei, die besonders selten auftritt. Es gibt Anlass zur Vermutung, dass derartige Fehlvorstellungen nicht von allein ausgeräumt werden, dass also ohne eine gründliche Thematisierung im Unterricht die stochastischen Vorstellungen auch im Erwachsenenalter vielfach problematisch bleiben (vgl. Büchter u. a. 2005).

Der vorliegende Beitrag stellt sich dieser Spanne zwischen niedrigschwelligen, experimentellen Einstiegsmöglichkeiten und besonders anspruchsvollen theoretischen Grundkonzepten, indem die Auseinandersetzung mit Wahrscheinlichkeiten im Grundschulunterricht gemäß des Spiralprinzips zwar fachlich authentisch, aber nicht in voller begrifflicher Tiefe eingefordert wird. Im Zentrum der Überlegungen steht die Ermöglichung produktiver Lernchancen, in denen alle Kinder einen tragfähigen Wahrscheinlichkeitsbegriff entwickeln können. Wohlwissend, dass dieser Prozess Jahre dauert und natürlich durch unsere Vorschläge nur angebahnt werden kann, möchten wir drei Kriterien für zugehörige Rahmenbedingungen voranstellen, die aus unserer Sicht für die Arbeit im Unterricht zur Ermöglichung stochastischer Lernchancen berücksichtigt werden sollten.

1. Ereignisse heißen dann zufällig, wenn ihr Eintreten nicht mit Sicherheit vorhergesagt werden kann. Das bedeutet aber in der Regel nicht, dass man in zufälligen Situationen über gar keine Kenntnisse verfügt. Beim Werfen eines Würfels geht man zum Beispiel davon aus, dass er auf einer seiner Flächen zum Liegen kommt und damit eine Zahl von 1 bis 6 geworfen wird. Nur dann, wenn die möglichen Ausgänge eines Experiments bekannt sind (oder erschlossen werden können), kann man mit den Kindern sinnvoll über die dabei auftretenden Wahrscheinlichkeiten nachdenken. In der Stochastik spricht man hierbei von »Zufallsexperimenten« und meint wiederholbare Experimente, von denen man alle möglichen Ausgänge kennt und bei denen die Unklarheit nur in der Vorhersage besteht, welcher der Ausgänge eintreten wird. Im Unterricht sollte man also stets für die Kinder transparente *Zufallsexperimente* heranziehen.

2. Die Bildungsstandards fordern, dass im Unterricht Grundbegriffe zur Beschreibung von zufälligen Ereignissen entwickelt werden sollen. Die dazu vorgeschlagenen Begriffe »sicher«, »unmöglich« und »wahrscheinlich« werden in sehr vielen Unterrichtsvorschlägen thematisiert, sind aber aus unserer Sicht mit Vorsicht zu genießen. Denn die ersten beiden Begriffe grenzen ja gerade den Zufall aus. Gleichwohl sind solche Grundbegriffe wichtig, verstanden als Abgrenzung des Zufalls von vorhersehbaren Ereignissen. Hierzu müssen Situationen initiiert werden, die aus einem Zufallsexperiment heraus in authentischer Weise entstehen und die Grenzen des Zufalls deutlich machen. Nach unserer Erfahrung gelingt dies am besten in Spielsituationen.

3. Die aktive Durchführung von Zufallsexperimenten in Spielsituationen sollte unserer Meinung nach eine wesentliche Säule für die Thematisierung von Wahrscheinlichkeiten im Unterricht sein: Hierbei erhalten alle Kinder, also auch diejenigen mit Schwierigkeiten beim Mathema-

tiklernen, durch ihre Möglichkeit zur Teilhabe am Spiel einen Zugang, um grundlegende stochastische Erfahrungen zu sammeln. Die Tiefe der inhaltlichen Erkenntnis wird und darf dabei gemäß einer natürlichen Differenzierung unterschiedlich sein.

Im Folgenden stellen wir in einem kurzen und einem ausführlichen Beispiel exemplarisch vor, wie diese Kriterien in der Grundschule umgesetzt werden können. Die Überlegungen stammen aus einem der im Projekt PEnDEL M[1] angesiedelten Forschungsvorhaben und beziehen sich auf den Unterricht der ersten Klasse. Wir starten in unseren stochastischen Lernumgebungen immer damit, dass sich die Kinder zunächst in einem einfachen Spiel (Zufallsexperiment) bewusst mit elementaren Zufallsphänomenen auseinandersetzen, um nach dem Spiel – auf den gemachten Erfahrungen aufbauend – die Entwicklung des Wahrscheinlichkeitsbegriffs ein Stück weit voranzubringen: Die *Mathematik im Spiel* wird bewusst gemacht und zu einer *spielerischen Auseinandersetzung mit Mathematik* aufgegriffen (vgl. Nührenbörger / Schwarzkopf / Tubach 2015; Nührenbörger / Schwarzkopf 2014).

Beispiel 1: Gleiche Wahrscheinlichkeiten

Eine erste Auseinandersetzung mit dem Zufall wird im Unterricht oft durch das Werfen eines regulären Spielwürfels initiiert – nicht zuletzt, weil der Umgang mit dem Würfel gleichermaßen arithmetisch, geometrisch wie auch stochastisch gesehen im Bereich der Basiskompetenzen angesiedelt ist, also einen Zugang für alle Kinder bietet. Man versucht dadurch die Einsicht zu erzeugen, dass alle Ausgänge dieses Experiments »gleichwahrscheinlich« sind. Dabei wird oft übersehen, dass der Begriff »Gleichwahrscheinlichkeit« ein sehr theoretischer Begriff ist, der als Startpunkt für stochastische Überlegungen gleichermaßen wichtig erscheint, wie er schwierig zu begreifen ist. Wenn die Kinder etwa einen Würfel 30-mal werfen, dann wird bestimmt nicht jede Zahl 5-mal auftreten. Auch wenn sie ihn 300-mal werfen, werden sie aller Voraussicht nach nicht alle Zahlen gleich oft werfen. Vielmehr wird in aller Regel eine der Zahlen am häufigsten und eine andere der Zahlen am seltensten geworfen – wie soll man daran den Grundbegriff »Gleichwahrscheinlichkeit« so thematisieren, dass er fachlich authentisch und zugleich inhaltlich zugänglich entwickelt wird?

Hierzu ist es wichtig, dass die Kinder die Austauschbarkeit in der Führungsposition der einzelnen Ereignisse erkennen. Dies kann man folgen-

---

1)   Praxisnahe Entwicklungsprojekte im Dialog mit Erzieherinnen und Lehrkräften – Mathematik. Das Projekt wird vom Klett Verlag unterstützt. Für nähere Informationen siehe Nührenbörger u. a. 2016.

dermaßen umsetzen: Die Klasse wird in leistungsheterogene Gruppen eingeteilt, sodass Kinder mit Schwierigkeiten beim Mathematiklernen von anderen Kindern bei der Notation und Bündelung der Ergebnisse in Strichlisten Unterstützung erhalten. Jede Gruppe würfelt mit dem Würfel etwa 40-mal. Anschließend stellt jede Gruppe fest, welche Zahl bei ihr am häufigsten und welche am seltensten geworfen wurde – dabei kann es durchaus passieren, dass mehrere Zahlen diese Positionen besetzen. Die Ergebnisse werden dann in eine gemeinsame Strichliste überführt, wobei jede Gruppe die Striche in einer eigenen Farbe einträgt und zugleich festgehalten wird, welche Zahl in welcher Gruppe »Gewinner« und welche Zahl »Verlierer« war. Das Ergebnis wird ähnlich bunt gemischt aussehen wie in Abbildung 1.

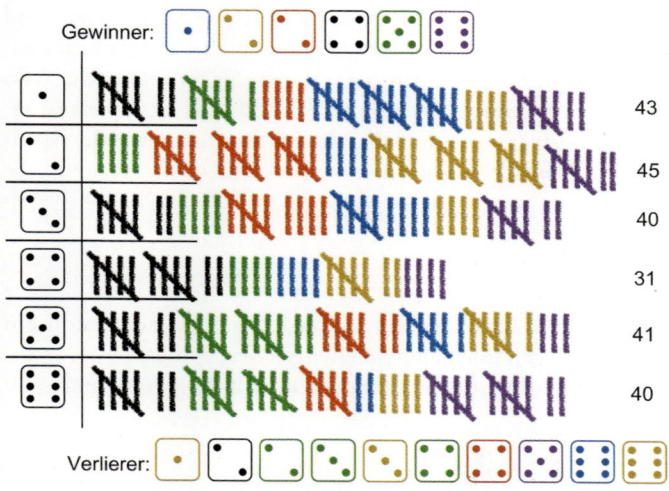

Abb. 1: Eine zusammengesetzte Stichprobe

Natürlich wird auch in der zusammengesetzten Stichprobe eine Zahl am seltensten und eine am häufigsten geworfen. Die differenzierte Auswertung der Experimente erlaubt aber einen genaueren Vergleich: So wurde zwar die Vier besonders selten geworfen, war aber in der schwarzen Gruppe trotzdem die Gewinnerzahl. Umgekehrt hatte die Zwei, die in der Gesamtauswertung an der Spitze liegt, in zwei Gruppen die Verliererposition. Anhand dieser einzelnen Vergleiche lässt sich dann feststellen, dass keine der Zahlen eine herausragende Rolle im Experiment gespielt hat – ein aus unserer Sicht angemessener Ansatz zum begrifflichen Verständnis der Gleichwahrscheinlichkeit im Anfangsunterricht. Auch wenn die Erstklässler mit der Anzahl der Gesamtwürfe keine Vorstellung verbinden, wird ihnen diese Einsicht durch die graphische Darstellung ermöglicht: Die Längen der Strichlisten lassen (mit Vergleich zu den Auswertungen der Gruppenstichproben) auch ohne bekannte Anzahlen ebendiesen Schluss zu.

Beispiel 2: Wahrscheinlichkeiten vergleichen

Wenn die Kinder eine tragfähige erste Vorstellung davon entwickelt haben, was die Gleichwahrscheinlichkeit bedeutet, können erste Wahrscheinlichkeitsvergleiche angestellt werden. Da die Bruchzahlen zur quantitativen Bestimmung von Wahrscheinlichkeiten nicht zugänglich sind, muss und darf ein solcher Vergleich auf qualitativem Niveau erfolgen. In der hier vorgestellten Lernumgebung steht ein solcher qualitativer Vergleich von Eintrittswahrscheinlichkeiten im Mittelpunkt, wobei anknüpfend an das erste Beispiel klassische Würfelexperimente thematisiert werden. Dabei wird zunächst das Spiel »Mutprobe« von zwei Parteien gespielt – möglich ist hier, dass zwei Kinder (oder Kindergruppen) gegeneinander antreten oder dass eine Spielpartei von der Lehrkraft übernommen wird. Ziel des Spiels ist es, möglichst viele Punkte zu sammeln, wobei die Spielparteien in jeder Spielrunde sowohl Punkte gewinnen als auch verlieren können.

Spielanleitung

Material für das Spiel »Mutprobe«
- Spielfeld »Mutprobe«
- Zufallsgeneratoren: ein Tetraeder, ein Hexaeder, ein Oktaeder und ein Dodekaeder[2] (analog zum normalen Spielwürfel beschriftet)
- Würfelbecher, Spielfiguren und Gewinnpunkte (z. B. Muggelsteine)

Abb. 2: Die Zufallsgeneratoren

Spielregeln
Das Spiel wird über mehrere Runden gespielt. Es kann vorab eine Zeitspanne oder eine Anzahl an Spielrunden vereinbart werden – nach unseren Erfahrungen bieten sich hier zehn Spielrunden oder 15 Minuten Spielzeit an. Wer zum Schluss am meisten Gewinnpunkte gesammelt hat, gewinnt das Spiel. Vor jeder Spielrunde werden die beiden Spielfiguren auf das Startfeld gestellt. Nun sind die Kinder abwechselnd an der Reihe. Das Ziel einer jeden Spielrunde besteht darin, mit der eigenen Figur möglichst dicht an die rote Linie zu gelangen – allerdings sollte man die Linie nicht übertre-

---

2) Die Zufallsgeneratoren werden im Folgenden der Einfachheit halber als 4er-, 6er-, 8er- und 12er-Würfel bezeichnet.

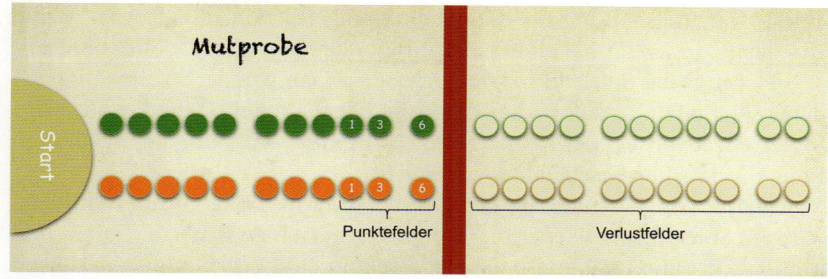

Abb. 3: Das Spielfeld

ten: Während man auf den letzten Feldern vor der Linie 1, 3 oder 6 Punkte gewinnt, muss man in dem Fall, dass man die Linie übertritt, 5 Punkte an die Bank abgeben. Die gebündelte und lineare Anordnung der Felder auf dem Spielfeld erleichtert dabei die Zugänglichkeit für Kinder mit Schwierigkeiten beim Mathematiklernen.

Ein Spielzug in einer Spielrunde besteht dabei immer aus den folgenden vier Schritten:
1. Entscheidung für einen der vier verschiedenen Würfel fällen,
2. den ausgesuchten Würfel einmalig werfen,
3. die Spielfigur um die geworfene Zahl weitersetzen,
4. Entscheidung für oder gegen eine Fortsetzung der Spielrunde fällen.

Die Kinder dürfen sich also jederzeit entscheiden, die Spielrunde für sich zu beenden – in diesem Fall darf aber die andere Spielpartei noch beliebig oft weiterwürfeln, um die eigene Position zu verbessern. Am Ende einer Spielrunde erhalten die Kinder passend zu der Position ihrer Spielfigur 1, 3 oder 6 Gewinnpunkte oder sie müssen 5 Punkte abgeben. Sofern sie ihre Spielrunde bereits vor Erreichen der Punktefelder beenden, sind sie zwar nicht besonders mutig, halten aber ihren Punktestand immerhin konstant.

Im Folgenden soll das Potenzial der Lernumgebung für den Einsatz im Unterricht aufgezeigt werden, indem die intendierten stochastischen Lernchancen erläutert werden.

Stochastische Lernchancen im Spiel

Die Kinder werden im Spiel durch die Wahl des situativ besten Würfels mit unterschiedlichen stochastischen Situationen konfrontiert: Liefert der 4er-, der 6er-, der 8er- oder der 12er-Würfel die besten Chancen? Gibt es auch Risiken? Ist es sicher, dass die Figur nach dem Wurf auf der Gewinnerseite der roten Linie bleibt? Wie groß ist die Gefahr, die Linie zu überschreiten? Diese Fragen sind mit den elementarsten arithmetischen Mitteln greifbar, so dass hier alle Kinder mitspielen, sich an den Entscheidungen beteiligen und eine Erwartungshaltung für die dabei durchgeführten Zufallsexperimente aufbauen können. Dabei gibt es einige besonders interessante Situationen:

So ist etwa das Spielfeld so konzipiert, dass man von der Startposition bei dem Wurf einer 12 sofort die rote Linie überschreitet. Diese Gefahr wird in der Regel von Kindern zunächst nicht wahrgenommen – es entsteht ein Ereignis, dass überraschenderweise *möglich* ist.

Anhand der Abschätzung der Gefahr, die rote Linie zu überschreiten, wird im Spiel immer wieder die Komplementarität zwischen sicherem und unmöglichem Ereignis greifbar. Steht die Figur zum Beispiel auf dem siebten Feld, sind es also noch vier Schritte bis zum letzten Feld vor der roten Linie, liefert der 4er-Würfel das *sichere* Ereignis, dass die Figur auf der Gewinnerseite bleibt – was zugleich bedeutet, dass ein Überschreiten der Linie *unmöglich* ist. Je größer nun der Würfel gewählt wird, desto größer wird die Wahrscheinlichkeit, die rote Linie zu überschreiten. Es lassen sich also die Zufallsgeneratoren in ihrer Eignung miteinander vergleichen, ohne dass die Wahrscheinlichkeiten mit einer Quantität versehen werden müssen.

Unsere didaktischen Experimente zeigen, dass diese empirischen Spielerfahrungen bedeutsam sind für die Entwicklung des Wahrscheinlichkeitsbegriffs: Durch das zielgerichtete Spielen entwickeln alle Kinder ein Bewusstsein für die Chancen und Risiken in stochastischen Situationen, so dass sie – entsprechend ihres Leistungsstandes – immer besser günstige und ungünstige Ereignisse im Voraus wahrnehmen und benennen können. Die Wahl des Würfels erfolgt dann zunehmend reflektierter.

Gleichwohl sind die Situationen, in denen das Potenzial zur Entwicklung des Wahrscheinlichkeitsbegriffs besonders hoch ist, aufgrund der Hektik des Spiels flüchtig. Daher ist es wichtig, aus den Spielsituationen Fragestellungen zu generieren, mit denen die Kinder im Nachhinein in Ruhe konfrontiert werden.

Stochastische Lernchancen nach dem Spiel

Nach der Spielphase werden die Kinder mit fiktiven Spielsituationen in Form von Aufgabenkarten (Beispiel siehe Abb. 4) konfrontiert. Sie sollen dabei jeweils den besten und den schlechtesten Würfel auswählen und ihre Entscheidung begründen.

Welcher Würfel ist der beste?
Welcher Würfel ist der schlechteste?

Abb. 4: Bildkarte mit Spielfigur auf Feld 9

Bei Betrachtung der in der Abbildung dargestellten Spielsituation ist es mit allen vier Würfeln *möglich*, Punkte zu erhalten oder zu verlieren. Mit welchem Würfel man also Punkte gewinnen würde, kann nicht mit Sicherheit vorhergesagt werden, d. h. ob ein Würfel besser ist als ein anderer, kann nur durch den Vergleich von Wahrscheinlichkeiten entschieden werden.

Hierzu setzen wir Tabellen (Abb. 5) ein, in denen die günstigen den ungünstigen Ereignissen gegenübergestellt werden: In sie wird eingetragen, welche geworfenen Zahlen jeweils zu Punktegewinn (»gute Zahlen«), Punkteverlust (»schlechte Zahlen«) oder weder zum einen noch zum anderen führen (»neutrale Zahlen«).

	Gute Zahlen +		Schlechte Zahlen −
	1 2		3 4
	1 2		3 4 5 6
	1 2		3 4 5 6 7 8
	1 2		3 4 5 6 7 8 9 10 11 12

Abb. 5: Ausgefüllte Tabelle für die Situation »Spielfigur auf Feld 9«

In dieser Situation werden sich die Kinder auf den Vergleich der ungünstigen Zahlen fokussieren, da dies die Anzahlen sind, die zwischen den Würfeln variieren. Demnach beschreiben die Kinder, dass der 4er-Würfel zwei, der 6er-Würfel vier, der 8er-Würfel sechs und der 12er-Würfel zehn schlechte Zahlen hat (während sie jeweils zwei gute Zahlen besitzen) und gelangen zu dem Schluss, dass der 4er-Würfel der beste und der 12er-Würfel der schlechteste ist. Durch einen derartigen Vergleich können bereits Grundschulkinder begründete stochastische Entscheidungen treffen, ohne allzu große arithmetische Kompetenzen vorauszusetzen: Es müssen lediglich Anzahlen bis 12 miteinander verglichen werden.

Die Darstellung in der Tabelle lässt jedoch auch andere Erkenntnisse und Argumentationsweisen zu: Kinder mit Schwierigkeiten beim Mathematiklernen können beispielsweise durch die unterschiedliche lineare Ausbreitung ohne exakte Anzahlerfassung zu demselben Schluss kommen und dabei allgemeiner über »mehr bzw. weniger Zahlen« argumentieren.

Andere Spielsituationen, wie beispielsweise die Situation, dass die Spielfigur auf Feld 4 steht, führen zu komplexeren Entscheidungssituationen, in denen die Kinder mit den elementaren Begriffen aber auch schon recht weit kommen. Die Verteilung der Zahlen in der ausgefüllten Tabelle zeigt Abb. 6 auf S. 228.

Der 4er-Würfel führt sicher zu einer neutralen Position, er hat also keinen Nutzen, aber auch kein Risiko. Der 6er-Würfel liefert dagegen die Chance, auf eine Gewinnerposition zu kommen, wenngleich nicht auf die beste. Das

	Gute Zahlen +		Schlechte Zahlen −
		1 2 3 4	
	5 6	1 2 3 4	
	5 6 7	1 2 3 4	8
	5 6 7	1 2 3 4	8 9 10 11 12

Abb. 6: Ausgefüllte Tabelle für die Situation »Spielfigur auf Feld 4«

leistet dagegen der 8er-Würfel – dieser birgt aber auch die Gefahr des Verlusts – ob er besser ist als der 6er-Würfel, scheint eine Frage der Risikobereitschaft zu sein. Der 12er-Würfel dagegen ist wieder klar schlechter als der 8er-Würfel: Die Punkte sind durch die höhere Anzahl an »schlechten Zahlen« bei gleicher Anzahl an »guten Zahlen« stärker gefährdet.

Beim Diskutieren von Entscheidungen kommt es also immer wieder zu einem Abwägen der Chancen und Risiken, durch das die Entwicklung des Wahrscheinlichkeitsbegriffs vorangetrieben wird.

Schlussbemerkungen

Wie die beiden Beispiele zeigen, können bereits im Anfangsunterricht der Grundschule produktive Lernanlässe geschaffen werden, die die Ausbildung eines tragfähigen Wahrscheinlichkeitsbegriffs unterstützen. Neben der aus fachlicher Sicht niedrigen Eingangsschwelle wird die Zugänglichkeit für alle Kinder durch die spielerische Auseinandersetzung gewährleistet. Dass die Spielphasen schon selbst erste Lernprozesse auslösen und somit einen Anknüpfungspunkt für eine daran anschließende tiefergehende Betrachtung bieten, zeigt das folgende Zitat eines sechsjährigen Mädchens während einer didaktischen Erprobung des Spiels »Mutprobe«: »Und du hast dich gefreut, dass es ne zwölf ist. Und was ist rausgekommen? Nichts Gutes!«

Literatur

Büchter, A. u. a. (2005): Den Zufall im Griff? – Stochastische Vorstellungen fördern. In: Praxis der Mathematik in der Schule, 47. Jg., H. 4, 1–7.

Hasemann, K. / Mirwald, E. / Hoffmann, A. (2012): Daten, Häufigkeit, Wahrscheinlichkeit. In: Walther, G. u. a. (Hrsg.) (2012): Bildungsstandards für die Grundschule: Mathematik konkret. Berlin: Cornelsen Scriptor.

Neubert, B. (2016): Leitidee: Daten, Häufigkeit und Wahrscheinlichkeit. Aufgabenbeispiele und Impulse für die Grundschule. Offenburg: Mildenberger.

Nührenbörger, M. / Schwarzkopf, R. (2014): Mathematik als Spiel. Spielerische Handlungen regen das Mathematiktreiben an. In: mathematik lehren, 31. Jg., H. 186, 10–11.

Nührenbörger, M. u. a. (2016): Design Science and Its Importance in the German Mathematics Educational Discussion. (ICME-13 Topical Surveys) Rotterdam: Springer.

Nührenbörger, M. / Schwarzkopf, R. / Tubach, D. (2016): Mit Zahlen spielen. Leipzig: Klett.

Praxis des gemeinsamen Mathematiklernens: Raum und Formen erfahren und untersuchen

Kristina Hähn / Petra Scherer

Kunst quadratisch aufräumen

Eine geometrische Lernumgebung im inklusiven Mathematikunterricht

Der Geometrieunterricht ist oft noch kein fest integrierter Teil des Mathematikunterrichts der Grundschule. Häufig tritt er erst in Erscheinung, wenn arithmetische Bereiche »ausreichend« behandelt wurden, man sich »noch Zeit für etwas Schönes« nehmen möchte oder die Stundenplangestaltung es nicht anders zulässt, als dass die Geometrie vom regulären Mathematikunterricht separiert unterrichtet wird. Vor allem im inklusiven Unterricht wird die Arithmetik fokussiert, und die Geometrie findet, ungeachtet ihrer Bedeutung, die sie auch für den Arithmetikunterricht hat (Krauthausen / Scherer 2007, 6 ff.), eher am Rande Berücksichtigung (vgl. Hellmich 2007, 635). Dabei liefert gerade der Geometrieunterricht allen Lernenden vielfältige Möglichkeiten, z. B. Muster und Strukturen zu erkennen und zu beschreiben sowie Erkenntnisse durch das operative Prinzip zu erlangen.

Gemeinsames Lernen in substanziellen Lernumgebungen

Substanzielle Lernumgebungen (zum Begriff vgl. Krauthausen / Scherer 2014; Wittmann 1998) mit einem geometrischen Schwerpunkt eignen sich besonders, damit *alle* Schülerinnen und Schüler an einem *gemeinsamen Gegenstand* arbeiten. In der Grundschule bieten diese Lernumgebungen anschauliche, handlungsorientierte, oft auch fächerübergreifende Zugänge zu mathematischen Inhalten, ermöglichen Entdeckungen auf unterschiedlichen Niveaus und sind in der Regel materialgestützt geplant. Der Einsatz adäquater Materialien bietet Schülerinnen und Schülern mit Lernschwierigkeiten eine niedrige Eingangsschwelle zu einem mathematischen Thema. Ebenso können Materialien helfen, verbale Darstellungsschwierigkeiten zu überwinden, indem Handlungen mit dem Material verbale Äußerungen ergänzen oder ersetzen. Werden diese von anderen dann verbalisiert, wird ein Beitrag zur fachlichen Sprachförderung geleistet. Durch das Material können ebenso logisch erschlossene, verbale Argumentationen konkret dargestellt und deren Inhalt so für andere zugänglich gemacht werden. Auf diese Weise werden auch die geforderten prozessbezogenen Kompetenzen umgesetzt (KMK 2005).

Für Lernende mit sonderpädagogischem Unterstützungsbedarf, die im arithmetischen Bereich größere Schwierigkeiten haben und dies auch innerhalb einer, für sie selbst ersichtlichen, zieldifferenten Förderung spüren, bieten geometrische Lernumgebungen die Möglichkeit, sich als gleichberechtigte Lernpartner in der Klasse zu erleben. Somit kann ein wesentlicher Beitrag zu den, gerade für diese Kinder, wichtigen Erfolgserlebnissen im Mathematikunterricht geleistet werden. Geometrische Lernumgebungen sollten daher möglichst nicht schon vorab zieldifferent angelegt werden, sondern allen Kindern, ob mit oder ohne sonderpädagogischen Unterstützungsbedarf, das gleiche substanzielle mathematische Lernangebot bieten. Bei der konkreten Unterrichtsplanung sollten aber anerkennenswerte Teilleistungen identifiziert und definiert werden (vgl. Wollring 2015, 38).

Die Lernumgebung »Kunst quadratisch aufräumen«

Die im Folgenden dargestellte Lernumgebung wurde im Rahmen des Forschungs- und Entwicklungsprojekts »Mathe-Spürnasen« entwickelt (vgl. ⋯www.▶ uni-due.de/didmath/mathe-spuernasen.php; Baltes u.a. 2014) und im gemeinsamen Lernen einer vierten Jahrgangsstufe einer Grundschule in einem sozial schwachen Einzugsgebiet erprobt. Das zentrale mathematische Thema der gesamten Lernumgebung ist das *Quadrat*, und die Lernumgebung besteht aus einer einführenden und drei vertiefenden Lernumgebungen. In einer einführenden Lernumgebung werden Eigenschaften des Quadrats im Kontext des »Haus der Vierecke« betrachtet. Neben dem Thema »Kunst quadratisch aufräumen« sind die weiteren vertiefenden Lernumgebungen »Quadratvierlinge« und »Quadrate in Quadratgittern«.

Zunächst sollen zentrale Kriterien für die eingesetzten geometrischen Lernumgebungen im inklusiven Mathematikunterricht herausgestellt werden.

Geometrische Lernumgebungen für ein inklusives Setting

Die Forscheraufträge für die Lernenden sind im Sinne einer natürlichen Differenzierung, also ohne zieldifferente Aufgabenstellungen für Kinder mit Unterstützungsbedarf, konzipiert. Schülerinnen und Schüler sollen im sozialen Miteinander geometrische Probleme lösen und bspw. Produkte herstellen, durch die sie Eigenschaften und Zusammenhänge ebener Figuren entdecken, strategisch nutzen und darstellen sowie eigenes geometrisches Wissen reproduzieren oder erweitern können (zur Gestaltung geometrischer Lernumgebungen vgl. auch Franke / Reinhold 2016). Dabei werden sowohl materialgestützte Aktivitäten zur Beobachtung operativer Veränderungen als auch mentale Prozesse zur Förderung der Raumvorstellung herausgefordert.

Bei der Entwicklung der Lernumgebungen wurden anerkannte Kriterien berücksichtigt (vgl. u. a. Hirt / Wälti 2008, 13 f.) und für den Einsatz in inklusiven Settings erweitert:

- niedrige Eingangsschwelle zum Lerngegenstand (z. B. durch offenen Einstieg und handlungsorientierte Zugangsweise zum Arbeitsauftrag),
- Ermöglichung materialgestützter Argumentationen (als Gelegenheit, eigene Ideen in jeder Unterrichtsphase auszudrücken),
- Fokussierung der mathematischen Substanz bei gleichzeitiger Offenheit für unterschiedliche Schwerpunkte (um in der Interaktion gemeinsam entdeckte Aspekte vertieft zu betrachten und verschiedene Perspektiven auf den mathematischen Gegenstand zu möglichen).

Konkrete Kunst in einer geometrischen Lernumgebung

Die produktive Verbindung von Mathematik und Kunst ist in vielfältiger Weise herausgestellt worden: Durch Kunstwerke kann der Mathematikunterricht auf fachlicher Ebene angereichert, ein neuer Blick auf mathematische Zusammenhänge ermöglicht und der kreative Umgang mit ihnen gefördert werden (vgl. Weigand 2009, 11). In der »Konkreten Kunst« (zum Begriff siehe Roth 2009; Weigand 2009) werden mathematische Ideen oder Gesetzmäßigkeiten sowie ebene Figuren und deren Eigenschaften als Ausgangspunkt für künstlerische Darstellungen genutzt (vgl. z. B. Roth 2009, 49; Weigand 2009, 11). Die Werke bieten Entdeckungsmöglichkeiten und regen zur Nach-, Um- und Neugestaltung an (vgl. Rosin 1998, 54). So können geometrische Inhalte erarbeitet, vernetzt oder vertieft werden (vgl. Roth 2009, 49).

Die Idee des Künstlers Ursus Wehrli, Kunstwerke aufzuräumen, dabei ein Gesamtkunstwerk aufzulösen und nach verschiedenen Kriterien neu zu ordnen, fasziniert Kinder. Dabei wirken seine Bilder nicht nur ästhetisch, sondern eröffnen auch eine Reihe mathematischer Aktivitäten: Ebene Figuren werden sortiert, zusammengesetzt oder gruppiert. Es geht um die Ordnung nach Längen, Flächeninhalten oder Farben, die Zusammensetzung einzelner Bildelemente zu geometrischen Formen oder das Finden von Kategorien.

Für die Lernumgebung wurden zwei Bilder von Max Bill, einem zentralen Vertreter der Konkreten Kunst, ausgewählt, die aus einer Komposition aus Dreiecken bzw. Quadraten bestehen (vgl. Abb. 1a, b). Sie eignen sich zur mathematischen Analyse, da sie bereits unter geometrischen Konstruktionsaspekten konzipiert wurden (vgl. z. B. Weigand 2009, 7). In der Lernumgebung steht neben der Analyse und Beschreibung des Bilds als zentraler Forschungsauftrag das Zusammenfügen einzelner Formen zu (verschiedenen) einfarbigen Quadraten im Mittelpunkt.

Abb. 1a, b: Puzzle nach den Kunstwerken von Max Bill »rotation von vier gleichen farbgruppen« (links) und »color field with white & black accents« (rechts)

Die Lernumgebung »Kunst quadratisch aufräumen«

Einstieg und hinführender Forscherauftrag

Durch die Abbildungen »Sky Blue« von Kandinsky und der aufgeräumten Version von Wehrli (2004), in der Bildelemente farblich sortiert zu rechtecks- bzw. dreiecksähnlichen Figuren zusammengefügt sind, werden die Lernenden an das Thema herangeführt. Sie sollen sich anschließend zunächst frei zum Bild »rotation von vier gleichen farbgruppen« (vgl. Abb. 1a) äußern. An dieser Stelle können Eigenschaften, Größe und Lage der Formen *Quadrat*, *Dreieck* und *Rechteck* sowie Farbrotationen beschrieben werden. Unter anderem sind Aussagen zu Flächengleichheit und -verhältnissen oder auch zur Drehsymmetrie möglich. Die Abbildung liegt als Holzpuzzle vor, so dass Argumentationen überprüfbar sind und Handlungen verbale Aussagen stützen können.

Im anschließenden Forscherauftrag sollen die Lernenden versuchen, das Bild farblich sortiert, *quadratisch* aufzuräumen. Hierbei darf kein Teil übrig bleiben. Während der Aktivität können die Kinder entdecken, dass nur eine bestimmte Anordnung der Dreiecke zielführend ist. Lernende gehen z. T. probierend an diese Problemstellung heran oder aber »sehen« bereits im Originalbild in einem Viertel des großen Quadrats die Zusammensetzung aus drei Dreiecken (dort jeweils in unterschiedlicher Farbe).

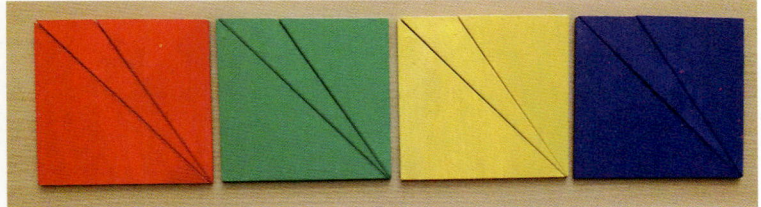

Abb. 2: Quadratisch aufgeräumtes Bild

Um auch kopfgeometrische Kompetenzen herauszufordern, werden nach der Aktivität gemeinsam Aufräumpläne (vgl. auch Abb. 5a auf S. 238) erstellt, in denen die Lernenden ihre Ideen durch Skizzen oder Kennzeichnung zusammengehöriger Bildelemente mit Hilfe farbiger Markierungen, Pfeilen oder Nummerierungen sowie durch schriftliche Beschreibungen festhalten. So werden Strategien deutlich gemacht oder im Nachhinein die Struktur des Bildes analysiert.

Zentraler Forscherauftrag

Ziel der nächsten Etappe der Lernumgebung ist es, das Bild »color field with white & black accents« (vgl. Abb. 1b) farblich sortiert, quadratisch aufzuräumen. Alle Quadrate sollen jedoch strukturell verschieden sein, wobei Teile übrig bleiben dürfen. Dazu können die Lernenden zunächst in einem offenen Austausch zu Assoziationen, Bildelementen und -strukturen bspw. Eigenschaften, Anzahl, Form, Farbe, Größe und Lage der Figuren, Farb- und Formvariationen sowie zusammengesetzte Formen und deren Elemente beschreiben.

Die Kinder sollen nun, bevor sie mit den Einzelteilen des Bildes operieren, einen Aufräumplan in Partnerarbeit erstellen. Im Rahmen der natürlichen Differenzierung sind unterschiedliche Zugänge und Bearbeitungsweisen möglich. Beispielsweise könnten verschiedene Kombinationsmöglichkeiten aus Quadraten oder Dreiecken gefunden werden, indem die Einzelteile des Bildes gepuzzelt werden. Das ist ein möglicher Zugang für Kinder, die aufgrund von Schwierigkeiten im Bereich der visuellen Wahrnehmung dieses Problem nur handelnd lösen können. Dennoch soll die Gelegenheit gegeben werden, die im Bild sichtbaren Strukturen zu nutzen, um verschiedene Zusammensetzungen von Quadraten gezielt zu finden. Dabei sind verschiedene Strategien zu unterscheiden, die für die Lernenden durchaus einen unterschiedlichen Schwierigkeitsgrad darstellen können. Im Bild sind bereits Quadrate zu finden, deren Zerlegungsstruktur erkennbar ist, die allerdings noch mehrfarbig dargestellt sind (zwei große Dreiecke; zwei kleine und ein großes Dreieck; vier kleine Quadrate, Abb. 3), eine Strategie, die bereits im vorangegangenen Bild zur Anwendung gekommen ist.

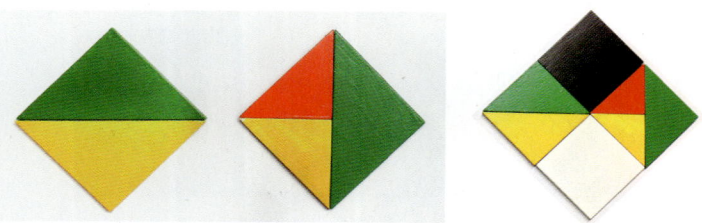

Abb. 3: Quadratische Ausschnitte mit mehrfarbiger Zerlegungsstruktur

Andere Zusammensetzungen müssen dagegen logisch erschlossen werden. Es gibt zwei verschieden große gleichschenklig rechtwinklige Dreiecke, deren Seitenlängen verglichen werden können: Die kurze Seite (Kathete) des kleinen Dreiecks ist halb so lang wie die lange Seite (Hypotenuse) des großen Dreiecks. Ebenso kann im Sinne der Deckungsgleichheit argumentiert werden: Die Fläche von zwei kleinen Dreiecken entspricht der Fläche eines großen Dreiecks bzw. der Fläche eines halben Quadrats. Dies führt zu dem Schluss, dass aus vier kleinen Dreiecken ein Quadrat gebildet werden kann.

Es ist auch möglich, Quadrate unter Ausnutzung von bereits Entdecktem zu finden. Aufgrund der Erkenntnis, dass die Fläche eines kleinen Dreiecks die Hälfte eines großen Dreiecks ausmacht und zwei große Dreiecke ein Quadrat ergeben, können weitere Quadratzerlegungen im Bild erkannt werden:

Abb. 4: Beispiel für Quadratzerlegung unter Ausnutzung der Entdeckungen

Bei der Erstellung des Aufräumplans werden viele Formenkombinationen bereits in der Partnerarbeit diskutiert. Mit Hilfe des Puzzles werden sie konkret darstellbar bzw. überprüfbar oder können auch jetzt erst entdeckt und später in der gemeinsamen Reflexion präsentiert werden.

Fachdidaktische Schwerpunkte der Lernumgebung
Die mathematischen Grundideen »Operieren mit Formen« und »Geometrische Gesetzmäßigkeiten und Muster« (vgl. Wittmann / Müller 2004) sind bei dieser Lernumgebung zentral. Durch das Verschieben, Drehen und die Bildung neuer Quadrate durch das Zusammenlegen von Dreiecken und Quadraten steht das operative Prinzip (vgl. Wittmann 1985) im Mittelpunkt. Dies geschieht je nach individueller Voraussetzung handelnd oder mental. Indem

die Schülerinnen und Schüler Formen kombinieren, können sie die Wirkung ihrer Handlung auf geometrische Figuren beobachten sowie Beziehungen und Strukturen entdecken. Insgesamt werden die prozessbezogenen Kompetenzen Darstellen, Argumentieren, Problemlösen und Kommunizieren (vgl. KMK 2005, 8) herausgefordert und gefördert. Die Betrachtung der Kombination von Dreiecken und Quadraten zu neuen Quadraten bietet die Möglichkeit, die inhaltsbezogenen mathematischen Kompetenzen der Schülerinnen und Schüler im Bereich Raum und Form zu fördern, v. a. geometrische Figuren zu erkennen, zu benennen und darzustellen sowie Flächeninhalte zu vergleichen (vgl. ebd., 10). Auch Kompetenzen im Bereich Größen und Messen (vgl. ebd., 11) werden durch die Längen- und Flächenvergleiche auf- bzw. ausgebaut und durch kombinatorische Überlegungen ergänzt.

Erprobungen der Lernumgebung im gemeinsamen Lernen
Nachfolgend soll exemplarisch die Durchführung der Lernumgebung im gemeinsamen Lernen dargestellt werden. In der Lerngruppe befinden sich sowohl Seiteneinsteigerkinder mit geringen Deutschkenntnissen, von der Lehrerin als rechenschwach beschriebene Schülerinnen und Schüler, mehrere Lernende mit Migrationshintergrund wie auch Adea, ein Mädchen mit dem Unterstützungsbedarf im Bereich Lernen. Da alle Schülerinnen und Schüler im Sinne eines gemeinsamen Lernens von der Unterrichtssituation profitieren sollen, wird der Fokus nicht nur auf Adea gelegt, sondern auf das komplexere Unterrichtsgeschehen, etwa auf durch sie ausgelöste Argumentationsprozesse.

Während der ersten freien Äußerungen zum ersten Kunstwerk (vgl. Abb. 1a), beteiligt sich Adea wenig am Gespräch, das sie aber aufmerksam verfolgt. Sie äußert sich allgemein (»Ich sehe viele Farben«) und ersetzt Begriffe durch Zeigehandlungen (»Ich sehe noch die [*fährt mit dem Finger die Bilddiagonalen nach*]«). Die Mitschülerinnen und Mitschüler präzisieren Adeas Entdeckungen durch konkrete Angaben (»Ich sehe nur vier Farben. Gelb, rot, blau und grün«) oder Nennung mathematischer Begriffe (»Diagonalen«). Im weiteren Gesprächsverlauf wechseln sich unterschiedliche Alltagsassoziationen zum Bild (z. B. Regenbogen, Finnen von Walen, Portal einer Yu-Gi-Oh-Karte) mit mathematischen Beschreibungen (Formen und deren Eigenschaften) und der Beschreibung von Strukturen (Farbrotation, Schnittpunkt in der Quadratmitte, Gesamtbild bestehend aus einem großen und vier kleinen Quadraten) ab. Dabei präzisieren die Kinder ihre Aussagen und hinterfragen oder berichtigen sich wechselseitig.

Der Zugang zum zweiten Bill-Kunstwerk (Abb. 1b) gestaltet sich ähnlich. Adea versucht nun, die geometrischen Formen zu deuten und zu benennen, indem sie sich, wie ihre Mitschülerinnen und Mitschüler zuvor, assoziativ alltagsgebunden, aber auch mathematisch äußert. Ebenso erkennt sie eine regelmäßige Struktur in der Anordnung der weißen und schwarzen Quadrate:

Adea: Damit gib's auch so T-Shirts. So Formen-T-Shirts.
Lehrerin: Welche Formen kannst du denn erkennen?
Adea: Zum Beispiel die [umfährt mit dem Finger ein schwarzes, weißes und wieder schwarzes Quadrat]. Die machen dann halt so welche Formen. Und es gibt auch so welche, die dann weiß, dann schwarz, dann weiß und wieder schwarz [tippt die obere Reihe weißer und schwarzer Quadrate von rechts nach links an].
Lehrerin: Und wie nennt man die Formen?
Adea: Drachen?

Auf Adeas Benennung der auf der Ecke stehenden Quadrate als Drachen geht die Lehrerin genauer ein. Die Mitschülerinnen und Mitschüler vergleichen aufgrund eines Objekts im Klassenraum (Wasserfarbbild eines fliegenden Drachens) den mathematischen Begriff »Drachen« mit dem alltäglichen Gebrauch des Begriffs und stellen Vergleiche der Eigenschaften von Drachen und Quadraten her.

Später präzisiert Adea die Anzahl der Quadrate im Bild und zeigt, dass sie nicht nur die bereits abgebildeten einfarbigen Quadrate, sondern auch mehrfarbige Quadrate, die aus Dreiecken zusammengesetzt sind, wahrnimmt:

Ömer: Es gibt acht Quadrate. Acht Stück.
Adea: [tippt zuerst die schwarzen und weißen Quadrate einzeln an, danach die in der Mitte liegenden mehrfarbigen Quadrate] Neun, zehn, elf!
Lehrerin: Adea findet mehr.
Ömer: [tippt die letzten drei von Adea angetippten Quadrate an] Hier, hier und da.
Lehrerin: Was ist der Unterschied zwischen diesen Quadraten [umfährt ein schwarzes Quadrat] und diesen Quadraten? [tippt die drei mehrfarbigen Quadrate an]
Ömer: Das besteht nur aus eins.
Adea: Aus einer Farbe.
Ömer: Das besteht aus drei #äh zwei Dreiecke.
Adea: #zwei!

Am zentralen Forscherauftrag arbeitet Adea mit ihrem Mitschüler Ömer. Die beiden tauschen sich meist zeigend aus, und Adea verfolgt entgegen Ömers Ansicht zuerst die Idee, Formen rechteckig aufzuräumen. Die Lehrerin bemerkt den Dissens der beiden und konkretisiert noch einmal den Arbeitsauftrag, indem sie die Kinder fragt, aus welchen Dreiecken ein grünes Quadrat bestehen könnte. Daraufhin zeichnet Adea die Skizze des grünen Quadrats aus zwei großen Dreiecken. Die Lehrerin fordert die beiden Lernenden auf, nun ein rotes Quadrat zu erzeugen, das aber anders aussehen soll. Nachdem Adea ein großes und ein kleines rotes Dreieck kombiniert skizziert hat, diskutiert sie mit Ömer über die Größe der beiden Dreiecke. Sie kommen zu dem Schluss, dass die lange Seite des kleinen Dreiecks länger sein müsste, damit die Dreiecke ein Quadrat bilden.

Im weiteren Verlauf zeigen sich bei beiden Kindern

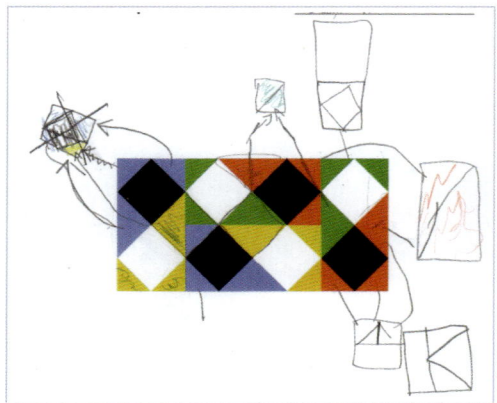

Abb. 5a, b: Aufräumplan und aufgeräumtes Bild von Adea und Ömer

noch Schwierigkeiten auf der zeichnerischen Ebene. Dennoch wird im Aufräumplan (vgl. Abb. 5a) durch farbliche Markierungen oder Zuordnungen einzelner Formen zu Skizzen deutlich, welche Strukturen sie erkennen und nutzen wollen. An ihrem später gelegten Ergebnis (vgl. Abb. 5b) ist zu erkennen, dass sie ihre Überlegungen bei den Farben rot, blau und grün umsetzen.

Adeas und Ömers Mitschülerinnen und Mitschüler verfolgen in der Partnerarbeit oft auch eine kombinatorische Perspektive, indem sie die beiden Dreiecke systematisch in Beziehung setzen (z. B. nur kleine Dreiecke, Kombinationen kleiner und großer Dreiecke, nur große Dreiecke).

Die Reflexionsphase lässt die Lehrerin durch Adea eröffnen, die die Größe der gefundenen Quadrate benennt und nicht auf die Zusammensetzung der Quadrate eingeht:

> Adea: Manchmal sind die [*zeigt auf die gefundenen Quadrate auf dem Tisch, vgl. Abb. 5b*] sehr klein, manchmal sind die sehr groß. Manchmal bleiben die einfach so. Oder sehr klein [*zeigt auf das gelbe Quadrat*] oder seeehr groß [*zeigt auf das weiße Quadrat*]. Oder mittelgroß.

Dadurch bringt Adea eine neue Sichtweise ein. Um sich zu ihren Entdeckungen zu äußern, müssen ihre Mitschülerinnen und Mitschüler eigene Lösungen neu betrachten und versuchen, ihre Strategien unter dieser Perspektive darzustellen. Es bietet somit der Gesamtgruppe die Lerngelegenheit, Seitenlängen von Dreiecken, die maßgebend für die Quadratgröße sind, zu betrachten.

Zum Schluss vergleichen alle Kinder ihre Lösungen. Dabei fällt Adea auf, dass Lösungen zum Teil unterschiedlich angeordnet sind, und es wird über deren Gleichheit diskutiert. Argumentationen über die Invarianz des Flächeninhalts bei gleichbleibender Anzahl und Größe von Dreiecken, die unterschiedlich angeordnet sein können, kommen so zur Sprache.

Fazit und Ausblick

Für die hier vorgestellte geometrische Lernumgebung wurde die Relevanz für den Mathematikunterricht der Grundschule mit den spezifischen Zielsetzungen, sowohl inhalts- als auch prozessbezogen, verdeutlicht. Die konkreten Aufgaben- und Problemstellungen lieferten dabei Bearbeitungsmöglichkeiten auf ganz unterschiedlichen Anspruchsniveaus.

Innerhalb der skizzierten Lernumgebung konnte eine Schülerin wie Adea verschiedene Lernchancen nutzen: Bei der Benennung mathematischer Formen oder Entdeckungen war sie auf Hilfe angewiesen, konnte ihre Gedanken jedoch zeigend, zeichnerisch oder mit Hilfe von Aktivitäten am Material darstellen. Während der Bildbetrachtung des zweiten Bill-Kunstwerks ist erkennbar, dass sie die bei ihren Mitschülerinnen und Mitschülern beobachteten Analyseaspekte antizipiert. Einsichten in mathematische Zusammenhänge und Strukturen hat sie auf der einen Seite durch den Austausch in der Partnerarbeit gewonnen, auf der anderen Seite durch aktives Handeln mit dem Material. Ihre Mitschülerinnen und Mitschüler profitierten von den durch sie angestoßenen Perspektivwechseln oder Detailbeobachtungen, auf die sie argumentativ reagieren mussten.

Denkt man bei der Durchführung dieser Lernumgebung auch an die Beteiligung von Kindern mit dem Unterstützungsbedarf im Bereich Geistige Entwicklung, könnten die vorgestellten Arbeitsaufträge eine große Herausforderung darstellen. Möglich wäre hier, Holzrahmen in der Größe der verschiedenen aufzuräumenden Quadrate zur Verfügung zu stellen, in die

die Holzteile eingepasst werden müssen. Evtl. könnte auch schon eine Zerlegungsstruktur sichtbar gemacht werden. Für einige Lernende könnte das Aufräumen der Kunstwerke zunächst nur hinsichtlich der Farbe bereits ein erstes wichtiges Ziel darstellen. Hier ist die angemessene diagnostische und fachliche Begleitung durch die Lehrperson von besonderer Bedeutung.

Bei mathematisch besonders begabten Schülerinnen und Schülern könnten stärker kopfgeometrische und logische Anforderungen gestellt werden, indem z. B. mehrere gleiche Kunstwerke quadratisch aufgeräumt werden sollen: Ab wann bleibt kein Teil übrig? Geht das überhaupt?

Die Strategie, die Kunstwerke quadratisch aufzuräumen, mag unterschiedlich sein. Einzelne Produkte und entdeckte Strukturen können jedoch verglichen und in Beziehung gesetzt werden. Jeder kann auf seinem Niveau Entdeckungen, Strategien und Schwierigkeiten aufzeigen, wird diese eventuell bei anderen wiedererkennen und sich im besten Fall auf andere Perspektiven einlassen müssen. Das gemeinsame Lernen kann auf diese Weise Lerngelegenheiten von allen für alle bieten.

Literatur

Baltes, U. / Rütten, C. / Scherer, P. / Weskamp, S. (2014): Mathe-Spürnasen – Grundschulklassen experimentieren an der Universität. In: Roth, J. / Ames, J. (Hrsg.), Beiträge zum Mathematikunterricht. Münster: WTM-Verlag, 121–124.

Franke, M. / Reinhold, S. (2016): Didaktik der Geometrie. In der Grundschule, 3. Auflage. Berlin, Heidelberg: Springer.

Hellmich, F. (2007): Geometrie. In: Walter, J. / Wember, F. B. (Hrsg.), Handbuch Sonderpädagogik Band 2. Sonderpädagogik des Lernens. Göttingen u. a.: Hogrefe, 635–657.

Hirt, U. / Wälti, B. (2008): Lernumgebungen im Mathematikunterricht. Natürliche Differenzierung für Rechenschwache bis Hochbegabte. Seelze: Kallmeyer.

KMK (Hrsg.) (2005): Bildungsstandards im Fach Mathematik für den Primarbereich. Beschluss vom 15.10.2004. München: Wolters Kluwer.

Krauthausen, G. / Scherer, P. (2007): Einführung in die Mathematikdidaktik. 3. Auflage. Heidelberg: Spektrum.

Krauthausen, G. / Scherer, P. (2014): Natürliche Differenzierung im Mathematikunterricht. Konzepte und Praxisbeispiele aus der Grundschule. Seelze: Klett Kallmeyer.

Rosin, H. (1998): Quadrate unterhalten sich. Sache-Wort-Zahl, 26. Jg., H. 18, 54–59.

Roth, J. (2009): Quadrate erforschen. Mathematik an konkreter Kunst entdecken. mathematik lehren, H. 157, 49–53.

Wittmann, E. C. (1985): Objekte – Operationen – Wirkungen: Das operative Prinzip in der Mathematikdidaktik. mathematik lehren, H. 11, 7–11.

Wittmann, E. C. (1998): Design und Erforschung von Lernumgebungen als Kern der Mathematikdidaktik. Beiträge zur Lehrerbildung, 16. Jg., H. 3, 329–407.

Wittmann, E. C. / Müller, G. N. (2004): Das Zahlenbuch 1. Lehrerband. Leipzig: Klett.

Wehrli, U. (2004): Kunst aufräumen. Königstein i. Ts.: Kein & Aber.

Weigand, H.-G. (2009): Die KUNST in der Mathematik. mathematik lehren, H. 157, 4–11.

Wollring, B. (2015): Schwerpunktsetzungen bei mathematischen Lernumgebungen in inklusiven Lerngruppen. In: Peter-Koop, A. / Rottmann, T. / Lüken, M. (Hrsg.), Inklusiver Mathematikunterricht in der Grundschule. Offenburg: Mildenberger, 33–42.

Ninja Del Piero / Christian Schöttler

Von Würfeln und Dreiecken

Geometrische Lernumgebungen in Ebene und Raum für alle Kinder

Besonders im Fach Mathematik, welches sich in einigen Bereichen durch einen sehr hierarchischen Aufbau der Unterrichtsinhalte auszeichnet, wird oftmals die Sorge geäußert, es sei sehr schwierig, für alle Kinder einer inklusiven Lerngruppe gemeinsame Lernsituationen an einem gemeinsamen Gegenstand zu entwickeln (Korff 2015). Jedoch scheinen insbesondere geometrische Lernumgebungen für einen inklusiven Grundschulunterricht aus verschiedenen Perspektiven heraus geeignet zu sein.

Im folgenden Beitrag werden diese Perspektiven genauer skizziert und anschließend anhand der Vorstellung von zwei geometrischen Lernumgebungen für den inklusiven Unterricht veranschaulicht und ihre Anwendung im inklusiven Mathematikunterricht diskutiert.

Das Potential des Inhaltsbereichs Geometrie für das gemeinsame Lernen

Die Geometrie ist im Unterschied zu anderen Inhaltsbereichen der Mathematik nicht vollständig als Lehrgang konzipiert und baut daher weniger stark auf vorangegangenen Inhalten auf. Vielmehr wird im Geometrieunterricht der Grundschule der propädeutische Charakter betont. Durch diesen **fehlenden streng hierarchischen Aufbau** ist »[e]in Einstieg [.] bei fast allen Themen zu nahezu jedem Zeitpunkt voraussetzungslos möglich« (Schipper 2009, 255). Die Bedingungen sind daher gut, im Sinne der inklusiven Didaktik einen gemeinsamen Gegenstand zu finden, welcher allen Kindern einen ersten Zugang ermöglicht und an dem alle lernen und arbeiten können, ohne dass bestimmte, grundlegende Inhalte vorausgesetzt werden.

Des Weiteren bietet die Geometrie im Hinblick auf die Gestaltung mathematischer Lernumgebungen vielfältige Möglichkeiten für **offene Aufgabenformate**, um auf verschiedenen Bearbeitungsniveaus zu arbeiten und zu unterschiedlichen Arbeitsergebnissen zu kommen. Natürlich differenzierte Lernumgebungen (Krauthausen / Scherer 2014) lassen den Kindern im Rahmen einer gleichen, weit gefassten Aufgabenstellung Freiräume, um auszuprobieren, zu entdecken, eigene Strategien zu entwickeln und zu eigenen Lösungen zu kommen. Die Vielfalt individueller Lernprodukte und Lernwege sowie deren Unterschiede können zu anregenden Kooperationsprozessen führen. So besteht gerade auch in sehr heterogenen Lerngruppen die Möglichkeit, dass die Kinder auf unterschiedlichen Stufen des Verständnisses miteinander lernen und sich fachbezogen austauschen. Nicht nur, aber besonders im inklusiven Mathematikunterricht sind kooperative Tätigkeiten ein zentrales Element des Unterrichts und sollten daher gezielt durch geeignete methodische Maßnahmen initiiert werden (Häsel-Weide 2017), um ein von- und miteinander Lernen zu ermöglichen. Die Kinder unterstützen sich in dem Sinne gegenseitig in ihren individuellen Lernprozessen und gewinnen so neue Erkenntnisse.

Der Geometrieunterricht zeichnet sich primär durch **Handlungen** an konkreten Materialien und deren Übersetzung in ikonische sowie symbolische Darstellungsweisen aus. Der Einsatz von Material sowie die Übersetzungen in andere Repräsentationsmodi dienen einerseits der Erarbeitung geometrischer Inhalte und dem Aufbau von Vorstellungen sowie andererseits als Grundlage für den Austausch über eigene Einsichten und Lösungswege (Lorenz 2009). Gerade für den inklusiven Mathematikunterricht ist der Einsatz von verschiedenen Repräsentationsformen geeignet, um zum gleichen mathematischen Inhalt unterschiedliche Anforderungsniveaus und Lernziele zu verfolgen. Trotz der verschiedenen Niveaus ist zum Beispiel durch eine Fokussierung auf die Beziehungen zwischen symbolischen Bearbeitungen sowie Bearbeitungen auf enaktiver und ikonischer Ebene ein fachbezogener Austausch möglich.

Der Übergang »von konkret-anschaulichen Erfahrungen zu den abstrakt-symbolischen Anforderungen« (Lorenz/Radatz 1993, 104) setzt bei den Kindern räumlich-geometrische Kompetenzen voraus. Jedoch zeigen lernschwache Kinder häufig Wahrnehmungsschwächen sowie Schwierigkeiten im visuellen Bereich und im Sprachverständnis (z. B. in der links-rechts-Unterscheidung) (Lorenz 2003). Dementsprechend müssen die Lernvoraussetzungen der Kinder diagnostiziert und gegebenenfalls gefördert werden. So sollten die Schülerinnen und Schüler ausgehend von vielfältigen Erfahrungen zu den geometrischen Inhalten die Möglichkeit erhalten, um visuelle Vorstellungsbilder auszubilden sowie mit ihnen mental zu operieren. Neben kognitiven Bedingungen des geometrischen Wissenserwerbes sind auch motivationale Aspekte besonders für Kinder mit Lernschwierigkeiten wichtig: Oftmals können sie durch geometrische Aktivitäten Erfolgserlebnisse sammeln, welche sich positiv auf den gesamten Mathematikunterricht auswirken können (Hellmich 2007, 652).

Vorstellung zweier geometrischer Lernumgebungen für den inklusiven Mathematikunterricht

Das Potential des Geometrieunterrichts für das gemeinsame Lernen wird im Folgenden anhand von zwei ausgewählten Lernumgebungen für die vierte Klasse konkretisiert.[1]

■ Beispiel I: *Würfelgebäude entdecken*
Eine zentrale Kompetenz, die Schülerinnen und Schüler in der Grundschule erlangen und ausbauen sollen, ist das räumliche Vorstellungsvermögen. Dies liegt darin begründet, dass das räumliche Vorstellungsvermögen keine als isoliert zu betrachtende Fähigkeit ist, sondern als ein Faktor der Intelligenz maßgeblich zur Denkentwicklung der Kinder beiträgt und zudem eine wichtige Rolle im Alltag der Kinder spielt (Junker 1999). Zur Förderung des räumlichen Vorstellungsvermögens wird oftmals die Arbeit mit Würfelgebäuden herangezogen, die sich auch in den Bildungsstandards unter dem Aspekt wiederfindet, »zwei- und dreidimensionale Darstellungen von Bauwerken (z. B. Würfelgebäuden) zueinander in Beziehung zu setzen« (KMK 2004). Der Wechsel zwischen dem Würfelgebäude als dreidimensionales Objekt und ihrer zweidimensionalen Darstellung als Bauplan[2] fördert die Orientierungsfähigkeit der Kinder sowohl in der Ebene als auch im Raum. Zudem bietet sich eine handelnde, materialunterstützte Auseinandersetzung bei der Arbeit mit Würfelgebäuden an. Dies ist förderlich, da der Aufbau räumlicher Vorstellungen durch den handelnden Umgang mit konkretem Material sowie durch das Nachdenken über dieses Handeln unterstützt wird.

In der Lernumgebung *Würfelgebäude entdecken* werden drei Aufgabentypen mit unterschiedlicher Gewichtung und Ausführung miteinander verbunden, sodass eine reichhaltige Lernumgebung entsteht, die vielfältige Aktivitäten ermöglicht und Kompetenzen fördert. Zu diesen drei Aufgabentypen gehören beispielsweise das Bauen eines Würfelgebäudes nach einem vorgegebenen Bauplan, die Zuordnung gegebener Perspektiven zu den entsprechenden Seiten eines bestehenden Würfelgebäudes oder die Konstruktion eines Würfelkomplexes, wenn nur zwei oder drei Perspektiven gegeben sind.

---

1) Die Lernumgebungen *Würfelgebäude entdecken* und *Dreiecke auf dem Geobrett* wurden im Rahmen eines Forschungsprojektes mit dem Arbeitstitel »KindeR - Kooperationsprozesse in natürlich differenzierten Lernumgebungen zur Raumvorstellung und Begriffsbildung« und dem Seminar *MatheWerkstatt* an der Universität Siegen konzipiert und im Lehr-Lern-Labor MatheWerkstatt Siegen mit Schulklassen der Jahrgangsstufe 4 erprobt.

2) Siehe Abbildung 2.

Die Arbeit in der Lernumgebung kann zum Beispiel in Dreiergruppen erfolgen, denn das gemeinsame Lernen ist wesentlicher Bestandteil der natürlichen Differenzierung (Krauthausen / Scherer 2014). Jede Gruppe bekommt ein Arbeitsheft sowie unterstützendes Material bereitgestellt, dessen Nutzung je nach Aufgabentyp offen gestellt ist. Dazu gehören Bausteine und eine Drehplatte, auf der die Gebäude gebaut und entsprechend der Perspektiven ausgerichtet werden können. Das Drehen der Platte und des

Abb. 1: Material der Lernumgebung *Würfelgebäude entdecken*

darauf gebauten Würfelgebäudes unterstützt gerade Kinder mit Wahrnehmungsschwierigkeiten darin, sich das Würfelgebäude und die Perspektiven besser vorstellen zu können und das räumliche Vorstellungsvermögen aufzubauen.

Exemplarisch sei die erste Aufgabenphase der Lernumgebung vorgestellt. Als Einstieg in das Aufgabenarrangement der Lernumgebung empfehlen sich Aufgaben zum freien Bauen, um sich mit dem Material vertraut zu machen. Die Kinder bekommen als Dreiergruppe Aufgaben gestellt, nach denen sie unter bestimmten Vorgaben eigene Würfelgebäude bauen und anschließend vier Perspektiven (Vorderansicht, Seitenansicht von rechts, Seitenansicht von links und Aufsicht) auf das entsprechende Würfelgebäude einzeichnen sollen. Dieses Bauen wird zunächst durch knappe Vorgaben, wie beispielsweise die Anzahl der Bausteine, geleitet, um die Anforderungen an die perspektivische Umsetzung nicht zu groß werden zu lassen und ein zielgerichtetes Arbeiten zu ermöglichen. Die Offenheit der Aufgaben wird somit durch bestimmte Bedingungen eingeschränkt, sodass man von teiloffenen Aufgaben sprechen kann (Krauthausen / Scherer 2014). Als Steigerung wird anschließend ein ganz offenes Bauen ohne Vorgaben ermöglicht. Hier sollen die Schülerinnen und Schüler eigene Würfelgebäude bauen sowie jeweils einen Bauplan aufschreiben, die passenden Ansichten einzeichnen und das Würfelgebäude beschreiben. Es ist den Kindern auf diese Weise möglich, die

Aufgaben auf unterschiedlichen Anforderungsniveaus zu bearbeiten und kreativ zu werden. Daher handelt es sich um ein natürlich differenzierendes Lernangebot (Krauthausen/Scherer 2014). In Abbildung 2 sind Schülerdokumente zu sehen, die zum einen die Aufgabenstellung veranschaulichen und zum anderen aufzeigen, auf welchen unterschiedlichen Niveaus die Aufgaben von den Kindergruppen gelöst werden.

In der oberen Darstellung bauen die Schülerinnen und Schüler ein Würfelgebäude, welches aus vier Würfeln besteht und sehr gleichmäßig angeordnet ist. Entsprechend entstehen Perspektiven auf das Würfelgebäude, die recht eindeutig zu erkennen und zu zeichnen sind, da sich die einzelnen oberen Würfel zum Beispiel nicht auf unterschiedlichen Höhen befinden und somit die Ansichten kaum verzerrt werden. Die Anforderung an die Übertragung der räumlichen Ansicht auf das zweidimensionale Raster sind somit relativ gering. Das Einzeichnen der Ansichten bereitet der Gruppe darüber hinaus noch Probleme. In der unteren Darstellung hingegen erfinden die Kinder ein Würfelgebäude aus 20 Würfeln,

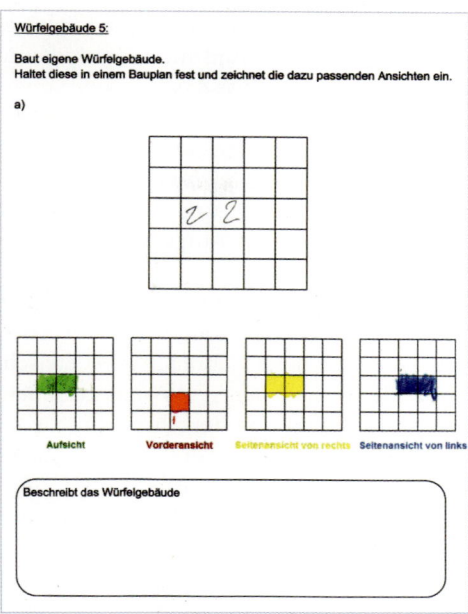

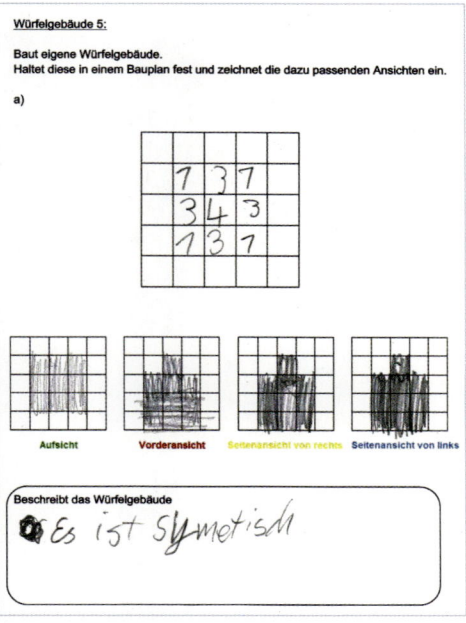

Abb. 2: Schülerlösungen zu Phase 1
Würfelgebäude entdecken

welches zudem achsen- sowie punktsymmetrisch ist. Die Perspektiven auf das Würfelgebäude sind nicht so eindeutig zu erkennen und zu zeichnen, da, wenn beispielsweise das Gebäude von vorne betrachtet, zwar der Dreier-Turm vor dem Vierer-Turm zu sehen, jedoch in der Vorderansicht nicht eingezeichnet ist. Die Anforderung an die Übertragung der räumlichen Ansicht auf das zweidimensionale Raster ist somit höher. Beide Lösungen sind im Rahmen der Aufgabenstellung gelungen und zeigen verschiedene Möglichkeiten, an die Aufgabe heranzugehen.

■ Beispiel II: Dreiecke auf dem Geobrett

Eine weitere wichtige Kompetenz, die in der Grundschule entwickelt werden soll, ist der richtige Gebrauch geometrischer Begriffe. Da Begriffe als Bausteine des menschlichen Wissens zu sehen sind, sind sie für den Wissenserwerb und damit einhergehend für die kognitive Entwicklung unabdingbar und darüber hinaus die Grundlage für die sprachliche Kommunikation (Franke / Reinhold 2016).

Mit der Begriffsentwicklung einher geht der Aufbau des Verständnisses zu ebenen Figuren und Körpern. Dies lässt sich auch in den Bildungsstandards unter dem Schwerpunkt *geometrische Figuren erkennen, benennen und darstellen* wiederfinden, wo gefordert wird, dass die Kinder Körper

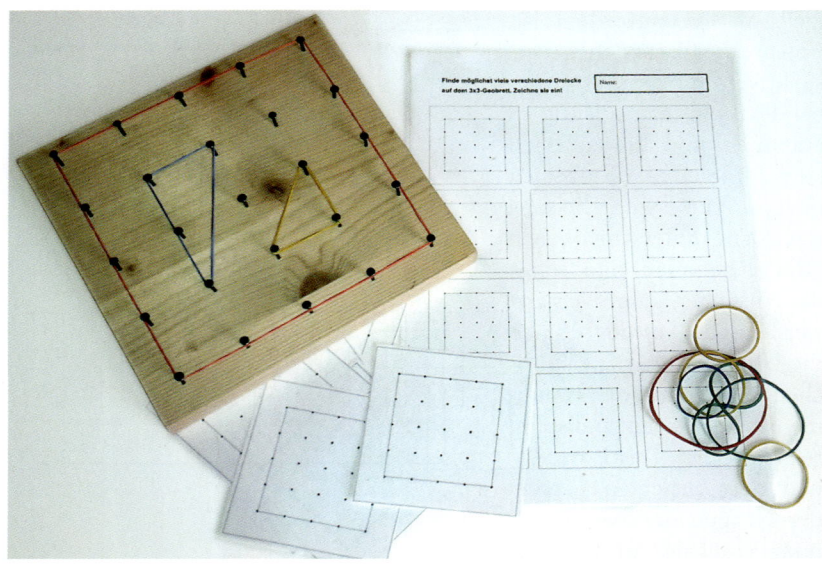

Abb. 3: Materialien zur Lernumgebung *Dreiecke auf dem Geobrett*
(Das Geobrett ist zur effektiveren Weiternutzung als 5·5-Brett konstruiert, für die Arbeit am 3·3-Geobrett werden die äußeren Nägel abgespannt.)

und ebene Figuren nach Eigenschaften sortieren und Fachbegriffe zuordnen sowie Modelle ebener Figuren herstellen können sollen (KMK 2004). Die Kenntnis über Eigenschaften von Körpern und ebenen Figuren sind grundlegend für die Weiterarbeit im Geometrieunterricht der Sekundarstufe, indem beispielsweise die fachgerechte Beschreibung ebener Figuren und Körper vertieft werden sowie die Kongruenz und trigonometrischen Beziehungen ebener Figuren oder die genaue Konstruktion im Vordergrund stehen (KMK 2003).

In der Lernumgebung *Dreiecke auf dem Geobrett* (u. a. Rickmeyer 2000) erhalten die Schülerinnen und Schüler die Aufgabe, möglichst viele verschiedene Dreiecke auf dem 3·3-Geobrett zu finden. Diese Aufgabe nähert sich neben dem Thema ebene Figuren auch bereits dem Thema Kongruenz auf eine intuitive Weise an, indem die Kinder durch die Aufgabe aufgefordert werden zu überlegen, wann zwei Dreiecke verschieden sind.

Der Arbeitsauftrag entspricht den Merkmalen natürlicher Differenzierung, denn er ist offen gestellt und ermöglicht den Kindern, auf ihrem jeweiligen Niveau zu arbeiten. Zum Beispiel können einige Kinder einzelne Dreiecke durch Probieren finden, andere Kinder können systematisch vorgehen und mehrere oder alle Dreiecke festhalten, und wiederum andere können begründen, warum sie alle Dreiecke gefunden haben, und beschreiben, wann ein Dreieck verschieden ist und wann nicht. Letztlich könnte sogar verallgemeinert werden, wann ebene Figuren grundsätzlich verschieden sind.

Für die Umsetzung der Aufgabe empfiehlt sich die Think-Pair-Share-Methode. Zunächst können die Schülerinnen und Schüler in Einzelarbeit verschiedene Dreiecke auf ihrem Geobrett spannen und diese anschließend auf einem Arbeitsblatt einzeichnen (Abbildung 3). Dabei können sie selbst bestimmen, wie intensiv sie das bereitgestellte Material nutzen oder ob sie die Dreiecke nach und nach eher im Kopf spannen, wie viele Dreiecke sie finden und nach welchen Kriterien sie diese als verschieden ansehen. Die daraus resultierenden unterschiedlichen Vorgehensweisen sind besonders für eine folgende Partner- und Gruppenarbeit wertvoll, in der sich die Kinder über ihre Ergebnisse und Herangehensweisen austauschen können und gemeinsam eine Sammlung verschiedener Dreiecke festlegen, die anschließend nach selbst gewählten Kriterien auf einem Plakat präsentiert werden.

Exemplarisch sind in Abbildung 4 (s. S. 248) zwei Plakate zu sehen, welche die unterschiedliche Auffassung des Begriffs *verschieden* sowie die Diversität der Ideen, wie die Anordnung der Dreiecke erfolgen soll, verdeutlichen. Gruppe 7 im oberen Bild hat diverse Dreiecke in unterschiedlichen Drehungen und Positionen festgehalten und als Hilfestellung die Seiten mit oben *(O)*, unten *(U)*, links *(L)* und rechts *(R)* gekennzeichnet. Durch diese Beschriftung wird die Position und Ausrichtung des Dreieckes auf dem Geobrett festgelegt, sodass ein Drehen des Dreieckes nicht mehr möglich

Abb. 4: rekonstruierte Schülerdokumente aus der Lernumgebung
Dreiecke auf dem Geobrett

ist. Mit dieser Festlegung haben die Kinder ein Kriterium gefunden, wann die Dreiecke für sie verschieden sind. Gedrehte, verschobene und gespiegelte Dreiecke werden alle als verschieden angesehen und die Kinder sehen Form und Größe des Dreiecks nicht unabhängig von seiner Lage.

Die Gruppe 1 auf dem unteren Plakat hingegen hat alle acht verschiedenen Dreiecke auf dem Plakat festgehalten. Es scheint, als hätte die Gruppe eine Definition des Begriffes *verschieden* erarbeitet, nach der die Dreiecke aussortiert wurden, die gedreht, gespiegelt oder in anderer Lage vorhanden waren. Dies zeugt von einem anderen Verständnis von Kongruenz als bei der Gruppe 7. Angeordnet wurden die Dreiecke nach ihrer Größe.

Die beiden Plakate zeigen zwei unterschiedliche Herangehensweisen, mit dem Begriff *verschieden* umzugehen und zu dem gestellten Problem eine adäquate Lösung zu finden. Dabei bringt jedes Kind seine Ergebnisse, die es in der Einzelarbeit gesammelt hat, mit in die Partner- und Gruppenarbeit ein und trägt zur Lösungsfindung bei.

Das Potential der Lernumgebungen für den inklusiven Unterricht

Beide Lernumgebungen zeichnen sich dadurch aus, dass alle Kinder zusammen an einem gemeinsamen Gegenstand lernen, aber auf unterschiedlichen Stufen des Verständnisses. Gleichzeitig können sie sich über Lösungswege, Strategien und Ergebnisse austauschen. Durch das niedrige Einstiegsniveau der Lernumgebungen und durch die ganzheitlichen, offenen Aufgaben ist es allen Schülerinnen und Schülern möglich, einen Zugang zu den Aufgaben zu finden sowie auf verschiedenen Niveaus zu arbeiten. Die bisherigen Erprobungen der Lernumgebungen zeigen, dass das Potential hinsichtlich der natürlichen Differenzierung von den Kindern ausgeschöpft wird. Das verdeutlichen auch die Schülerdokumente aus den Abbildungen 2 und 4.

Bei der Lernumgebung *Würfelgebäude entdecken* profitieren besonders leistungsschwächere Kinder von der Möglichkeit des Drehens der Platte, um die Perspektiven auf das Würfelgebäude besser erfassen und einzeichnen zu können. Gleichzeitig können andere Kinder die Ansichten zeichnen, ohne das konkrete Gebäude aus der entsprechenden Ansicht zu sehen, indem sie sich das Würfelgebäude mental vorstellen. Durch die verschiedenen Strategien ist die Kooperation gewinnbringend, da alle Kinder Vorschläge zur Vorgehensweise einbringen können, die zusammen diskutiert werden.

Allerdings ist bei der Lernumgebung auch darauf zu achten, dass manche Kinder Schwierigkeiten haben können, die Ansichten auf die Würfelkomplexe in die vorgegebene Darstellung des Arbeitsblattes zu übertragen und zwischen den Rastern für den Bauplan und denen für die Ansichten zu unterscheiden. Hier müssten gegebenenfalls Hilfestellungen gegeben werden, zum Beispiel hinsichtlich einer besser zu unterscheidenden Darstellung der beiden Raster oder einer weiteren Erläuterung der Einzeichnungsweise.

In der Lernumgebung *Dreiecke auf dem Geobrett* kann jedes Kind Dreiecke spannen und einzeichnen. Jedoch unterscheidet sich bei der Durchführung das Bearbeitungsniveau hinsichtlich des Vorgehens und der Anzahl der gefundenen Dreiecke. Einige Kinder spannen jedes Dreieck, bevor es eingezeichnet wird. Demgegenüber stehen Schülerinnen und Schüler, die das Material rasch nicht mehr nutzen und die Dreiecke direkt einzeichnen, da sie sich diese im Kopf vorstellen. Auch gibt es Unterschiede dahingehend, wann ein Dreieck als verschieden angesehen wird. Viele Kinder spannen erst einmal alle Dreiecke, die ihnen einfallen, und beachten dabei nicht, dass sie möglicherweise das gleiche Dreieck mehrfach einzeichnen, wenn auch an anderer Position oder in gedrehter oder gespiegelter Form. Es gibt jedoch auch Kinder, die zu Beginn überlegen, wann zwei Dreiecke verschieden sind, und die versuchen, nur verschiedene Dreiecke aufzuzeichnen.

Durch die wechselnden Sozialformen der Lernumgebung werden umfangreiche Gelegenheiten zur Kooperation ermöglicht. So können die Kinder, nachdem sie möglichst viele verschiedene Dreiecke entdeckt haben, ihren Mitschülerinnen und Mitschülern ihre Entdeckungen, Vorgehensweisen und Ideen verbalisieren und die Beiträge der Partner verstehen. Zudem trägt jedes Kind zu der Partnerarbeit seinen Teil bei, indem jeder Dreiecke in die Vergleichsphase einbringt. Beim Erkennen doppelter Dreiecke können schwächere Kinder von den Begründungen stärkerer Kinder profitieren, wann Dreiecke verschieden sind. Umgekehrt müssen die stärkeren Schülerinnen und Schüler ihr Wissen auf einer Meta-Ebene reflektieren, um ihrem Partner die Erklärung verständlich zu machen.

Ein wichtiges Charakteristikum der beiden Lernumgebungen stellt die aktive Auseinandersetzung mit dem gemeinsamen Lerngegenstand dar. So können die Kinder den Gegenstand mithilfe des Materials aktiv entdecken. Beide Lernumgebungen stellen Beziehungen zwischen verschiedenen Repräsentationsebenen her. In der Lernumgebung *Würfelgebäude entdecken* ist der gemeinsame Lerninhalt sowohl enaktiv (durch das Bauen der Gebäude) als auch ikonisch (durch das Einzeichnen der Ansichten) und symbolisch (durch das Ausfüllen des Bauplans) dargestellt. In der Lernumgebung *Dreiecke auf dem Geobrett* können zunächst enaktiv die Dreiecke gespannt und anschließend bildlich dargestellt werden. Die obigen Beispiele zeigen, dass das Material unterschiedlich genutzt wird. Durch die Handlungsorientierung ist ein Lernen auf dem jeweiligen Entwicklungsniveau möglich, die Kinder können individuelle Lernwege nutzen und sich dabei den Lerninhalt möglichst von vielen Seiten aus erschließen.

Die beiden vorgestellten Lernumgebungen zielen darauf ab, das räumliche Vorstellungsvermögen sowie die Begriffsentwicklung der Kinder zu fördern und gleichzeitig trotz der unterschiedlichen Lernvoraussetzungen gemeinsame Lernmöglichkeiten zu bieten. Die offenen Aufgaben ermöglichen somit allen Kindern vielfältige Lerngelegenheiten, um zentrale geometrische Kompetenzen zu erwerben, und stellen dabei das gemeinsame Lernen in den Vordergrund, sodass der inklusive Unterricht gelingen kann.

Literatur

Franke, M. / Reinhold, S. (2016): Didaktik der Geometrie in der Grundschule. Berlin Heidelberg: Springer Spektrum.

Häsel-Weide, U.: Inklusiven Mathematikunterricht gestalten. Anforderungen an die Lehrerausbildung. In: Leuders, J. u. a. (Hrsg.): Mit Heterogenität im Mathematikunterricht umgehen lernen – Konzepte und Perspektiven für eine zentrale Anforderung an die Lehrerbildung. Wiesbaden: Springer Spektrum, 17–28.

Hellmich, F. (2007): Geometrie. In: Walter, J. / Wember, F. (Hrsg.): Handbuch der Sonderpädagogik, Bd. 2. Sonderpädagogik des Lernens. Göttingen: Hogrefe, 643–657.

Junker, B. (1999): Räumliches Denken bei lernbeeinträchtigten Schülern. In: Die Grundschulzeitschrift, H. 121, 22–39.

KMK (2003): Bildungsstandards im Fach Mathematik für den Mittleren Schulabschluss. München: Luchterhand.

KMK (2004): Bildungsstandards im Fach Mathematik für den Primarbereich. München: Luchterhand.

Korff, N. (2015): Inklusiver Mathematikunterricht in der Primarstufe: Erfahrungen, Perspektiven und Herausforderungen. Hohengehren: Schneider.

Krauthausen, G. / Scherer, P. (2014): Natürliche Differenzierung im Mathematikunterricht: Konzepte und Praxisbeispiele aus der Grundschule. Seelze: Kallmeyer.

Lorenz, J. (2003): Lernschwache Rechner fördern. Berlin: Cornelsen Scriptor.

Lorenz, J. (2009): Zur Relevanz des Repräsentationswechsels für das Zahlenverständnis und erfolgreiche Rechenleistungen. In: Fritz, A. u. a. (Hrsg.): Handbuch Rechenschwäche. Lernwege, Schwierigkeiten und Hilfen bei Dyskalkulie. Weinheim und Basel: Beltz, 230–247.

Lorenz, J. / Radatz, H. (1993): Handbuch des Förderns im Mathematikunterricht. Hannover: Schroedel.

Rickmeyer, K. (2000): Dreiecke auf dem Geobrett: »Ich habe 16 Dreiecke gefunden. – Sind das alle?« In: MUP I. Quartal, 20–30.

Schipper, W. (2009): Handbuch für den Mathematikunterricht an Grundschulen. Braunschweig: Schroedel.

Hintergründe für individuelle Unterstützungs- maßnahmen

Sabrina Roos / Silke Ruwisch

Lernbegleitung im inklusiven Mathematikunterricht

Leistungserziehung mit allen und für alle Kinder

Beim Thema Leistung im Mathematikunterricht denken die meisten Menschen, so auch viele Lehrkräfte und Eltern, an Klassenarbeiten und andere Lernzielkontrollen, d. h. fast ausschließlich an punktuelle Leistungsüberprüfungen (vgl. Schipper / Ebeling / Dröge 2015, 31). Wird dieses Thema dann im Zusammenhang mit Inklusion aufgeworfen, stehen Lehrkräfte zunächst vor einem scheinbar unlösbaren Berg von Anforderungen: Wie viele verschiedene Leistungskontrollen soll ich denn entwerfen? Wie soll ich die denn konzipieren? Was mache ich denn mit den Kindern mit SUB, während die anderen ihre Leistungskontrollen schreiben? Was sagen denn die schwachen Kinder ohne sonderpädagogischem Unterstützungsbedarf oder deren Eltern, wenn die lernzieldifferent unterrichteten Kinder andere, einfachere Arbeiten schreiben dürfen?

Wir möchten das Thema Leistung im Mathematikunterricht deutlich ausweiten (vgl. auch Selter / Sundermann 2006; Moser Opitz / Nührenbörger 2015 sowie die Beiträge zum Kapitel Leistung und Leistungsbewertung in Scherer / Bönig 2004) und aufzeigen, wie insbesondere in einem Unterricht, der durchgängig und konsequent ›Gemeinsames Lernen‹ umsetzt, alle Kinder zum einen in vielfältigen Situationen Leistungen erbringen und zum anderen (eigene) Leistungen reflektieren und einschätzen lernen können. Auch die Leistungsbewertung bezieht sich somit nicht nur auf Lernzielkontrollen. Kriteriengeleitete individuelle Beobachtungen der Lehrkraft, Selbsteinschätzungen der Kinder, Rückmeldungen durch andere Kinder und jede Form der Eigenproduktion führen zusammengenommen zu einem umfangreichen und differenzierten Bild über die Leistungen und den Lernstand jedes Kindes und ermöglichen einen positiven, kompetenzorientierten Blick auf das Lernen – auch und gerade der Kinder mit Unterstützungsbedarf. Leistungserziehung erfordert somit fachdidaktisch geprägte diagnostische Kompetenzen, eine Vielfalt an Methoden zur Feststellung schulischer Leistungen (vgl. Helmke 2009, 240 ff.) und die bewusste Förderung selbstgesteuerter Lernprozesse (vgl. Mandl / Geier 2004), die Leistungsermittlung und -beurteilung einbezieht (vgl. Bartnitzky / Speck-Hamdan 2004).

Zu einer derart verstandenen Lernbegleitung gehört somit, mathematisches Lernen und Leisten kontinuierlich herauszufordern, wahrzunehmen und zu beurteilen: »Die Erfassung, Bewertung und Reflexion mathematischer Leistungen findet in allen Phasen des Unterrichts statt und bezieht sich nicht ausschließlich auf einzelne Produkte der Schülerinnen und Schüler, sondern auch auf mathematische Prozesse und auf Lösungsstrategien und -ergebnisse« (Moser Opitz / Nührenbörger 2015, 502).

Damit Schülerinnen und Schüler sich nicht einer andauernden Prüfungssituation ausgesetzt fühlen, sind eine angstfreie Lernatmosphäre und eine Kultur der Ermutigung unabdingbar (vgl. Selter / Sundermann 2006; Schipper / Ebeling / Dröge 2015). Diese sind ebenfalls grundlegend für die Stärkung selbstorganisierten Lernens. Werden die Schülerinnen und Schüler von Beginn an in diese Prozesse der Planung und Reflexion des eigenen Lernens eingebunden, entsteht nicht nur individuelle Leistungsbereitschaft, sondern eine gemeinsame Lernkultur.

Leistungserziehung kontinuierlich mitplanen

Auch im inklusiven Mathematikunterricht müssen Leistungen ermöglicht, festgestellt und rückgemeldet werden, muss die Leistungserziehung für alle Unterrichtsphasen mitgeplant werden. Einzelne Aspekte werden hier im Zusammenhang aufgeführt, bevor sie in den folgenden Abschnitten genauer betrachtet und mit Beispielen verdeutlicht werden.

Leistungen kompetenzorientiert und kontinuierlich festzustellen, heißt zunächst, Leistungen für alle Kinder gleichermaßen zu ermöglichen. Dies bedeutet auch im inklusiven Unterricht nicht, jedem Kind sein eigenes Material oder Heft zur Verfügung zu stellen, in dem Irrglauben, nur so jedem Kind auf seinem Niveau und in seinem Tempo gerecht werden zu können (vgl. Korff 2016[2]). Dieser Verabsolutierung der Individualisierung setzt das Gemeinsame Lernen die – weitestgehend natürliche – Differenzierung eines gemeinsamen Lerngegenstandes entgegen: Alle Kinder arbeiten an einem gemeinsamen Thema. Aufgaben werden so aufbereitet und unterstützt, dass zieldifferentes Lernen und Leisten möglich ist, aber kein Kind ausgeschlossen wird (vgl. Krauthausen / Scherer 2014).

Von Beginn an lernen alle Kinder ebenfalls, ihre eigenen Leistungen nicht nur zu zeigen, sondern diese auch zu reflektieren und einzuschätzen. Sind die verschiedenen Lernziele für alle Kinder transparent, gelingt die Steuerung des eigenen Lernprozesses und die Einschätzung des erzielten Ergebnisses zunehmend besser (vgl. Mandl / Geier 2004). Die Lernzieltransparenz lässt sich z. B. durch wöchentliche Reflexionen im Lerntagebuch und auf Portfoliobögen am Ende einer Einheit gut begleiten.

Für das Lernen von- und miteinander sind *kooperative Unterrichtsmethoden* besonders geeignet (vgl. Rothenbächer 2016). Selbstverständlich müssen somit neben den individuellen mathematischen Leistungen und Lernfortschritten auch die sozialen Kompetenzen und gemeinschaftlichen Leistungen berücksichtigt werden. Auch diese lassen sich transparent herausfordern und gemeinsam diskutieren und reflektieren. Jedes Kind arbeitet an seinem individuellen Lernziel und gleichzeitig am gemeinsamen Inhalt mit anderen. Kooperatives Arbeiten im Mathematikunterricht ist allerdings nicht allein auf soziale Lernziele gerichtet; vielmehr beinhaltet es vorrangig den fachlichen Austausch. Gerade dieser sachbezogene Austausch ist wesentlich, um das eigene Verständnis des Inhalts zu vertiefen und zu sichern (vgl. Steinbring 2000; Krauthausen / Scherer 2014).

Leistungen können in einer derartig verstandenen Lernsituation von den beteiligten Lehrkräften und den Kindern wahrgenommen, festgehalten und rückgemeldet werden. Selbstverständlich muss nicht nur das Reflektieren der eigenen Leistungen, sondern auch das Wahrnehmen und Rückmelden der Leistung anderer angeregt und moderiert werden. Da alle Kinder an einem Inhalt arbeiten, ist es nicht nötig, eine spezielle Bewertungsform für Kinder mit Unterstützungsbedarf zu finden. Wie bei allen Kindern werden die erbrachten schriftlichen und mündlichen Leistungen gewürdigt und zurückgemeldet. Lernzieldifferent unterrichtete Kinder benötigen hierzu zwar häufig eine andere Form von Unterstützung, können aber ansonsten ihre Leistungen in der gleichen Form wie alle Kinder, nämlich im Unterricht selbst zeigen. In Bereichen des Lesens von Tipps zum Beispiel oder beim Aufschreiben von Lösungswegen für andere können Helferkinder oder auch die Lehrkraft selbst Unterstützung sein, um vorzulesen oder das wörtlich aufzuschreiben, was ihnen die Kinder diktieren. Wichtig ist es auch, die Akzeptanz für die individuellen Lernfortschritte aller Kinder in der Lerngruppe zu fördern. Ein ehrlich gemeintes Lob eines Mitschülers oder einer Mitschülerin wirkt oft doppelt so motivierend wie das der Lehrkraft. Damit die Kinder sich gegenseitig authentische Rückmeldung geben können, müssen die individuellen Fortschritte immer wieder thematisiert werden, ohne dabei eine Wertigkeit erkennen zu lassen. Methoden, die Leistungserwartungen und -rückmeldungen öffentlich machen, unterstützen die Akzeptanz der Unterschiede und die Würdigung der persönlichen Anstrengung. Liegen am Ende einer Einheit alle Produkte im Klassenraum aus, können diese durch die Kinder bewertet werden. Alle Kinder bekommen dabei stets auch eine positive Rückmeldung, während Hinweise zur Verbesserung als konstruktive Tipps (»Wenn du Farben passend einsetzt, kann man deine Erklärung schneller verstehen«) und nicht als Kritik (»Deine Erklärung kann man nicht verstehen«) formuliert sein sollten. Auch die Kinder mit Unterstützungsbedarf beteiligen sich bei der Rückmeldung und orientieren sich ebenso wie alle Kinder an zuvor festgelegten Kriterien. Ist es ritualisiert, dass die Kinder anschließend über ihre Rückmeldung noch einmal im Plenum sprechen, dann werden bei der Rückmeldung fachliche Argumente Grundlage sein. So kann es auch zu Äußerungen kommen wie: »Ich fand das Kantenmodell von

Jens (Kind mit SUB im Lernen) auch sehr gelungen, aber Maries (Kind mit SUB im Bereich Sprache) Modell war etwas genauer, weil ihre Kanten ganz exakt waren und der Würfel stabil stand.« So erfahren alle Kinder öffentliches Lob. Dass die Leistungen anderer Kinder dennoch besser sein können, lässt sich gut aushalten, wenn auf die gemeinsam entwickelten Kriterien Bezug genommen wird. So darf gerade im inklusiven Unterricht nicht vergessen werden, dass die Leistungen aller Kinder, also auch der leistungsstarken, gleichermaßen zu berücksichtigen sind. Warum sollten Kinder mit sonderpädagogischem Unterstützungsbedarf keine sachliche Kritik erfahren und genauso ernst genommen werden wie besonders leistungsstarke Kinder?

In diesem Sinne muss nicht nur die Herausforderung der Leistungen durch die Planung von inhaltlichen Lernschritten, sondern die gesamte Leistungserziehung von Beginn der Unterrichtsplanung an mitgedacht und explizit berücksichtigt werden.

Leistungen differenziert herausfordern

Wie Leistungen individuell herausgefordert werden können, wird in vielen Beiträgen dieses Buches aufgezeigt. Selbstverständlich sind differenzierende Maßnahmen für die individuellen Lernfortschritte unabdingbar. Auch Kinder mit festgestelltem Unterstützungsbedarf können sich komplexe mathematische Inhalte erarbeiten, wenn Entlastung durch Differenzierungsmaßnahmen und Unterrichtsmethoden vorgeplant wird.

Beispiel Entdeckerpäckchen: Mit Hilfe eines Gruppenpuzzles bearbeiteten Kinder einer zweiten Klasse in annähernd homogenen Leistungsgruppen verschiedene Entdeckerpäckchen zu mathematischen Rechengesetzen. Innerhalb der gleichen Entdeckung wurde hinsichtlich des Zahlenmaterials als auch mit bereitgestelltem Tippmaterial – zwei Tipp- und zwei Profikarten – differenziert, das die Entdeckungsphase bei Bedarf zusätzlich unterstützte. Jens,

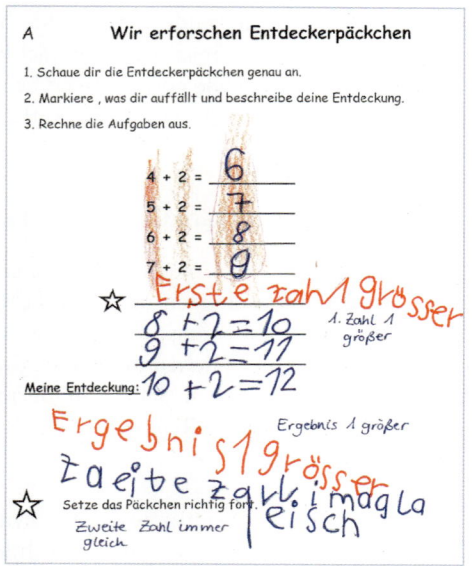

Abb. 1: Leistungen differenziert, aber strukturell gleichartig herausfordern

ein Junge mit SUB im Lernen, wählte das Blatt mit dem niedrigsten Zahlenraum (vgl. Abb. 1 auf S. 257). Bei den anderen beiden Arbeitsblättern erhöht sich der erste Summand im Päckchen auch um eins, während der zweite konstant gehalten ist, so dass sich die Summe ebenfalls um eins erhöht. Blatt 2 startet mit der Aufgabe 18 + 10, Blatt 3 mit 34 + 12. Neben diesen genannten Differenzierungsangeboten für alle Kinder steht den Kindern mit Unterstützungsbedarf ein Hilfesystem bei der Verschriftung zur Verfügung.

Nach der Einzelphase tauschen sich zunächst die Kinder mit derselben zu entdeckenden Struktur aus – dabei durchaus an verschiedenen Zahlen, je nach Auswahl des Blattes –, bevor sie diese anschließend in gemischten leistungsheterogenen Gruppen den anderen Kindern vorstellen. Die Kinder mit sonderpädagogischem Unterstützungsbedarf sind somit wie alle aufgefordert, eigene Entdeckungen zu machen, darzustellen und die Entdeckungen der Gruppe in der Puzzlerunde den anderen zu erklären.

Dass sie dazu auch in der Lage sind, zeigen die Eigenproduktionen von Jens. Er kann die Aufgaben nicht nur richtig berechnen und fortsetzen – auf der Rückseite führt er das Päckchen bis 21 + 3 weiter –, sondern die wesentlichen Erkenntnisse auch beschreiben. Trotz unterschiedlicher Leistungsprofile können bei entsprechend differenzierten, aber dennoch herausfordernden und strukturell gleichartigen Aufgabenstellungen von allen Kindern Entdeckungen gemacht werden. Insbesondere in den mündlichen Austauschphasen zeigt sich darüber hinaus, dass alle sich um das Verstehen der Entdeckungen der anderen Gruppen bemühen. Wird an einem Unterrichtsgegenstand gemeinsam und im fachlichen Austausch gearbeitet, werden die individuellen wie kooperativen Leistungen von allen gleichermaßen erkannt und gewürdigt (vgl. auch Rathgeb-Schnierer / Rechtsteiner-Merz 2010).

Eigene Leistungen reflektieren und einschätzen lernen

Kinder mit und ohne Unterstützungsbedarf sollen lernen, ihre Leistungen selbstständig einzuschätzen und zu reflektieren. Hierfür ist es notwendig, dass ihnen zunächst transparent ist, was sie in der jeweiligen Unterrichtsreihe lernen und auf welchen unterschiedlichen Wegen sie diese Kompetenzen erreichen können (vgl. Selter / Sundermann 2006). Des Weiteren sollten die Kinder verschiedene Reflexions- und Rückmeldemöglichkeiten kennenlernen.

Transparente Lernziele strukturieren individuelle Lernwege

Nur wenn die Kinder wissen, was von ihnen erwartet wird, können sie die Ziele auch bewusst verfolgen. Transparenz sollte bzgl. der Zieldimension (Was kann ich lernen?), der Inhaltsdimension (Worum geht es?) und der metho-

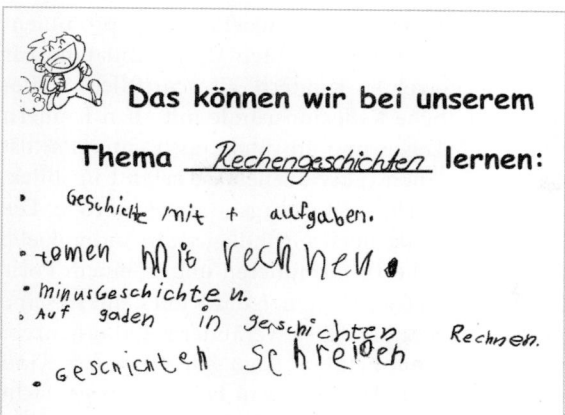

Das können wir bei unserem

Thema _Rechengeschichten_ **lernen:**

- Geschichte mit + aufgaben.
- rommen mit rechnen
- minusGeschichte n.
- Auf gaden in geschichten Rechnen.
- Geschichten Schreiben

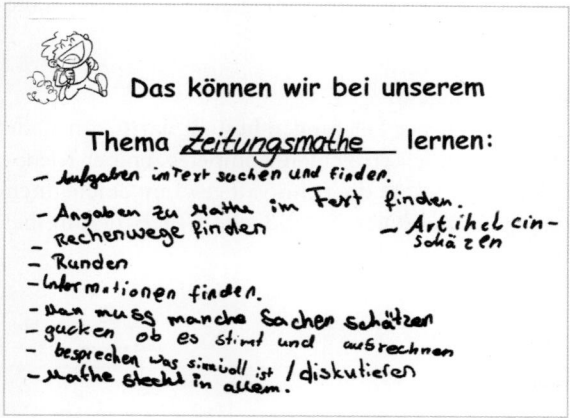

Das können wir bei unserem

Thema _Zeitungsmathe_ **lernen:**

- aufgaben in Text suchen und finden.
- Angaben zu Mathe im Fest finden.
- Rechenwege finden
- Runden
- Informationen finden.
- Man muss manche Sachen schätzen
- gucken ob es stimt und ausrechnen
- besprechen was sinvoll ist / diskutieren
- Mathe steckt in allem.
- Artikel ein- schätzen

Abb. 2: Lernzielformulierung eines 1. und 4. Schuljahres

dischen Dimension (Wie soll ich lernen?) hergestellt werden (vgl. Selter/
Sundermann 2006, 43). So bietet es sich z. B. an, sich anhand einer »Ein-
standslernkontrolle« und der Aufforderung »zeig, was du schon kannst«
(vgl. Ruwisch 2004, Selter/Sundermann 2006) einen Überblick über den
Lernstand der Kinder zu verschaffen und gleichzeitig den Kindern einen
Einblick in die sich zu erarbeitenden Teilgebiete der Unterrichtsreihe zu
geben. Daran gekoppelt lassen sich dann gut der Verlauf der Unterrichtsreihe und die jeweils erwarteten Methoden verdeutlichen.

Die Kinder könnten aber auch in die Planung und damit die Erarbeitung der Transparenz eingebunden werden. So lohnt es sich, gemeinsam zu
Beginn einer Reihe über mögliche Lernziele nachzudenken (vgl. Abb. 2) und
dies schriftlich sowie ggf. auch mit Hilfe von Symbolen oder paradigmati-

schen Aufgabenbeispielen festzuhalten. Diese Lernziele werden prominent präsentiert und stehen somit während der gesamten Unterrichtsreihe zur Verfügung. In Gesprächen mit einzelnen Kindern, als schriftliche Reflexionsaufforderung oder als mündliche Reflexionsrunde mit allen Kindern werden diese kontinuierlich einbezogen und am Ende noch einmal selbst reflektiert. Jedes Kind behält so seinen individuellen Lernstand im Blick, und Leistungen können kompetenzorientiert wahrgenommen werden. Die gemeinsamen Zielformulierungen sind auch Grundlage, um individuelle Ziele zu Beginn einer Unterrichtsreihe zu formulieren und in einem Portfoliobogen oder einem Lerntagebuch festzuhalten. Jedes Kind kann so seine eigenen Ziele dokumentieren, beschreiben, Ziele verändern und ergänzen. Diese Dokumentationen werden gesammelt und dazu genutzt, jedem Kind zu verdeutlichen, dass es auf seinem Leistungsniveau Fortschritte gemacht hat. Die gemeinsam erarbeitete Transparenz über die möglichen Ziele führt so zu einer individualisierten Zielformulierung, die Lernzuwächse für alle Kinder sichtbar macht.

Leistungen inhaltlich selbst einschätzen

Eine Möglichkeit der Reflexion eigener Leistungen besteht darin, am Ende einer Reihe die Kinder ihre individuell erreichten Kompetenzen per Klebepunkt einschätzen zu lassen (vgl. Abb. 3); die Lehrkraft gewinnt einen guten Überblick über die Lerngruppe und kann individuelle Unterstützung bei der Einschätzung leisten.

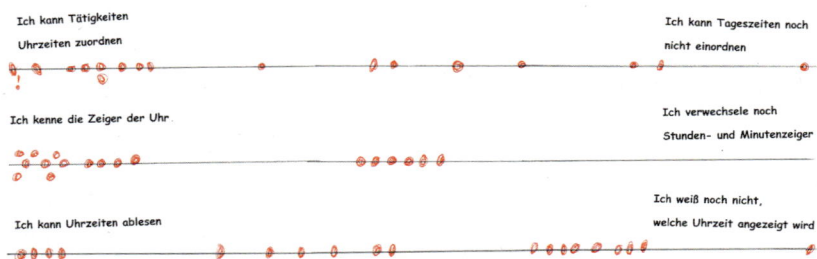

Abb. 3: Selbsteinschätzungen von Erstklässlern im Themenbereich Zeit

Egal, wie Selbsteinschätzungen vorgenommen werden: Wichtig ist, dass die Kinder möglichst konkrete inhaltliche Formulierungen der Leistungen, auch der Teilleistungen und typischen Fehler, vorfinden. Dies gelingt umso leichter, wenn sie von Beginn der Schulzeit an die Möglichkeit dazu bekommen. Eine erste Heranführung an die Einschätzung der eigenen Leistungen bietet der Unterricht selbst. Immer, wenn den Kindern zur Bearbeitung eines Themas differenzierte Materialien zur Auswahl angeboten werden und sie sich selbst für einen Schwierigkeitsgrad entscheiden können, lernen sie ihre Fähigkeiten einzuschätzen. Das gleiche gilt, wenn sie während der Arbeitsphasen selbstständig entscheiden können, ob sie zusätzliche Tipps oder herausfordernde Profi-Aufträge benötigen. Wenn Kinder mit und ohne Unterstützungsbedarf sich immer wieder mit ihrem Lernen bewusst durch das Formulieren von Lernzielen und die Auswahl des für sie richtigen Materials auseinandersetzen, werden sie zu einer realistischen Selbsteinschätzung in der Lage sein.

Gemeinsam Leistungen zeigen und reflektieren

Häufig wird Gruppenarbeit im Mathematikunterricht als Zusatz zum eigentlichen Unterricht angesehen: Wenn es die Zeit zulässt, können in mathematischen Sternstunden aufwändige Gruppenarbeiten entstehen. Ein Grund für den seltenen Einsatz liegt in der Sorge, die Leistungen der einzelnen Kinder nicht wahrnehmen und bewerten zu können.

Leistungen in der Gruppe zeigen, reflektieren und bewerten

Kooperative Lernformen bieten durch ihren Aufbau nach dem Prinzip Think-Pair-Share (Bochmann / Kirchmann 2006) eine hervorragende Möglichkeit, nicht nur alle Kinder am gleichen Thema und dennoch differenziert arbeiten, sondern auch Gruppenleistungen bewusst werden zu lassen. Jedes Kind erbringt zunächst eine individuelle Leistung, bei der es Unterstützung durch Material und/oder die Lehrkraft erfahren kann. Nach einer Phase des Austausches entsteht ein gemeinsames Produkt zur Präsentation. In jeder Phase dieser Lernformen ist es für die Lehrkraft möglich, an Kindergesprächen entweder still oder aktiv teilzunehmen. Neben strukturierten Beobachtungsbögen liefern genau diese Momente der Teilhabe am Denken der Kinder unschätzbar wichtige Informationen für ein kompetenzorientiertes Bild von der Leistung der einzelnen Kinder.

Während die Methoden des kooperativen Lernens für die Lehrkraft Freiraum schafft, die Leistungen der Kinder zu beobachten, stellen sie gerade für Kinder mit Unterstützungsbedarf einen sicheren Rahmen dar. Diese wissen durch den festgelegten Ablauf einerseits genau, was zu welchem Zeitpunkt von ihnen erwartet wird. Andererseits gibt die Struktur den Kindern die Gewissheit, dass sie durch den Austausch eine Rückversicherung haben und am Schluss ihren Beitrag zur Vorstellung der Lösungswege leisten können. Durch diese Sicherheit sind die Kinder offener für eigene Ideen und trauen sich an Aufgaben heran, die ihnen allein als zu schwierig erscheinen. Die Aufteilung in Phasen der eigenen Überlegungen (Think), des Austausches in Kleingruppen (Pair) und der anschließenden gemeinsamen Reflexion (Share) lässt auch die individuellen Leistungen in den Gruppenarbeiten erkennen und so beide Ebe-

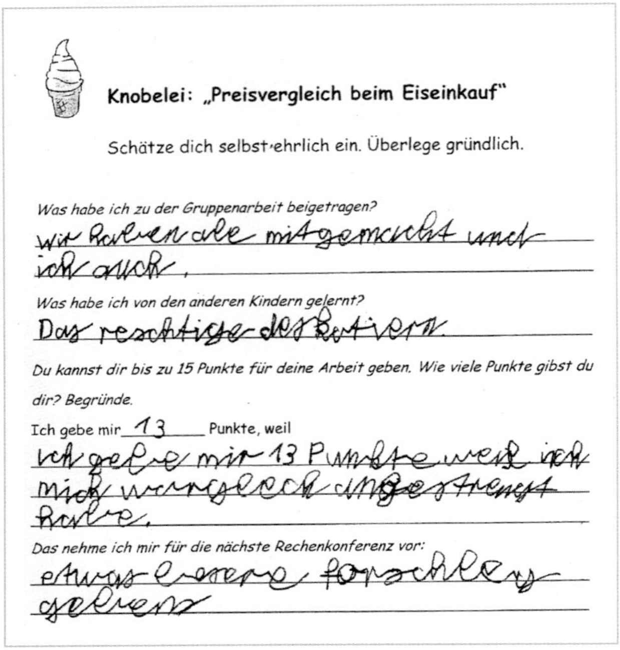

Knobelei: „Preisvergleich beim Eiseinkauf"

Schätze dich selbst·ehrlich ein. Überlege gründlich.

Was habe ich zu der Gruppenarbeit beigetragen?

Wir haben alle mitgemacht und ich auch.

Was habe ich von den anderen Kindern gelernt?

Das reschtige der Bortvorn.

Du kannst dir bis zu 15 Punkte für deine Arbeit geben. Wie viele Punkte gibst du dir? Begründe.

Ich gebe mir _13_ Punkte, weil

Ich gebe mir 13 Punkte weil ich mich wirngleech angestrengt habe.

Das nehme ich mir für die nächste Rechenkonferenz vor:

etwas enerng forschley gelren

Abb. 4: Eigene Leistungen in der Gruppe reflektieren

nen für die Leistungsbewertung nutzen. Die Kinder lernen, sich auch hierbei selbst einzuschätzen, wenn neben der fachlichen Reflexion auch immer wieder Zeit für die Reflexion der Gruppenarbeit und des eigenen Beitrags in ihr eingeplant wird (vgl. Abb. 4).

Kooperative Methoden reflektieren

Nicht nur inhaltliche Lernziele lassen sich mit den Kindern gemeinsam sammeln und festlegen, auch die Methoden können von den Kindern zunehmend bzgl. ihres Ertrages eingeschätzt werden. Wie Abbildung 5 zeigt, können sie zum einen den Einsatz und den Mehrgewinn kooperativer Lernformen gut reflektieren; zum anderen stellen sie auch fest, dass der Austausch wichtig ist, um die eigenen Leistungen zu verbessern und Schwierigkeiten besprechen und klären zu können.

Für alle Kinder ist es gleichermaßen wichtig, dass ihre Anstrengungen und Leistungen wahrgenommen werden, dass sie eine angemessene Anerkennung erfahren und wohlwollend und konstruktiv gewürdigt werden.

Methoden im Mathematikunterricht

Doppelkreis

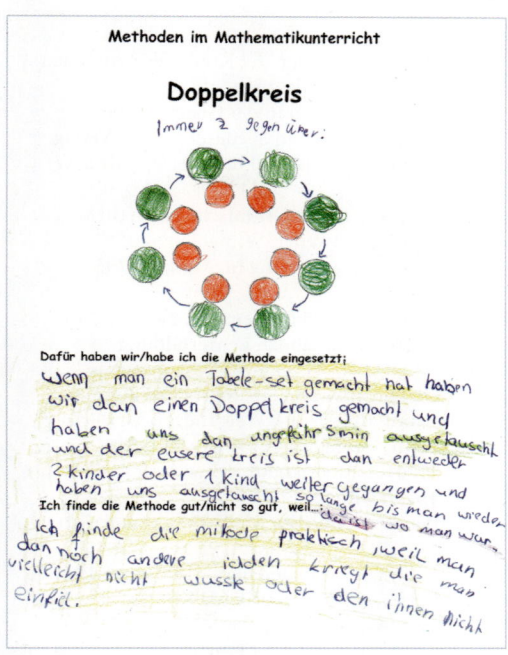

Immer 2 gegenüber:

Dafür haben wir/habe ich die Methode eingesetzt:

Wenn man ein Tabele-set gemacht hat haben
wir dan einen Doppelkreis gemacht und
haben uns dan ungefähr 5min ausgetauscht
und der eusere kreis ist dan entweder
2 kinder oder 1 kind weiter gegangen und
haben uns ausgetauscht so lange bis man wieder

Ich finde die Methode gut/nicht so gut, weil... dort wo man war.

Ich finde die mitode praktisch weil man
dan noch andere idden kriegt die man
vielleicht nicht wusse oder den ihnen nichh
einfiel.

Methoden im Mathematikunterricht

Table-Set

Erst Jeder Für Sich

Dafür haben wir/habe ich die Methode eingesetzt:

Für leichte aufgaben jeder hat
die aufgabe ausgerechnet und dan
hat man ziel auf die beide geeinigt
und in die in die mitte gestellt.

Ich finde die Methode gut/~~nicht so gut~~... weil...:

man viel über die Rechenwege
dishatiren kann und man sich
gute Tipps von den anderen
holen kann.

Abb. 5: Reflexion über
den Einsatz kooperativer
Methoden

Literatur

Bartnitzky, H. / Speck-Hamdan, A. (2004) (Hrsg.): Leistungen der Kinder wahrnehmen – würdigen – fördern. Frankfurt am Main: Grundschulverband.

Bochmann, R. / Kirchmann, R. (2006): Kooperatives Lernen in der Grundschule – Zusammenarbeiten – Aktive Kinder lernen mehr. Essen: Neue-dt-Schule-Verlag.

Helmke, A. (2004): Unterrichtsqualität und Lehrerprofessionalität. Seelze: Kallmeyer und Klett.

Korff, N. (2016²): Inklusiver Mathematikunterricht in der Grundschule. Erfahrungen, Perspektiven und Herausforderungen. Baltmannsweiler: Schneider.

Krauthausen, G. / Scherer, P. (2014): Natürliche Differenzierung im Mathematikunterricht. Seelze: Kallmeyer und Klett.

Mandl., H. / Geier, B. (2004): Förderung selbstgesteuerten Lernens. In: Blömeke, S. / Reinhold, P. / Tulodziecki, G. / Wildt, J. (Hrsg.): Handbuch Lehrerbildung. Bad Heilbrunn: Klinkhardt, 567–578.

Moser Opitz, E. / Nührenbörger, M. (2015): Diagnostik und Leistungsbeurteilung. In: Bruder, R. / Hefendehl-Hebeker, L. / Schmidt-Thieme, B. / Weigand, H.-G. (Hrsg.): Handbuch der Mathematikdidaktik. Berlin, Heidelberg: Springer, 491–512.

Rathgeb-Schnierer, E. / Rechtsteiner-Merz, C. (2010): Mathematiklernen in der jahrgangsübergreifenden Eingangsstufe. München: Oldenbourg.

Rothenbächer, N. (2016): Kooperatives Lernen im inklusiven Mathematikunterricht. Hildesheim: Franzbecker.

Ruwisch, S. (2004): Professionelle Lernbegleitung: Leistungen herausfordern, erkennen und begleiten. In: Scherer, P. / Bönig, D. (Hrsg.): Mathematik für Kinder – Mathematik von Kindern. Frankfurt a. M.: Grundschulverband, 254–262.

Scherer, P. / Bönig, D. (2004) (Hrsg.): Mathematik für Kinder – Mathematik von Kindern. Frankfurt a. M.: Grundschulverband.

Schipper, W. / Ebeling, A. / Dröge, R. (2015): Handbuch für den Mathematikunterricht. 2. Schuljahr. Braunschweig: Schroedel.

Selter, C. / Sundermann, B. (2006): Beurteilen und Fördern im Mathematikunterricht. Berlin: Cornelsen Scriptor.

Steinbring, H. (2000): Epistemologische und sozial-interaktive Bedingungen der Konstruktion mathematischer Wissensstrukturen (im Unterricht der Grundschule). Dortmund: TU Dortmund.

Nora Haberzettl / Magali Krämer / Andrea Peter-Koop /
Thomas Rottmann

Das ElementarMathematische BasisInterview

Ein für das Gemeinsame Lernen adaptierbares mathematisches Diagnoseverfahren

Inklusives Mathematiklehren und -lernen steht in einem Spannungsfeld zwischen der Herstellung von Gemeinsamkeit in Bezug auf fachliches Lernen einerseits und der Notwendigkeit der Individualisierung, um individuellen Lernvoraussetzungen möglichst optimal Rechnung tragen zu können, andererseits (vgl. Werning / Lütje-Klose 2012). Zugleich berücksichtigt guter (Mathematik-)Unterricht immer auch individuelle Vorkenntnisse und Erfahrungen, um Kinder gemäß ihrer Anlagen und der Lebensumstände, in denen sie groß werden, angemessen fördern und fordern zu können (zur Bedeutung früher mathematischer Förderung für den schulischen Lernerfolg in der Grundschule und darüber hinaus vgl. Benz / Peter-Koop / Grüßing 2015, 3 ff.).

Nicht nur, aber besonders auch Lehrkräfte, die (Mathematik) im Gemeinsamen Lernen unterrichten, sehen sich der Herausforderung gegenüber, diese individuellen Vorkenntnisse so detailliert wie nötig und zugleich so zeitökonomisch wie möglich differenziert zu erfassen. Doch die Notwendigkeit, den individuellen Lernstand der Kinder einer Lerngruppe zu erfassen, ist keinesfalls auf den Anfangsunterricht beschränkt, sondern betrifft alle Klassenstufen und sollte nicht nur in Bezug auf den Beginn des Schuljahres zu verstehen sein, sondern als durchgängige Aufgabe. Bezogen auf eine mathematische Eingangsdiagnostik nutzen inzwischen zahlreiche Grundschulen den offiziellen Termin der Schulanmeldung im Herbst vor dem Einschulungsjahr, um die sprachlichen und mathematischen Vorläuferfähigkeiten der künftigen Schulanfängerinnen und Schulanfänger zu überprüfen und bei Bedarf frühzeitig in Verbindung mit dem Elternhaus und/oder dem Kindergarten eine geeignete Frühförderung anzubahnen. Andere Schulen nehmen sich nach der Einschulung in den ersten Schulwochen Zeit für eine differenzierte Diagnose, um detaillierte fachliche Grundlagen für die Gestaltung des Anfangsunterrichts zu erhalten und die Auswahl von Kindern für gezielten Förderunterricht zur Aufarbeitung individueller Entwicklungsrückstände in Bezug auf das mathematische und sprachliche Lernen zu ermöglichen. Hierbei kann es hilfreich sein, auf ein theoriegeleitetes und umfangreich erprobtes adaptives Diagnoseverfahren wie das »ElementarMathematische BasisInterview Zahlen und Operationen« (Peter-Koop et al. 2013), im Folgenden kurz EMBI genannt, zurückzugreifen, um individuelle Förderangebote möglichst optimal gestalten zu können.

Mit Blick auf das Gemeinsame Lernen ist es in Bezug auf diagnostische Bemühungen und den Einsatz umfangreich evaluierter Verfahren zudem wünschenswert (und auf der unterrichtspraktischen Ebene sicherlich auch eine deutliche Arbeitserleichterung), wenn das gewählte Verfahren möglichst bei allen Kindern einer inklusiven Lerngruppe eingesetzt werden kann. Damit scheiden standardisierte Verfahren (wie z. B. der DEMAT oder der TEDI-MATH; vgl. Rottmann et al. 2015 für einen Überblick über Diagnoseinstrumente für die Schuleingangsphase), die sich ja gerade dadurch auszeichnen, dass alle Kinder unter exakt gleichen Bedingungen überprüft werden, aufgrund ihrer mangelnden Adaptivität aus. Genau hierin liegt eine besondere Stärke des EMBI, denn das Interview verläuft bei jedem Kind individuell und ist damit auch in dieser Hinsicht adaptiv, denn die Menge und das Anspruchsniveau der Aufgaben wird an den Kompetenzen der Kinder orientiert und somit das Aufgabensetting individuell angepasst. Im Gegensatz zu standardisierten Verfahren, die in der Regel kaum direkte Ansatzpunkte für die fachliche Förderung bieten (vgl. Rottmann 2009, 51) und eher der Status- als der Förderdiagnose dienen, liefert das EMBI über seinen materialorientierten Zugang, durch die adaptive Steuerung des individuellen Aufgabenmaterials und die theoriegeleitete Auswertung der Befunde in Form von Ausprägungsgraden auch unmittelbare Impulse für die Förderung.

In diesem Beitrag wird nach einer Einführung in die Konzeption des EMBI aufgezeigt, wie dieses Verfahren zum einen für den Einsatz
- bei Kindern mit besonderen Schwierigkeiten bei der Entwicklung des Zahlbegriffs und dem Aufbau von Rechenstrategien sowie
- bei Lernenden mit dem Förderschwerpunkt Sehen
geeignet adaptiert werden kann, um bei der mathematischen Diagnostik auf ein Verfahren für alle Kinder zurückgreifen zu können.

Zur Konzeption des EMBI aus inklusiver Perspektive

Das EMBI ist konzipiert für Kinder im Alter von 5 bis 8 Jahren, d. h. einsetzbar sowohl im letzten Kindergartenjahr als auch in den beiden ersten Grundschuljahren. Darüber hinaus haben unsere Erprobungen gezeigt, dass nur ganz wenige Kinder bereits im 2. Schuljahr in der Lage sind, sämtliche Aufgaben aus dem EMBI zu lösen. Bei den meisten Kindern lässt sich das Verfahren problemlos auch in den Klassenstufen 3 und 4 einsetzen.

Kernidee ist eine Interviewsituation zwischen Lehrkraft und Kind, die die fokussierte Zuwendung zum einzelnen Kind und die detaillierte Auseinandersetzung mit seiner mathematischen Lernentwicklung ermöglicht.

Dem Kind bietet das Interview individuelle Herausforderungen und die Gelegenheit zu zeigen, was es bereits kann und weiß. So werden sowohl besondere Stärken als auch besonderer Unterstützungsbedarf in einer Form offen gelegt, die direkte Anknüpfungspunkte für Unterricht und Einzelförderung bietet. Dabei unterscheidet sich das EMBI von anderen bekannten Verfahren der mathematischen Lernstandsbestimmung (s. o.) durch einige zentrale und innovative konzeptionelle Elemente, die im Folgenden ausgeführt werden.

Differenzierte Erhebung mathematischer Leistungen

Anknüpfend an die Bildungsstandards im Fach Mathematik für den Primarbereich (vgl. Kultusministerkonferenz 2005) liefert das EMBI Informationen zum Stand der Leistungs- und Kompetenzentwicklung im Inhaltsbereich *Zahlen und Operationen* sowie *Raum und Form, Größen und Messen* (vgl. Wollring et al. 2011). Dieser Beitrag bezieht sich auf den Interviewteil mit dem Schwerpunkt Zahlen und Operationen. Diesbezüglich werden arithmetische Kompetenzen differenziert in folgenden vier Teilbereichen erhoben: (A) *Zählen*, (B) *Stellenwerte*, (C) *Strategien bei Addition und Subtraktion* und (D) *Strategien bei Multiplikation und Division*.

Das EMBI ist auf Fortsetzbarkeit angelegt, d. h. es kann in regelmäßigen Abständen wiederholt und weitergeführt werden, um die Lernstandsentwicklung gezielt zu erfassen und zu dokumentieren. Entsprechend differenziert der Interviewleitfaden auch im oberen Leistungsbereich, d. h. es werden auch Wissen und Fertigkeiten erfasst, die deutlich über den verbindlichen Stoff der 2. Klasse hinausgehen (s. o.).

Gezielte Erfassung von Vorläuferfähigkeiten für das schulische Mathematiklernen

Grundsätzlich knüpft das EMBI in allen Teilen an bereits bestehende mathematische (Vor-)Kenntnisse und Fähigkeiten an. Für Vorschulkinder sowie für alle Kinder zu Beginn des 1. Schuljahrs, die eine Menge von 20 kleinen Plastikbären noch nicht auszählen können, findet sich ferner ein spezieller Vorschulteil (Teil V), der auf die gezielte Erfassung von *Vorläuferfähigkeiten* für das schulische Mathematiklernen ausgerichtet ist und diesbezügliche individuelle Entwicklungsstände verortet.

Auch wenn Untersuchungen zu den mathematischen Vorkenntnissen von Schulanfängerinnen und Schulanfängern zeigen, dass viele Kinder bereits vor der Einschulung über gute bis sehr gute Zählkompetenzen sowie Fertigkeiten im anschauungsgebundenen elementaren Rechnen verfügen, haben einige Kinder diese Fähigkeiten noch nicht entwickelt. Ein Teil dieser Kinder holt dies im 1. Schuljahr mühelos nach, während andere Kinder extreme Schwierigkeiten beim Rechnen lernen entwickeln. Der Einsatz des EMBI-V-Teils gibt diesbezüglich detailliert Aufschluss. Die erhobenen Befunde sind eine geeignete Grundlage für die Entwicklung von individuellen Förderplänen, wie sie Peter-Koop und Grüßing (2011) mit Bezug auf den Einsatz des EMBI im Kindergarten beschreiben.

Materialgestützte Interviewführung

Die Befragung von Kindern in Bezug auf ihre mathematischen (Vorläufer-) Fähigkeiten beinhaltet einige Herausforderungen, denn selbst Kindern mit einer guten Sprachentwicklung fehlt häufig noch das Vokabular zur Beschreibung ihrer mathematischen Einsichten und Strategien (vgl. Bruner 1972). Der diagnostische Ansatz des EMBI besteht daher darin, nicht nur verbale Kommunikation zu ermöglichen, sondern durch den gezielten begleitenden Materialeinsatz bei der Durchführung des Interviews auch *material- und handlungsgestützte Artikulationsformen zuzulassen*, die verbale Äußerungen ergänzen oder sogar ersetzen können.

Materialgestützte Diagnose mit dem EMBI (Fotos: Haberzettl 2016)

Somit ist das EMBI besonders für die Befragung junger Kinder und von Lernenden mit anderen Erstsprachen als Deutsch geeignet. Für Kinder mit besonders geringen Sprachkompetenzen in der Unterrichtssprache sind darüber hinaus gestufte sprachliche Vereinfachungen möglich, wie eine aktuelle Arbeit von Gieselmann (2016) zeigen konnte. Dabei wird das Gesprochene noch stärker als bei der Originalversion des EMBI durch bildliche und symbolische Darstellungen unterstützt, um dem Kind den Zugang zu erleichtern und seine (fach-)sprachliche Kompetenz sukzessive zu erweitern.

Ausprägungsgrade mathematischer Kompetenzen

Um sich entwickelnde mathematische Kompetenzen theoriegeleitet erfassen und beschreiben zu können, werden beim EMBI *Ausprägungsgrade* der Entwicklung mathematischen Denkens formuliert. Das heißt, mathematische Leistungen und Kompetenzen bezogen auf festgelegte Inhaltsbereiche (Zählen, Stellenwerte, Strategien bei Addition / Subtraktion, Strategien bei Multiplikation / Division) werden mit Ausprägungsgraden differenziert von 0 bis maximal 6 beschrieben. Grundlage sind verbale Lösungsmitteilungen sowie beobachtbares Verhalten durch handlungsgestützte Artikulation. Die Ausprägungsgrade sind hierbei stets auf Inhaltsbereiche bezogen.

Die Ausprägungsgrade beschreiben erreichte »Meilensteine« in der Entwicklung mathematischen Denkens und verdeutlichen zugleich, welche Meilensteine als nächstes erreicht werden sollen. Sie zeigen also die »Zone der nächsten Entwicklung« (Vygotskij 1978) für das einzelne Kind und/oder eine Gruppe von Schülerinnen und Schülern auf. Somit liefern die Ausprägungsgrade über eine aktuelle Standortbestimmung im Lernprozess hinaus zu einem inhaltlichen Schwerpunkt auch unmittelbare Impulse für die Auswahl von Lerninhalten und entsprechenden Aufgabenformaten für den Unterricht in der Klasse, für gezielte Förderstunden mit einer Kleingruppe sowie auch für die Einzelförderung.

Definierte Abbruchkriterien

Umfangreiche Erfahrungen mit dem Einsatz des EMBI in Kindergarten und Grundschule zeigen, dass die meisten Kinder es sehr genießen, für die Zeit des Interviews die ungeteilte Aufmerksamkeit ihrer Lehrerin bzw. ihrer Erzieherin zu haben, und stolz zeigen, was sie bereits wissen und können. Das Interview soll die Kinder jedoch weder überfordern, noch ihnen den Eindruck vermitteln, sie hätten nichts oder nur wenig gewusst oder gekonnt. Dies wäre kontraproduktiv und würde das Selbstvertrauen in ihre mathematischen Fähigkeiten und ihre Freude am Fach Mathematik möglicherweise nachhaltig erschüttern. Aus diesem Grund sind im Interviewleitfaden explizite Abbruchkriterien ausgewiesen. Sie dienen dem Schutz des Kindes und sollen vermeiden, dass vermehrt Situationen entstehen, in denen das Kind entweder keine Antwort geben kann oder eine falsche Lösung nennt oder zeigt. Daher wird in diesem Fall in der Regel das Interview in dem entsprechenden Teilbereich abgebrochen und zu einem weiteren Bereich übergegangen.

Spezifische Adaptionen für den Einsatz bei Kindern mit besonderem Unterstützungsbedarf

Erfahrungen mit dem Einsatz des EMBI bei der Förderdiagnostik im inklusiven Anfangsunterricht wurden bereits in Peter-Koop (2015) beschrieben. Allerdings wurden diesbezüglich keine wesentlichen Adaptionen oder Ergänzungen des Interviewleitfadens vorgenommen. Diese sind jedoch grundsätzlich möglich und sinnvoll, um Kinder mit besonderem Unterstützungsbedarf bezogen auf diagnostische Bemühungen sinnvoll inkludieren zu können.

Ergänzende Kompetenzraster zur Förderplanung für Kinder mit niedrigen Ausprägungsgraden

Nach der Auswertung eines durchgeführten Interviews können sich vor allem in niedrigen Ausprägungsgraden in einem oder mehreren Teilbereich(en) deutliche Hinweise auf einen Förderbedarf des interviewten Kindes zeigen. In einem solchen Fall ist es besonders wichtig, für das entsprechende Kind nach der Diagnose möglichst individuelle Förderziele zu entwickeln und eine Fördermaßnahme zu planen und durchzuführen, um einen individuellen Kompetenzzuwachs zu ermöglichen. Der Lehrperson muss es zur passgenauen Förderplanung gelingen, möglichst adäquat an bereits beim Kind vorhandene Kompetenzen anzuknüpfen, indem die Ausprägungsgrade richtig eingeschätzt werden und im Sinne der *Handlungsleitung* aus den Interviewergebnissen Förderziele abgeleitet werden. Da die Ausprägungsgrade stark verdichtete Informationen enthalten, sind in ihnen vor allem bei niedrigen Ausprägungsgraden nicht alle einzelnen Kompetenzen ausdifferenziert, die mit dem Interview tatsächlich erhoben werden. Wie der Weg von der Diagnose über die Ausprägungsgrade zur Planung einer Fördermaßnahme verlaufen kann, wird im Handbuch zum EMBI nicht konkretisiert. Direkte Handlungsimpulse für eine Förderung ergeben sich daher nicht zwangsläufig aus den Ausprägungsgraden, sodass es an der Nahtstelle zwischen der Diagnose und der Förderung bei Lehrpersonen zu Schwierigkeiten in der Umsetzung kommen kann.

In verschiedenen Studien (vgl. Haberzettl 2016) konnte nachgewiesen werden, dass Lehrenden der Schritt von der Diagnose zu einer geeigneten Anschlusshandlung generell schwer fällt. Eine solche Anschlusshandlung ist jedoch grundlegend für die Wirksamkeit diagnostischer Kompetenzen (vgl. Karst et al. 2014). Da beim EMBI jedes Interview mit einem Protokollbogen dokumentiert wird, ist es sinnvoll, dieses Dokument zusätzlich zu den Ausprägungsgraden zu nutzen, um aus den Diagnoseergebnissen Förderziele zu entwickeln. Mithilfe des Protokollbogens kann eine kompetenzorientierte Analyse in Bezug auf die Kompetenzen erfolgen, über die das Kind bereits verfügt. Weiterhin wird dabei sichtbar, an welchen Stellen notwendige Kompetenzen noch nicht vorhanden sind. Dazu ist es erforderlich, dass die Lehrperson beurteilen kann, welche Antworten der Kinder im Interview als Teilkompetenzen zu interpretieren sind und welche nicht.

Um Lehrkräfte bei diesem Vorgehen zu unterstützen, können für *jeden Inhaltsbereich* getrennt voneinander *Kompetenzraster* verwendet werden (Haberzettl 2016, 289 ff.), die eine Übersicht über möglicherweise vorhandene Kompetenzen beim Kind darstellen (siehe folgendes Beispiel).

Kompetenzen zum Zählen	
1	Zählen im Zahlenraum bis 10
2	Zählen im Zahlenraum bis 20
3	Rückwärtszählen ab 10
4	Rückwärtszählen von einer Startzahl x > 20
5	Zählen von verschiedenen Startzahlen aus vorwärts im Zahlenraum bis 100
6	Zählen von verschiedenen Startzahlen aus vorwärts und rückwärts im Zahlenraum über 100
7	Benennen von Vorgänger und Nachfolger von Zahlen
8	Schrittweise Zählen von 0 aus in 10er-, 5er- und 2er-Schritten
9	Schrittweise Zählen von verschiedenen Startzahlen (> 0) aus in 10er-, 5er-, 3er- und 7er-Schritten
10	Kenntnis verschiedener Geldwerte
11	Addieren verschiedener Geldwerte zu einem Gesamtbetrag
12	Ergänzen von einem Geldbetrag zu einem gewünschten Gesamtbetrag

Kompetenzraster zum Teil A Zählen (Haberzettl 2016)

Mithilfe des ausgefüllten Protokollbogens kann nach der Festlegung der Ausprägungsgrade das Kompetenzraster ausgefüllt werden, indem in der rechten Spalte für eine *nachweisbare Kompetenz* das entsprechende Feld angekreuzt wird (x), eine noch *nicht erkennbare Kompetenz* gekennzeichnet wird (/) und ein leeres Feld anzeigt, dass die entsprechenden Aufgaben zu dieser Kompetenz aufgrund der Abbruchkriterien *nicht gestellt* wurden. Damit löst das Kompetenzraster die Interviewergebnisse höher auf, als die Ausprägungsgrade dies tun, wodurch sich wirksame Förderentscheidungen leichter ablesen lassen. Nach dem Ausfüllen des Kompetenzrasters lassen sich mögliche Förderziele aus den mit (/) gekennzeichneten Kompetenzen durch die Lehrperson ableiten, indem sie hier individuelle Förderentscheidungen für das jeweilige Kind trifft und passend zum diagnostischen Befund motivierende Aufgaben entwickelt, die ausreichende Handlungsperspektiven enthalten (Beispiele dazu finden sich bei Haberzettl 2016, 298 ff.). Dabei spielen verschiedene Artikulationsformen sowie Überlegungen zu geeignetem Material für eine individuelle Förderung eine besondere Rolle.

Weiterhin kann das Kompetenzraster während der Förderung und über einen längeren Zeitraum (z. B. auch schuljahrübergreifend) zur Dokumentation der Lernentwicklung eines Kindes und damit als Förderprofil benutzt werden, indem Fortschritte kenntlich gemacht werden (aus (/) wird (x), wenn sich die entsprechende Kompetenzentwicklung beim Kind in der Förderung oder im Unterricht zuverlässig erkennen lässt). Auch für einen Förderplan kann ein Kompetenzraster damit eine sinnvolle Ergänzung darstellen.

Ziel des Unterrichts sollte es generell sein, möglichst allen Kindern einen individuellen Lernerfolg zu ermöglichen und Förderung damit als diagnostisch orientierte Investition für möglichst viele Kinder einer Lerngruppe zu verstehen. Die Verwendung von Kompetenzrastern zum Ableiten von Förderzielen lässt sich prinzipiell nicht nur für Kinder mit besonders niedrigen Ausprägungsgraden, sondern in gleicher Art und Weise auch für alle Kinder einer Lerngruppe und ebenso für alle mit dem EMBI diagnostizierten Teilbereiche ((A) *Zählen*, (B) *Stellenwerte*, (C) *Strategien bei Addition und Subtraktion* und (D) *Strategien bei Multiplikation und Division*) nutzen. Damit sind Kompetenzraster in besonderem Maße für das Gemeinsame Lernen geeignet, da damit der Notwendigkeit von Individualisierung Rechnung getragen und durch den Einbezug individueller Vorkenntnisse und Erfahrungen der Kinder ein inklusives Mathematiklernen ermöglicht wird.

Adaption für Kinder mit dem Förderschwerpunkt Sehen

Trotz der grundsätzlichen Eignung des EMBI auch für den inklusiven Mathematikunterricht kann gerade eine Beeinträchtigung der Sinneswahrnehmung, wie eine (hochgradige) Sehbehinderung, eine spezifische Anpassung des Diagnoseinstruments notwendig machen. Durch den zunehmenden Anteil an Kindern mit sonderpädagogischem Förderbedarf im Bereich Sehen, die im Gemeinsamen Lernen unterrichtet werden, kommt einer solchen Adaption eine immer größere Bedeutung zu.

Im Rahmen erster Erprobungen hat Krämer (2016) verschiedene Veränderungen an der Originalversion des EMBI vorgenommen und mit blinden sowie (hochgradig) sehbehinderten Kindern durchgeführt. Die vorgenommenen Veränderungen beziehen sich dabei zum einen auf eine besondere

Gestaltung des Arbeitsplatzes (z. B. mit einer blendungsarmen Gesamtausleuchtung des Raumes sowie einer zusätzlichen Leselampe) und zum anderen auf eine *Anpassung der eingesetzten Materialien* an die besonderen Bedürfnisse der Kinder.

Gerade der Gestaltung der Materialien kommt aufgrund der durchgängig materialgestützten Interviewführung im EMBI eine besondere Bedeutung zu. Als zentral erweisen sich dabei vor allem die Möglichkeit der *Fixierung* der Materialien auf der Arbeitsfläche, die *Taktilität* der Materialien sowie die gute *Leserlichkeit* von Zahlen- und Aufgabenkarten (vgl. Krämer / Rottmann 2016). Gut geeignet sind magnetische Objekte (z. B. mit Magnetfolie beklebte Karten), welche auf einem metallischen bzw. magnetischen Untergrund fixiert werden und so gut ohne Verrutschen ertastet werden können. Der Verzicht auf detailreiche Materialien (wie der eigentlich vorgesehenen Plastikbären) ermöglicht eine leichtere visuelle und/oder haptische Erfassung, z. B. bei der Verwendung von mit unterschiedlichen Oberflächen beklebten Magneten.

Magnete mit taktil gut zu unterscheidenden Oberflächen (Foto: Krämer 2016)

Bei den im EMBI vorgesehenen Zahlen- und Aufgabenkarten kann die Leserlichkeit durch die Verwendung einer klar strukturierten Schriftart in ausreichender Größe (z. B. Norddruck mit einer Mindestgröße von 50 pt) sowie durch den Verzicht auf farbiges Papier verbessert werden, da so ein deutlicher Kontrast zwischen der Schrift- und Papierfarbe erzielt wird. Für den Einsatz bei blinden Kindern ist es zudem notwendig, diese Karten an einer Ecke zusätzlich mit Punktschrift (Brailleschrift) zu versehen.

Vor allem, wenn den Kindern genügend Zeit für eine Materialerkundung vor der eigentlichen Bearbeitung der Aufgaben zur Verfügung steht, zeigen die Erprobungen, dass auch (hochgradig) sehbehinderte und blinde Kinder gut mit dem (adaptierten) EMBI zurechtkommen. Da es bei der Diagnostik mit dem EMBI im schulischen Kontext nicht primär um einen genormten Vergleich der Schülerleistungen geht, sondern vielmehr darum, möglichst gut die vorhandenen Kompetenzen der Kinder sowie besondere Förderbedarfe zu identifizieren, bietet gerade die gute Adaptierbarkeit des EMBI sowohl in Bezug auf die verwendeten Materialien als auch im Hinblick auf eine differenziertere Dokumentation und Auswertung mit Hilfe von Kompetenzrastern besondere Chancen für den Einsatz im inklusiven Mathematikunterricht.

Literatur

Benz, C. / Peter-Koop, A. / Grüßing, M. (2015): Frühe mathematische Bildung. Mathematiklernen der Drei- bis Achtjährigen. Berlin: Springer.

Bruner, J. S. (1972): Der Prozess der Erziehung. Berlin: Berlin-Verlag.

Gieselmann, J. (2016): Sprachbarrieren für Kinder mit DaZ in der frühen Mathematischen Diagnostik. Masterarbeit, Fakultät für Mathematik, Universität Bielefeld.

Haberzettl, N. (2016): Neue Wege des Diagnostizierens und Förderns im mathematischen Anfangsunterricht. Kassel: kassel university press.

Karst, K. / Schoreit, E. / Lipowsky, F. (2014): Diagnostische Kompetenzen von Mathematiklehrern und ihr Vorhersagewert für die Lernentwicklung von Grundschulkindern. In: Zeitschrift für Pädagogische Psychologie, 28. Jg., H. 4, 237–248.

Krämer, M. (2016): Zahlenwissen im Blick – Adaption und Erprobung eines Diagnostikinstruments mathematischer Basiskompetenzen für blinde und hochgradig sehbehinderte Kinder in Kooperation mit der Sonderpädagogischen Beratungsstelle der Nikolauspflege Stuttgart. Unveröffentlichte Dokumentation des sonderpädagogischen Handlungsfelds, Staatliches Seminar für Didaktik und Lehrerbildung Stuttgart.

Krämer, M. / Rottmann, T. (2016): Zahlenwissen im Blick – Diagnostik mathematischer Basiskompetenzen bei blinden und (hochgradig) sehbehinderten Kindern. In: blind – sehbehindert. Zeitschrift des Verbands für Blinden- und Sehbehindertenpädagogik e. V. (VBS), 136. Jg., H. 4, 266–276.

Kultusministerkonferenz (2005): Bildungsstandards im Fach Mathematik für den Primarbereich. München: Luchterhand.

Peter-Koop, A. (2015): Förderdiagnostik mit dem ElementarMathematischen Basis-Interview (EMBI) im inklusiven Anfangsunterricht. In: Peter-Koop, A. / Rottmann, T. / Lüken, M. (Hrsg.): Inklusives Lernen im Mathematikunterricht. Offenburg: Mildenberger, 156–167.

Peter-Koop, A. / Wollring, B. / Grüßing, M. / Spindeler, G. (2013): Das ElementarMathematische BasisInterview Zahlen und Operationen (2. überarbeitete Auflage). Offenburg: Mildenberger.

Peter-Koop, A. / Grüßing, M. (2011): Elementarmathematisches Basisinterview für den Einsatz im Kindergarten. Offenburg: Mildenberger.

Rottmann, T. (2009): Diagnose von Rechenstörungen – Möglichkeiten und Grenzen von Diagnoseverfahren im Mathematikunterricht. In: MNU Primar, 1. Jg., H. 2, 49–52.

Rottmann, T. / Streit-Lehmann, J. / Fricke, S. (2015): Mathematische Diagnostik in der Schuleingangsphase – ein Überblick über gängige Verfahren und Tests. In: Peter-Koop, A. / Rottmann, T. / Lüken, M. (Hrsg.): Inklusives Lernen im Mathematikunterricht. Offenburg: Mildenberger, 135–155.

Vygotskij, L. S. (1978): Mind in society. The Development of Higher Psychological Processes. Cambridge, MA: Harvard University Press.

Werning, R. / Lütje-Klose, B. (2012): Einführung in die Pädagogik bei Lernbeeinträchtigungen (3. überarbeitete Auflage). München: Ernst Reinhardt.

Wollring, B. / Peter-Koop, A. / Haberzettl, N. / Becker, N. / Spindeler, B. (2011): Elementar-Mathematisches BasisInterview Größen und Messen, Raum und Form. Offenburg: Mildenberger.

Birgit Heß / Marcus Nührenbörger

Produktives Fördern im inklusiven Mathematikunterricht

Fachunterricht ist stets fördernder Unterricht, denn er unterliegt der Prämisse der »individuellen Förderung«: Jedes Kind soll mit seinen individuellen Stärken und Schwierigkeiten, spezifischen Begabungen und Unterstützungsbereichen beachtet, wertgeschätzt und fachlich gefördert werden (vgl. Bartnitzky / Brügelmann 2012). Die fachliche Förderung mathematischer Lernprozesse erfolgt umso produktiver, wenn sie auf strukturierte Lernangebote bezogen ist sowie zu den individuellen Lernvoraussetzungen des jeweiligen Kindes passt und die spezifischen Lernpotenziale bestmöglich erweitert (vgl. Nührenbörger 2015; Scherer / Moser Opitz 2010). In diesem Sinne kommt es beim Fördern stets auf die Offenheit gegenüber und das Interesse an den Denkwegen der Kinder an, auf die »kognitive Empathie« (Wielpütz 2007, 100) gegenüber den mathematischen Erfindungen, Überlegungen und Äußerungen von Kindern. Dies gilt auch für den inklusiven Fachunterricht. Wember (2013) fordert entsprechend, dass Förderung universell zugänglich und flexibel auszurichten sei. Neben dem fördernden Unterricht (s. hierzu auch die unterschiedlichen Beiträge des Bandes) rücken gezielte Fördermaßnahmen in den Blick, die differenzsensibel an individuellen Lernvoraussetzungen einzelner Kinder adaptiert sind und auf produktive Weise die individuellen Lernverläufe fachlich wie auch (sonder-) pädagogisch unterstützen.[1]

Ohne an dieser Stelle kritisch auf verschiedene Konzepte einer einseitig individualisierten, den Modus der (gelenkten) Beschäftigung folgenden zusätzlichen Förderung einzugehen, die häufig durch unproduktive Aufgabenserien gekennzeichnet sind (vgl. hierzu z. B. Scherer / Moser Opitz 2010; Nührenbörger / Häsel-Weide 2015; Wielpütz 2007), soll im Folgenden herausgestellt werden, wie gezielte Fördermaßnahmen für einzelne Kinder im Unterricht integriert oder den Unterrichtsalltag ergänzend produktiv werden können.

---

1) Dies entspricht auch dem Übereinkommen über die Rechte von Behinderten (UN-Konvention 2006), in dem in § 24 »wirksame individuell angepasste Unterstützungsmaßnahmen in einem Umfeld, das die bestmögliche schulische und soziale Entwicklung gestattet«, gefordert werden.

Leitideen des produktiven Förderns

Für die Gestaltung von produktiven Fördermaßnahmen bieten die Leitideen des Förderns (vgl. Häsel-Weide / Nührenbörger 2012; Hußmann et al. 2014) eine grundlegende Orientierung. Für den Beitrag werden diese mit Blick auf gezielte Fördermaßnahmen für Kinder (integriert im oder zusätzlich zum inklusiven Mathematikunterricht) erweitert und um die besondere Rolle der Lernbegleitung ergänzt:

(1) Eine Förderung wird individuell passend, wenn diese sensibel an den spezifischen mathematischen Kompetenzen des einzelnen Kindes adaptiv ansetzt (diagnosegeleitet und differenzsensibel). (2) Inhaltlich werden Fördermaßnahmen nachhaltig, wenn sie stetig auf den Ausbau von für das Mathematiklernen unabdingbaren Vorstellungen zu Zahlen und Operationen sowie deren Beziehungen untereinander fokussiert werden. Im Kern geht es um die Entwicklung eines tragfähigen Verständnisses des mathematischen Basisstoffs.[2] Dieser stellt für alle Kinder das Fundament ihrer mathematischen Lernentwicklung dar. Dazu benötigt werden mathematikdidaktisch geeignete Darstellungen, um anhand dieser grundlegende Vorstellungen zu entwickeln (verstehensorientiert und darstellungssensibel). (3) Mathematische Verstehensprozesse von Kindern basieren auf interaktiven Anlässen und Begegnungen mehrerer Personen – denn die Artikulation und der Austausch von sich entwickelnden Ideen unterstützt die Entwicklung mathematischer Bewusstheit und den Aufbau von Sinnstiftung und Bedeutsamkeit (kommunikativ und sprachsensibel). (4) Schließlich ruhen Fördermaßnahmen auf der sensiblen Begleitung durch die Lehrperson, die sich dem Denken der Kinder zuwendet, dieses fachlich und sonderpädagogisch interpretiert sowie mit Blick auf die »Zone der nächsten Entwicklung« (Wygotski 1987) unterstützt (Lernbegleitung). Im Folgenden werden die Leitideen produktiven Förderns exemplarisch anhand von Aufgaben erläutert, die Kinder bei der Entwicklung ihres mathematischen Verständnisses und beim Bearbeiten spezifischer Schwierigkeiten durch unterschiedliche Zugänge und Darstellungsmittel unterstützen.

---

2) Der Basisstoff umfasste zentrale, instrumentell bedeutsame und grundlegende Konzepte und Verfahren, die für die mathematische Kompetenzentwicklung unverzichtbar sind (vgl. Moser Opitz 2002, 2007).

Diagnosegeleitet und differenzsensibel

Um Fördermaßnahmen an die Lernvoraussetzungen und -entwicklungen der Kinder adaptiv anzupassen, sind diese stets mit begleitenden diagnostischen Erkenntnissen über die Fortentwicklung der individuellen Lernprozesse zu verknüpfen (Sundermann / Selter 2006). Insbesondere sorgsame Beobachtungen des Lernprozesses, die um gezielte diagnostische Gespräche ergänzt werden, bieten sich hier an. Die kompetenzorientierte Sichtweise auf Dokumente und Beiträge der Kinder kann zu einem differenzierten Bild führen bezüglich der mathematischen Kompetenzen, Schwierigkeiten und ggf. einseitig geprägte Vorstellungen (vgl. Moser Opitz / Nührenbörger 2015). Im Gespräch mit allen am Unterricht beteiligten Fachkräften und auch mit den Schülerinnen und Schülern können diagnostische Erkenntnisse ausgetauscht werden.

Eine solche unterrichtsintegrierte Diagnose bietet immer wieder neue Einblicke in die fachliche Entwicklung eines Kindes, in seine Denkweisen und spezifischen Schwierigkeiten. Sie ist daher auch nicht allein einer Fördermaßnahme vorgelagert. Vielmehr sind Förderung und Diagnose kontinuierlich miteinander verzahnt. Ebenso zeichnen sich Fördermaßnahmen durch eine langfristig angelegte Planung aus, die einer permanenten Fortentwicklung unterliegt. Mit Blick auf Lernende (mit und auch ohne) Unterstützungsbedarf bietet es sich an, mathematische Ziele für Unterrichtsvorhaben explizit so zu formulieren, dass diese im Unterrichtsverlauf weiter spezifiziert und im Kontext der Lernumgebung differenzsensibel an die jeweils individuellen Prozesse und die fortschreitende Lernentwicklung angepasst werden können (vgl. Götze / Hang 2017; Häsel-Weide / Nührenbörger 2017; Hußmann u. a. 2014).

Beispiel 1: Individuelle Lernentwicklungsziele
Lisa rechnet Mitte des 2. Schuljahres Additions- und Subtraktionsaufgaben ausschließlich zählend.[3] Das diagnostische Gespräch mit Lisa zielt auf ihren Umgang mit der Zahlwortreihe, ihre Strategien zur Mengenerfassung, zum Darstellen von Zahlen, zum Zerlegen und zum Nutzen von Rechenstrategien. Lisa soll beispielsweise Zahlen im 20er-Feld darstellen.

---

3) Dieses und die folgenden Beispiele stammen aus Arbeiten von Studierenden, die im Förderzentrum der Technischen Universität Dortmund (http://foerderzentrum-neu.mathematik.tu-dortmund.de/drupal/) einzelne Kinder mit Schwierigkeiten im Fach Mathematik über ein Semester wöchentlich fördern.

Arbeitsauftrag: Lege die Zahl 8. Finde verschiedene Möglichkeiten. Erkläre.[4]

Lisa:
Das ist die 8,
weil 5 + 3 = 8.

Lisa: Ich lege erst
die 8 blau und dann die 5 rot. […]
In der Schule legen wir das
Ergebnis immer blau.

Abb. 1: Lisas erste Darstellung　　　　**Abb. 2: Lisas zweite Darstellung**

Nachdem Lisa keine weitere Möglichkeit mehr findet, legt die Interviewerin die Zahl 8 als Verdopplungsaufgabe untereinander.

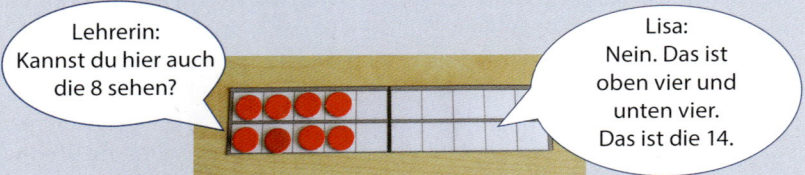

Lehrerin:
Kannst du hier auch
die 8 sehen?

Lisa:
Nein. Das ist
oben vier und
unten vier.
Das ist die 14.

Abb. 3: Darstellung der Lehrperson

Folgende Hinweise gewinnt die Lehrkraft aus dieser und ähnlichen Szenen: Lisa beherrscht die Zahlwortreihe und ordnet beim Aufsagen der Zahlwörter jeder Zahl genau ein Plättchen zu. Sie interpretiert die einzelnen Felder des Zwanzigerfeldes als Positionen und kann die Aufgabe 5 + 3 = 8 auswendig abrufen. Schwierigkeiten zeigt Lisa beim flexiblen Legen und Deuten von Zahlen, beim Erkennen und Nutzen von Zahlbeziehungen, die über die Zerlegung mit 5 hinausgehen. Lisa scheint eine überwiegend ordinale Zahlvorstellung zu besitzen, da sie die Position des letzten Plättchens deutet, um das Zahlwort zu bestimmen.

Für die Förderung wird als primäres Lernziel die Entwicklung einer flexiblen kardinalen Zahlvorstellung herausgestellt: Lisa soll erkennen, dass Zahlen auf verschiedene Weisen in Teile zerlegt und aus diesen Teilen wieder zusammengesetzt werden können. Dies ist die Grundvoraussetzung, um nicht jede Additions- und Subtraktionsaufgabe neu (zählend) zu ermitteln, sondern Beziehungen zu erkennen und zu nutzen.

---

4)　Als Material standen zur Verfügung: Zwanzigerfeld, Wendeplättchen, 5er- und 10er-Streifen

Lernschwerpunkte / Lernziele	Fördermaßnahmen	
kardinale Zahlvorstellungen aufbauen: *Zahlen als Zusammensetzungen deuten und nutzen*		
strukturierte Anzahlerfassung	Anzahlerfassung durch Gruppieren von Mengen	
Kraft der 5 und der 10 erkennen und nutzen	Mengen am 20er-Feld flexibel darstellen, beschreiben und zunehmend in der Vorstellung verändern	
Zerlegungen der Zahlen bis 10 grundlegen und sichern (6, 7, 8, 9 und 10)	a) am Material (finden, ordnen, erklären) b) mit verdeckter Teilmenge (Wie viele verdeckt?)	Durchgängiges Beachten und Verknüpfen der verschiedenen Darstellungsebenen (handelnd mit Materialien, bildlich, symbolisch, sprachlich)
Zahlen vergleichen	Unterschied benennen	
Rechenstrategien im Zahlenraum bis 20: *Aufgabenbeziehungen erkennen und nutzen*		
Einfache Aufgaben geschickt lösen (Merkmale: mit 5, mit 10, = 10, verdoppeln) und zunehmend sichern	Aufgabenkarten nach Merkmalen (Sortiertafeln) ordnen, rechnen, darstellen und beschreiben, vergleichen, Beziehungen erkennen	
Schwierige Aufgaben als Nachbaraufgaben von einfachen Aufgaben erkennen und flexibel berechnen	Schwierige Aufgaben verändern (Sortiertafeln), Nachbaraufgaben nutzen, Beziehungen erkennen	
Automatisieren	Aufgaben zunehmend sicher nutzen	

Abb. 4: Lernentwicklungsplan »Lisa«

Gemeinsam mit allen am Unterricht beteiligten Fachkräften wird ein Lernentwicklungsplan (vgl. Abb. 4) aufgestellt, der einerseits konkrete Ziele mit Fördermaßnahmen verbindet. Andererseits liefern fortlaufende sensible Beobachtungen und der Austausch darüber ergänzende wertvolle Einblicke in die Weiterentwicklung von Lösungswegen und Vorstellungen. Der Lernentwicklungsplan erfährt somit immer wieder Anpassungen und Veränderungen in Relation zur Lernentwicklung des Kindes.

Verstehensorientiert und darstellungssensibel

Es mag überraschen, aber gerade das Lernen von Kindern mit Unterstützungsbedarf ist in besonderer Weise von Angeboten zum Verstehen des mathematischen Basisstoffs abhängig und hat weniger mit Angeboten zur Nachahmung von Rechenprozeduren zu tun. Ohne das Verständnis der grundlegenden

Zahl- und Operationsbeziehungen (z. B. Zahlbegriff, Stellenwerte, Rechenoperationen) ist ein Erlernen von Rechenwegen und Beherrschen von Rechenverfahren nachhaltig nicht gesichert (vgl. Gaidoschik 2010; Moser Opitz 2007). Dem Spiralprinzip zur Folge entwickeln sich mathematische Erkenntnisse entlang fundamentaler Ideen kumulativ im Laufe der Schuljahre von Kind zu Kind, in unterschiedlicher Geschwindigkeit und Tiefe sowie auf unterschiedlichen Wegen. Eine verstehensorientierte Förderung zielt somit auf fachliche Basiskonzepte ab, die für die Kinder so aufbereitet werden, dass das Kind auf seinem spezifischen Niveau einen Zugang zur Bewältigung und Erkundung erhält. Hierbei erweitert sich die Förderperspektive auf mathematische Inhalte um Unterstützungsmaßnahmen zum Erkunden und Begründen zentraler Beziehungen des Basisstoffs und damit verbunden zum Aufbau grundlegender prozessbezogener Kompetenzen (vgl. Scherer 1999).

Beispiel 2: Mathematisches Verstehen fördern

Arbeitsauftrag: Wie viele sind es? Zähle geschickt. Kreise ein.

Zur Förderung der Einsicht, dass eine Anzahl auf unterschiedliche Weisen dargestellt und durch unterschiedliches Strukturieren zerlegt werden kann, erhält Lisa verschiedene Punktebilder zu den Zahlen 6 bis 10. Jede Zahl ist durch unterschiedliche Anordnungen im 10er-Feld repräsentiert; einerseits kann Lisa verschiedene Zerlegungen einer Zahl herausstellen, anderseits Beziehungen zwischen den verschiedenen Zahlen herstellen. Die Aufgabe weist einen hohen Grad der Strukturierung auf und muss entsprechend materialsensibel aufbereitet werden. Zu diesem Zweck erhält Lisa sowohl Zehnerfelder mit Darstellungen als auch leere Felder, hinreichend großzügig gestaltet, sodass verschiedene Teilmengen eingekreist und zur abschließende Reflexion genutzt werden können. Die passenden Terme werden auf Haftnotizzetteln notiert und an das Punktefeld geheftet.

Das Material bietet die Möglichkeit, nach Abschluss der Erkundungsphase Zusammenhänge sukzessive in den Blick zu nehmen. Dazu werden die vielfältigen Darstellungen selbstständig von Lisa geordnet, beschrieben und durch gezielte Fragen, Impulse und Anweisungen fokussiert: »Vergleiche die beiden Punktbilder zur 7 (6 und 7 …)« oder »Welche Zerlegungen helfen dir, die Zahl 7 möglichst schnell zu erkennen?« »Wähle eigene Zahlen. Lege und male auf.« Weiterführend können Gemeinsamkeiten und Unterschiede zu den Zahldarstellungen am linearen Zehnerfeld in den Blick genommen werden. Sprachsensible Unterstützungsmaßnahmen, wie das Anlegen einer Wortsammlung mit zentralen Begriffen (mehr als, weniger als, gleich …, oben, unten, …, ich sehe …) sind sowohl für das Beschreiben und Erklären sowie für den Transfer

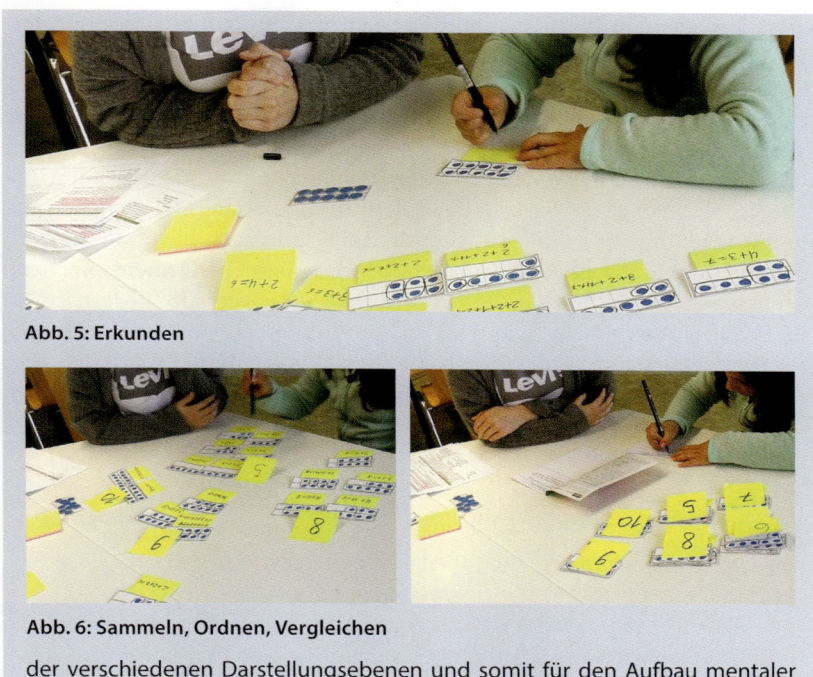

Abb. 5: Erkunden

Abb. 6: Sammeln, Ordnen, Vergleichen

der verschiedenen Darstellungsebenen und somit für den Aufbau mentaler Vorstellungsbilder bedeutsam (s. auch Leitidee »Kommunikativ und sprachsensibel«).

Verstehensorientierte Fördermaßnahmen greifen einen für die Kinder zugänglichen und langfristig fachlich bedeutsamen Grad der Strukturierung auf; d. h. der Zusammenhang der Aufgaben, der das Herstellen von Beziehungen ermöglicht, ist je nach Kind in unterschiedlicher Tiefe und Breite zu denken. Während beispielsweise viele Kinder einer 2. Klasse herausgefordert sind, dekadische Zerlegungen zweistelliger Zahlen zu erkunden und zu reflektieren, kann für einige Kinder hierbei nicht allein eine Reduktion der Zahlen bedeutsam für die Erschließung der Zerlegungsidee sein, sondern auch eine Fokussierung auf zentrale mathematische Zusammenhänge, wie zum Beispiel Zerlegungen mit einem Summanden 1, 10 oder 5. Damit die Kinder nicht allein mathematische Phänomene beschreiben, sondern bewusst mathematische Zusammenhänge konstruieren, bieten sich verschiedene mathematische Aktivitäten an zum (1) Erkunden, (2) Sammeln, Ordnen und Vergleichen, (3) Beziehungen artikulieren (z. B. Häsel-Weide 2016). Diese Aktivitäten fordern die Kinder immer wieder aufs Neue behutsam dazu heraus, eigenständige Entdeckungen vorzunehmen, eigene

Lösungswege zu entwickeln und diese bewusst zu artikulieren oder darzustellen. Begleitet werden die Phasen durch die aktive Lehrkraft, die weiterführende Fragestellungen und Impulse formuliert, alternative Ansichten und Lösungen anbietet und weitere, zunehmend effizienter gestaltete Lösungen und Strategien anregt.

Die Konzentration auf das Verstehen des Basisstoffs geht einher mit einer stetigen Sicherung der Basisfakten. Diese Kombination aus Verstehen der Zusammenhänge und Automatisierung der Grundlagen bietet die Voraussetzung für ein nachhaltiges mathematisches Lernen. Dementsprechend betonen Scherer und Moser Opitz (2010, 199), dass »gerade für lernschwache Schülerinnen und Schüler (...) das produktive Üben [einen wichtigen Bestandteil darstellt], weil dadurch das Gedächtnis entlastet wird und diese Formen des Übens bei der Konstruktion generalisierbarer, beweglicher, kognitiver Strukturen helfen können«.

Beispiel 3: Darstellungssensibel mathematische Einsichten aufbauen

Arbeitsauftrag: Ordne die Aufgabenkarten den Sortierfeldern zu.
Lege und rechne geschickt die Aufgaben mit 5.

Um Merkmale von einfachen Additionsaufgaben kennenzulernen und langfristig zu automatisieren, zielt der Lernauftrag vor dem Ausrechnen auf das bewusste Sortieren von Aufgaben nach den Kriterien mit 5, mit 10 und = 10 (vgl. Nührenbörger u. a. 2017). Um Zahl- und Aufgabenbeziehungen intensiver in den Blick zu nehmen, werden zum Beispiel alle »mit 5 Aufgaben« als Terme sortiert, geordnet sowie mit einem 5er-Streifen am Feld gelegt oder mit einem kurzen 5er-Strich am Feld eingezeichnet. Das Sammeln, Ordnen und Vergleichen ist ein kreativer mathematisch bedeutsamer Prozess, der individuelle Lösungen ermöglicht und das Erkennen von Mustern und Strukturen darstellungssensibel unterstützt.

Die Anzahl an Sortierfeldern sowie die Aufgabenkarten können im Vorfeld an die individuellen Fertigkeiten der Kinder angepasst werden (vgl. Heß / Tubach 2017).

Abb. 7: Erkunden und dokumentieren

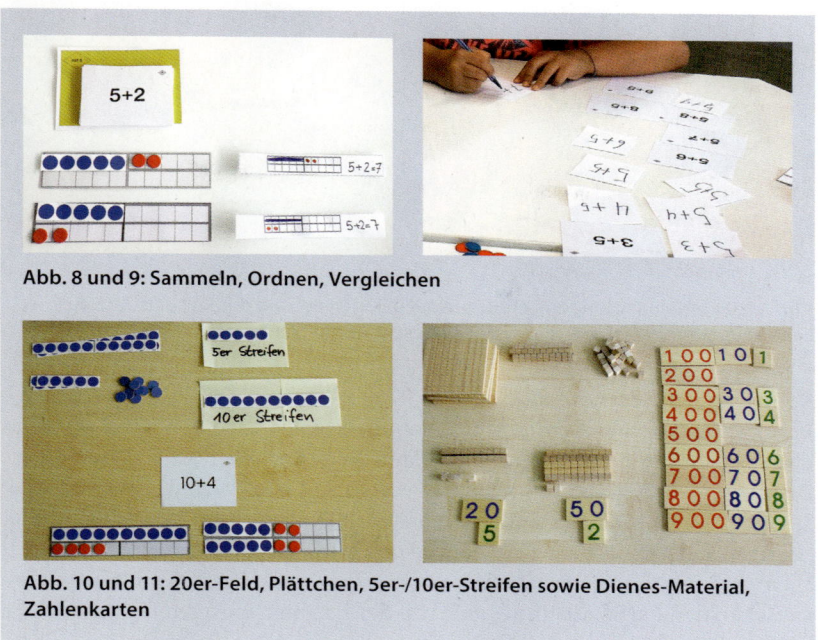

Abb. 8 und 9: Sammeln, Ordnen, Vergleichen

Abb. 10 und 11: 20er-Feld, Plättchen, 5er-/10er-Streifen sowie Dienes-Material, Zahlenkarten

Bei Kindern mit Unterstützungsbedarf im Fach Mathematik ist sehr sensibel darauf zu achten, dass die Förderung material- und bildsensibel ausgewählte Angebote zur Darstellung und Vernetzung derselben enthält – damit ist gemeint, dass die Lernenden auf der enaktiven Ebene und/oder auf der ikonischen Ebene so arbeiten, dass sie die Aktivitäten kognitiv aktiv begleiten können (konkretes Handeln mit Material oder Wahrnehmen von allein reicht nicht aus und kann sogar hinderlich sein). Daher sollten die Kinder Aufgaben mithilfe mathematikdidaktisch geeigneter Veranschaulichungen bearbeiten, die den gezielten und bewussten Aufbau tragfähiger Vorstellungen über mathematische Zusammenhänge ermöglichen. Dies setzt voraus, dass die Materialien mathematisch strukturiert sind, in unterschiedlichen Zahlenräumen zum Einsatz kommen können und ein zählendes Rechnen vermeiden. Im Umgang mit dem Material erkunden und lernen die Kinder zugleich die strukturellen Besonderheiten der Materialien, wie beispielweise das Zwanzigerfeld mit Plättchen und den 5er- und 10er-Streifen oder das Dienes Material oder Zahlenkarten (vgl. Abb. 10 und 11).

Eine an fachlich bedeutsamen Darstellungen sensibel orientierte Förderarbeit bietet zugleich Anlässe, im Zuge der mathematischen Erkundung auch zugleich gezielt basale Fähigkeiten (wie Wahrnehmung, Raumorientierung, Motorik und Serialität) zu entwickeln.

Abb. 12: Materialhandlungen beschreiben: Ein Kind legt und diktiert eine Anzahl im Feld, ein anderes Kind legt dieses bei eingeschränkter Sicht nach

Kooperativ und sprachsensibel

Eine produktive Förderung geht nicht allein vom einzelnen Kind aus, sondern bettet die inhaltlichen Aktivitäten in gemeinsame sozial-interaktive Erkundungen mit der Lerngruppe ein (vgl. Häsel-Weide / Nührenbörger 2017). Im Gespräch mit anderen entstehen Anlässe, um sich über Entdeckungen auszutauschen, Darstellungen von Lösungsprozessen zu vergleichen und Begründungen in den Blick zu nehmen. Diese Kommunikation zwischen den Lernenden und auch mit der Lehrperson spielt für zusätzliche Fördermaßnahmen in der Kleingruppe eine wichtige Rolle für die Initiierung und Weiterentwicklung der Verstehensprozesse bei den Kindern. Dies gilt umso mehr für Kinder mit Schwierigkeiten im Fach Mathematik, denn diese finden im Unterrichtsalltag nicht immer auch Gelegenheit zur Artikulation und Darstellung ihrer Entdeckungen.

Hierbei ist die Art und Weise entscheidend, wie die Interaktionsprozesse durch sprachliche Handlungen der Lehrperson begleitet werden. Denn viele Kinder benötigen gerade zum Beschreiben und Erklären von Zahl- und Aufgabenbeziehungen sprachsensible Unterstützungen (vgl. Götze / Hang 2017). Dies können Forschermittel- oder Wortsammlungen sein, die gemeinsam mit den Kindern erarbeitet und sukzessive in das Unterrichtsgeschehen integriert werden. Besonders für den Transfer zwischen den Darstellungsebenen und den Aufbau mentaler Vorstellungsbilder ist das Beschreiben von Materialhandlungen unter zunehmender Ablösung vom Material von entscheidender Bedeutung (s. Abb. 12).

Begleitungen einer Lernsituation

Auch wenn dem eigenständigen Mathematiklernen der Lernenden stets Priorität einzuräumen ist, spielt die subsidiäre Begleitung der Lernprozesse durch die Lehrperson(en) für die Förderung eine zentrale Rolle (vgl. Wember 2009). Ziel muss hierbei immer die Initiierung und Unterstützung der möglichst eigenständigen Entwicklung mathematischer Aktivitäten und mathematischer

Bewusstheit sein. Damit die Unterstützung der Lehrperson die Lernprozesse der Kinder nicht einschränkt, behindert oder aufhält, ist es wichtig, dass diese

- die mathematischen Ideen, Beiträge und Darstellungen der Kinder wie mit einer Lupe differenziert betrachtet, den Kindern aufmerksam zuhört und Gesprächspausen aushält,
- sich mit belehrenden oder wertenden Äußerungen und Hinweisen zurückhält,
- gezielte Fragen und strukturierende Impulse setzt im Spannungsfeld zwischen den Vorgehensweisen und Ideen des Kindes auf der einen Seite und möglichen methodisch und medial adaptiven Lernangeboten auf der anderen Seite,
- die mathematischen Kompetenzen ebenso wie die Schwierigkeiten der Kinder fachlich seriös und kompetenzorientiert deutet,
- die unterschiedlichen Darstellungsebenen (enaktiv, ikonisch, symbolisch, sprachlich) und deren Verknüpfung durchgängig beachtet und mit Blick auf die Lernenden erweitert aufgreift,
- die Zielsetzung und die konsekutive Weiterentwicklung des Entwicklungsplanes klar im Blick behält sowie letztlich
- immer wieder transparente und motivierende Anregungen zur Reflexion des Lernprozesses gibt.

Beispiel 4: Mathematisches Verstehen fördern

Arbeitsauftrag: Lege die Zahl 16 ins Zwanzigerfeld. Lege die Zahl so, dass man sie schnell sehen kann.

Alina – 2. Schulbesuchsjahr – legt die Zahl mit 16 einzelnen Plättchen, von links oben beginnend. Während im Unterrichtsgeschehen Alina durch eine alternative Deutung von einem anderen Kind aufmerksam für weitere Zerlegungen werden kann, bedarf es in der Einzelfördersituation des Impulses der Lehrkraft, um weitere Zugänge zur Darstellung der Zahl am 20er-Feld zu öffnen. Dies können z. B. offene Fragen sein, aber auch ein Angebot an ergänzenden Materialien, die Bereitstellung von Informationen oder das Einbringen von alternativen Behauptungen (vgl. Häsel-Weide / Nührenbörger 2012).

Eine alternative Darstellung wird z. B. mit Materialien angeregt, indem die Lehrerin dieses anbietet: »Hier hast du ein weiteres Zwanzigerfeld. Kannst du die Zahl auch mit einem 5er-(10er-)Streifen legen? Erkläre.« Findet das Kind keine weitere Darstellung, kann die Lehrkraft Lösungsmöglichkeiten einbringen. »Ist das auch die 16? Beschreibe und erkläre.« Ein Vergleich der verschiedenen Plättchendarstellungen kann schließlich zur Fokussierung von Beziehungen führen: »Was ist gleich? Was ist verschieden? Warum kannst du hier oder dort die Zahl 16 schnell sehen und legen?« Impulse und Fragestellungen, die ausgehend von den Lösungen des Kindes zu einer Weiterentwicklung mathematisch struktureller Einsichten führen, sind z.B.: »Lege nun eine andere Zahl.« »Wie verändert sich die Zahl, wenn du ein Plättchen/einen 5er-/10er-Streifen wegnimmst/dazu tust?« Ebenso anregend kann es sein, wenn das Kind explizit einen Wahrnehmungskanal ausschließen soll (z.B. beschreiben, ohne zu sehen/nachlegen, ohne zu sehen).

Bevor offene Fragen und Anregungen auf der Aktivitätsebene erfolgen, kann es ggf. ausreichend sein, auf der Metaebene durch das Setzen positiver Marker, durch das Wiederholen der letzten Handlungen oder Äußerungen, durch eine Zusammenfassung des bisher Erarbeiteten (…) das Kind zu unterstützen, den unter- oder abgebrochenen Lösungsprozess oder die ins Stocken geratene Kommunikation fortzusetzen.

Schließlich umfasst die Lernbegleitung auch die transparente Anregung von Reflexionsprozessen bei den Lernenden und damit verbunden den Aufbau eines selbstständigen Lernprozesses. Im Sinne von Zieltransparenz und Sinnstiftung sollten Lernprozesse der Kinder stets gemeinsam mit der Lehrperson reflektiert werden (vgl. Bartnitzky/Brügelmann 2012). Das Visualisieren der Ziele zu Beginn der Fördereinheit und die Reflexion der Lernsituation kann zum Abschluss einer Fördereinheit durchgeführt werden. Neue Erkenntnisse, günstige Lösungsideen, einzelne Lernfortschritte und weitere Anknüpfungspunkte können somit exemplarisch dokumentiert und transparent gemacht werden.

Fazit

Die Verknüpfung individueller und sozialer Lernprozesse schafft die Grundlage einer produktiven Förderung – und dies gilt für die Förderung aller Kinder im inklusiven Mathematikunterricht ebenso wie für die Förderung einzelner Kinder zusätzlich zum Unterricht. Die Sensibilität für unterschiedliche Lernvoraussetzungen, -prozesse und -verläufe benötigt hierbei die besondere Aufmerksamkeit der Lehrenden bei der Gestaltung und Begleitung von spezifischen Fördermaßnahmen im Kontext der unterrichtlichen Lernumgebung. Kurz gesagt, inklusiver Mathematikunterricht steht stets vor der Herausforderung, Fördermaßnahmen zu entwerfen und in die Gestaltung des Unterrichts zu integrieren, die

(1) diagnosegeleitet am Kind ansetzen und sensibel für differente Lernprozesse verändert werden,

(2) adaptiv aktiv-entdeckende Erkundungen von jedem Kind einfordern und zugleich auf das Verständnis des mathematischen Basisstoffs zielen,

(3) ganzheitlich im gemeinsamen Grundthema des Klassenverbandes verortet und sozial-integrierend mit der Förderung prozessbezogener Kompetenzen verschränkt werden.

Die themenfokussierte Arbeit aller Kinder auf unterschiedlichem Niveau eröffnet hierbei vielfältige Gelegenheiten, um mit Blick auf die Zone der nächsten Entwicklung mathematische Erfahrungen während der eigenständigen Bearbeitung von Aufgaben und während der Auseinandersetzung mit den Bearbeitungen anderer Kinder (die ähnliche oder aber parallelisierte Aufgaben lösen) zu sammeln.

Literatur

Bartnitzky, H. / Brügelmann, H. (2012): Fördern – warum, wer, wie, wann. In: Bartnitzky, H. / Hecker, U. / Lassek, M. (Hrsg.): Individuell fördern – Kompetenzen stärken in der Eingangsstufe (Kl. 1 und 2). Frankfurt a. M.: Arbeitskreis Grundschule e. V.; H. 1.

Gaidoschik, M. (2010): Wie Kinder rechnen lernen – oder auch nicht. Frankfurt a. M.: Peter Lang.

Götze, D. / Hang, E. (2017): Förderkommentar Sprache. Leipzig: Klett.

Häsel-Weide, U. (2016): Gemeinsam ordnen, gemeinsam lernen. In: Grundschulunterricht Mathematik, H. 1, 30–33.

Häsel-Weide, U. / Nührenbörger, M. (2012): Fördern im Mathematikunterricht. In: Bartnitzky, H. / Hecker, U. / Lassek, M. (Hrsg.): Individuell fördern – Kompetenzen stärken in der Eingangsstufe (Kl. 1 und 2).. Frankfurt a. M.: Arbeitskreis Grundschule e. V., H. 4.

Häsel-Weide, U. / Nührenbörger, M. (2017): Förderkommentar Lernen zum Zahlenbuch 1. Leipzig: Klett.

Heß, B. / Tubach, D. (erscheint 2017): 1 + 1 Karten zum Ordnen und Automatisieren. Entwicklung flexibler Rechenwege. Klett: Leipzig.

Hußmann, S. / Nührenbörger, M. / Prediger, S. / Selter, C. / Drüke-Noe, C. (2014): Schwierigkeiten in Mathematik begegnen. In: Praxis der Mathematik, 56, 2–8.

Moser Opitz, E. (2007): Rechenschwäche / Dyskalkulie. Bern: Haupt.

Moser Opitz, E. / Nührenbörger, M. (2015): Diagnostik und Leistungsbeurteilung. In: Bruder, R. / Hefendehl-Hebeker, L. / Schmidt-Thieme, B. / Weigand, H.-G. (Hrsg.): Handbuch der Mathematikdidaktik. Rotterdam: Springer, 491–512.

Nührenbörger, M. (2015): Produktives Fördern zwischen individuellem und gemeinsamem Lernen. In: Roth, J. / Ames, J. (Hrsg.): Beiträge zum Mathematikunterricht 2014. Münster: WTM-Verlag, 863–866.

Nührenbörger, M. / Häsel-Weide, U. (2015): Individuelle Förderung im Mathematikunterricht. In: Behrensen, B. / Gläser, E. / Soldbücher, C. (Hrsg.): Fachdidaktik und individuelle Förderung in der Grundschule. Baltmannsweiler: Hohengehren, 29–42.

Nührenbörger, M. / Schwarzkopf, R. / Bischoff, M. / Götze, D. / Heß, B. (2017): Das Zahlenbuch 1. Lehrerband. Leipzig: Klett.

Scherer, P. (1999): Produktives Lernen für Kinder mit Lernschwächen. Leipzig: Klett.

Scherer, P. / Moser Opitz, E. (2010): Fördern im Mathematikunterricht der Primarstufe. Heidelberg: Spektrum.

Sundermann, B. / Selter, C. (2006): Beurteilen und Fördern im Mathematikunterricht. Berlin: Cornelsen.

Wielpütz, H. (2007): Fehleranalyse und individuelle Förderung. In: Lorenz, J. H. / Schipper, W. (Hrsg.): Hendrik Radatz. Impulse für den Mathematikunterricht. Braunschweig: Schroedel, 94–105.

Wember, F. B. (1999): Mathematik unterrichten – eine subsidiäre Aktivität? In: Scherer, P. (Hrsg.): Produktives Lernen für Kinder mit Lernschwächen. Leipzig: Klett, 270–287.

Wember, F. (2013): Herausforderung Inklusion. In: Zeitschrift für Heilpädagogik, H. 10, 380–388.

Wygotski, L. (1987): Ausgewählte Schriften. Band 2. Köln: Pahl-Rugenstein.

Yvonne Otremba / Christiane Wember

Kooperation von Lehrkräften im inklusiven Mathematikunterricht

Erfolgreiche Kooperation ist eine wesentliche Bedingung für gelingende Inklusion. Der Prozess einer Teamentwicklung ist langwierig und zeitintensiv und es stellt sich für uns immer wieder die Frage nach den wesentlichen Gelingensfaktoren für eine erfolgreiche Kooperation im Schulalltag oder, im Sinne dieses Artikels: »Wie schaffen wir es, gemeinsamen Mathematikunterricht mit allen Kindern in einer extrem heterogenen Lerngruppe durchzuführen?« Hierzu berichten wir von unseren Erfahrungen an der Wartburg Grundschule.

Die Wartburg Grundschule ist eine gebundene Ganztagsschule (seit 1979) und kann auf eine lange Tradition der Teamarbeit mit Grundschullehrerinnen und -lehrern sowie Erzieherinnen und Erziehern zurückblicken. Aus dieser Tradition haben sich bereits Grundpfeiler und Modelle für organisatorische, inhaltliche und soziale Umgangsformen entwickelt und sind im Schulprogramm beschrieben. Das Schulgebäude ist so konzipiert, dass die Kinder und Pädagoginnen und Pädagogen in vier kleinen Schulen (Kinderhäuser) unter einem gemeinsamen Dach leben und lernen. Dadurch ergeben sich feste pädagogische Teams pro Lerngruppe. Mit dem Beginn der Integration in einem Kinderhaus wurden 1995 diese Teams um Sonderpädagoginnen und Sonderpädagogen erweitert, die fest in der Schule »beheimatet« sind. 2001 begann der Aufbau der jahrgangsübergreifenden Klassen 1/2 und 3/4. Die Teams werden zu Experten für ihre Jahrgangsstufe, indem sie über möglichst viele Jahre in derselben Jahrgangsstufe unterrichten und ihren Unterricht weiterentwickeln. Das Einzugsgebiet der Wartburg Grundschule zeichnet sich durch eine große Heterogenität aus. Wir haben langjährige Erfahrungen mit Vielfalt, die als »normale« Ausgangslage für schulisches Lernen und als große Lernchance gesehen wird.

Mit unserem inklusiven Leitgedanken verstehen wir Kolleginnen und Kollegen uns als grundsätzlich zuständig für alle Kinder mit ihren unterschiedlichen Entwicklungsbedingungen. Dabei bemühen wir uns um eine bestmögliche Förderung ohne äußere Differenzierung. Dieser individualisierte und differenzierte Umgang mit den Kindern in stark heterogenen Lerngruppen erfordert multiprofessionelle Teams. Diese Teams müssen sich regelmäßig neu finden und gemeinsam weiterentwickeln. Im Sinne eines lernenden Systems sind wir immer wieder neugierig und suchen beständig nach neuen Impulsen, um unseren Unterricht weiterzuentwickeln. Wir machen die Erfahrung, dass stabile Teams, deren Mitglieder sich gut ken-

nen, über mehrere Jahre hinweg in derselben Jahrgangsstufe zusammenarbeiten und die Inhalte des Schulprogramms verinnerlicht haben, meist
gelassener in der Lage sind, die inklusiven Ziele erfolgreich umzusetzen.

Gemeinsamer (Mathematik-)Unterricht

Im Weiteren werden wir zunächst die Konzeption der Schule und insbesondere des Mathematikunterrichts vorstellen und dann auf die damit zusammenhängende Anforderung an das Team eingehen.

Selbstgesteuertes Lernen

Schulisches Lernen ist zum Teil durch den rechtlichen Rahmen und durch
äußere Faktoren fremdgesteuert (Schulpflicht, Lehrplan, Lernzeit, Klassenzimmer, Lerngegenstand, Medien, Material, Anweisungen etc.). Allerdings
ist Lernen nie vollständig fremdbestimmt, sondern enthält stets interne Ein-
flüsse, die vom lernenden Individuum selbst ausgehen. Hierzu zählt unter
anderem die automatisierte Steuerung des Lernens (Vorwissen aktivieren,
Informationen aufnehmen, verarbeiten, behalten und abrufen, daraus Wissen generieren, anwenden und verändern) (vgl. Reimann-Rothmeier 2003).
Selbstgesteuertes Lernen meint ein Wechselspiel zwischen kognitiven und
metakognitiven Prozessen und Strategien.

Beim schulischen Lernen gibt es Spielräume bezüglich Ziel, Inhalt, Lern-
weg, Methode, Sozialform oder Koordination, die den Schülerinnen und
Schülern eine Selbststeuerung ermöglichen. Schulisches Lernen befindet
sich somit in einem Zusammenspiel von Selbst- und Fremdsteuerung, welches verschiedene Ausprägungen hat.

Das selbstgesteuerte Lernen kann gefördert werden, indem die Schülerinnen und Schüler unterstützende, motivierende und herausfordernde Lern-
arrangements vorfinden, die ein effektives und für den Einzelnen individuell
erfolgreiches Lernen ermöglichen. Kognitive, metakognitive, strategische,
reflexive, methodische und soziale Kompetenzen müssen schrittweise ein-
geübt werden (im Fachunterricht, in Gruppenarbeitsphasen, Lernlandkar-
tenarbeit, Freiarbeit, Projekten etc.). Zunächst werden die Kinder in ihrem
Lern- und Arbeitsverhalten beobachtet. Danach entscheiden die Lernbegleiterinnen und Lernbegleiter für jedes Kind, wie eng oder weit eine individuelle Lernbegleitung gestaltet wird. Selbstgesteuertes Lernen ist also Voraussetzung, Methode und Ziel des Unterrichts (vgl. Weinert 1982, 99–110).

Lernumgebung

Voraussetzung für diese offene Arbeit ist eine entsprechende räumliche
Lernumgebung. In den Lerngruppen gibt es Gruppentische und keine Ausrichtung der Sitzplätze auf eine zentrale Stelle hin. Die Schülerinnen und

Schüler haben während der Arbeitszeit die Möglichkeit, sich für Partner- oder Gruppenarbeiten im Nebenraum oder Hausforum zu treffen, so dass eine Zusammenarbeit der Kinder untereinander gewährleistet ist. Die Klasse ist so aufgeteilt, dass es funktionale, für die Kinder klar erkennbare Strukturen der Einrichtung (Leseempore, Computertisch, Materialregale) gibt. Die Arbeitsmaterialien sind so strukturiert, dass sie den einzelnen Lernzielen zugeordnet (meist auch farblich und mit Piktogrammen markiert) und den Kindern immer frei zugänglich sind.

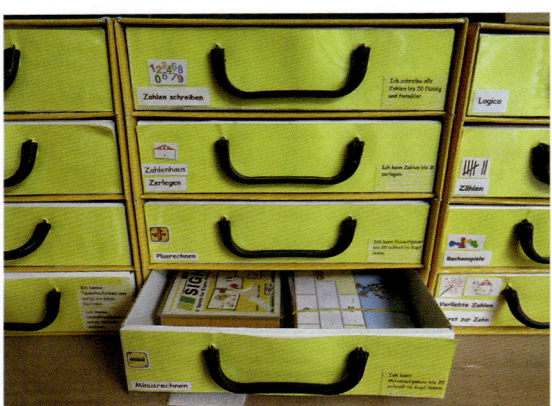

Abb. 1: Lernumgebung

Sie sind nach Bereichen und Zielen sortiert und beschriftet, sodass die Kinder eine Orientierung haben, um sich geeignete Aufgaben und Materialien für ihr gewähltes Ziel zu suchen. Der größte Teil der vorhandenen Materialien fordert die Schülerinnen und Schüler auf, kognitiv aktiv zu werden, ist von sich aus keiner bestimmten Niveaustufe zuordbar und durch seine methodische Offenheit selbstdifferenzierend und somit individuell nutzbar.

Flexible Arbeitszeit

Die Flexible Arbeitszeit bildet an unserer Schule einen großen Baustein des selbstgesteuerten Lernens und ist fester Bestandteil an jedem Schultag. Jedes Kind bekommt von einem festgelegten Teammitglied einen individuellen Arbeitsplan zu den Bereichen Deutsch und Mathematik geschrieben, sodass dieser auf die Stärken und Schwächen sowie Interessen eines jeden Kindes eingehen kann. Gestützt werden diese Pläne durch die Lernlandkarten, welche alle Lernziele kindgerecht abbilden. Durch den regelmäßigen Austausch der Teammitglieder über die einzelnen Kinder und Lerninhalte können die Förderempfehlungen aller beteiligten Personen eingebunden werden. Ebenso findet ein Austausch darüber statt, dass durch die Heterogenität die

Ziele in unterschiedlicher Qualität erfüllt werden. Während der Arbeit an den Lernzielen können die Kinder ihr eigenes Arbeitstempo, Sozialpartner sowie die Reihenfolge der zu bearbeitenden Aufgaben wählen. Die Begleitung während des Unterrichts erfolgt durch alle Lernbegleiterinnen und Lernbegleiter. Dies setzt voraus, dass alle Personen die Lernziele und entsprechenden Materialien und Übungen kennen. Individuelle Absprachen mit den Kindern, wie Pausenregelungen, Pflichtaufgaben oder festgelegte Partnergruppen werden durch alle Erwachsenen im Blick gehalten. Durch das individuelle, selbstgesteuerte und kooperative Lernen der Schülerinnen und Schüler sowie das festinstallierte Helfersystem ergeben sich viele Räume der Pädagoginnen und Pädagogen für Beobachtungen, Lerngespräche oder für das Arbeiten in Kleingruppen. Unabhängig von der Profession kann es Lernanlässe zu folgenden Inhalten geben:

- Einführung von neuen Materialien (Arbeitsmittel und Veranschaulichungen / Montessori Perlenketten, Hunderterfeld etc.)
- inhaltliche Einführung (Menge-Zahl-Zuordnung, Einmaleins etc.)
- Lernberatungsgespräche (mit einem Kind, mit einer Kindergruppe)
- Zielüberprüfungen

Diese Arbeitsgruppen können sehr heterogen gemischt sein oder als leistungshomogene Fördergruppe dienen. Auch klassenübergreifende Gruppen sind üblich, wobei die Methoden des kooperativen Lernens sehr hilfreich sind.

Die Arbeit mit den Lernlandkarten wird im Rahmen der Schulentwicklung beständig überprüft und weiterentwickelt. So hat die Kooperation zwischen Grundschullehrerinnen und Grundschullehrern sowie Sonderpädagoginnen und Sonderpädagogen dazu geführt, dass die Lernziele im Rahmen der Inklusion erweitert wurden um Lernziele, die für Kinder mit Unterstützungsbedarf im Bereich des Lernens und der geistigen Entwicklung relevant und anwendbar sind.

Neben der Flexiblen Arbeitszeit, in der die Kinder vorrangig an ihren individuellen Zielen arbeiten, gibt es auch regelmäßige Lerneinheiten, in denen die Kinder an einem gemeinsamen Lerngegenstand arbeiten. Diese Themen können sich auf verschiedene Bereiche beziehen:

- Geometrie
- Größen und Rechengeschichten
- Kombinatorik
- Rechenmauern
- Zahl des Tages
- Einspluseins-Tafel

Diese Unterrichtsgegenstände werden in der Regel von einer Lehrkraft vorbereitet und in einer Teamsitzung vorgestellt. Gemeinsam wird dann

Abb. 2: Lernlandkarte

Abb. 3: erweiterte Lernziele für die Lernlandkarte

geschaut, ob die Öffnung und Differenzierung bereits genügt, um allen Kindern gerecht zu werden. Neue Ideen werden dann mit eingebunden. Durch unsere langjährigen Erfahrungen im gemeinsamen Lernen ist es für uns zu einer Selbstverständlichkeit geworden, auch im Fachunterricht an einem gemeinsamen Lerngegenstand zu arbeiten. Während der Reihe kommt es durch die Beobachtungen und das Ausprobieren neuer Impulse immer wieder zu reflektierenden Gesprächen. Das Unterrichtsvorhaben wird also gemeinsam weiterentwickelt und auf die Lerngruppe angepasst.

Dies alles geschieht nicht von allein, sondern braucht vielfältige Absprachen und eine Entwicklung im Team.

Teamorganisation – Verantwortung übernehmen

Teams brauchen Zeit und Raum

Die *Klassenteams* treffen sich einmal pro Woche zur selben Zeit, um den Unterricht zu reflektieren und vorzubereiten. Die Struktur der Unterrichtswoche ist im Stundenplan durch feste Zeiten wie Sport, Schwimmen, Musikunterricht, gemeinsame Pausen etc. vorgegeben. Die übrigen Zeiten sind im Team flexibel plan- und gestaltbar für die flexible Arbeitszeit, für Projektarbeit und für die Entwicklung von weiteren offenen und reichhaltigen Aufgaben im sprachlichen, mathematischen, sozialen und künstlerischen Bereich, die sich an den Entwicklungsbedingungen der Kinder orientieren. In diesem Rahmen werden ebenfalls pädagogische Fragestellungen diskutiert, die sich aus dem Unterricht und den Beziehungen zu den Kindern ergeben. Elterngespräche werden geführt, Elternabende und gemeinsame Feste geplant, Schülerinnen- und Schülerassistenzen beraten, Konflikte geklärt und Erfolge gefeiert. In regelmäßigen Abständen treffen sich zwei Nachbarteams als *Großteam*, um gemeinsame Projekte zu entwickeln, Absprachen für gemeinsame Unterrichtsideen zu treffen und erfolgreiche Unterrichtsplanungen auszutauschen. Diese Treffen dienen der Entlastung und der gegenseitigen Bereicherung. Einmal im Monat kommen die Hausteams in der *Hauskonferenz* zusammen, um organisatorische Fragestellun-

Abb. 4: Großteam

gen zu klären, pädagogische Themen und Übergabegespräche für die weiterführende Arbeit mit den Kindern zu diskutieren, Belange und Regeln des Hauses zu besprechen.

Beziehung und Kommunikation

Eine kooperative Arbeitsbeziehung braucht Vertrauen und Respekt

Neu zusammengestellte Teams sind nicht von Anfang an funktionstüchtig und voll leistungsfähig. Vorteilhaft ist es, wenn ein Teammitglied vertraut ist mit dem Schulkonzept und den damit verbundenen Absprachen über Zielsetzungen, Vereinbarungen, Regeln, immer wiederkehrenden Abläufen, Ritualen und Strukturen. Vor dem Hintergrund unterschiedlicher Ausbildungen, Berufserfahrungen, Rollen, Sozialisationserfahrungen, Gehälter, Charaktere, Belastbarkeit und Anwesenheitszeiten sind die Personen in den Teams gefordert, ihre Arbeitsbeziehung auszuhandeln und offen zu kommunizieren. Es erfordert Mut, sich zu öffnen, Stärken und Schwächen zu offenbaren, Wünsche und Bedürfnisse zu benennen. Für uns als Team ist es wichtig, die Phasen der Teamentwicklung zu kennen, um auf der Metaebene darüber zu sprechen, wo wir im Augenblick stehen, ohne in Wertungen und Vorhaltungen zu geraten, sondern im Prozess nach Lösungen zu suchen, die sehr unterschiedlich sein können. Problematisch sind die Phasen, in denen die unterschiedlichen Arbeitsweisen und Schwerpunktsetzungen als bedrohlich erlebt werden, wenn Macht- und Konkurrenzkämpfe um Führungsrollen beginnen und die eigene Kompetenz in Frage gestellt erscheint. Ist ein Team in der Lage, diese Situation zu erkennen, zu benennen und wertschätzend zu reflektieren, kann eine neue Ebene erreicht werden, auf der sich die einzelnen Teammitglieder in ihren Unterschieden als bereichernd erleben und voneinander profitieren. Dann wird das Team zu einem vorbildlichen Modell für die Lerngruppe. Hilfreich für diese Prozesse sind Fortbildungen, die von außerschulischen Partnern jährlich am Teampflegetag in unserer Schule angeboten werden, oder eine teambezogene Supervision.

Aufgabenverteilung

Ein Team braucht Transparenz und Zuverlässigkeit

Aufgabenteilung bedeutet Arbeitsentlastung auf organisatorischer, inhaltlicher und personeller Ebene. Aufgabenteilung heißt auch geteilte Verantwortung in der Elternarbeit. Wir versuchen in der Regel, Elterngespräche zu zweit zu führen und haben so die Möglichkeit, aus verschiedenen Perspektiven und Beobachtungen zu einem umfassenderen Bild zu gelangen und Eltern professionell zu beraten.

Nicht nur zu Beginn eines Schuljahres, sondern jederzeit bedarf es der Absprache und Offenlegung der Aufgaben und Verantwortlichkeiten. Um nicht in jeder Teamsitzung darüber diskutieren zu müssen, verteilen wir die Aufgaben je nach Interesse, Kompetenz und Notwendigkeit in einer festen »To-do-Liste«, die für jeden einsehbar ist. Neben dieser organisatorischen Verteilung der Zuständigkeiten wie Regale aufräumen, Listen anfertigen, Frühdienste etc. werden ebenfalls die inhaltlichen Absprachen (Projektvorbereitungen, Arbeitspläne und Berichte schreiben, Arbeitsmaterialien erstellen, Gutachten und Anträge schreiben, Kontakte zu außerschulischen Partnern herstellen, Stundenvorbereitungen, Elternarbeit etc.) festgelegt und immer wieder neu und flexibel verhandelt. Dieser Faktor ist im Team nicht zu unterschätzen und kann erfahrungsgemäß in Zeiten, in denen Kollegien durch starke Arbeitsbelastung oder hohen Krankenstand extrem gefordert sind, zu Konflikten führen, selbst wenn Teams bereits erfolgreich auf einer höheren Ebene kooperieren. Wir erleben es als positiv, wenn zu Beginn von Teamzeiten jedes Mitglied kurz berichtet, was er/sie in der letzten Woche erfolgreich erlebt hat und wo er/sie sich Unterstützung oder Veränderung wünscht.

Haltung und Unterricht

Erfolgreiche Teams teilen Werte und Visionen und arbeiten flexibel in ihren Rollen

Das Leitbild einer inklusiven Haltung ist in unserem Schulprogramm beschrieben. »Wir denken Heterogenität vielfältig, sehen sie als eine Bereicherung für schulisches Lernen und verstärken sie systemisch. Wo ›anders sein normal ist‹, kann das besonders schnell lernende Kind genauso Respekt verlangen wie das Kind mit besonderen Lernschwierigkeiten.« Die Teams sind aufgefordert, dieses Leitbild im täglichen Umgang miteinander, mit den Schülerinnen und Schülern, Eltern und mit sich selbst lebendig werden zu lassen. Der systemisch kontextbezogene Blick auf das Lernen fordert von uns Pädagoginnen und Pädagogen, mit den Kindern im Dialog zu stehen. Uns ist es wichtig, das Kind mit seinen Gedanken zu verstehen und uns Zeit für die Ideen der Kinder zu nehmen. Wir Pädagoginnen und Pädagogen übergeben den Kindern die Verantwortung für ihr Lernen und nehmen einen Perspektivwechsel vor. Dieses veränderte Rollenbild kann nur über gemeinsame Absprachen, Reflexion der Unterrichtserfahrungen, der Fähigkeit zu konstruktivem Feedback sowie dem Wunsch nach gemeinsamer Weiterentwicklung erreicht werden. Da Sonderpädagoginnen und Sonderpädagogen sowie Grundschullehrerinnen und Grundschullehrer oftmals in ihren Ausbildungen unterschiedliche Vorerfahrungen und Zielsetzungen gesammelt haben, müssen beide bereit sein, diese Unterschiede zu erkennen, zu akzeptieren und sich in einem gegenseitigen Prozess des Kennenlernens in ihren jeweiligen Kompetenzen bewusst wahrnehmen, um voneinander zu lernen. In diesem Prozess erweitern die Teammitglieder ihr Verhaltensrepertoire in Bezug auf den gemeinsamen Unterricht, indem sie zusammen planen und unterschiedliche Methoden und Unterrichtsformen umsetzen. In unserem Schulalltag erproben wir unterschiedliche Formen. Da wir uns als Lernbegleiterinnen und Lernbegleiter verstehen, gibt es einen flexiblen Wechsel von frontalen und offenen, gelenkten und freien Phasen, in denen auch die Kinder in die Rolle der Lehrenden kommen und Moderationsaufgaben übernehmen. Je nach Unterrichtsplanung und Absprache übernehmen die Teammitglieder unterschiedliche Rollen:

- eine Person übernimmt die Verantwortung für den Unterricht, die andere Person beobachtet;
- eine Person übernimmt die Verantwortung für den Unterricht, die andere Person unterstützt;
- jede Person bietet einen Inhalt an und die Kinder wechseln;
- die Personen arbeiten in unterschiedlichen, festgelegten Gruppen;
- beide Personen übernehmen den gemeinsamen Unterricht und übernehmen abwechselnd die Führung (vgl. Lütje-Klose 2011).

Veränderte Rolle der Pädagoginnen und Pädagogen

Die Rolle der Pädagoginnen und Pädagogen im gemeinsamen Lernen umfasst viele Bereiche und Aufgaben. Neben dem Unterrichten und Erziehen kommt auch der Organisation eine große Bedeutung zu. Die Lernumgebung muss unserer Meinung nach so gestaltet sein, dass die Kinder sich gut orientieren können und das selbstständige Lernen anbahnen können. Durch diese Struktur und das Helfersystem der Kinder untereinander ergeben sich die Freiräume für die Erwachsenen zum Beobachten, Begleiten und Beraten des individuellen Lernprozesses eines jeden Schülers oder einer jeden Schülerin. Das Arbeiten im Team erfordert darüber hinaus ein hohes Maß an Kooperation. Intensiver Austausch, Kompromisse und Weiterentwicklungen sind dabei unabdingbar.

Durch das Angebot der professionellen Lerngemeinschaft (PLG) der TU Dortmund und Uni Duisburg-Essen (im Rahmen eines DZLM-Projekts) sind wir in unserem Großteam neue Wege der Kooperation gegangen. Wir arbeiten in zwei verschiedenen Lerngruppen, die in ihrer Arbeit bereits eng verknüpft sind. Als Sonderpädagogin ohne mathematische Ausbildung und Grundschullehrerin mit dem Fach Mathematik haben wir uns der Herausforderung gestellt, neue Ideen für einen inklusiven Mathematikunterricht zu denken. Unsere unterschiedlichen Schwerpunkte bereicherten die gemeinsamen Planungen erheblich. Durch das parallele Erproben in den eigenen Lerngruppen gab es viele weitere Impulse für die Weiterarbeit.

Resümee

Zu Beginn des Artikels haben wir gefragt, was denn die eigentlichen Gelingensfaktoren für kooperatives Arbeiten im Team sind. Neben den bereits gegebenen Antworten haben wir über ein Thema noch nicht gesprochen, und das sind die Faktoren *Gelassenheit und Humor*.

Wir probieren ständig etwas Neues aus; da geht auch schon mal was daneben und die gesteckten Ziele werden nicht immer erreicht. Wenn im Team diese Form der Fehlerkultur erlaubt ist, darüber gelacht und neu nachgedacht werden kann, wie etwas verbessert und verändert werden kann, dann ist gemeinsame Entwicklung möglich. Dann besteht auch die Bereitschaft, neue Energie und Kreativität in die gemeinsame Aufgabe zu stecken. Es ist wichtig zu wissen, dass Lernen nur funktioniert, wenn Menschen sich angenommen fühlen und sich neugierig öffnen können, ohne Angst, Druck und Stress zu verspüren. Ein Voneinanderlernen ist dann möglich, wenn ich meine Teampartnerinnen und Teampartner vertrauensvoll um Hilfe bitten kann, weil ich die Kompetenzen der anderen und die eigenen Fähigkeiten kenne und schätze. So werden wir im Team füreinander zu Lernbegleitern und zu Experten, die sich gemeinsam weiterentwickeln. Wenn es gelingt, diese Kooperationskultur zu entwickeln, wächst die Motivation, neue Wege zu entdecken und zu erproben.

Literatur
Lütje-Klose, B. (2011): »Inklusion – welche Rolle kann die Sonderpädagogik übernehmen?« In: VDS – Sonderpädagogische Förderung in NRW, H. 4, 8–21.
Reimann-Rothmeier, G. (2003): Vom selbstständigen Lernen zum selbstbestimmten Lernen: Sieben Denkanstöße und ein Plädoyer für eine konstruktivistische Haltung. In: Pädagogik, H. 5, 11–13.
Weinert, F. E. (1982): Selbstgesteuertes Lernen als Voraussetzung, Methode und Ziel des Unterrichts. In: Unterrichtswissenschaft 10, H. 2, 99–110.

Autorinnen und Autoren

Doris Bayer, Inklusionspädagogin an der Praxisvolksschule der Pädagogischen Hochschule Kärnten, Institut für Pädagogik und Didaktik der Primarstufe, Bereich Arithmetik, doris.bayer@ph-kaernten.ac.at

Prof. Dr. Dagmar Bönig, Universität Bremen, FB 12, Erziehungs- und Bildungswissenschaften Mathematikdidaktik (Primar- und Elementarbereich), dboenig@uni-bremen.de

Sonja Breitenbach, Technische Universität Dortmund, Fachbereich Rehabilitationswissenschaften, Arbeitsgebiet Rehabilitation und Pädagogik bei Blindheit und Beeinträchtigung des Sehens, sonja.breitenbach@tu-dortmund.de

Ninja Del Piero, Universität Paderborn Institut für Mathematik, ninja.delpiero@math.uni-paderborn.de

Dr. Marei Fetzer, Goethe-Universität Frankfurt am Main, Fachbereich Informatik und Mathematik, Institut für Didaktik der Mathematik und der Informatik, Arbeitsbereich Primarstufe, fetzer@math.uni-frankfurt.de

Sebastian Fricke, Wissenschaftlicher Mitarbeiter, Universität Bielefeld, Fakultät für Mathematik, Institut für Didaktik der Mathematik, sebastian.fricke@uni-bielefeld.de

Prof. Dr. Michael Gaidoschik, Freie Universität Bozen, Fakultät für Erziehungswissenschaften, Didaktik der Mathematik im Primarbereich, michael.gaidoschik@unibz.it

Dr. Daniela Götze, Technische Universität Dortmund, Fakultät Mathematik, Institut für Entwicklung und Erforschung des Mathematikunterrichts, daniela.goetze@math.tu-dortmund.de

Dr. Nora Haberzettl, Grundschullehrerin an der Grundschule Harleshausen mit Ausbildungsauftrag am Studienseminar GHRF Kassel / Eschwege und Lehrtätigkeit an der Universität Kassel, N.Haberzettl@gmx.de

Evelyn Hang, abgeordnete Lehrkraft (Sonderpädagogin), Technische Universität Dortmund, Institut für Entwicklung und Erforschung des Mathematikunterrichts, evelyn.hang@math.tu-dortmund.de

Kristina Hähn, abgeordnete Lehrerin an der Universität Duisburg-Essen, Fakultät für Mathematik, kristina.haehn@uni-due.de

Prof. Dr. Uta Häsel-Weide, Universität Paderborn, Institut für Mathematik, Fachgruppe Didaktik der Mathematik, uta.haesel.weide@math.uni-paderborn.de

Birgit Heß, abgeordnete Lehrkraft, Technische Universität Dortmund, Institut für Entwicklung und Erforschung des Mathematikunterrichts, birgit.hess@tu-dortmund.de

Prof. Dr. Anna-Maria Hintz, Universität Siegen, Department Erziehungswissenschaft und Psychologie, Professur für Erziehungswissenschaft mit Schwerpunkt Förderpädagogik (›Lernen‹ sowie ›Emotionale und soziale Entwicklung‹), anna.hintz@uni-siegen.de

Teresa Klein, Sonderpädagogin an der Lindenparkschule Heilbronn, Staatliches Sonderpädagogisches Bildungs- und Beratungszentrum mit Internat – Förderschwerpunkte Hören und Sprache, klein@lindenparkschule.de

Laura Korten, Wissenschaftliche Mitarbeiterin und Doktorandin am Institut für Entwicklung und Erforschung des Mathematikunterrichts der Technischen Universität Dortmund, laura.korten@mathematik.tu-dortmund.de

Magali Krämer, Sonderschullehrerin an der Betty-Hirsch-Schule Stuttgart, magali.kraemer@nikolauspflege.de

Maren Laferi, Lehrerin an der Grundschule Kleine Kielstraße in Dortmund, maren.laferi@mathematik.tu-dortmund.de

Xenia Lamprecht, Didaktik der Mathematik & Informatik, Otto-Friedrich-Universität Bamberg, xenia.lamprecht@uni-bamberg.de

Julia Lange, wissenschaftliche Mitarbeiterin, Universität Bremen, FB 12 Arbeitsgruppe Mathematikdidaktik, julange@uni-bremen.de

Lisann Lass, TU Dortmund, Institut für Entwicklung und Erforschung des Mathematikunterrichts, lisann.lass@tu-dortmund.de

Dr. Juliane Leuders, Pädagogische Hochschule Freiburg, Institut für mathematische Bildung, juliane.leuders@ph-freiburg.de

Prof. Dr. Miriam M. Lüken, Universität Bielefeld, Fakultät für Mathematik, Institut für Didaktik der Mathematik, miriam.lueken@uni-bielefeld.de

Corinna Mosandl, TU Dortmund, Institut für Entwicklung und Erforschung des Mathematikunterrichts, corinna.mosandl@math.tu-dortmund.de

Anna-Lena Neumann, Carl von Ossietzky Universität Oldenburg, Fakultät V, Institut für Mathematik, anna-lena.neumann@uni-oldenburg.de

Prof. Dr. Marianne Nolte, Universität Hamburg, Fachdidaktisches Grundlagenstudium Mathematik, marianne.nolte@uni-hamburg.de

Prof. Dr. Marcus Nührenbörger, TU Dortmund, Institut für Entwicklung und Erforschung des Mathematikunterrichts, marcus.nuehrenboerger@tu-dortmund.de

Yvonne Otremba, Grundschullehrerin an der Wartburg Grundschule Münster Gievenbeck, wabugs-otremba@schulen.stadt-muenster.de

Kirsten Pamperien, Universität Hamburg, Projektkoordinatorin PriMa, kirsten.pamperien@uni-hamburg.de

Prof. Dr. Andrea Peter-Koop, Universität Bielefeld, Fakultät für Mathematik, Institut für Didaktik der Mathematik, andrea.peter-koop@uni-bielefeld.de

Verena Pliquet, Wissenschaftliche Mitarbeiterin, Technische Universität Dortmund, Institut für Entwicklung und Erforschung des Mathematikunterrichts, verena.pliquet@tu-dortmund.de

Prof. Dr. Elisabeth Rathgeb-Schnierer, Professorin für Mathematik und ihre Didaktik, Universität Kassel, rathgeb-schnierer@mathematik.uni-kassel.de

Dr. Martin Reinold, Förderschullehrer an der Friedensschule in Lüdenscheid, martin.reinold@mathematik.tu-dortmund.de

Sabrina Roos, Lehrerin an der GGS Am Wenigerbach, Referentin für Lehrerfortbildungen im Fach Mathematik

Dr. Thomas Rottmann, AOR, Universität Bielefeld, Institut für Didaktik der Mathematik, thomas.rottmann@uni-bielefeld.de

Prof. Dr. Silke Ruwisch, Leuphana Universität Lüneburg, Institut für Mathematik und ihre Didaktik, ruwisch@uni.leuphana.de

Prof. Dr. Petra Scherer, Professorin für Didaktik der Mathematik an der Universität Duisburg-Essen, Fakultät für Mathematik, petra.scherer@uni-due.de

Christian Schöttler, Universität Paderborn Institut für Mathematik, christian.schoettler@math.upb.de

Dr. Axel Schulz, Universität Bielefeld, Fakultät für Mathematik / Institut für Didaktik der Mathematik, axel.schulz@uni-bielefeld.de

Dr. Cordula Schülke, Lehrerin an der Augustin-Wibbelt-Grundschule Ahlen Vorhelm, Mitarbeiterin im Projekt »Mathematik-inklusiv« des DZLM an der TU Dortmund, cschuelk@mathematik.tu-dortmund.de

Prof. Dr. Ralph Schwarzkopf, Carl von Ossietzky Universität Oldenburg, Fakultät V, Institut für Mathematik, ralph.schwarzkopf@uni-oldenburg.de

Prof. Dr. Christoph Selter, Mathematikdidaktiker an der TU Dortmund, christoph.selter@tu-dortmund.de

Prof. Dr. Elke Söbbeke, Bergische Universität Wuppertal, Fakultät für Mathematik und Naturwissenschaften, Arbeitsgruppe Didaktik der Mathematik, soebbeke@uni-wuppertal.de

Dr. Lara Sprenger, TU Dortmund, Institut für Entwicklung und Erforschung des Mathematikunterrichts, lara.sprenger@math.tu-dortmund.de

Prof. Dr. Anna S. Steinweg, Didaktik der Mathematik & Informatik, Otto-Friedrich-Universität Bamberg, anna.steinweg@uni-bamberg.de

Dorothea Tubach, TU Dortmund, Institut für Entwicklung und Erforschung des Mathematikunterrichts, dorothea.tubach@tu-dortmund.de

Christiane Wember, Sonderpädagogin an der Wartburg Grundschule Münster Gievenbeck, wabugs-wember@schulen.stadt-muenster.de

Prof. Dr. Franz B. Wember, Technische Universität Dortmund, Fakultät Rehabilitationswissenschaften, Rehabilitation und Pädagogik bei Lernbehinderung, franz.wember@tu-dortmund.de

Dr. Jan Wessel, Lehrer an der Libellen-Grundschule in Dortmund, jan.wessel@mathematik.tu-dortmund.de

Überblick über den Forschungsstand
Wissenschaftliche Expertisen des Grundschulverbandes, auch als ePub

In Planung: Medienbildung in der Grundschule
(voraussichtlich 2018/2019)

Wie wirkt Jahrgangsübergreifendes Lernen?
Internationale Literaturübersicht zum Stand der Forschung, der praktischen Expertise und der pädagogischen Theorie.

2014 erstellt von Dr. Ursula Carle, Professorin für Grundschulpädagogik an der Universität Bremen und Dr. Heinz Metzen, Arbeits- und Organisations-psychologe, Sozialforscher
Best.-Nr. 2042 / ISBN 978-3-941649-11-8
148 S. (24,50 €; für Mitglieder des GSV 16,– €)

Sind Noten nützlich und nötig?
Befunde zu Ziffernzensuren und ihre Alternativen im empirischen Vergleich und im Kontext der aktuellen Diskussion.

Erstellt und aktualisiert (2014) von Dr. Hans Brügelmann (em. Prof. an der Universität Siegen) in Zusammenarbeit mit der Arbeits-gruppe Primarstufe an der Universität Siegen
Best.-Nr. 2040 / ISBN 978-3-941649-12-5
72 S. (18,– €)

Inklusive Bildung in der Primarstufe
Bildungshistorische, -politische, und -theoretische Kontexte und empirische Befunde zum inklusiven Modell im Zusammenhang mit der institutionellen, didaktischen, interpersonellen und professionellen Handlungsebene.

2013 erstellt von Dr. Annedore Prengel, em. Professorin an der Universität Potsdam
Best.-Nr. 2041
69 S. (24,50 €; für Mitglieder des GSV 16,– €)

Lieferbare Bücher des Grundschulverbandes

Herausgeber: Der Vorstand des Grundschulverbandes e. V.

Bestellungen über unseren Shop auf **www.grundschulverband.de** oder telefonisch unter 0 69 / 77 60 06

Sie können sich per Post an
Grundschulverband e. V., Niddastr. 52,
60329 Frankfurt / Main
oder Fax (0 69 / 7 07 47 80) anmelden oder auch
auf unserer Homepage www.grundschulverband.de

Ich beantrage die Mitgliedschaft im Grundschulverband e. V.
Als Mitglied erhalte ich jährlich zwei neue Mitgliedsbände aus der Reihe
»Beiträge zur Reform der Grundschule« sowie viermal im Jahr die Zeitschrift
»Grundschule aktuell« jeweils nach Fertigstellung kostenfrei zugesandt.

Den angekreuzten Jahresbeitrag

☐	**Mitgliedsbeitrag Einzelmitglied**	75,– €
☐	**Probemitgliedschaft für 1 Kalenderjahr**	75,– €
☐	**Ermäßigter Beitrag**	39,– €
	(für Studierende, ReferendarInnen / bitte belegen)	
☐	**Probemitgliedschaft für 1 Kalenderjahr**	39,– €
	(für Studierende, ReferendarInnen / bitte belegen)	
☐	**Mitgliedsbeitrag Schulen**	75,– €
☐	**Probemitgliedschaft für 1 Kalenderjahr**	75,– €
☐	**Förderbeitrag**	**mindestens 39,– €**

(z. B. für Pensionäre, die weiterhin aktuell informiert werden wollen und
andere Förderer, die die Arbeit des Grundschulverbandes unterstützen
möchten)

☐ zahle ich nach Erhalt der Jahresrechnung
☐ zahle ich per Einzug im SEPA-Lastschriftverfahren:

Kreditinstut (Name und BIC) _____

IBAN _____

_____
Vor- und Nachname

_____
Straße und Hausnummer

_____
PLZ und Ort

_____
E-Mail   Tel.

☐ Ja, ich möchte den kostenlosen Newsletter erhalten.

_____
Datum und Unterschrift

Als neues Mitglied im Grundschulverband e. V. erhalten Sie kostenfrei einen
Band aus der Reihe »Beiträge zur Reform der Grundschule« als Aufnahmegeschenk *(gilt nicht für Probemitgliedschaft)*:

☐ Als neues Mitglied im Grundschulverband wünsche ich mir
den Band _____ als Aufnahmegeschenk.

**Gute Gründe,
Mitglied zu werden**

● Über aktuelle
schulpolitische,
schulpraktische und
forschungsbezogene
Entwicklungen werde ich
umfassend informiert.

● Ich habe die Mög-
lichkeit, aktiv in einer
Landesgruppe auf
fach- und bildungs-
politischer Ebene mit-
zuwirken und Schulent-
wicklung zu befördern.

● Durch die Veröffent-
lichungen des Grund-
schulverbandes erhalte
ich vielseitige und wert-
volle Praxishilfen und
Fortbildungsangebote.

● An Grundschultagen
und Fachtagungen kann
ich stets zum ermäßigten
Beitrag teilnehmen.

● Unterstützung und
Verstärkung der eigenen
arbeitsfeldbezogenen
bildungspolitischen
Wirksamkeit (im Klassen-
zimmer, im Kollegium,
gegenüber den Eltern
und der Öffentlichkeit)
erfahre ich durch die
Bereitstellung fundierter
fachbezogener Argu-
mentationshilfen.

● In Zusammenarbeit
mit einem (mitglieder-)
starken Verband kann
ich die begründeten
Bildungsansprüche der
Kinder wirkungsvoll und
überparteilich vertreten
und einfordern.